정의로운 식탁

Food in a Just World

기후, 비인간동물, 인간을 위한 공감의 식생활

정의로운 식탁

트레이시 해리스·테리 깁스 지음

번역협동조합 옮김

COOPERATIVE

착한책가게

이 책을 우리 아이들 그리고

이 지구를 물려받을 인간과 동물의 모든 미래 세대에게 바칩니다.

연민과 회복력이라는 유산을 남길 수 있기를.

나와 함께하는 모든 인연이여.*

* All my relations, 캐나다 선주민들의 함축적 사고관으로,
우주의 모든 것이 연결되어 있다는 관점

차례

들어가는 말

우리는 이 책을 미그막Mi'kmaq* 부족의 땅인 미그마기Mi'kma'ki** 에서 집필하고 있다. 먼저 식민지 이주자들의 정착이 이 땅에 대한 불법적인 침략이자 약탈 행위였음을 인정하는 것으로 글을 시작하고자 한다. 영국은 이 땅을 조약을 통해 양도받은 것도, 돈을 주고 산 것도 전혀 아니다. 미그막 족장들은 조약을 맺을 당시 조상에게 물려받은 영토와 자원을 자기 일족과 가족들, 그리고 "그들의 계승자, 계승자의 계승자들을 위해 영원히" 남겨두기로 하는 한편(1726년 조약 체결, 1752년 갱신) 미그마기 안에 영국인이 평화롭게 정착촌을 만들어 교역 거점으로 쓸 수 있도록 허락했다. 그러나 식민지 이주자들은 미그막 부족을 서서히 쫓아

---

* 캐나다 대서양 연안 지역 선주민 부족. 우리나라에서는 이들 선주민의 발음과는 차이가 있는 '미크맥'으로 주로 표기하고 있다.-옮긴이

** 미그마기에는 식민지 이주자들이 노바스코샤와 프린스에드워드 섬(Prince Edward Island)이라고 부르는 지역 전부, 그리고 캐나다의 뉴브런즈윅, 퀘벡, 뉴펀들랜드 일부와 미국의 메인 주 일부가 포함된다.-지은이

냈다. 이주민과의 관계 형성을 위한 기초가 되었던 평화우호조약Peace and Friendship Treaties은 미그막 족 고유의 권한과 영토를 보장하고 있다. 그러므로 화해를 위해서는 우리가 서로 존중하고 모두의 유익을 위해 협력하고 대지를 돌보아야 한다. 이러한 사실을 인정하며 글을 시작하는 것은 저자로서의 우리의 입장, 그리고 우리의 지난 시간과 우리가 해온 일들을 상기시킨다는 점에서 중요하다. 나아가 더 온정적이고 정의로운 식품 시스템을 만드는 것에 중점을 두고 있는 이 책의 여러 측면과도 관련이 있다.

우리는 선주민* 지식체계가 음식과 관련된 사회정의 문제뿐 아니라 기후변화와 글로벌 시민의식이라는 광범위한 문제에 대한 학제 간 토론과 협력을 위한 기본 관점으로도 중요하다는 시각에서 출발한다. 이러한 관점은 오늘날 이윤 추구와 과소비로 작동하는 세계 경제 시스템의 해롭고 때로는 폭력적인 온갖 속성들에 근본적으로 문제를 제기한다. 그리고 인간을 타인과 비인간 동물, 그리고 대지와의 온정적이고 건강한 관계의 틀 속에서 바라보도록 이끈다. 또한 우리는 생태계를 온전히 보존하고 미래 세대가 지구에서 건강하고 정답게 살아갈 수 있도록 앞장서는 미그막을 비롯한 세계의 여러 선주민 집단과 연대하고 있으므로, 선주민 지식체계의 포용은 우리에게도 중요한 일이었다.

---

* 다른 집단보다 먼저 정착해 살던 사람들. '원주민'이라는 표현이 서구 중심의 시각에서 비롯된 차별적 어감을 가질 수 있다는 비판이 제기되면서, 최근 좀 더 중립적인 표현인 '선주민'이 대안적 표현으로 사용된다.–옮긴이

중요한 것은, 북미의 터틀섬뿐 아니라 전 세계 선주민 공동체의 권리를 침해하고 그들의 땅을 무단 사용해 이루어지는 자원 착취나 식품 제조 등의 산업적 생산 시스템이 이들 선주민에게 끼치는 영향이 매우 일방적이라는 사실이다. 게다가 동물들을 공장에서 식품으로 만들면서 생겨난 여러 폐해 중 하나인 기후변화 역시 선주민 공동체에 일방적인 악영향을 끼치고 있다.[1]

음식, 깨끗한 물, 신선한 공기는 모두 삶의 필수 요소이기 때문에 모든 공동체는 기후위기의 해결에 지대한 관심을 가지고 있다. 이를 염두에 둘 때 온정적이고 지속가능한 변화를 위해서는 선주민들의 관점과 지식체계가 꼭 필요하다는 생각을 확실히 하는 것이 중요했다. 이런 생각은 캐나다 내부 상황을 보더라도 반드시 필요하다. 선주민 기숙학교 인근에서 아이들이 묻힌 참혹한 집단 매장지 여러 곳이 발견되면서 지난 몇 년 사이에 한층 더 명명백백히 폭로된 식민주의 역사에 대응하자는 (2015년 캐나다 진실과 화해 위원회의) '참여 호소'가 있어왔기 때문이다. 조직적 학대와 방치로 발생한 이 같은 참사는 하루빨리 정책, 사고방식, 신념체계, 연구, 제도 등을 탈식민화하고 진정성 있는 화해를 지속적으로 촉진해야 할 필요성을 분명히 보여준다.

이 책은 오랜 기간에 걸쳐 발전시켜온 노력의 결실이다. 처음에 우리는 이 책이 광대한 세계 자본주의 시스템에서 동물을 '식품'으로 만들어 유통하고 소비하는 대규모 산업체계, 즉 동물산업복합체Animal-Industrial Complex, A-IC가 인간, 다른 동물, 지구 생태계 등에 끼치는 다양한 폐해에 대해 개관하는 책이 될 거라고 생각했다.[2] 하지만 연구를 해보니 전반적으로 동물을 식품화하는 산업 생산 관련 시스템의 문제와 그 영향에 대해 탐구하는 훌륭한 자료들은 많았지만, (그저 '부가적인 내용' 정도로 다루거나 혹은 비인간동물에게 주로 관심을 쏟는 독자층만을 대상으로 한정하지 않고) 비인간동물을 사회정의와 기후정의라는 보다 폭넓은 이야기에 좀 더 총체적으로 엮어내는 자료는 거의 없었다.

비인간동물을 식품으로 만드는 집약적 생산 시스템과 동물산업복합체의 폐해에 대해 우리보다 앞서 연구한 여러 저자들이 포괄적인 연구 자료를 제공해주었는데, 그중 몇 분과는 만나서 이 책과 관련해 이야기를 나누기도 했다. 우리는 이 책의 기초를 다지는 데에 그분들의 연구에서 큰 도움을 받았음을 잘 알고 있으며 진심으로 감사드린다. 이 책에는 그분들의 의견이 녹아있다.

우리는 이 책(영문판)의 제목을 의도적으로 '음식정의Food Justice'가 아니라 '정의로운 세상의 음식Food in a Just World'로 정했다. 인종차별, 계급주의, 동성애혐오, 성전환혐오, 장애인차별, 성차별, 종(種)차별 등 다양한 사회정의 문제에 단호히 맞서는 세상을 만드는 일과 진정으로 '정의로운' 식품 시스템을 만드는 일은 떼려야 뗄 수 없다는 점을 강조하기 위해서다. 지금의 주류 식품 시스템이 비인간동물을 거리낌 없이 노골적으로 상품화하고 있음이 분명하지만, 땅과 사람의 상품화가 이런 현실과 서로 어떻게 얽혀있는지를 드러내는 목소리는 거의 없다.

우리는 음식정의 문제가 다른 모든 사회정의 투쟁과 연결되어 있으며, 생물다양성 파괴, 종의 대량 절멸, 기후변화와도 직접적인 관련이 있다는 것을 말하고자 한다. 이러한 인식은 우리가 이 책을 집필하는 데 이중의 문제를 불러왔다. 우선, 우리는 (문자 그대로) 먹거리 문제의 핵심에 다가서려면 엄청나게 넓은 범위를 포괄해야 한다고 생각한다. 그렇지만 책 한 권으로는 먹거리 문제를 다루는 학문적 문헌이나 사회정의와 관련된 사안 전부를 제대로 다룰 수 없다는 것도 알고 있다. 그래서 우리는 그럴 수 있는 척 허세 부리지 않으려고 스스로 경계했다! 다만 우리는 여러 문헌에서 교차하여 다루고 있는 핵심 주제들과 도움이 될 만한 관련 분야의 자료들을 소개하고자 한다. 아울러 변화의 동인(動因)과 관련해 영감을 주는 여러 사례에 대해서도 조명하려 한다.

따라서 이 책은 본질적으로 다학제적이고 교차적인 성격을 띤다. 또한 사회정의와 생태정의라는 관점에서, 그리고 민주주의는 완전한 투명성과 책임성을 갖춰야 하는 제도라는 관점에서 민주주의를 되짚어보는 것에 주안점을 두었다. 이 책은 식품산업 시스템과 연관된 억압의 교차 지점 몇 가지를 다루면서 겉으로는 서로 무관해 보이는 갖가지 문제가 어떻게 얽히고설켜 있는지 보여준다. (우리가 보기에는) 독특하게도 이 책은 고도로 산업화되고 집약적인 식품 시스템 문제 일부를 소비자시민, 노동자, 비인간동물, 환경 등 다중적이고 상호연결적인 관점에서 살펴본다.

우리는 먹거리와 환경 문제에 박식한 전문가 및 옹호자들과 직접 인터뷰하는 동시에 학술연구, 정책논문, 뉴스기사, 그리고 다큐멘터리 같은 대중적인 정보를 담은 자료를 활용해 이를 종합하고자 했다. 이 작업을 통해 지구 생명체의 미래가 불안정하고 불확실하긴 해도 긍정적인 변화가 가능할 뿐 아니라, 인터뷰 참여자들의 말처럼 많은 공동체에서 이미 그런 긍정적 변화가 일고 있다는 사실을 보여주고 영감을 줄 수 있기를 바란다.

이 책에서는 변화를 가능하게 하는 세 가지 주요한 방식이 있다고 가정한다. 하나는 관심을 가진 각계각층의 시민, 즉 여러 계급, 인종, 성별, 문화에 속하는 다양한 시민의 행동주의, 옹호 활동, 감정노동과 실천노동 등이다. 이들은 지금의 시스템으로 인한 피해, 특히 최악의 피해를 최대한 많이 또 가능한 한 빨리 투명하게 드러내고 없애려고 노력한다. 변화가 일어나는 또 다른 중요한 방식은, 종종 잊히거나 무시되기도 하지만 개인이나 공동체, 조직 등이 실용적 대안을 제시하며 새로운 삶의 방식에 대한 본보기를 보여주는 것이다. 억압적인 시스템을 변화시키는 세 번째 방식은 제도적 절차와 법의 대대적인 변화, 즉 사회 구조 차원의 변화다. 이 세 번째 방식은 대개 우리가 무력하다고 느끼게 되는 부분이어서, 정치적 스펙트럼의 모든 영역에서 사람들을 좌절시키곤 한다.

우리는 이 책에서 이 세 가지 방식 모두에 주목한다. 하지만 우리가 세계 경제 구조나 거버넌스 구조의 모든 측면과 의미에 대해 제대로 탐구했다거나, 전 세계 식품 시스템의 변화에 대한 놀라운 연구 저작들을 모두 탐독했다고 할 수는 없다. 식품 시스템에 대해, 온갖 종류의 식품 생산 노동자의 처우에 대해, 특히나 비인간동물을 식품으로 만드는 노동자에 대해, 그리고 기후붕괴에 대해, 사람들의 관심이 점점 높아지고 있다. 코로나19 팬데믹이 시작된 후 이러한 관심은 더욱 높아졌다. 우리는 여러 영역이 겹치는 이런 문제들에 대해 계속 이야기하면서 성공 사례를 늘려가는 것이 중요하다고 생각한다. 그러기 위해서는 폭넓은 시각이 필요하다.

비판적 인종이론 페미니스트이자 식품연구학자 A. 브리즈 하퍼 박사는 우리와 만났을 때 이렇게 말했다. "디스토피아적인 이야기는 우리를 무력하고 절망적으로 만들죠. 우리는 '유토피아적이고 회복 가능한 미래'로 향할 수 있다는 점을 다시 상상해서 보여줄 필요가 있어요. 이런 상상이 식품 시스템과 환경보호 논의에 절실히 필요한 희망과 회복력을 가져다 줄 것입니다."(2022년 브리즈 하퍼 박사와의 인터뷰) 인터뷰에 응해준 많은 분들의 말처럼 '인식체계의 대전환paradigm shift'에 대한 논의 역시 방향을 전환하여 소외된 목소리와 지혜를 최우선으로 삼아야 한다.

또한 우리는 지금 당장 혹은 조만간 사회의 긍정적 변화를 촉발할 수 있는 잠재적 해결책을 내놓는 동시에 인간이든 인간이 아니든 지금의 식품 시스템에서 가장 불이익을 받는 존재에 대해 이야기함으로써 온정적인 발전 방향을 찾아야 한다. 〈종차별 : 영화Speciesism: The Movie〉의 제작자 마크 드브리스에게 작품을 위한 조사를 시작할 당시 무엇을 알고 있었더라면 좋았을 것 같냐고 묻자, 그는 식품 시스템 개혁이 무엇보다 복잡한 일이라고 언급하며 이렇게 답했다.

우리가 일으키는 모든 변화에는 예상치 못한 결과들이 뒤따를 것이고, 우리는 결국 그 안에 도사린 온갖 문제들을 해결해야 합니다. 우리는 언제나 지적으로 겸허하고 새로운 정보에 열린 자세를 견지하여 그로부터 우리의 견해를 쇄신해야 합니다. 별로 빨라 보이지 않는다 해도 변화는 일어나고 있습니다. 장기적인 관점을 취하면 정신적으로 압도당하거나 소진되지 않고 침착하게 해결에 몰두할 수 있습니다. (2022년 마크 드브리스와의 인터뷰)

우리는 이 책이, 식품 시스템이 지닌 문제와 긍정적으로 변화해온 방식, 그리고 앞으로의 변화 방향에 대해 겸허히 고찰하는 책이 되길 바란다. 그래서 되도록 다양한 출처에서 얻은 자료를 제시하려고 했다. 인터뷰에는 선주민 원로들, 인종차별을 받은 사람들이나 인습적 소외계층Equity-deserving peoples*, 옹호자, 연구자, 협력자, 식품·윤리·사법 등 여러 분야의 학자들, 유기농 및 지속가능한 식품 시스템을 추구하는 농부와 생산자들, 동물 구조 및 보호소 종사자들, 학생, 정치인, 교육자를 비롯해 많은 분들이 참여해주었다.

다시 말해, 우리는 비인간동물, 노동자, 소비자의 안녕과 환경을 고려하여 식품 시스템을 재구축하고자 애쓰고 있는 사상가와 실천가들과 이야기를 나누었다. 그들의 의견은 이 책을 만드는

---

* 역사적으로 오랫동안 부당하게 차별과 배제 등의 불이익을 당해온 사람들을 뜻하며 국내에서 형평성요구집단 혹은 소외계층 정도로 번역되어 왔으나 이것만으로는 정확한 의미를 전달할 수 없어 인습적 소외계층 혹은 인습적 소외집단으로 번역함-옮긴이

데 큰 도움이 되었다. 참여자들이 공유해준 시간과 에너지와 영감에 경의를 표한다. 개인적으로도 이들과 이야기를 나누며 배울 수 있었던 점에 특별히 감사를 전하고 싶다.

이 책을 통해 산업화된 식품생산 시스템하에서 비인간동물의 삶을 충분히 살펴보려고 노력했다. 그런 노력 중 하나가 비인간동물의 상품화가 '정상적인' 것도 불가피한 것도 아니라는 사실에 주목하는 것이었다. 비인간동물에 대해 말하고 글 쓰는 방식을 되돌아보는 것 또한 그중 하나인데, 우리가 쓰는 언어는 문화적 이상과 가치를 형성하고 구체화하며 공유하는 데 일조하기 때문이다. 우리는 이 책 전반에 걸쳐 우리 인간 역시 동물이라는 점을 분명히 드러내기 위해 '비인간동물nonhuman animals' 또는 '다른 동물other animals'이라는 용어를 사용했다.

데이비드 니버트는 자신의 저작을 통해 우리 역시 동물이라는 점을 환기시키는 한편 "한 쪽에 (이성적이고 '교양적'이라 치부하는) '남성'이 있고 다른 한 쪽에 (열등한) 여성과 기타 동물이 있는 것으로 세상을 인식하는 견고한 가부장적, 이원론적 사고방식에 도전하는 방법"을 제시한다.[3] 그는 또한 '비인간동물'이라는 용어를 사용하는 의도가 종차별적 언어와 이해의 극복에 있다 해도, 이 표현 역시 인간을 기준으로 삼는 것이므로 여전히 불완전하다는 점을 상기한다. 또한 이 용어는 (침팬지같이) 인간과 꽤 닮아있는 존재들을 커다랗게 한 묶음으로 뭉뚱그려 놓거나, 각자의 개성이라든가 인간과 맺는 권력관계에 따라 생기는 (개나 닭 같은) 여러 종 사이의 차이를 제대로 잡아내지 못한다.[4]

육상동물 외에 우리는 어류fish를 식품에 활용하는 사례도 검토했다. 조너선 밸컴[5]과 이노우에 타이치[6]는 전체 종을 설명할 때 일반적으로 단수를 사용하는 것과 달리 복수형으로 "fishes"라고 쓰는 게 어떠냐고 강력히 권고한다. 밸컴은 "나는 이 동물들이 각각의 개성과 관계성을 가지고 있는 개별적 개체라는 사실을 인정하면서 복수형*으로 쓰는 것을 선호하게 되었다"고 한다.[7] 위의 두 저자는 어류와 기타 해양동물들이 인간에게 유용하다거나 상품화가 계속되고 있다는 점을 인지하는 것을 넘어, 그 이상으로 중요한 존재라고 인식하는 것 또한 우리에게 도움이 될 거라 여긴다.

우리는 이 책 전반에서 다른 동물을 평가절하하거나 '음식', '도구', '재산' 같은 것으로 한정지어 개념화하는 주류적 표현에 대해 독자의 주의를 환기하고자 했다. 또한 '사육동물farmed animals'이라는 용어는 거의 쓰지 않고, '동물을 식품으로 산업 생산industrial production of animals as food'한다는 식의 표현을 사용했다. 우리가 바라는 것은, 다른 동물에 대한 억압을 자연의 질서에 따른 것이라 정의하거나 대상화하는 것을 막고, 이들을 놀랍고 다양한 개별 개체로 인정하는 것이다.[8] 이런 노력으로 인해 글이 읽기에 다소 투박하고 번거로워질 수 있다는 건 알지만, 인간과

---

* 단수형으로 뭉뚱그려 부르기보다 그런 개체들이 여럿 모였다는 의미. fish의 우리말은 물고기가 대표적이지만 이 단어는 사람이 먹는 '고기'라는 표기가 들어가기에 번역어로서 사용하는 것을 되도록 지양하여 이 책에서는 주로 '어류'로 옮겼다. 하지만 어류라는 단어는 복수형으로 표기하더라도 개체를 지칭하지 못하는 한계를 지녔다. '물살이'로 표기하자는 흐름도 일부 있지만 이 단어 역시 어류뿐만 아니라 물에 사는 모든 생물을 지칭하게 되는 문제가 있다.-옮긴이

비인간동물이 서로 더 존중하고 온정적인 관계를 구축하려면 단어에 내포된 문제를 보여주는 것이 중요하다고 생각한다.[9] 또한 우리는 살아있는 동물을 고기나 식품으로 만드는 과정을 설명할 때 주로 'slaughter(도살)'과 'slaughter-house(도축장)'이라는 용어를 사용했다. 이런 용어는 업계에서나 기타 주류 서술기법에서 일반적이지 않지만 "그 담벼락 안에서 무슨 일이 일어나는지 서술할 때 명확성"을 부여하기 때문이다.[10]

드러나지 않고 묻혀 있는 것을 밝혀내는 일 역시 교차적이고 해방적인 연구가 지닌 중요한 특징이다. 사회학 교수인 패트리샤 힐 콜린스Patricia Hill Collins와 시르마 빌지Sirma Bilge는 "복잡성이란 교차성을 분석 도구로 사용하여 얻게 되는 결과물이 아니라, 교차 분석을 심화하는 그 무엇"이라고 설명한다.[11]

우리는 저자로서 우리가 누구인지, 어떻게 이 책을 만들게 되었는지에 대해서도 조금 털어놓고 싶다. 우리 가운데 누구도 편견 없이 현장 연구와 조사를 할 수 있다고 믿진 않지만, 우리가 솔직하게 툭 터놓고 이야기하면 독자들이 우리가 누구인지에 대해, 그리고 우리가 지금과 같은 사고방식을 가지게 된 경위에 대해 명확히 알 수 있을 것이라고 믿는다. 우리 모두는 각자 하고픈 이야기가 있지만, 이 프로젝트를 보다 편안한 마음으로 마주할 수 있도록, 우선 우리 삶의 여정에서 유사한 점을 찾아보는 것으로 시작하려 한다.

학문적 배경은 서로 다르지만 우리 둘 모두 학제 간 그리고 교차적 접근방식의 연구에 매진하고 있다. 가르칠 때나 연구할 때, 지역사회 봉사를 할 때도 둘 다 해방이라는 이상을 추구한다. 이러한 이상은 우리의 다양한 연구와 강의, 봉사활동 하나하나를 연결하는 토대가 되어준다.

우리는 둘 다 하위 중산층/노동자 계급의 '고기와 감자를 주식으로 삼는 소박한 가정meat and potato family'에서 자랐다. 채식주의나 채식 위주의 식단, 혹은 비건 생활방식 같은 것에 대해서는 전혀 알지 못하는 가정이었다. 테리는 어머니가 홀몸이 되어 가족이 일시적으로 사회복지 제도에 기대어 살게 된 적이 있는데, 이 시절 집에는 동전 투입구가 있는 '생활비 통'이 있었다. 동전의 일부는 '육고기' 쪽에, 일부는 '채소' 쪽에 들어갔지만 '간식' 쪽에는 아주 적은 돈이 들어갔던 것으로 기억한다. 트레이시는 부모님이 작은 상자에 봉투 여러 개를 담아두셨는데, 각 봉투에는 그 주의 예산을 넘지 않도록 생필품 별로 돈을 분배해 넣어두셨다고 회상한다. 이런 기억들은 모든 사람의 출발점이 같다거나 동일한 행동 변화를 보일 거라고 가정하면 왜 안 되는지를 더 깊이 이해할 수 있게 해준다.

우리는 지리적으로 상당히 떨어진 곳에서 자랐지만 이따금 우리가 자란 환경이 비슷하다는 점에 놀라곤 한다. 예를 들어, 우리는 둘 다 대학생이 될 수 있었던 첫 세대였고, 다른 동물과 자연에 대해 크나큰 감사와 존중을 가슴 속에 품고 자랐으며, 사람들이 서로 돕는 친밀한 시골 공동체에서 살았다. 테리는 지금은 누나부트Nunavut 자치구로 불리는 곳에 있는 북극권의 작은 촌락에서 어린 시절을 보냈으며, 땅과 다른 동물에 대한 이누이트 문화와 관습에 큰 영향을 받았다. 하지만 비인간동물에 대해 뿌리 깊은 공감이 있다고 해서 우리가 동물의 생명이 지닌 의미가 무엇인지 온전히 알 수 있었다는 뜻은 아니다. 예를 들어 이 책 프로젝트를 시작한 지 얼마 되지 않았을 무렵 캐나다와 웨일스의 가축 경매에 대해 이야기를 나누다가, 우리 둘 다 어렸을 때 이른바 우시장에 구경꾼으로 자주 갔었다는 사실을 떠올렸다. 솔직히 말해, 당시 우리는 우시장에서 우리가 목격하는 것이 무엇을 의미하는지 잘 알지 못한 채, 그저 노닥거리기 위해 그곳에 가는 걸 좋아했을 뿐이다.

우리 서로를 개인적으로, 또 이 프로젝트와도 연결해주는 흥미로운 유사점이 몇 가지 더 있다. 우리는 둘 다 엄마고, 지구에 행해지는 일에 대해 깊이 슬퍼하며, 우리 아이들과 그 아이들의 아이들 그리고 그 아이들의 후손을 위해 세상을 '온전하게' 남겨야 한다는 절박감을 느끼고 있다. 우리 둘 다 식물성 음식만 먹고 비건 생활방식을 위해 노력하는데, 우리 아이들은 채식을 하고 배우자들은 잡식성이다. 집에서 주로 우리가 식사를 준비하기 때문에 식구들도 채식 위주로 식사를 한다.

우리는 조기 발병 심장병과 같은 특정 유전 질환, 고콜레스테롤혈증이나 당뇨 같은 생활습관 관련 질환의 감소 등 채식 위주 식단이 배우자들의 건강에 미치는 긍정적인 효과를 직접 확인할 수 있었다. 또한 혼혈 자녀가 있는 가족 구성 덕에 식성의 차이와 선호도를 직접 경험하며 파악했고 독학으로 채식 식단의 '전문가'가 되었다. 게다가 우리는 친구들에게 조언을 구해 다양한 문화권의 채식 조리법을 시험해보길 즐기는데, 이는 미그막 학자 마거릿 로빈슨과의 인터뷰에서 강조된 중요하고 창의적인 도전이다.(2022년 마거릿 로빈슨과의 인터뷰)

우리는 소비자로서 식품을 고르거나 선택할 때 항상 바람직한 결과를 얻는 건 아니라는 점을 전적으로 인정하며, 결코 우리가 하는 선택 때문에 '남들보다 고결하다'고 느끼지도 않는다! 우리는 실제로 선택권을 가진 모든 사람이, 때로는 자신과 가치관이나 상황이 비슷한 다른 이들과는 상이하고 이해하기 어려운 우선순위를 기준으로 결정을 내릴 수 있음을 인정한다. 이 점에 대해서는 본문에서 더 자세히 다룰 것이다.

인터뷰에 응해준 거의 모든 분들이 지금의 경제 시스템에서 우리가 소비를 할 때마다 사회정의를 고려하기는 매우 힘들고 때로는 불가능하다는 사실을 지적했다. 게다가 우리가 이 책에서 주장하듯, '선택'에는 대개 특권이 결부되기 마련이다. 하지만 가족의 취향이나 식습관 차이 같은 것을 조율해온 우리의 경험은 채식 위주의 식품, 친환경적인 식단과 생활방식에 대해 고민하고 그 방향으로 전환하려는 사람들이 겪을 수 있는 여러 문제에 대한 답을 찾는 데 도움이 될 것이다. 뿐만 아니라 삶 속에서 변화를 추구하는 다른 이들을 위해 조언하는 데에도 도움이 될 것이라 믿는다.

이 책을 구성하는 과정에서 마주친 어려움 중 하나는 지금의 동물 집약적 식품 시스템이라는 한계 안에서 인간, 다른 동물,

그리고 환경이 직면한 방대한 문제에 대해 구체적인 해결책을 제시하는 것이었다. 우리는 이 셋을 하나로 모아놓고 셋 모두에 동등하게 중요성을 부여해야 한다는 사실을 깨달았다. 비인간동물에 대한 경시나 지속적인 (잘못된) 이용을 정당화하지 않으면서, 동시에 그 처우 개선을 위한 점진적 혹은 부분적 변화 방안을 제시하는 것 역시 어려웠다. 하지만 우리는 점진적 변화를 뒷받침할 방안을 궁리할 때, 특히 동물 복지 조치와 관련된 방안일 경우, 이것이 오히려 현상 유지의 근거가 되는 일이 없도록 경계해야 한다는 점을 분명히 알고 있었다.

다양한 신념체계와 관점을 지닌 사람들을 한데 모으는 효과적인 방법은 식품 시스템의 투명성에 집중하는 것이다. 사회학자이자 환경범죄학자인 에이미 피츠제럴드는 우리와 인터뷰하며 이렇게 말했다. "학생들에게 당부하는 것 한 가지는 자신이 소비하는 상품에 대한 정보를 모으라는 겁니다. 그리고 동물에 관심이 있든 없든, 투명성이 결여되면 우리 모두가 곤경에 처할 거라고 항상 강조합니다. 이건 사람들이 뭉쳐야 하는 그런 문제입니다."(2022년 에이미 피츠제럴드와의 인터뷰)

식품 시스템의 투명성 확보가 쉽지 않다는 것을 우리는 알고 있다. 식품 제조 과정에서 실제로 무슨 일이 벌어지는지 알아내기 어려울 때가 많기 때문이다. 그리고 이런 어려움이 투명성의 중요함을 한층 더 부각시킨다. 우리 스스로 이렇게 자문하게 되기 때문이다. 식품이 어떻게 만들어지는지 알아내는 게 왜 그렇게나 어려운가?

이 책에서 우리는 이러한 투명성 결여의 근본 원인에 대해 다룬다. 그리고 다른 연구자들과 옹호자들이 점점 더 넓은 시야로 제도를 수정해 나가는 것은 물론, 더욱 해방적인 접근방식으로 식품 시스템에 문제를 제기하며 변화를 이뤄내려는 것에 지지를 보낸다. 우리는 확고한 신념으로 사람들 사이를 중재하고, 교육하고, 온정적으로 행동하고 또 대응하려고 애쓴다. 또한 연구, 지역사회 봉사, 교육 등 모든 일을 할 때 사람들의 처지를 고려하며 다가가려고 노력한다. 우리는 대부분의 사람들이 죄책감이나 수치심을 느낀다고 해서 쉽게 달라지지 않으며, 현실적이고 지속적인 변화를 위해서는 시간, 에너지, 공동체 구축, 상호 이질적 관점에 대한 적극적 경청 같은 것들이 필요하다고 굳게 믿는다. 이 책을 읽으면서 여러분에게도 이런 변화가 일어나기를 간절히 바란다.

1장에서는 선주민을 비롯한 여타의 지식체계와 관점에 기대어 좀 더 진정성 있고 깊이 있는 형태의 민주주의와 민주적 책임성은 어떤 모습일지, 그것이 우리가 음식에 대해 생각하는 방식을 바꾸는 데 어떤 역할을 할 수 있을지 알아본다. 그 과정에서 '구조적 폭력(시스템에 존재하는 직간접의 모든 폭력)'이라는 개념을 사용하고, 지금의 세계 자본주의 경제라는, 내부의 자체 논리에 따라 움직이는 시스템의 맥락 속에서 논의를 이어갈 것이다.

2장에서는 기후변화와 생물다양성 파괴라는 맥락 속에서 세계 경제 시스템의 중요한 특징 중 하나인 '동물산업복합체'에 대해 살펴본다. 이 시스템이 자연과 토지, 비인간동물과 인간이라는 동물에 미치는 영향에 대해 간략하게 설명한다. 또한 음식이라는 주제를 중심으로 '발전'의 선형적 개념과 식민주의를 비판하면서, 토지와 다른 동물에 대한 '지배'에서 벗어나 지구의 '커먼즈commons'를 인정하고 보호하는 문화로 전환하는 것에 대해 논의한다. 여기서 말하는 커먼즈에 대해 옥스퍼드 영어사전은 "공동체 전체에 귀속되거나 공동체에 영향을 주는 토지나 자원"이라고 중립적으로 정의하고 있다.

3장에서는 인간과 비인간동물 모두를 위해, 다른 동물을 식품으로 만드는 산업화된 생산 과정에서의 노동에 대해 살펴본다. 이 장에서는 사례연구 접근법을 이용해 이러한 유형의 노동과 관련된 몇 가지 구조적 문제에 초점을 맞춘다. 그리고 코로나19 팬데믹 초기에 이러한 문제가 어떻게 악화되었으며 향후 질병 발생과 보건위기를 일으킬 위험이 있는지에 대해서도 살펴본다. 또한 동물을 산업화된 식품 생산에 이용하는 것에서 벗어나는 정의로운 전환이 지닌 저항과 가능성, 그리고 그 양태에 대해 검토하는 것으로 이 장을 마무리한다.

4장에서는 식민-자본주의 음식이라는 틀에서 현재의 동물 집약적 식품 시스템을 살펴보고, 이것이 소비자시민에게 어떤 의미가 있는지도 분석한다. 이 장에서는 음식을 인간의 기본권 관점에서 탐구한다. 산업 생산량 증가가 모든 사람에게 충분한 영양을 공급하는 것으로 이어지지 않는 현실을 다루고 나아가 식량 부족, 값싼 가공식품의 과잉, 불평등한 식량 분배, 식품 안전

저해와 같은 문제도 다룬다. 또한 동물의 질병이 종의 경계를 넘어 인간에게 전염되는 인수공통감염병과 그것이 불러올 결과에 관한 최근 논의에 대해서도 간략히 살펴본다.

5장에서는 다른 동물, 좀 더 분명히 말하자면 여러 비인간동물을 산업적 규모로 상품화하는 식품 시스템에 대해 살펴본다. 특히 캐나다, 미국, 유럽연합 같은 여러 나라의 일명 표준산업지침Standard Industry Practices 간 연관성을 조명한다. 이러한 이익 중심의 시스템은 개별 노동자와 소비자가 의도적으로 다른 동물에게 잔인하게 굴지 않더라도, (대개 비인간동물의 복지에 대해 고려하지 않는) 어떤 결정과 관행을 좀 더 수월하게 해준다는 취지이다. 아울러 민주주의를 촉진하려면 무엇을 바꾸어야 하는가라는 더 큰 틀에서의 비판적 분석의 일환으로, 비인간동물의 복지에 초점을 맞추는 것으로 이 장을 마무리한다.

마지막 장에서는 미그막의 '엡투압트멈크Eptuaptmumk' 또는 '두 가지 관점으로 보기Two-Eyed Seeing'라는 개념과 그 실천 및 구현에 대해 조명하고, '급진 민주주의'의 개념을 구체화하면서 온정적 식품 시스템에 걸맞은 특징들을 살펴본다. 투명성 확보의 맥락에서, 그리고 사회적, 생태적 정의로움의 전제조건으로서, 우리는 지구와 우리 인간을 포함한 모든 동물에 대한 피해를 최소화하거나 가능하다면 아예 없애는 것을 목표로 하는 예방적 경제 개발 접근법을 옹호한다. 또한 이 장에서는 지역에 뿌리내리며 좀 더 민주적으로 결정을 내리는 시스템으로 전환하는 데 필요한 인식체계 대전환paradigm shift을 반영하여 인터뷰 참여자들이 제안한 몇 가지 아이디어에 대해서도 고찰한다.

결론에서는 이러한 다양한 주제를 종합하여 식품 시스템 민주화 과정에서 마주하게 될 도전과 기회를 조명하고 향후 작업과 연구가 필요한 분야를 짚어본다.

1장

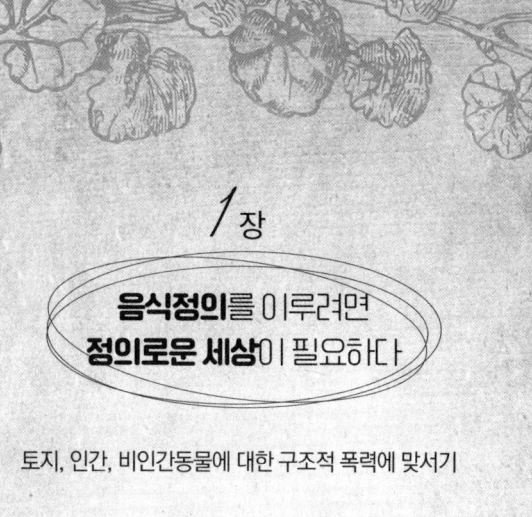

음식정의를 이루려면 정의로운 세상이 필요하다

토지, 인간, 비인간동물에 대한 구조적 폭력에 맞서기

저는 생태 한계(ecological limits)를 침해하는 것이
생태 불의(ecological injustice)의 시작이라는 것을
일찌감치 깨달았습니다. 이 깨달음이
기후변화에 대한 이해를 형성했습니다.
— 반다나 시바

★★★

우리는 음식이라는 주제를, 건강과 웰빙을 결정짓는 다양한 사회적 요인들과 긴밀히 연결하여 탐구해야 한다고 생각한다. 따라서 음식을 애초에 다른 영역과 분리된 연구 대상으로 보지 않는다. 또한 우리는 식품 시스템에 대한 사회적으로 정의롭고 생태적으로 책임감 있으며 투명한 접근을 중요하게 생각한다. 이러한 접근은 다른 생물종까지 포함하여 모두의 웰빙을 기본 원칙으로 삼는 보다 민주적이고 회복력 있으며 온정적인 공동체를 구축하는 데 매우 근본적인 요소가 된다. 지금부터 우리는 식량안보가 왜 음식'정의'에 달려있는 것인지, 그리고 음식정의는 어째서 모든 생명체와 자연에 관해 예방적으로 접근하는, 진실로 철저히 민주적인 정치·경제 시스템에 달려있는 것인지 탐구할 것이다.

우리는 모두를 먹여 살릴 만큼 충분한 식량을 생산하는 세상에 살고 있다. 하지만 유엔 식량농업기구FAO는 2021년 현재 기아에 시달리는 인구가 8억 2,800만 명으로, 2020년 대비 4,600만 명, 2019년 대비 1억 5천만 명 증가했다고 보고했다. 유엔 식량농업기구는 또한 31억 명의 사람들이 건강한 음식물을 접하지 못하는 것으로 추정했다. 전 세계에서 수확 후 소비 단계 전에 버려지는 식량은 약 14%에 달한다. 게다가 유엔환경계획UNEP의 〈식품폐기지수 보고서Food Waste Index Report〉에 따르면, 소매점과 소비자가 폐기하는 식품은 17%에 이른다. 우리가 폐기하는 음

식만으로도 매년 12억 6천만 명의 굶주린 사람들을 먹일 수 있을 것으로 추산된다.[12]

유엔 식량농업기구는 2013년에 발간한 혁신적인 보고서를 통해 전 세계 음식물 폐기량이 16억 톤에 달하고, 이로 인해 대기 중에 배출되는 온실가스가 33억 톤이라고 추정했다. 놀랍게도 우리는 전 세계 농경지 중 거의 30%를 음식 쓰레기를 만들어내는 데 쓰고 있는 것이다. 게다가 "국제자연보전연맹IUCN의 추적 보고에 따르면, 위험에 빠진 여러 동식물종을 위협하는 책임의 대부분은 농업에 있다."[13] 최근 몇 년간 이런 상황은 크게 달라지지 않았으며, 전 세계 온실가스 배출량 중 음식 쓰레기가 8~10%를 차지하는 것으로 추정된다.[14]

1996년 세계식량정상회의World Food Summit는 "식량안보는 모든 사람이 언제든지 경제적으로나 물리적으로 안전하고 영양가 있는 음식을 충분히 접하여 각자 필요한 음식과 좋아하는 음식을 먹고 건강하고 활기차게 살 수 있을 때 이룰 수 있는 것"이라고 선언했다.[15] 이 선언에는 '일부 사람들이 때때로'라거나 '주로 백인이', 혹은 '살면서 일정 시기에'라는 식의 언급은 전혀 없다. 명백하게 (우리가 강조하는 바와 같이) "모든 사람이 언제든지"라고 규정하고 있다.

우리는 세계적으로 명망 있는 식량 관련 기관들의 통계자료와 보고서, 인터뷰 증언을 바탕으로, 지금의 식품 시스템이 단순히 인류 대다수를 위해 작동하지 않는 정도가 아니라 동물과 생물다양성을 체계적으로 말살하는 동시에 기후변화에 심각한 영향을 끼치고 있다는 사실에 대해 논할 것이다. 앞으로 살펴보겠지만, 통계상으로 계급과 인종이 식량 불안정과 상관관계가 있다는 사실을 감안하면 식품 시스템의 개선 방안을 모색할 때 사회정의와 빈곤 문제를 함께 탐구하지 않을 수 없다.

분석가들의 말에 따르자면, 전 세계 식량 공급의 30%를 책임지는 소농들의 삶에서 이와 같은 상황의 단면을 적나라하게 접할 수 있다. 한나 리치는 "데이터로 보는 세상Our World in Data"을 인용해서 "전 세계 5억 7천만 개 농장 대부분(84%)은 2헥타르(6,050평) 미만의 소농"이라고 밝혔다.[16] 이들 대부분은 시골에 사는 사람들인데 극심한 빈곤과 기아에 시달린다. 우리는 앞으로 이 역설이 만들어지는 구조적 맥락을 탐구할 것이다. 세계식량계획WFP과 유엔 식량농업기구는 최근 보고서에서 전 세계적으로 "심각한 식량 불안"이 계속 심화될 것이며 "기아 취약지hunger hotspot"로 알려진 19개국의 상황은 더욱 악화될 가능성이 있다고 경고했다. 여기에는 아프가니스탄, 에티오피아, 나이지리아, 남수단, 소말리아, 예멘 등 굶주림을 겪을 것으로 예상되는 여러 나라가 포함되어 있다.[17]

여러 국제기구에서 식량 불안에 직면하는 인구의 증가치를 기후변화와 연관 짓는 일이 점점 늘고 있다. 2017년 세계식량계획 보고서에 따르면 에티오피아, 말라위, 짐바브웨, 케냐 등 아프리카 지역의 나라들에서 2천만 명 이상이 기후변화의 직접적 결과로 심각한 식량 불안을 겪었다. 유엔 식량농업기구와 '특별한 관계'를 맺고 있는 세계식량계획에 따르면, 라니냐 같은 기후붕괴

현상으로 2020년 말부터 특히 동아프리카, 서아프리카, 중앙아시아, 중미, 카리브해 등지에서 막대한 농작물과 가축의 손실이 발생하고 있다.[18]

세계 어디서든 식량안보는 비옥한 농경지의 존재 여부에 달려 있다. 자기 땅에서 쫓겨나 피난을 떠난 사람들은 필연적으로 식량 불안정성이 높아진다. 2021년 백악관 보고서에 따르면, 전 세계 강제 이주의 주요한 두 가지 원인은 기후붕괴와 분쟁으로, 매년 약 3천만 명이 자기 집과 땅을 떠나 피난을 간다.[19]

기후변화로 빙하가 없어지는 것도 세계적 식량 불안 요인 중 하나다. 흔히 빙하가 녹는 것은 먼 미래의 위협으로 인식되며, 사람들 대부분은 빙하가 녹는 것과 식품 시스템이 무슨 연관이 있는지 잘 알지 못한다. 케냐 산은 해빙과 식품 시스템의 연관성을 보여주는 단적인 사례다. 킬리만자로 다음으로 아프리카에서 두 번째로 높은 케냐 산의 여러 봉우리는 2030년까지 대부분의 빙하가 녹아 없어져 기후변화로 빙하가 없어지는 지구 최초의 산악 지역이 될 것으로 예상된다. 국제축산연구소ILRI에서는 다음과 같이 이야기한다. "케냐 산의 생태계는 2백만 명 이상에게 물을 공급하는 대체 불가능한 생물다양성의 중요 지점이며, 주변 지역은 오랫동안 동부 아프리카에서 가장 비옥한 농업 지대 중 하나였다."[20]

유엔환경계획에 따르면, 드넓은 아프리카 대륙의 경우 온실가스 배출량은 전 세계 배출량의 2~3%에 불과하지만 기후변화와 식량 불안 측면에서는 전 세계에서 가장 취약한 지역이다. 기후변화와 식량 불안에 대한 취약함이 불평등과 빈곤으로 이어지는 일은 세계 곳곳에서 일어나고 있다. 가난한 나라가 많은 글로벌 남부* 사람들, 특히 적도 인근 지역과 섬 지역 사람들뿐만 아니라 글로벌북부Global North의 여러 지역 사람들, 이를테면 캐나다 같은 곳의 사람들도 매우 위험한 상황에 처해 있다.

이러한 변화의 영향을 받는 사람들을 '구조적 폭력'의 피해자라고 표현해도 무리가 없다. 논쟁을 하자고 쓰는 표현이 아니다. 변화 과정에 적극적으로 기여하는 '시스템', 즉 정치와 경제 구조의 해악적 요소들을 파악하자는 것이다. 구조적 폭력이란 말은 마르크스주의에서 비롯되어 이후 평화와 분쟁 연구 분야의 주창자인 노르웨이의 사회학자 요한 갈퉁이 사용한 용어다. 갈퉁은 '폭력'이 매우 다양한 형태를 띨 수 있으며 제도적, 관료적, 문화적 관행을 통해 간접적으로 나타날 수도 있다는 것을 보여주었다.[21]

유럽 식민주의 기간에 활용된 제도적 인프라, 또 나치가 필요로 했던 제도적 인프라는 가슴 아픈 두 가지 사례다. 정치적, 경제적 제도와 절차가 어떻게 폭력을 허용하고 가능하게 하며, 경우에 따라 직접적으로 폭력을 유발하는지 제대로 알지 못하면, 인간은 대량학살을 비롯해 어떤 결과로 나아갈지 가늠할 수 없다. 따라서 이를 아는 것은 매우 중요한 일이다. 또한 어째서 평범한 사람들이 언제나 그 사실을 인식하지 못하고 폭력에 복무

---

* Global South, 주로 남반구에 많이 위치한 저개발국과 개발도상국을 통칭하는 용어. 지리적으로 지구 남반구에 위치한 국가들이 경제적으로 발전하지 못한 경우가 많다는 점에 착안한 용어로서 단순히 지리적 위치만을 의미하지는 않는다. 이와 대비하여 주로 북반구에 많이 위치한 개발선진국을 통칭하여 글로벌북부라 부른다.-옮긴이

할 수 있는지 이해하는 것도 중요하다.

구조적 폭력은 (빈곤율이 높은) 글로벌남부 사람들에 국한된 문제가 아니다. 상대적으로 부유한 글로벌북부의 많은 나라에서도 조직적 인종차별이 만연하며 이는 식량 불안정과 직결된다. 예를 들어 캐나다의 경우 식량 불안이 가장 심각한 가구는 선주민과 여러 소수인종 집단이다.[22] 당연히 계급 역시 식량안보에서 큰 몫을 차지하는 결정적인 요인이다. 일반적으로 가장 심각한 식량 불안에 처한 가구에 대해 조명할 때, 정책 중심 학제 간 연구집단 프루프PROOF는 "소득이 불충분하고 불안정하며 금융자산이 전혀 없거나 부족하고 신용거래에 접근이 어려운" 사람들을 거론한다.[23] 미국[24]과 영국[25] 전역에서 인종차별을 받는 사람들과 경제적으로 불우한 사람들 역시 이렇게 불평등한 식량 불안을 되풀이하여 경험하고 있다.

불평등하고 인종차별적인 식량안보의 현실은, 기후변화 영향과 대응을 둘러싼 투명성의 결여 그리고 적절한 책임의 부재와 결합되어, 식량 문제가 왜 사회정의와 생태정의의 문제인지 분명하게 보여준다. '식량안보'는 단순한 음식 섭취 문제를 넘어 많은 것과 관련되어 있다. 즉 우리가 먹는 음식이 어떻게 만들어지는지, 우리가 무엇을 먹는지, 또 그 음식이 어떻게 유통되는지에 관한 것이다. 이 모든 질문을 통해 이 책이 주장하는 바는, 좀 더 공평하고 인종적으로 공정하며 생태적으로 건전한 관행을 추구하기 위해서는, 지역 기반의 의사결정을 바탕으로 한 투명하고 '예방적인' 접근방식이 가장 효과적이라는 점이다.

토지와 우리의 관계 그리고 기후변화

이 책의 첫 장 초고를 편집할 당시 케이프브레턴 섬, 그러니까 이 땅의 선주민이 우나마기Unama'ki라 부르는 섬은 허리케인 피오나의 피해를 복구하는 중이었다. 피오나는 이론의 여지 없이 캐나다 대서양 해안을 강타한 사상 최악의 폭풍이었다. 기후과학자와 기상학자들은 이 폭풍이 닥친 시기가 예사롭지 않으며 그 위력과 파괴력은 전례 없는 수준이라고 했다. 이런 충격적인 강도는 북대서양 수온 상승과 직결된다.

기후과학자들은 조만간 이런 파괴적이고 치명적인 일이 갈수록 더 자주 일어날 것이라고 말한다.[26] 이런 일은 전 세계 곳곳에서 일어나고 있으며 그중 일부는 제대로 예측할 수조차 없다.[27] 이러한 상황에서 음식과 관련된 모든 논의는 토지가 복합적 과도기를 겪고 있으며 일부 지역에서는 급격한 변화를 맞고 있다는 사실에서 출발해야 한다. 미래의 식량안보는 토지에 달려있기 때문이다.

우리는 지구를 공유하는 모든 비인간동물과의 관계, 타인과의 관계, 토지와의 관계 등이 끊임없이 변화해 갈 것이라고 믿는다. 기후변화는 이러한 변화를 한층 더 급격하게 만든다. 전 세계 군대와 국제기구에서 경고하듯 기후변화의 위협은 미래에 최우선 '안보' 문제가 될 것이다. 로이드 오스틴 미 국방부 장관은 이를 "실존적 위협"이라고 정의했다. 어떻게 하면 이런 변화에 더 잘 대처해 건강에 좋은 식량을 계속 생산하고 나아가 상호 지원을 확보하여 다가오는 변화를 최대한 온정적이고 공정하게 헤쳐 나갈 수 있을까?

오늘날 해수면은 상승하는 중이고, 빙하는 녹아내리고 있고, 기후변화와 인간의 생산 및 소비 행태로 인해 전 세계에서 비인간동물이 살아가는 터전은 파괴되고 있으며, 매년 수천 종의 동식물이 멸종되고 있다는 사실을 우리는 알고 있다. 과학자들이 '보수적'이라고 평하는 동료검토peer-review 연구에 따르면 생물종의 개체 수 감소와 파괴는 "생물학적 멸절" 내지 "인류 문명의 토대에 대한 섬뜩한 공격"이라 할 수 있다.[28] 그렇기에 우리는 마땅히 이에 주목해야 한다. 다른 동물의 생명을 체계적으로 파괴한다는 사실이 불러일으키는 뚜렷한 공포 외에도, 우리에게는 이런 상황에 주의를 기울여야 하는 이기적인 이유가 있다. 인간이 다른 동물들 덕에 유지되는 '생태계 서비스'에 의존하고 있기 때문이다. 특히 인류의 식량 공급에 관해서는 더더욱 그렇다.[29]

미국의 국립야생동물연맹NWF은 이렇게 말한다. "생태계 서비스란 야생동물이나 생태계가 인간에게 제공하는 모든 긍정적인 혜택을 말한다. 이러한 혜택은 직접 혹은 간접적일 수 있으며, 클 수도 작을 수도 있다."[30] 국립야생동물연맹은 야생동물과 생태계가 제공하는 '서비스'를 네 가지 주요 영역으로 구분한다. 우리가 음식으로 먹는 과일과 채소를 제공하는 '공급 서비스', 식물이 공기를 정화하고 물을 걸러내며 박테리아로 폐기물을 분해하고, 꿀벌이 꽃을 수분하고, 생태계의 최정점 포식자와 기타 포식자가 개체군의 균형을 유지하고, 나무뿌리가 토양을 고정하고 침식을 방지하는 등의 '조절 서비스'가 있다. 또한 여가활동, 신체활동, 정신건강, 예술과 음악, 문화유산, 영성(靈性) 등과 관련된 '문화 서비스'도 있다. 마지막은 국립야생동물연맹에서 근본적인 '지원 서비스'라 부르는 것으로, 앞의 세 가지 서비스는 모두 이와 관련이 있는데, "광합성, 영양분 순환, 토양 생성, 물 순환과 같은 자연 과정에서 볼 수 있다. 지구는 이 과정을 통해 생태계 전체와 인간은 물론, 그 기본을 이루는 (단세포 미생물 등의) 기초적인 생명 형태를 유지할 수 있는 것이다. 지원 서비스 없이는 공급·조절·문화 서비스도 존재할 수 없을 것이다."[31]

이러한 생태계 서비스는 과거에도 파괴된 적이 있다. 지구의 화석 역사를 통해 다섯 번의 '대멸종'이 일어난 사실을 알 수 있다. 하지만 지금 우리는 인간이 불러일으킨 첫 번째 대멸종과 맞닥뜨리고 있다. 세계야생동물기금WWF은 다음과 같이 이야기한다.

> 여섯 번째 대멸종은 주로 (이뿐만은 아니지만) 지속가능하지 않은 토지 이용, 물과 에너지 사용, 기후변화와 같이 인간 활동으로 인해 발생할 것이다. 현재 모든 토지의 40%가 식량 생산을 위해 전용되었다. 또한 농업은 전 세계 삼림 벌채의 90%에 책임이 있고, 지구의 담수 중 70%를 사용하고 있으며, 생물 서식지 환경을 크게 바꿔버리면서 그곳에 서식하는 여러 생물종을 유린하고 있다. 생태계를 파괴하고 생물을 멸종으로 몰아가는 인간의 대표적 활동 중 하나가 어디서 어떻게 식량을 생산하는가라는 점은 분명하다.[32]

지구 민주주의Earth Democracy와 종(種) 민주주의

동화 작가 클라이드 왓슨Clyde Watson은 나무에 관해 이렇게 묻는다. "구부러지고 흔들리지만 도망칠 수 없다는 것은 어떤 느낌일까?"[33] 이 질문을 통해 그녀는 기후변화에 맞닥뜨렸을 때 많은 사람들이 느끼는 감정과 기후변화가 지구에서의 인간 생존에 가하는 매우 현실적인 위협을 포착한다. 이 질문은 또한 우리가 음식으로 소비하는 주변의 대다수 식물과 비인간동물 개체들의 '살아있음'에 대해서도 암시하고 있다. 이러한 살아있음에 대한 인식은 선주민들에게는 실로 자명한 진리다.

미그막의 장로 앨버트 마셜의 말처럼 음식에 대해, 또 더욱 민주적이고 온정적인 식품 시스템을 이루는 방법에 대해 생각하기 전에 우리는 먼저 땅과의 상호의존적 관계, 그리고 지구에서 우리와 함께 살아가는 식물을 비롯한 모든 생명체와의 상호의존적 관계에 대해 이해해야 한다('탈식민지화'에 대한 앨버트 마셜과의 지속적인 공동작업과 연구, 그리고 2022년 봄에 녹음된 대화). 비슷한 맥락에서 환경 및 산림생물학 교수이자 시티즌 포타와토미 부족Citizen Potawatomi Nation의 정식 구성원인 로빈 월 키머러는 이렇게 말한다. "선주민 수확자들의 전통적인 생태 지식에는 지속가능성을 위한 처방이 넘쳐난다. 이 처방들은 토착 과학과 철학, 생활방식과 관행 속에서 찾을 수 있으며, 무엇보다도 균형을 회복하도록 돕고 우리 자신을 다시 순환 속에 들어가도록 하기 위해 전승되는 이야기들 속에서 찾을 수 있다."[34] 최근 연구에서 키머러는 이렇게 말했다. "선주민의 관점에서 보면, 인간은 종 민주주의에 있어서 다소 모자라 보인다."[35]

연민compassion과 관련해, 특히 온정적인 식품 시스템에 대한 접근에 있어, 우리는 키머러의 '종 민주주의' 개념과 인도의 사상가이자 물리학자이며 환경운동가인 반다나 시바의 '지구 민주주의'[36] 사상에서 영감을 받았고, 이들의 관점에 깊은 공감을 느낀다. 키머러는 《종 민주주의*The Democracy of Species*》에서 이렇게 설명한다. "우리와 지구의 관계에 대한 이야기는 책보다는 땅 위에 더욱 진실하게 쓰여 있다. 이 이야기는 땅에서 계속된다. 대지에는 우리의 말과 행동이 새겨진다. 이야기는 땅의 복원은 물론 땅과 우리의 관계 회복을 위한 가장 강력한 도구 중 하나다. 우리는 어떤 장소에 깃든 옛이야기를 발굴하는 동시에 새로운 이야기들을 만들어가야 한다. 우리는 단순한 이야기꾼이 아니라 이야기 제작자이기 때문이다. 모든 이야기는 서로 연결되어 있으며, 새로운 이야기는 옛이야기라는 실을 엮어 만들어내는 것이다."[37]

이런 관점에서 종 민주주의는, 이야기의 제작자인 여러 동물이나 땅과의 관계를 위와 같은 방식으로 이해하도록 정치권과 경제계에 방향성을 제시할 수 있다. 또한 종 민주주의는 생태계를 건강하게 유지하는 식물에 대한 존중뿐만 아니라 '필수 종'의 일부로서 생태계 서비스를 제공하며 가능한 한 최선을 다해 살아가려고 노력하는 비인간동물들-그들의 복잡한 감정과 상호 관계까지 포함하여-에 대한 존중을 실천하는 데 있어 우리에게 지침이 될 수 있다.[38]

다소 차이는 있을 수 있으나, 우리의 관점과 본질적으로 일치하는 입장을 지닌 사례로 인도의 나브다냐 인터내셔널Navdanya International을 들 수 있다. 이 기구는 지역 공동체들과 함께 풀뿌리 현장에서 반다나 시바가 착안한 '지구 민주주의'를 구축하기 위해 애쓰고 있다. 나브다냐는 다음과 같이 말한다.

> 우리는 환경과 그 환경이 제공하는 자원을, 그리고 정의·공정·자원에 대한 권리에 동등한 무게를 두는 사람들을, 경제보다 더 중히 여기는 순환 모형으로의 전환을 촉진하기 위해 노력한다. 이는 지구와 사회에 대한 배려와 연민에 뿌리를 둔 대안적 세계관인 지구시민의식Planetary Citizenship의 새로운 비전이다. 이 비전을 바탕으로 인간은 인류의 살맛나는 미래를 만들기 위해 '되돌림의 법칙Law of Return'에 기반하고 생태적 책임과 경제적 정의가 중심이 되는 지구가족Earth Family을 이룬다.[39]

그리고 시바 박사는 지구 민주주의에 대해 이렇게 설명한다.

> 지구 민주주의는 특수성과 보편성, 다양성과 공통성, 지역과 세계를 연결한다. 이는 인도에서 '바수다이바 쿠툼바캄vasudhaiva kutumbakam(세계는 하나의 가족)'이라고 하는, 지구가 지탱하는 모든 존재의 공동체를 의미한다. 북미를 비롯한 전 세계 선주민들의 문화에서는 생명을 인간과 비인간 종 간의 연속체, 그리고 현재와 과거, 미래 세대 간의 연속체로 이해하고 경험해왔다.[40]

나브다냐의 프로젝트는 수천 명의 인도 농부들이 협력할 수 있도록 이끌었다. 뿐만 아니라 농부들이 농약과 유전자변형생물체GMO를 기반으로 하는 산업적 단일재배 방식에서 생물다양성이 풍부한 생태농업으로 전환할 수 있도록 도왔다.[41] 테리는 나브다냐에서 연구를 수행했으며, '세계시민과 온정적 사회'에 관한 강좌를 개설하여 학생들이 단기간 인도에서 생활하고 공부하며 일할 수 있도록 해왔다.

나브다냐 외에 시바 박사 개인의 여러 업적에 주목하는 것도 중요하다. 그 업적들은 그녀가 사상가이자 활동가로서 추진 중인 변혁에 대한 세계의 인정과 공감 그리고 가능성을 보여주기 때문이다. 시바 박사는 여성과 생태계를 위한 활동을 인정받아 1993년 (대안 노벨상이라 불리는) 저명한 '바른생활상Right Livelihood Award'을 수상했다. 또한 타임, 가디언, 포브스, 아시아위크와 같은 거대 미디어들로부터 세계에서 가장 중요한 활동가 중 한 명으로 선정되었다.

전 세계에서 발표되는 이러한 종류의 사유와 연구를 모두 살피는 것은 이 책의 범위를 벗어나는 일이긴 하지만, 지구 민주주의와 종 민주주의라는 발상에 뚜렷하게 나타나는 상호연결과 상호의존의 정신이 전 세계 문화의 언어와 관습에 반영되어 있다는 것은 분명하다. 예를 들자면, 고 데스몬드 투투 대주교가 "우리가 있기 때문에 내가 있다"는 문구로 표현한 남부 아프리카의 '우분투' 개념이나, 베트남의 정신적 지도자 틱낫한의 "연기적

Interview

반다나 시바 작가, 활동가, 식량주권 옹호자

저는 식량을 생명의 화폐라고 부릅니다. 그리고 생명의 화폐를 통해 생명의 흐름을 유지하는 것이 바로 음식정의입니다. […] 산업적 농업 방식은 이렇게 묻죠. 소에서, 토양에서, 식물에서 최대한 많은 것을 쥐어짤 수 있는 방법이 뭘까? 이건 인간의 필요 충족을 위해서라기보다는 시장에 상품을 공급하고 유통하기 위해서입니다. 그렇게 생명의 흐름은 물건과 상품의 흐름으로 대체되었습니다. 그리고 이 상품의 유통은 관계와 상호연결성을 차단하고 당연히 연민과 온정을 가로막았습니다. […] 그렇다면 공장식 농장에서 동물에 대한 폭력 문제를 해결하는 가장 좋은 방법은 무엇일까요? 공장에서 동물을 없애버리세요. 동물들이 가족 속에, 당신과 함께, 소규모 농가에 있게 하세요. […] 제 어머니는 동물을 가족으로 여겼습니다. 연민과 보살핌이 아주 자연스러운 방식으로 시작되는 곳, 그곳은 바로 가족의 품입니다. 어떻게 하면 최대한 많이 뽑아낼 수 있는지가 유일한 척도인 추출 경제에는 연민이라는 층이 존재할 수 없습니다. 연민은 관계 속에 있는 것입니다. (2023년)

존재(緣起的 存在, interbeing)*"라는 평등사상 등이 있다. 이 두 개념은 다른 많은 저작들에서 계속 분석되고 있다. 몇몇 선주민의 상호의존성 개념은 "나와 함께하는 모든 인연All my relations"으로 번역되는 "엠싯 노그막msit no'kmaq"이라는 표현에 상징적으로 담겨

* 모든 것은 인연에 따라 일어남, 세상 모든 것이 연결되어 있고 의존적이라는 의미-옮긴이

있다. 이는 이누이트 족이나 메티스 족 등 동물과 식물처럼 인간이 아닌 종을 동족으로 여기는 캐나다 선주민의 중심 사상이다.

비록 다른 방식으로 나타나기는 했지만 이러한 접근방식의 사례가 서구의 전통에도 존재한다는 사실을 인식하는 것 역시 중요하다. 과학적 인식체계에서 비롯된 알베르트 아인슈타인의 견해는 그의 수학자 친구이자 동급생인 마르셀 그로스만에게 보낸 편지에 설득력 있게 나타나 있다. 아인슈타인은 한 개인의 "고립되어 있다"는 느낌은 사실은 "자신에 대한 의식의 착각"이라고 썼다.[42]

이와 비슷하게 미국의 생물학자이자 생태학자인 에드워드 윌슨은 '생명 사랑biophilia'이라는 개념을 창안했다. 윌슨은 '생명 사랑'은 인간이 자연이나 다른 생명체와의 관계성을 추구하려는 욕구를 타고나며 이 욕구는 사실 유전적이라고 설명한다.[43] 이 개념을 중심으로 학파 하나가 등장하기도 했다. 또 다른 미국의 생물학자이자 생태학자인 알도 레오폴드는 '토지윤리'라는 개념을 만들었다. 명저 《모래 군의 열두 달*A Sand County Almanac*》(정한책방, 2024)에서 그는 생태적 '황금률'에 대해 설명한다.

> 아직까지 사람과 토지의 관계, 그리고 토지 위에서 자라는 동식물과의 관계를 다루는 윤리는 존재하지 않는다. 토지와의 관계는 여전히 절대적으로 경제적이며, 특권만 있을 뿐 의무는 수반되지 않는다. […] 내가 증거를 제대로 읽어내고 있다면, 인간의 환경에서 윤리를 이 세 번째 요소로 확장하는 것은 진화의 가능성이자 생태

적 필요성이다. […] 나는 현재의 보호운동을 그러한 긍정의 싹으로 본다.[44]

레오폴드는 환경적 가치는 다른 동물과 자연에 대한 감각과 경험을 통해 증진되는 것이라 믿었다. 자연 및 다른 동물과의 관계에 대한 다양한 개념화를 살펴보면 상호연결성에 대한 몇 가지 기본 전제가 여러 문화 전반에 걸쳐 공유되고 있음을 알 수 있다. 이러한 모든 접근방식은 개인주의적이고 이익 중심적인 소비 세계에 만연한, 인간과 비인간동물과 자연에 대한 상품화를 거부하는 동시에 본질적으로 우리가 서로 '연결되어 있다'는 관점, 그리고 모든 생명에 본원적 가치가 있다는 관점에서 출발한다.

"대승적(大乘的)" 연민을 통해 구조적 폭력에 대응하기

기후변화 문제, 그리고 다른 동물과의 관계나 땅과의 관계에 대해 고민할 때 우리는 다양한 전통의 정신에 의존한다. 이러한 관점에서 보면 모든 종과 모든 억압은 어떤 식으로든 연결되어 있다. 우리는 실존적으로나 생물학적으로 인간을 자신 외의 다른 사람과 비인간동물, 그리고 지구와의 복잡한 관계망 속에서 이해하는 상호의존성의 관점에서 출발한다. 이 관계망의 한 부분에 대한 가해와 폭력이 필연적으로 다른 모든 부분에 영향을 미치기도 하지만, 마찬가지로 다른 사람이나 비인간동물, 자연에 대한 급진적 혹은 '대승적' 연민은 치유와 변화를 이끌어낼 수 있다.

일상에서 대승적 연민은 어떻게 나타나는가? 테리가 주장했듯이는 개인의 차원을 넘어서는 것으로, 각종 사회 구조와 절차 그리고 여러 가지 공동 재산이나 공동 프로젝트 같은 것을 통해 나타난다.[45] 대승적 연민은 구조적 연민이다. 개인으로서든 아니면 대개 통제할 수 없다고 느끼는 특정 제도와 절차에 관여하는 경우든, 우리가 해를 끼치는 대상을 직시하는 것은 힘든 일일 수 있다. 그래서 다음 장에서는 부정, 슬픔, 무관심 등에 관한 문제들을 다룰 것이다.

우리가 서로 연결되어 있다는 것은 나쁜 면과 좋은 면을 동시에 지닌다. 우리는 이 책에서 식품 시스템과 관련된 이른바 '외부효과'에 대해 다룬다. '외부효과externality'는 때로 '파급 효과spillover'라 불리는데, 인권 침해, 환경오염과 환경적 인종차별, 기후변화로 인한 혼란, 비인간동물 학대, 미래의 건강이 달려있는 동식물 다양성의 파괴 같은 것이 이에 해당한다. 이 파급 효과는 개인의 이기심, 과소비, 탐욕, 착취 등을 강화하는 정치적, 경제적 관행에 의해 유지되고 증폭되는데, 이것이 민주적 사회라고 불리는 곳에 함께 존재한다는 것이 나쁜 면이다.[46]

그러나 우리가 다른 모든 존재와, 그리고 지구와 (과학 덕에 더욱 강하게) 연결되어 있다는 현실은 궁극적으로 좋은 면이라고 할 수 있다. 우리가 일상에서 개인으로서 하는 일들이 곧바로 긍정적 변화를 불러오는 힘이 될 수 있다는 점이 명확해지기 때문이다. 또 우리가 일상에서 하는 일이 중요하다는 사실도 마찬가지다.

우리는 많은 영역에서 행동할 수 있다. 예를 들면 역사에 대한 우리의 관점과 이해를 인간, 비인간동물, 더 크게는 생태계의 미래에 적절하고 도움이 되며 건강한 방식으로 전환할 수 있다.

법적 존재로서 '캐나다'가 저지른 선주민 학살이라는 유산과 씨름하면서 우리는 두 가지 진실을 인정하지 않을 수 없었다. 첫째, 선주민들이 이 땅에서 수천 년간 대지와 다른 동물을 존중하며 지속가능한 관계를 맺고 살아왔다는 사실이다. 둘째, 유럽과 영미계 백인 정착민들이 이 땅에서 자본주의 체제 아래 특권을 행사하며 지나치게 누려온 부와 이른바 '발전'은 오늘날까지지도 다양한 형태로 계속되고 있는 폭력, 노예제, 대량학살의 역사에 뿌리를 두고 있다는 사실이다.[47]

일부 역사가들은 산업화 이전의 유럽, 특히 봉건제를 탐구하면서 토지와 노동의 상품화를 향한 움직임의 핵심으로 인클로저 운동을 꼽았다.[48] 포스터와 버킷은 마르크스주의자들의 설명을 토대로, 이 시기에 노동자와 농민이 토지나 자연과 맺는 관계에서 근본적인 변화가 일어난 정황을 설명한다. 그들은 이렇게 말했다. "봉건 질서 아래서나 고대 세계에서 볼 수 있었던, 노동하는 사람과 흙을 이어주던 결속은 산산이 찢길 수밖에 없었다. 농민과 땅을 떼어놔야 공장의 생산 노동자로 흡수할 수 있었기 때문이다."[49]

이전에 누구든 채집, 사냥, 낚시, 동물의 방목에 이용할 수 있었던 공유지는 영국 의회에서 통과된 수많은 인클로저 법, 특히 1750년에서 1815년 사이에 통과된 법들에 따라 사유지로 뒤바

꿔어 버렸다. '커먼즈'로 알려진 이러한 토지의 사유화로 인해 사람들은 생존에 꼭 필요한 필수품들을 더 이상 얻을 수 없게 되었다. 별다른 생계수단이 없는 이들은 도시로 이주하여 새로 생겨나는 공장에서 임금 노동자가 될 수밖에 없었다. 민주주의 원칙에 뿌리박은 지속가능하고 인도적인 식품 시스템을 이룩하려면 '커먼즈'를 되찾는 것이 필수다. 그렇다면 21세기의 봉건적이지 않은 커먼즈는 어떤 모습일까? 그리고 이런 생각은 선주민의 지식체계와 권리 신장에 어느 정도로 부합할까?

유럽 국가들은 세계 곳곳을 식민지로 만들면서 자국의 이주민을 보호한다는 명목 아래 울타리를 설치하고 선주민들을 대대로 살아온 땅에서 쫓아냈다. 이후 그 땅은 이주민의 차지가 되었다. 마셜 장로는 식민주의 역사가 여전히 진행 중인 상황에서 겸손한 태도로 우리를 일깨우면서, 이러한 역사적 해악을 해결하려면 우리가 누구였는지, 지금은 누구인지, 또 어떤 사람이 되고 싶은지 (이상적으로는 7세대 앞을 바라보며!) 직시해야 한다고 조언했다.(2022년 봄 앨버트 마셜 장로와의 인터뷰) 마셜 장로는 또한 살아남으려면 자신 외의 다른 사람들이나 여러 비인간동물과의 관계에서 연민, 창의성, 회복력을 갖추어야 한다고 말했다.

마셜 장로는 선주민과 비선주민 청소년 모두의 권리 신장과 역량강화를 위한 탈식민주의 교육을 중시했다. 2017년 선주민 언어 교육가 모임에서 마셜 장로는 특히 식민주의가 교육에 미치는 영향에 대해 고찰하며 다음과 같이 말했다.

땅과의 연결을 잃고서 우리는 문화 전체를 잃었다. 땅과의 연결 없이 우리는 외부인의 손으로 만들어지고 형성된 교육 시스템에 우리 아이들을 내맡겨야만 했다. 대지와의 연결 같은 것은 전혀 없이 그렇게 끔찍하고도 조용한 방식으로, 교육은 새로운 형태의 대량 학살 수단이 되었다. 이 말이 다른 문화권의 여러 세대에 걸친 업적에서 배울 것이 아무것도 없다는 뜻일까? 그렇지 않다. 그런 생각은 우리 문화에 맞지 않다. 오히려 필요한 것은 균형을 바로잡는 것이다. 우리는 교육, 자연의 질서, 공동체 전승, 오랜 기간의 관찰 경험을 지닌 원로들의 지식 전수 같은 것들을 모두 잃어버렸다. 이제는 되찾아야만 하는 본질적인 것들이다. 가장 중요한 것은 교육을 통해 우리와 지구의 연결을, 그리고 지구에서 살아가는 여러 이웃 종들과의 연결을 회복하는 것이다. 교육을 통해 이런 근본적인 연결을 되살리지 않는다면 우리의 권리와 우리의 문화와 우리의 언어를, 그리고 우리 자신을 완전히 잃게 될 것이다.[50]

마셜 장로는 야외에서 땅에 기반한 교육을 통해 공동체 구축과 문화 교차적 학습에 중점을 두는 케이프브레턴 대학교의 다양한 공동체 계획과 실천에서 여러 저자들과 긴밀히 협력해왔다. 예컨대 '지식, 평화, 우정의 정원 프로젝트Knowledge, Peace, and Friendship Garden project' 같은 것들이다. 우리는 대학생이나 다른 여러 학습자를 야외에 데려가는 것을 포함하여 (강의실 강의 형식을 넘어선) 다양한 형태의 교육을 활용하는 것이 우리가 전 세계에서 고취하려는 가치들을 모형화할 수 있는 핵심 방안이라는 점에 의견을 같이한다.[51] 이에 대해 선주민 학자 마리 바티스트는 《교육의 탈식민화: 학습 정신의 함양*Decolonizing Education: Nourishing the Learning Spirit*》에서 다음과 같이 말했다.

> 교육은 가능성에 대한 믿음이고 지식체계에 대한 믿음이며 평범한 인간의 능력에 대한 신뢰이다. 교육자로서 우리는 인간의 본성에 내재하면서 다양한 상황에서 인간을 가난, 종속, 나약함, 무지에 던져 넣는다고 언급되는 그 어떤 것도 믿어서는 안 된다. 우리는 아이들이 특정 계층이나 성별, 인종으로 태어났다는 이유로 마치 운명처럼 그 한계에 갇혀 있어야 한다는 생각을 거부해야 한다. 우리는 학생들이 더 온전하고 자유롭게 살지 못하도록 가로막는 힘에 교사와 학생들이 함께 맞서 이겨낼 수 있음을 믿어야 한다. 모든 학교는 재생의 장소 혹은 변화의 현장이다. 그렇지만 교육은 해방의 수단이 될 수도 있고, 지배에 길들이며 지배를 유지하는 수단이 될 수도 있다. 교육은 신식민주의 방식으로 식민지화를 지속시킬 수도, 식민지를 해방할 수도 있다.[52]

바티스트는 또한 미그막 교육의 공동체적이고 체험적인 측면에 대해 구체적으로 이렇게 말한다. “자연과 함께 살아가며 얻는 동시에 의례와 전통을 통해 강화되는, 순환적이고 형식을 갖춘 지식과 가르침은 지식의 보유자들에게는 중요한 기준점이다.”[53]

이런 유형의 교수학습법과 비슷한 접근법이 다른 문화권에서도 인정받고 있다. 예를 들어 브라질의 교육자이자 활동가인 파울루 프레이리가 개발한 '대중교육' 방식이 있다. '비판적 의식화' 방식이라고도 알려진 이 방식은 교육이라는 상황을 활용하여 학습자가 세상에 긍정적 변화를 만들어낼 수 있도록 역량을 기르는 접근법이다. 이런 접근법은 우리가 공동체에서 일하는 방식에 적용되어 빈곤과 식량 불안 같은 다양한 형태의 억압들이 어떻게 서로 연결되어 있는지 인식하게 해준다.

이런 이유로, 비판적 인종이론 페미니스트이자 식품연구학자인 브리즈 하퍼와 같이 토지정의와 음식정의를 지지하는 많은 이들은 여러 쟁점의 경계를 넘나드는 교차적 접근방식과 언어 사용을 촉구한다. 소외와 배제의 다양한 층위 및 다층적이고 교차적인 억압 구조를 이해하는 데 도움이 되기 때문이다. 이와 관련하여 브리즈 하퍼가 캐런 워싱턴Karen Washington의 '식품 아파르트헤이트food apartheid' 개념을 해석하는 방식이 지닌 의의에 대해서 4장에서 좀 더 충분히 논의하기로 한다.(2022년 브리즈 하퍼와의 인터뷰)

옹호와 사회적 저항의 틀로서의 상호의존성

이 책을 집필하던 어느 시기, 저자들이 지역의 기후변화 대응 특별팀CCTF과 함께 오후의 활동 일정을 바삐 준비하던 때였다. 공교롭게도 허리케인 피오나가 들이닥쳤다. 그날 우리 섬은 문자 그대로 폭풍의 눈 한가운데로 들어갔다. 이날 행사에는 집회도 예정되어 있었는데, 정부를 대상으로 기후변화가 땅과 인간과 여러 비인간동물에게 미치는 다양한 영향을 인정하고 진정 우리가 기후 비상사태에 처했다는 생각으로 행동할 것을 촉구하기로 했다.

집회를 위해 만든 피켓에는 이런 문구들을 적었다. "모든 어린이가 소중하다. 일곱 세대 후까지 생각하라!" "제2의 지구는 없다." "식물성 플랑크톤을 구하자!" "석탄 그만, 석유 그만, 탄소는 흙 속으로!" 그리고 자긍심 깃발pride flag* 뒷면에는 "마음의 탈식민지화!"라고 적었고, 선주민 전사 그림을 넣은 피켓 뒷면에는 "고향 보장Homeland Security**, 1492년 이래 땅과 사람과 동물에 대한 테러와의 투쟁" "꿀벌을 위해 변화를Bee the Change***! 수분매개자를 구하자!" 등을 적어 넣었다. 인간과 비인간동물을 위한, 또한 환경적 조화를 위한 모든 정의의 투쟁이 떼려야 뗄 수 없이 서로 얽혀있다는 사실이 점점 더 많은 사람들에게 분명해지고 있다.

청소년들은 아마도 이러한 연관성을 우리보다 더 잘 이해할 것이다. 생물학과 학생인 오언 깁스 리치(테리의 아들)는 집회에서 꿀벌의 중요성에 대해 과학의 측면에서 연설했다. 오언의 관심사는 유엔 식량농업기구의 꿀벌 전문가들이 수행한 획기적인 연구로, 세계 식량 생산량의 3분의 1 이상이 꿀벌이라는 이 작은 생명체에

---

* 성소수자를 상징- 옮긴이

** 테러 방지 활동을 하는 국토안보부 기관명과 '고향을 보장'하라는 말을 대비시킨, security라는 단어가 가지는 여러 뜻을 이용한 언어유희- 옮긴이

*** Be동사와 꿀벌 Bee의 발음과 철자 유사성을 이용한 언어유희- 옮긴이

의존하고 있다는 사실을 밝혀내며 큰 반향을 일으켰던 연구에 있었다.[54] 많은 청소년들이 시위, 교육, 법제도 개선 등에 관심을 쏟고 있다. 이런 일은 세계 도처에서 조명받고 있는데, 스웨덴 환경운동가 그레타 툰베리가 시작한 '미래를 위한 금요일' 운동이나 캐나다 온타리오 주에서 현재 진행 중인 소송을 예로 들 수 있다.

캐나다 환경법을 근거로 하여 활동하는 비영리단체 '생태정의Ecojustice' 소속인 7명의 다문화 청소년이 온타리오 상급법원에 온타리오 주정부를 상대로 기념비적인 소송을 제기한 것이다. 이들은 주정부가 자신들과 미래 세대를 보호하기 위한 기후 계획을 계속 방기하고 있다는 혐의를 제기했다. 이 소송은 정부 정책에 대한 기후 소송이 법정에서 정식 심리를 받은 최초 사례다. 이들 주장의 요지는 권리자유헌장Charter of Rights and Freedoms 제7조와 제15조에 명시된 자신들의 권리, 구체적으로 말해 생명, 자유, 안전에 대한 권리와 법에 의거한 차별 없는 평등에 대한 권리를 침해당했다는 것이다.[55] 소송의 목표는 법원 명령을 통해 주정부가 과학에 기반하여 새로운 계획을 수립해 온도 상승 2℃ 이하라는 파리협정의 목표를 제대로 달성하는 데 전념하게 만드는 것이다.

한편 기후변화 대응 특별팀은 지역 단위에서 미그막 부족 원로와 청소년들과 함께 '사전예방원칙'을 포함하는 생태헌법 초안을 만들고 있다. 여기에는 토지와 인간, 다른 동물에게 미칠 피해 가능성과 피해 정도에 대한 사전 평가 없이는 개발 프로젝

Interview

오언 깁스 리치 케이프브레턴 대학교 생물학과 학생

저는 아주 작은 생명체들이 일반적으로 덩치 큰 생물들보다 더 큰 영향을 미칠 수 있다고 배웠습니다. 누군가가 덩치가 커다란 생물을 없애거나, 인간을 없애거나, 아니면 코끼리를 끝장내 버릴 수도 있을 거예요. 그러면 아마도 생태계에 큰 영향을 미치겠죠. 하지만 만약 식물성 플랑크톤이나 꿀벌같이 크기가 작은 어떤 종이 없어진다면 환경에 그야말로 재앙이 닥칠 겁니다. 이 조그만 종들은 종류도 굉장히 많고, 광합성이라든가 이산화탄소 제거라든가 우리가 먹는 식용 작물들을 수분한다든가 하는 굉장히 중요한 여러 가지 일을 합니다. 게다가 일반적으로 개체 수도 훨씬 많거든요. 얘들이 크기는 조그맣지만 전체적으로 보면 개체 수가 많기 때문에 오히려 코끼리나 다른 생물을 모두 합친 것보다 무게가 더 나가는 경우가 꽤 있습니다. 또 수가 엄청나게 많기 때문에 큰 변화를 불러올 수 있어요. 핵심은 얘들 덕에 다른 생물들이 살 수 있다는 것입니다.

미생물은 우리 없이도 살 수 있지만 우리는 미생물 없이는 살 수가 없습니다. […] 작은 생명체들을 보호하는 게 중요하다는 걸 아는 사람도 많지만, 대개는 환경보호를 위해 단체에 기부하는 이유가 팬더곰 같이 안아주고 싶은 동물을 보호하기 위해서일 거라고 생각해요. 물론 그것도 중요하죠. 하지만 팬더를 구하는 건 식물성 플랑크톤이나 더 조그맣고 덜 귀엽지만 환경을 위해 훨씬 더 많은 일을 하는 생명체들을 구하는 것보다는 한참 덜 유용한 일입니다. 그런데 보통 이런 작은 애들은 그저 과학계 안에서만 화제에 오를 뿐 일반인 사이에서는 잊힌 존재가 되죠.

제 생각엔 교육이 너무 부족해요. 미생물이나 벌 같은 생명체의 중요성을 더 많은 사람들에게 알려야 한다고 생각합니다. 사실 꿀벌

은 인기를 끌게 된 사례 중 하나랄까요. 벌을 보호하자는 사람이 많아지긴 했지만, 그건 아마 벌이 귀엽고 솜털이 보송보송해 보여서 그렇겠죠! 물론 우리는 판다와 코끼리 같은 덩치 큰 동물도 보호해야 해요. 하지만 작은 유기물과 생물들도 보호해야 합니다. 생태계 보호와 관련해 한층 더 포괄적인 일이니까요. (2022년)

트나 투자를 시행하지 않는다는 내용이 들어있으며, 그 입증 책임은 대중이 아닌 개발자와 투자자가 지도록 되어 있다(앨버트 마셜 장로 및 CCTF 조정위원회와 지속적으로 대화 진행 중).

안토니우 구테흐스 유엔 사무총장은 2022년 가을 유엔 총회 연설에서 2030년까지 탄소 배출량을 최소 절반 가까이 줄여야 하지만 인간의 화석연료 '중독'으로 14%가 증가할 것으로 예상된다고 경고했다. 특히 G20 국가의 지도자들에게 "화석연료 산업이 우리를 죽이고 있다"고 말하며, 석탄 사용을 단계적으로 중지하고 재생에너지에 투자하여 건강에 해로운 중독을 끝내자고 촉구했다.

한편 마셜 장로와 저자들은 2001년에 마지막 광산과 제철소가 폐쇄되었던 이 섬에서 돈킨Donkin 탄광이 재가동되는 현실에 직면했다. 탄광의 재가동은 탈공업화 이후의 지역사회에 극심한 환경오염을 초래하고, 암 발병률 상승과 심각한 중독 및 트라우마를 야기했으며, 아동 빈곤율을 전국 최악 수준으로 몰아넣고 있다.[56]

토지 및 다른 종과의 관계를 법률적으로 정립하기

자연이나 여러 비인간 종에게 '권리'가 있다거나 권리를 보유할 수 있다고 생각하는 세계 곳곳의 다양한 관점과 경험을 조명하는 것, 그리고 이러한 비인간 종의 권리가 '임의적' 관행을 넘을 수 있고 국내법과 국제법에 자리매김할 수 있으며, 따라서 재판의 대상이 될 수 있다고 주장하는 것은 중요한 일이다. 세계적인 견지에서 이러한 생각은 전혀 새로운 것이 아니다. '환경과 개발에 관한 리우 선언'(1992년 유엔)의 제15원칙은 '사전예방적' 접근방식이 실제적으로 어떤 의미를 지니는지 고찰하는 데 도움이 된다. "심각하거나 돌이킬 수 없는 피해의 위험이 있는 경우 과학적 확실성의 부족을 이유로 환경 파괴를 방지하기 위한 비용 대비 효과적인 조치를 연기해서는 안 된다."

캐나다, 미국, 유럽의 환경전문가들은 '사전예방원칙에 관한 윙스프레드 성명서Wingspread Statement on the Precautionary Principle'에서 다음과 같이 지적한다. "이러한 전후 상황을 볼 때 입증의 책임은 대중이 아니라 활동의 제안자proponet of an activity에게 있다."[57] 또 다른 사람들은 이러한 예방적 접근방식을 취하지 않는 행위와 정책은, 경우에 따라 종종 자연과 다른 여러 종에 대한 범죄로 규정될 수 있고 또 그래야만 하는 결과를 초래한다고 주장해왔다.

이러한 맥락에서 최근 몇 년 동안 '국제형사재판소에 관한 로마규정'에 '에코사이드' 범죄를 포함시키려는 노력이 계속되어 왔다. 2020년, 스톱에코사이드재단Stop Ecocide Foundation은 세계 곳곳에서 초빙한 형사법, 환경법, 기후법 분야의 전문성을 갖춘 변호사 12명으로 독립된 전문위원회를 구성하여 '에코사이드' 범죄의 실체적 정의를 마련하는 작업을 맡겼다. 이 전문위원회는 외부 전문가들의 도움을 받고 전 세계의 법률, 경제, 정치, 청소년, 종교, 선주민 지식체계 등의 다양한 집단과 공적인 논의와 협의를 거쳤다.

그들이 내린 정의는 다음과 같다. "에코사이드란 환경에 심각하고 광범위하거나 장기적인 피해가 발생할 가능성이 상당하다는 것을 알면서도 저지르는 불법적이거나 악의적인 행위를 말한다." 이 책의 당면 목적에 비추어 가장 중요한 이 용어는 아래의 내용으로 더 명확히 이해할 수 있다.

> '광범위'란 제한된 지리적 영역을 넘어서거나, 주(州)의 경계를 넘거나, 또는 전체 생태계나 다수의 종 혹은 다수의 인간이 입는 피해를 뜻한다. [⋯] '장기적'이란 돌이킬 수 없거나 적정한 기간 내에 자연의 회복력으로는 바로잡을 수 없는 피해를 뜻한다.[58]

다른 여러 종과 자연에 대한 보호는 이미 에콰도르와 볼리비아 등지의 선주민 및 그들과 국제적으로 연대 협력하는 사람들의 여러 풀뿌리 운동조직의 노력에 힘입어 각국 법률과 헌법에 포함되었다. 특히 2010년 4월에 열린 '어머니지구의 권리와 기후변화에 관한 코차밤바 세계인민총회Cochabamba People's

Conference on Climate Change and the Rights of Mother Earth'에서 '어머니지구의 권리에 관한 세계 선언Universal Declaration on the Rights of Mother Earth'이 발표된 이후 국제 협력과 국제법의 필요성에 대한 관심이 고조되었다.[59] 이 문서는 우리가 자연을 법적인 측면에서 어떻게 보아야 하는지에 대한 논의와 관련하여 여전히 중요한 참고가 되고 있다.

이 분야의 선두주자인 에콰도르에서는 당시 대통령이었던 라파엘 코레아 대통령이 '시민혁명'의 지원 속에서 제헌의회를 통해 헌법 개정을 주도했다. "생태계의 빼앗을 수 없는 권리"를 인정하고 이를 나라의 헌법에 확고히 자리 잡게 하는 것이 목표였다. 제10조와 제71~74조는 시민이 자연을 대신하여 정부에 청원할 수 있도록 보장했고, 정부는 권리 침해를 해결하고 조치를 취해야 한다고 못박았다. 제71조에는 이렇게 적혀있다.

> 생명이 번식하고 살아가는 자연, 혹은 파차마마Pacha Mama(잉카문명의 어머니지구와 같은 의미)는 그 존재에 대해서, 그리고 그 생명주기, 구조, 기능, 점진적 변화과정 등의 유지와 재생산에 대해서 온전히 존중받을 권리가 있다. 모든 개인, 공동체, 인민과 부족들은 공공기관에 자연의 권리를 확실히 보장할 것을 요청할 수 있다. 이러한 권리를 보장하고 제대로 실행되도록 하기 위해 헌법에 명시된 원칙들을 적절히 준수해야 한다.[60]

우리의 핵심 질문은 이렇다. 지역을 기반으로 하고 문화적으로 적절하며 민주적이고 온정적인 의사결정 체계와 식품생산 체계, 분리될 수 없고 또 결코 분리되어서는 안 되는 이 두 가지 체계를 전 세계적으로 어떻게 발전시켜 나갈 수 있을까? 이를 위해 어떤 노력을 해야 할까? 우리는 연구와 인터뷰에 몰두하면서, 우리가 이 지점에 도달하는 것을 막아서는 장벽들을 눈에 보이도록 드러내고 싶었다. 동시에 세계 곳곳에서 다른 종들과 조화를 이루며 이미 벌어지고 있는 경이로운 일들, 정원에서, 학교에서, 지역사회에서, 청정에너지 개발 분야에서, 혁신기술 분야에서 일어나고 있는 놀라운 일들에 찬사를 보내며 널리 알리고자 했다. 인간에게는 더 온정적이고 민주적인 세상을 만들 수 있는 다양한 도구가 있고, 많은 사람이 그에 대한 의지를 가지고 있으며, 그로부터 영감을 받을 수 있다는 것은 분명하다.

우리가 어떻게 여기까지 이르렀는지 확인하고, 최악의 피해를 막기 위한 즉각적인 노력을 지지하며, 대지 위에서 다른 여러 종과 문화와 어우러져 함께 살아갈 더 나은 길을 모색하는 것이 중요한 일이라 생각하면서 우리는 이 책을 집필했다. 반다나 시바는 '종 민주주의'에 대한 자신의 논고에서 더 큰 의미의 '우리 정신의 탈식민화'에 대해 언급했다. 로빈 월 키머러도 이렇게 말했다. "선주민의 관점에서 보면, 인간은 종 민주주의 차원에서 다소 하등한 존재로 간주된다. 인간은 창조의 아우라고 불리며, 따라서 어린 동생들이 그러듯이 우리도 연장자에게 배워야 한다."[61]

자본의 논리

우리 서로 간의 단절, 다른 동물과의 단절, 지구와의 단절로 생겨나는 모든 문제가 단순히 자본주의와 그에 따르는 산업적 식품생산 체계에 국한된 것은 아니다. 그러나 우리는 이러한 문제들을 자본주의 역사에 내재된 구조적 폭력과 그 폭력이 오늘날 나타나는 맥락 속에서 분석하고자 한다. 이것이 중요한 이유는 자본주의는 현 시기의 지배적인 체제이자 모든 나라와 문화가 가담하고 있는 체제이기 때문이다.

우리는 자본주의의 '진보적' 성과나, 비록 군사적 동기나 이윤 때문일지언정 자본주의 확장과 함께 이루어진 연구와 기술의 발전을 무시하지 않는다. 여기서 초점은, 수없이 많은 종에게 구조적 폭력을 가하는 수단에 기대지 않고, 사회의 이익과 공동선이라는 측면에서 지속적으로 우리에게 이로운 시스템이 어떤 것일까 하는 점이다.

이를 염두에 두고, 우리는 이 책에서 마르크스주의의 자본주의 비판에 뿌리를 두고 게리 리치 같은 많은 현대의 작가와 학자들이 발전시킨 '자본의 논리' 개념에 대해 언급할 것이다. 리치는 자신의 책 《자본주의: 구조적 대량학살*Capitalism: A structural genocide*》(2012)에서 기업 이익률을 높이기 위한 논리(및 실제로는 주주에 대한 수탁자의 법적 의무)가 구조적인 차원에서 필연적으로 억압적이고 폭력적인 결과를 불러온다고 설명한다.

리치는 의사 결정권자가 불평등, 빈곤, 영양실조, 사망과 같은 특정 결과가 불가피하다는 것을 알고 이를 상시적으로 목격하면서도 경제활동에 계속해서 관여한다면 그에게 고의성과 책임이 있다고 말할 수 있다고 주장한다. 그는 이렇게 말한다. "사회체계가 권력과 부의 불평등을 만들어내고 유지하여 특정 사회집단에게는 혜택을 주는 반면 나머지에 대해서는 기본적인 필요의 충족을 막는다면, 설사 의도하지 않았더라도 구조적 폭력이 존재하는 것이다. 그리고 그러한 불평등이 사회체계에 내재되어 있다면 그것이 구조적 폭력이다."[62]

세계보건기구WHO '세계보건관측소 자료저장소Global Health Observatory Data Repository'의 자료를 바탕으로 리치는 자본주의와 직접 관련된 여러 제도와 절차로 인해 매년 수백만 명이 헛되이 사망하고 있다는 사실을 밝혀냈다. 그는 이렇게 지적한다.

> 전 세계적으로 기아는 물론 예방과 치료가 가능한 말라리아, 설사, 결핵, 에이즈 등의 질병으로 매년 천만 명 넘게 사망하고 있으며, 그중에서도 사하라 이남 아프리카 지역이 가장 심각한 상황이다. 이러한 구조적 학살은 자본의 논리를 충실히 따른 행동의 직접적 결과다. 자본의 논리는 (부자 나라가 많은) 글로벌북부 지역의 식량안보는 물론 농업기업과 제약회사에게 막대한 이익을 보장한다. 하지만 일자리를 찾지 못하고 너무 가난해서 물건을 소비할 능력이 없는 인간에게는 가치를 두지 않는다.[63]

자본주의 시스템이 학살적이라는 리치의 결론에 동의하든 그렇지 않든 이 모형에 내재된 파괴적 특징에 대한 그의 분석은 프란치스코 교황, 나오미 클라인, 조지 몬비오, 토마 피케티, 반다나 시바 등 존경받는 다른 경제학자, 사상가, 실천가, 종교인들의 견해에 부합한다. 예를 들어 경제학자 토마 피케티는 부의 집중과 이에 따른 불평등이란 달리 말하면 자유시장 자본주의에 내재된 구조적 폭력이 밖으로 드러나는 것이라고 주장한다.

피케티의 핵심 주장 중 하나는 자유시장 시스템에는 원래부터 부의 집중을 증가시키는 경향이 있다는 것이다. 그가 제시한 해결책 중에는 자본에 대한 누진세global tax와 연간 50만 달러 이상의 소득자에 대한 징벌적 과세가 있다. 피케티가 이렇게 부자에게 세금을 부과하는 데 초점을 맞추자, 경제지 〈이코노미스트〉가 이를 문제시하고 나섰다. 전혀 놀랍지 않게도 "토마 피케티의 대히트작은 훌륭한 학문 저작이지만 정책 지침서로는 형편없다[64]"고 한 것이다. 물론 마르크스주의자들은 부자에 대한 과세가 재분배라기보다 실은 노동생산물의 진정한 가치를 그 생산자에게 되돌려주는 다소 불충분한 방법이라고 지적하겠지만.

2022년, 세계은행은 코로나19 팬데믹과 불평등 악화로 그해에 1억 9,800만 명이 '극빈층'에 추가되어 "지난 20년간의 진보를 되돌릴 것"으로 예측했다. 옥스팜은 세계은행의 자료를 바탕으로, 국제 식량가격 상승 하나만으로도 추가로 6,500만 명이 극빈층으로 내몰릴 것이라고 추정했다. 2022년 옥스팜 인터내셔널이 발표한 자료의 다음과 같은 내용은 피케티가 제안한 상대적으로 온건한 변화만으로도 어떤 결과를 가져올 수 있는지

통계적으로 보여준다.

> 코로나19 팬데믹으로 제반 비용이 불어나고, 팬데믹이 시작된 후로 억만장자들의 재산이 지난 14년 동안 늘어난 것을 전부 합친 것보다 더 많이 늘어났음에도, 각국 정부는 아주 극소수의 예외 말고는 최고 부유층에 대한 세금을 인상하지 않았다. 백만장자에 대한 연간 부유세를 단 2%, 억만장자에 대해서는 5%로만 시작해도 연간 2조 5,200억 달러*가 만들어진다. 이 돈이면 23억 명을 빈곤에서 벗어나게 하고, 전 세계에 충분히 공급할 만큼의 백신을 만들 수 있으며, 저소득 국가와 중저소득 국가에 사는 모든 사람에게 보편 의료와 사회적 보호를 제공할 수 있다.[65]

사회체계에 조금 더 많은 책임성을 부여하자는 피케티의 소박한 제안조차 〈이코노미스트〉가 보인 것 같은 부정적 반응에 직면했다는 사실은, 경제를 민주화하고 또한 시민성에 대해서나 자연과 다른 종에 대한 존중과 배려에 대해 의미 있는 계획을 세우려는 우리의 노력이 어떤 문제에 직면하는지 보여준다.

기업에 대한 끝없는 의존

급진 민주주의를 향해 나아가며 가장 시급히 해체해야 하는

---

* 2025년 기준 한화 약 3,500조 원-옮긴이

체계는 무엇일까? 아마도, 우리 삶에 영향을 미치는 결정들에 대해 시민이 제대로 통제력을 행사할 수 있도록 보장해야 할 민주주의 제도가 오히려 기업의 지배력을 허용하는 체계가 아닐까? 우리는 앞에서 모든 것을 도구화하고 상품화하는 자본의 논리가 구조적으로 얼마나 폭력적인지 살펴보았다. 자본의 논리는 서구 문화의 모든 측면에 스며들어 우리의 일상적인 행동에까지 영향을 미친다.

로널드 레이건과 마거릿 대처 이후 신자유주의 근본주의자들은 큰 정부가 빚어내는 의존성과 수동성에 대해 오랫동안 한탄해왔다. 하지만 복지국가 시기에는 전혀 상상조차 할 수 없었던 의존성을 이념적으로나 실질적으로 만들어내는 데 오히려 그들 스스로가 기여해왔다. 여기서 말하는 의존은 정부에 대한 의존이 아니라, 기업과 기업이 제공하는 것에 대한 의존이다.

우리는 기업에 너무 많이 의존하게 되어 탈출구를 찾기가 어려울 지경이다. 자동차에 쓸 휘발유를 사지 않을 수 있을까? 직장이나 사회에서 휴대전화 없이 지낼 수 있을까? 공급 기업이 저렴하고 환경 친화적인 에너지를 배제한다면 우리가 가정에서 그것을 이용할 방법이 있을까? 인권을 침해하고 생물다양성을 파괴하며 지속가능하지 않은 방식으로 생산한 음식과 의류가 가장 저렴하고 가장 쉽게 구할 수 있는 것이라면, 우리가 대단한 특권층이 아닌 한 그것 말고 다른 것을 구입할 도리가 있을까? 지금의 체계에서 대부분의 사람들은 그렇게 하고 싶어도 할 수 없다는 것이 진실이다.

이러한 의존성의 굴레에 광고와 소셜미디어가 윤활유를 치는데, 그것들은 (적어도 어느 정도의 특권층에게는) 손가락 하나만 까딱하면 모든 것을 이용할 수 있을 것같이 보이게 한다. 그 결과 주로 소비 행위를 통해 자신을 표현하고 또 자기 가치를 대변하는 소비자시민의 사회가 되었다. 신자유주의하에서 거세진 소비 광풍은 개인주의적 행동을 심화하고 반대로 집단의식의 약화를 불러왔다.

이것은 "권리와 특권에는 책임이 따른다"는 앨버트 마셜 장로가 강조한 또 다른 가르침으로 이어진다. 마셜 장로는 개인화된 사회에서 많은 사람이 서로에 대한 책임, 땅과 다른 종에 대한 책임을 잊어버렸다고 지적한다. 이러한 현상은 세상에 존재하는 방식으로서 공동선을 이루자며 현대 사회를 향해 가졌던 염원을 우리가 완전히 망각했음을 여실히 보여준다.

규제를 벗어나고 첨단기술로 강화된 신자유주의 자본주의하에서 지속적으로 영양을 공급받아 자라난 기업 의존성 때문에 우리는 계속 무관심 상태에 머무른다. 뿐만 아니라 우리 대다수는 인종차별, 성차별, 동성애혐오, 성전환혐오, 종차별, 장애인차별, 계급주의, 환경 파괴 같은, 세상에 만연한 구조적 폭력에 침묵하고 만다. 마셜의 말처럼 우리가 침묵하면 이러한 폭력은 언제까지고 계속될 것이다.

책임의 개념은 서구의 권리체계에도 내재되어 있으며 정치적, 시민적, 사회적, 경제적, 문화적 권리를 보호하고자 하는 다양한 유엔 조약과 협약에도 담겨 있다. 그러나 소피 라일리 같은 학자들이 지적했듯이, 규제가 점점 더 느슨해지는 신자유주의 시대에는 산업화되고 국제화된 관행을 따르는 기업들이, 이익을 위해 또는 사람들을 현혹하려고 기업들이 잘 쓰는 말인 '번영'을 위해, 책임의 원칙을 위반하는 행태를 저지르는 유혹에 빠지거나 그러도록 부추김을 당하고 있다.[66]

기업의 사회적 책임에 진정으로 관심을 가진 CEO가 없다는 말은 아니다. 캐나다의 전 녹색당 당수 엘리자베스 메이는 이렇게 말했다. "세상에 좋은 일을 하려는 CEO와 기업 이사회는 분명히 있습니다. 하지만 기업에 사회적 책임을 져야 할 어떤 내재적 의무가 존재한다는 개념은 직관에 반하는 것입니다. […] 법적으로 기업은 단 하나, 주주의 이익을 보장하기 위해 존재합니다."(2020년 다큐멘터리 〈새로운 기업The New Corporation〉에서 인용)

책임에 뿌리를 둔 식품 시스템이라는 대안적 미래는 궁극적으로 투명성과 책임성을 높이기 위한 노력에 달려있다. 이는 결국 급진 민주주의를 통해서만 실현될 것이다.

'대승적' 연민에 기반한 급진 민주주의 미래상을 향하여

그렇기에 우리는 기존 민주주의 구조에 의존하거나 이를 변형하는 것보다는 투명성과 진정한 참여 민주주의 원칙에 뿌리를 둔 구조적 변화를 주장한다. 우리의 이런 주장은 아주 단순한 전제에서 비롯된다. 시민이 자신의 삶에 영향을 미치는 여러 결정에 대해 실질적인 통제권을 갖는 것이 민주주의의 근본 의미라는 것이다. 테리가 다른 글[67]에서 주장했듯, 자유 민주주의는 역사적으로 자본주의와 연관이 있으며, 따라서 이는 삶에서 정치 영역과 경제 영역의 분리에 뿌리를 두고 있다.

그런데 민주주의가 (거주 국가에 따라) 정치 영역에서는 다양한 수준으로 구현되고 있지만 경제 영역에서는 일반적으로 매우 제한적으로 적용되고 있다. 경제 영역의 경우 식품 표시, 노동자 권리 또는 기업 대상 환경규제를 위한 표준 제정 등 국가의 규제나 복지 관련 정책 정도로 축소되는 경향이 있다는 뜻이다. 한편, 사람들의 일상생활에 직접 영향을 미치는 중요한 경제적 결정들은 기업의 이사회나 국제통화기금, 세계은행, 세계무역기구 같은 국제기구의 비선출직 기술관료들이 내린다. 중요한 것은, 자본주의하에서 민주주의는 우리가 성인이 된 후 대부분의 시간을 보내는 노동 환경이나 경제 전반에까지 보편적이고 실질적인 방식으로 확장된 적이 없다는 점이다.[68]

1970년대 후반부터 서구 열강이 추진한 신자유주의 정책과 경제적 세계화는 '선진' 자본주의 국가에서 민주주의의 공백을 초래했으며, 빈국이 많은 글로벌남부 지역과의 신식민지적 관계를 고착시키는 결과로 이어졌다(2022년 아비바 촘스키와의 인터뷰). 전 세계 민주주의 지형도를 보면 이 문제가 더욱 분명히 드러난다. 오랜 자유 민주주의 전통을 가진 국가들과 연관 지어 생각해 온 핵심 가치, 즉 우리 삶에 영향을 미치는 결정을 스스로 내릴 수 있는 영향력과 동등한 시민으로서 대우받을 권리(우리의 부는 우리의 권리 행사 능력과 아무런 관련이 없어야 한다)가 자본주의하에서 상당히 훼손되었으며, 그러한 가치의 훼손이 바로 자본주의의 핵심이라는 점은 경제학자가 아니어도 알 수 있다.

세계 경제의 진정한 민주적 책무성에 대한 실질적인 기대치가 얼마나 낮은지, 그리고 '선진' 자본주의 국가와 글로벌북부 기업 중심의 시각에서 평가된 (객관적인 분석으로 둔갑되는) 민주주의 순위가 정치적으로 얼마나 편향되었는지는 이코노미스트 인텔리전스 유닛Economist Intelligence Unit, EIU이 발표한 '민주주의 지수'[69]를 보면 꽤나 선명히 드러난다. 접근방식 전체에 결함이 있는 건 아니지만, 이 지수는 경제 영역보다 정치 영역의 민주주의를 훨씬 더 우선시한다. 특히 일종의 민주적 절차를 통해 기업 CEO같이 영향력 있는 경제적 의사 결정권자나 기업들이 일반 대중에게 어떤 식으로든 공개적으로 책임을 져야 한다는 제언 같은 것은 전혀 찾아볼 수 없다. 또한 권위주의 정부나 독재자를 지지하는 국가의 민주주의 순위가 훨씬 낮아져야 한다고 인정하는 일도 없다(러시아나 중국만은 예외로!).

우리는 서방 강대국들의 정치적 동맹 중 (국가가 중대한 인권 침해를 공모했다는 사실이 이제야 마침내 인정된) 콜롬비아나 (아파르트헤이트와 유사하게 국제법을 정면으로 위반하는 점령행위에 상시 관여 중인) 이스라엘처럼 대규모 인권 침해를 범했다는 충분한 증거가 있는 나라들을 미국에 필적하는 민주주의 국가로 간주하는 것을 목도하고 있다. 흥미롭게도 리치가 지적했듯 이 두 나라는 수년 동안 미국의 군사 원조 최대 수혜국 목록의 최상단을 차지해왔으며, 그 덕분에 미국의 군사 무기 생산업체와 하청업체는 막대한 이익을 얻을 수 있었다.[70]

한편 세계야생생물연맹World Wildlife Federation에 따르면, 2006년과 2016년에 '가장 지속가능한 개발 모델'이 된(이 결과는 세계야생생물연맹이 유엔 인간개발지수와 '생태발자국'을 이용해 도출했다) 세계적으로도 몇 안 되는 나라 중 하나인 쿠바는 '권위주의 정권'으로 간주된다. 쿠바에는 우리가 사회적, 경제적 민주주의와 동등하게 볼 수 있는 민주주의의 여러 중요 측면이 있다. 하지만 이런 측면은 미국과 캐나다를 포함해 대다수 국가에서는 인정하지 않거나 완전히 무시된다.

사실 쿠바에 대한 편견 때문에 서방의 여러 정부와 주류 언론들은 이러한 현실을 애써 외면하고 쿠바를 악마화한다. 쿠바의 사회주의 모델이 신자유주의적 정설의 권위에 도전하기 때문이다. 우리는 쿠바가 건강하고 저렴한 식품, 주택, 의료, 대학교육 등에 대한 민주적 접근을 우선시하여 이루어낸 놀라운 성과들에 대해 존중하고 겸손해져야 마땅하다. 아비바 촘스키 같은 분석가들이 주장하듯 쿠바는 문해율, 영유아 사망률, 교육, 의료 서비스 접근성에서 다른 글로벌남부 국가들을 한참 뛰어넘을 뿐 아니라 심지어 다수의 부유한 나라들보다도 낫다(2022년 아비바 촘스키와의 인터뷰). 실제로 쿠바인의 기대 수명은 79세로, 76세인 미국인보다 3년이 더 길다.[71]

흥미로운 것은 이코노미스트 인텔리전스 유닛이 아이티 같은 글로벌남부의 자본주의 국가들을 권위주의 국가라고 정확히 밝힐 때, 이들 국가의 지독한 불평등과 극심한 빈곤을 '자본주의적' 발전 모형과는 절대 연관짓지 않으면서, 유독 쿠바의 문제들은 언제나 '사회주의적' 정책과 연결시킨다는 사실이다.

또한 이코노미스트 인텔리전스 유닛은 '국가 주권'을 '민주주의의 기반'이라고 하면서도 신자유주의 규제 완화가 국가 주권에 미치는 부정적 영향에 대해서는 제대로 고려하지 않는다. 신자유주의 정책들은 대다수 글로벌남부 국가들의 역량을 약화시켜 그들이 자국민을 제대로 먹여 살릴 수조차 없게 만들었다. 국제 무역규칙과 여러 국제기구에서 강요한 각종 구조조정과 대출 조건 때문이다.[72] 시바를 비롯한 전 세계 여성 학자, 생산자, 과학자, 활동가들은 식량주권과 진정한 민주주의 혹은 급진 민주주의의 관계, 여성 역량강화와의 관계, 생물다양성 손실 및 기후변화 대처 노력과의 관계 등에 대해 설득력 있는 주장을 펼쳐왔다.[73]

이 책 전체에 걸쳐 주장하듯이, 우리 사회에서 가장 중요하고 영향력 있는 의사 결정권자가 배제된 민주주의가 의미하는 바는 무엇일까? 그런 민주주의가 진정으로 시민 대다수의 이익에 복무할 수 있을까? 우리는 이미 글로벌북부 대부분은 물론 세계 도처에서 주류가 된 지금의 '민주주의 국가들'이 자연의 권리나 다른 종의 권리를 효과적으로 뒷받침하거나 존중해오지 못했다는 것을 알고 있다. 슬프게도 이는 자본주의의 신자유주의적 양상에 국한된 것이 아니며 2차 대전 이후 케인스 학파 시대의 규제와 보호정책이 붕괴된 이후부터 한층 더 뚜렷해진 현상이다.[74]

자본주의 체제하에서 비인간동물을 포함하여 다수가 겪는 극도의 비참함과 고통, 글로벌남부의 대다수 시민이 직면하고 있으며 글로벌북부에서도 점점 많은 사람들이 맞닥뜨리고 있는 빈곤과 불평등은, 지금의 체제 속에서 지나칠 정도로 많은 혜택을 받고 있는 사람들에게는 경각심을 일깨울 모닝콜 같은 것이라 할 수 있다. 북부와 남부의 관계성 분석에 따르면, 유엔 안보리의 여러 결의안을 보든 아니면 주요 글로벌 경제기관의 정책을 보든, 세계 시스템에는 글로벌북부 지역의 경제와 문화에 유리한 구조적, 제도적 편향이 계속되고 있다.

주류의 정치, 경제 담론과 언론들은 북부와 남부의 다수가 지지하는 관점, 문화적 시각, 구체적 대안 등에 대해 대체로 외면하거나 적극적으로 맞서기도 한다. 이를 보여주는 명백한 사례가 최근 몇 년간 베네수엘라, 볼리비아, 에콰도르, 니카라과 등지의 지역사회와 정부 정책들을 통해 드러난 진보적 대안들에 대한 여러 반응이다.(2022년 아비바 촘스키와의 인터뷰)

우리가 앞서 주장했듯 '타인의 안녕welfare of others'을 다른 종들과 자연에까지 확장하고 이를 되도록 법과 정책에 반영할 때, 민주주의의 상이 급격히 바뀌고 온갖 새로운 가능성의 길이 열리기 시작한다. 그러나 민주주의가 실종되어 가는 글로벌북부의 '공동화(空洞化)' 현상에 대해 이해하려면 신자유주의 시대에 국제무역과 국가 규제의 틀이 어떻게 바뀌었는지 알아야만 한다. 또한 이 과정에서 일어나는 환경적 영향과 글로벌남부에서 신자유주의가 구현되고 있는 명백히 '신식민지적인' 방식을 사회정의라는 맥락에서 살펴보는 것도 중요하다.[75]

Interview

아비바 촘스키 라틴아메리카 역사학 교수이자 활동가

저는 콜롬비아에서 노동 및 노동 탄압 문제에도 관여하고 있습니다. 세레혼 광산 관련 행사를 계획할 때였는데 게리[리치]가 우리가 주최하는 컨퍼런스에 노동조합을 초청하자는 아이디어를 냈습니다. 하지만 저는 그랬죠. "와, 그거 참 가능성 없는 얘기네요. 그렇지만 해보죠, 뭐. 하자고요." 그런데 웬걸, 노조 위원장은 컨퍼런스에 큰 관심을 보였습니다. 아이디어는 광산에 반대하는 지역사회의 목소리를 내는 토론장을 여는 것으로, 광산 뒷마당에서 행사를 개최하자는 것이었습니다. 컨퍼런스에 참석한 노조 위원장이 나중에 저와 스티브[스트리플러(Striffler)]와 게리에게 다가와서는 행사가 정말 뜻깊었고, 이 문제에 대해 뭔가 조치를 취해야 한다고 했습니다. 그날을 마무리하고 우리 넷은 한잔하러 나갔는데, '와우, 뭔가 해야겠다. 정말 대단하다'는 일종의 희열이 느껴졌어요! 그리고 나중에서야 '와, 이게 탄광이구나, 이게 기후 문제구나' 하는 생각을 했죠. 그때부터 화석연료와 자본주의에 대해 고민했는데, 그게 지금 제 생각의 많은 부분을 차지합니다. 환경 파괴는 자본주의의 속성이고, 화석연료 역시 확실히 그렇습니다.

[라과히라] 지역의 역사를 연구하면서 저는 그곳 선주민들이 어떻게 자치권을 유지해왔는지, 그리고 왜 20세기 말에 그들의 자치권이 약화되었는지 알아보고, 기후변화가 그 요인 중 하나인지에 대해 살펴봤습니다. 그곳 지역 공동체들은 자신들이 가장 큰 원인으로 생각하는 탄광으로 인한 오염뿐 아니라 오랫동안 가뭄의 영향도 받고 있습니다. 광산에서 물을 쓰면서 파내려가는 바람에 지하수면이 붕괴된 것도 그렇지만, 기후변화에 따른 날씨의 변화가 가뭄을 악화시킵니다. 저는 이 지역 공동체들이, 어떤 원인도 제공한 적 없는데 문제의 주요 피해자가 되어버린 제3세계 지역 공동체들을 대표하는 상징처럼 느껴집니다. (2022년)

신자유주의와 '발전'이라는 신화

우리가 '신자유주의'와 연관 짓는 '경제개방' 과정은 지난 40년 동안 전 세계에서 진행되어 왔는데, 글로벌남부의 경우 주로 IMF와 일명 '구조조정 프로그램Structural Adjustment Programs, SAPs'이라고도 불리는 IMF의 경제개혁 프로그램과 관련이 있다. 이 시대의 특징은 경제활동의 초국가화라 할 수 있다. 각국의 생산과 소비 방식이 국가 단위에서 초국가적으로 전환되었기 때문이다.

초국가화를 옹호하는 사람들의 말대로라면, 이 과정은 전 세계 모든 나라에 번영을 약속하고 '제3세계'를 '제1세계' 수준으로 끌어올릴 수 있어야 한다. 그러나 수십 년간의 신자유주의 세계화에도 불구하고 이른바 '발전'이라는 것은 여전히 인류 대부분을 요리조리 피해가고 있다. 2차 대전 후 유엔의 틀이 만들어지고 '탈식민지' 과정을 거치면서, 논란의 여지는 있지만 한국 말고 '제3세계' 나라 중에서 '제1세계'가 된 나라는 단 한 곳도 없다. 한국만이 이러한 규칙의 예외이다. 게다가 한국의 발전은 신자유주의 정책의 결과가 아니라 케인스주의적 규제 자본주의에 더 가까운, 국가의 대대적인 경제개입의 결과였다.

IMF 프로그램의 초점은 '거시경제 안정화', 효율성, 성장이다. IMF의 개입이 시작되면 언제나 균형예산을 위한 긴축재정, 국영기업 민영화, 외국인 투자장벽 축소 등이 뒤섞인 정책의 혼합, 다른 말로 하면 규제완화가 이루어진다. 바로 여기에 문제가 있다. 대개 현명한 재정 관리를 위한 중립적이고 전문기술 집약적인 정책이라며 제시되지만, 이 규제완화의 과정은 IMF와 WTO가 추진하는 모든 정책과 마찬가지로 매우 현실적인 이데올로기적 함의를 지닌다.

예를 들어, 2차 대전 이후 각국 정부가 수립한 많은 규제체계는 경제활동으로 인한 피해나 고통에서 국민을 보호하기 위한 목적으로 마련되었다. 여기서 말하는 피해란 인간/노동자가 입는 피해, 비인간동물이 입는 피해, 소비자가 입는 피해, 환경 피해, 그리고 좀 더 체계적인 차원에서 민주적 권리에 대한 피해 같은 것을 말한다. 각종 규제라는 것은 결합투성이 자본주의 체제 안에서 대다수 사람들의 권리와 행복을 보호하기 위해, 그리고 다른 종이나 환경에 대해서도 권리와 행복을 보장하기 위해 시도한 여러 방법 중 하나라 할 수 있다.

반면에 경제개방과 규제완화는 우리 모두가 문화와 삶의 방식과 독창성을 공유할 수 있는 방법이고, 다른 국가들과 교역하며 투자를 받는 것은 본질적으로 좋은 것이라는 가식적인 주장도 있다. 하지만 현실적으로 규제완화의 틀 속에서 자본주의 발전이 가져오는 개방의 여러 혜택을 실제로 누릴 수 있는 것은 오로지 몇몇 특정 주체들뿐이다. 이 영역에서 종종 좌파와 우파의 정견이 수렴되곤 한다. 서로 시각은 많이 다르지만 최근 몇 년간 벌어졌던 많은 우파나 좌파 성향의 시위는 민주적 통제와 책임성에 대한 상실감을 반영한다고 할 수 있다(예를 들어, 브렉시트, 도널드 트럼프 당선, 코로나19 기간 중 캐나다의 트럭 캐러밴, 반세계화 운동, 점령 운동 등은 최근 사례 중 몇 가지에 불과하다).

현실적으로 법이 말하는 경제적 '개방'은 경제 주체의 이익을 중심으로 설계되며, '권리'란 이러한 주체 중 가장 크고 강력한 자들을 위한 것이다. 이러한 상황 변화는 기업의 법적 개념이 권리를 보유하는 '인격체'로 확장되면서 한층 더 큰 불안을 불러온다. 미연방대법원의 2010년 시민연합Citizens United 판결이 대표적인데, 이 판결은 기업이 연방 선거, 주 선거, 지방 선거 캠페인 등에 기업의 입맛대로 돈을 쓸 수 있도록 전권을 부여했다.

중대한 영향을 미치는 '개발' 활동을 민주적인 감독에서 분리하는 것은 정치적 색채와 무관하게 '민주주의 국가'의 모든 시민이 관심을 가져야 하는 문제다. 최근 캐나다 선거 참관단이 실시한 인터뷰의 일환으로 콜롬비아 주재 캐나다 대사관 인권 담당자와의 만남을 통해 우연히 이러한 현실의 뚜렷한 사례를 하나 접하게 되었다. 기업의 사회적 책임CSR이라는 주제로 책을 출판하기도 한 이 청년은 인간과 비인간동물이 살던 곳에서 쫓겨나거나, 물과 땅이 오염되고 생물다양성이 훼손되고 수분매개자 서식지가 파괴당하거나, 사람들이 영양실조로 죽어 나가는 지역 공동체 여러 곳을 방문했다. 이 모든 일들은 광산 기업들이 물길을 멋대로 돌려버리고 수원지를 오염시켜서 일어난 것이었다.[76] 그의 말로는 이것이 기업의 잘못이라는 것을 지역 공동체 사람들이 '증명'하는 것은 아주 어려운 일인데 대사관에서는 관련 증거 없이는 아무 조치도 취할 수 없다고 했다고 한다.

테리는 최근 라과히라La Guajira 지역에서 주로 식량작물에 관개할 물이 부족해지는 바람에 와유Wayuu 부족의 어린이 약 5천

명이 영양실조로 사망한, 관련 증거가 차고 넘치는 사례를 언급했다.[77] 휴먼라이츠워치Human Rights Watch 측에 따르면, "콜롬비아 고등법원이 이 지역에서의 채굴로 인해 일부 와유 부족 공동체의 경우 수질이 악화되고 물의 이용을 제한받았다[78]"고 밝혔다는데, 이 참극에는 정부의 부패와 기후변화도 일조했다고 한다. 이 지역의 주요 광산회사는 세계 최대의 노천탄광을 운영하는 '세레혼 광산회사Cerrejón Mine'로, 이 회사는 외국인이 소유하고 있으며 캐나다, 미국, 유럽에 발전용 석탄을 공급하고 있다.

채굴로 인해 와유 부족과 아프리카계 콜롬비아인 공동체들은 집과 땅에서 쫓겨나기도 했다. 이 같은 인권 위기에 대한 여러 보고서들은 채굴활동이 이 지역의 인간뿐 아니라 새와 벌, 나비 같은 수분매개자, 지역 하천의 어류를 포함하여 지역사회의 전반적인 생물다양성 등 비인간동물에게 미치는 여러 영향을 상세히 밝혔다. 하지만 이러한 우려는 '권리'와 관련된 사안에 민감하게 반응하는 대사관의 레이더에조차 포착되지 않았음은 물론이고 투자자들의 의제에도 오르지 않았음이 확실하다.[79]

캐나다 대사관 담당자가 분명히 밝힌 것처럼, 인권 포트폴리오와 무역 포트폴리오의 의제는 뚜렷이 구별되고, 심지어 대개는 상충한다. 그는 무역은 "캐나다인의 번영 증진"이라는 명백한 목표를 가지고 있는 반면, 인권 포트폴리오에는 콜롬비아 국민의 인권 상황에 대한 조사와 보고만 담길 뿐이라고 설명했다.

불편한 사실은, 콜롬비아 시민에 대한 가해를 인정하긴 하지만 이는 무역 관계에서는 필수 안건 뒤에 따라붙는 부차적 문제로 치부되며, 일반적으로 인간, 비인간동물, 자연 등에 대한 가해는 불가피한 것으로 간주한다는 것이다. 기업의 이러한 활동이 완전히 합법적이라는 사실 때문에 그들의 가해는 한층 더 강화된다.

어떻게 그렇게 많은 사람들은, 특히 글로벌북부와 글로벌남부의 특권층은 그토록 많은 해악을 낳은 경제 시스템에 양면적 태도를 보일 수 있는 것일까? 이러한 해악은 역사적으로 식민주의 시대 내내 일어났고, 현대로 넘어와서는 인간과 비인간동물 모두에 대한 지독하게 잔인한 행위와 방치로 이어졌으며, 지금도 유산으로 남아 현재 진행형으로 계속되고 있다. 그리고 식량이 삶의 기본 필수품이라는 점과 이 책의 주제에 비추어 생각해보면, 첨단기술과 혁신에도 불구하고 이 경제 시스템은 전 세계를 먹여 살리거나 전반적으로 지속가능한 식품 시스템을 육성하는 데 실패했음을 알 수 있다.

미래 세대의 권리

노예제 종식, 시민권 증진, 식민주의 해체를 위한 과거의 역사적 투쟁에서 분명히 알 수 있듯이, 역사를 바꾸는 일에는 평범한 사람들이 일상적으로 보이는 겸손, 친절, 연민의 행동과 함께 정책과 법의 변화, 더 넓게는 억압과 폭력의 사회 구조 변화를 동시에 모색하는 것이 필요하다. 이러한 투쟁에서 청소년은 여러 이유로 미래 전망에 매우 중요하지만, 그럼에도 툰베리의 유명한 말처럼 때때로 나이 든 사람들은 그들에게 귀를 기울이지 않는다! 우리 아이들은 자신들이 지금과 같은 혼란을 불러온 것도 아닌데, 환경불안eco-anxiety이 일상의 일부가 된 시대에 자라고 있다. 대다수 젊은이들은 지금과 같지 않았던 시절이 어떠했는지 상상조차 하지 못한다.

물론 논란의 여지는 있지만 요즘의 대다수 젊은이들은 인종, 계층, 성별과 성 정체성, 성적 취향, 장애 또는 다른 종과 자연을 지배하고자 하는 권리의식 등을 둘러싼 낡은 이데올로기나 '체계화된 이론과 학설ism'에 얽매이지 않는다. 구세대에게서는 (이 분야에서 평생을 성찰하고 일하고 가르치며 연구해온 우리들에게서도 마찬가지로!) 좀처럼 사라지지 않는 것들이다.

그러나 전 세계에 걸쳐 다양한 문화권에서 일하고 생활하고 여행도 해본 연구자이자 교사로서, 그리고 다문화 및 혼혈 가정의 부모로서 분명히 말할 수 있는 것이 있다. 다르게 믿고 행동하도록 '교육'받고 사회화되기 전에는 일반적으로 아이들은 다른 생명체와 자연에 대해 보편적으로 연민을 보인다는 것이다.

이 책을 위해 인터뷰한 젊은 학자 오언 리치의 말에 따르면, 과학자들은 소속감, 협동심, 연민, 미래를 생각하는 능력 등 동물의 세계에서도 확인된 특성을 포함해 누구나 타고난 인간의 '긍정적인' 생리학적 특성에 대해 오랫동안 탐구해왔다고 한다. 그리고 이러한 특성 덕분에 인류가 지구에서 수천 년간 생존할 수 있었다는 것이다(2022년 브랜든 케임과의 인터뷰와 2023년 오언 리치와의 인터뷰). 리치는 공포의 지배, 자기보호, 불가피한 폭력과 피해 등을 강조하는 '적자생존survival of the fittest' 이론의 대중화는 인류의 역사에 대한, 그리고 모든 생명체 및 자연과의 상호의존성에 대한 불완전한 이해라고 지적한다. 오히려 그는 인간이라는 종의 어두운 측면과 계몽된 측면을 모두 인정하는, 일각에서 '선자생존survival of the good enough'이라 일컫는 것을 탐구해야 한다며 가볍게 농담을 건넨다.

리치는 어릴 때부터 '자연'과 '환경'이라는 단어를 과연 '인간'이나 '살아있는' 같은 단어와 따로 떼어낼 수 있는지 의문을 품었다고 한다. 그는 어린 시절부터 깨달음의 인식체계Enlightenment paradigms에 단단히 자리 잡은 주체/객체 분리의 이원성을 느낄 수 있었다고 이야기했다. 그리고 이는 가장 진보적인 담론에서조차 마찬가지였다고 한다. 이러한 문제의식은 생물학과 역사학에 대한 열정으로 이어졌고, 두 학문의 엄격한 학제 간 분리는 계속해서 그를 매료하는 동시에 당혹스럽게 하고 있다. 둘 다 지구의 생명에 대한 학문이기 때문이다.

흥미로운 점은 순수과학과 합리론의 언어에서도 보이는 마찬가지의 단절이 세계 도처에서 살아가는 선주민의 앎의 방식에도 그대로 반영되었고[80], 다수의 문화권에서 생명에 대해 이해하는 방식에도 반영되었다는 것이다.[81](인도의 생태학자 반다나 시바의 연구와 활동, 그린벨트 운동의 창시자 케냐의 왕가리 마타이의 저작과 활동 등이 머리에 떠오른다.) 식민주의의 극도로 폭력적인 관행과 담론들이 계속해서 주입하려는 것과 달리, 이는 '원시적'이라서도 아니고, '저개발'되어서도 아니며 혹은 '문명'의 부재 같은 것과도 무관하다.

리치는 로빈 월 키머러 등 여러 사람들의 주장을 상기시키면서, 인류의 역사는 식물이나 다른 동물의 역사와 분리할 수 없다고 주장한다. 《종 민주주의》에서 키머러는 이렇게 말한다. "꽃의 꿀을 마시고 꽃가루를 모으기 위해 꽃과 꽃 사이를 어떻게 이동하는지를 내게 알려준 것은 꿀벌이다. 세상에 새로운 지식을, 새로운 존재 방식을 만들어낼 수 있는 것은 바로 이 교차 수분(受粉)의 춤이다. 결국 서로 다른 두 개의 세상이 있는 게 아니라 그저 하나의 멋진 녹색 지구가 있을 뿐이다."[82]

또한 리치와 여러 청년들은 우리에게 '기후 패배주의'에 굴복하면 안 된다는 것을 상기시켜 주었다. 리치에게는 특히나, 다른 모든 종과의 상호의존성을 고려할 때 다른 생명체들과 함께 그리고 대지와 함께 평화롭고 우호적으로 사는 법을 배우는 것은 당연하며, 우리가 동식물의 다양성과 균형을 보호하는 것이 주체와 객체의 관계가 아니라 주체 대 주체의 관계라는 것도 당연한 일이다(2022년 오언 리치와의 인터뷰).

그러나 이러한 철학적 논의는 이 책의 범위를 벗어난다. 우리의 핵심 목표는 좀 더 실용적이고 소박하다. 우리의 목표는 무엇보다도 독자가 학생, 학부모, 상인, 교사, 언론인, 천체물리학자, 아니면 미용사 등 어느 위치에 있는 누가 됐든 지금 자신이 발 딛고 서 있는 바로 그 자리에서 자신이 역사에 영향을 미치고 있다는 주체의식을 자극하는 것이다(기후변화에 대한 인식을 제고하는 미용사들의 인상적인 캠페인에 대해서는 호주 시드니에서 팔로마 로즈 가르시아 Paloma Rose Garcia가 이끄는 운동을 참조).

사람들이 사회적 포용, 문화적 포용, 다른 종의 포용, 환경적 조화 등의 구체적인 목표를 향해 의식적으로 노력하든, 혹은 그저 세태의 흐름에 따라 현상을 유지하며 살아가든 이 모든 행동은 특정한 사회적 가치를 지탱하는 사회적 과정의 일부다. 중립적인 입장이란 존재하지 않으며 우리는 의식적이든 무의식적이든 특정 가치를 강화하며 살아가고 있다.

마셜 장로가 지적했듯이, 침묵은 현 상황에 대한 공모의 메시지다. 우리가 뭘 하든 우리는 역사에 기여하고 있는 셈이다. 만약 우리가 아무것도 하지 않고 수동적으로 남들을 따라 산다 해도, 그 또한 역사에 기여하는 것이다. 역사에서 벗어날 방법은 없다! 중요한 것은 자기인식이다. 우리는 습관적으로 반복하는 행동이나 폭력적인 사회체계에 수동적으로 참여함으로써 일상에서 부지중에 해를 끼치거나 폭력에 가담할 수 있는 지점이 어디인지 정확히 이해할 필요가 있다.[83]

특권층의 경우, 자신이 피해를 유발하는 구조에 가담하고 있다는 점과 변화에 영향을 미칠 수 있다는 점을 인식함으로써 전체 사회라는 퍼즐에서 자신의 위치와 역할을 자각하게 된다. 나아가 때로는 옹호활동이나 행동주의에 참여하게 되는 계기이자 보다 의식적인 삶을 살아가게 하는 강력한 동기가 되기도 한다. 하지만 특권층이 아닌 다른 사람들은 퍼즐의 크기에 압도당하고 불안, 우울, 회피, 때로는 부정으로 이어질 수도 있다. 그저 그럭저럭 버티며 살아가는 사람들에게는 '의식적으로' 다르게 산다는 것이 진정한 의미에서 '선택'이 아닐 때가 많다.

필리핀 청년 운동가 아나 그라프는 우리가 소비자로서 하는 결정, 특히 우리가 먹을 음식을 선택할 때 대안적인 생활방식을 '선택'하는 것은 대개 특권의 발현이며, 이는 글로벌북부의 하층민과 글로벌남부 사람들 대부분에게는 현실적이지 않다는 점을 상기시켜 준다.[84] 다시 말해, 개인의 소비 행동만으로 세상을 바꿀 수 있다고 기대하는 것은 좋게 봐줘도 순진한 거고 나쁘게 보면 시스템이 인류 대부분을 위해서 작동하는 것이 아니라는 진짜 문제를 부정하는 것이다. 저렴한 비용으로 더 건강하고 더 인도적인 선택을 하려면, 우리는 거대한 정치와 경제의 구조에 맞서야 한다.

현재의 교육, 미디어, 경제 시스템 그리고 대체로 비민주적인 업무 환경은 위계와 권력을 강화하고 묵인과 수동성을 낳는 경향이 있으며, 우리의 주체성과 기쁨, 그리고 다른 동물들의 기쁨을 교묘하게 지워버리고 있다. 최악의 경우 우리는 완전히 무력화되어 더 이상 변화가 가능하다고 믿지 않을 뿐 아니라, 당연히 개인 차원에서도 변화를 만들어낼 수 있다고 믿지 않게 될 것이다.

우리는 이제 어디로 가야 할까?

사회정의, 동물과 환경 문제 등에 대한 수년간의 생활과 교육, 연구와 활동, 그리고 이와 관련된 여러 운동의 지도자와 참여자들과의 인터뷰 등을 바탕으로 우리는 아주 단순하게 다음의 세 가지를 주장하려고 한다. 첫째, 우리는 선주민 친구와 동료들의 견해를 반영하고 '구조적 폭력'이라는 렌즈를 통해, 세계에 만연한 인간의 생산과 소비 시스템이 지금까지 입혀온 해악과 지금도 여전히 불러일으키고 있는 피해에 대해 즉각 겸허히 인정하고 투명하게 공개할 것을 주장한다. 우리가 주장하려는 것은, 이러한 인간 행위가 우리 중 일부에게 개인적으로 혹은 문화적으로 이익이 되는 것이라 해도, 그 행위의 일부나마 지금 당장 멈추려는 의지가 필요하다는 것이다.

1960년대 후반 평화학자 요한 갈퉁이 처음 제안하고 게리 리치 같은 현대의 많은 저자들이 발전시킨 사상을 바탕으로, 우리는 도구적 합리성의 시스템이 어떻게 계속해서 폭력을 가하게 할 수 있고 또 실제로 폭력을 가하는지 탐구한다. 이런 폭력은 대개 고의가 아니라 무심코 가해지며, 개인의 일상생활 차원에서 가해지기도 하고 경제, 교육, 미디어 등과 연결된 제도들을 통해 가해지기도 한다. 리치는 "자본에게서 커먼즈를 탈환해야 한다"고 주장한다.[85] 이는 아마도 토지와의 '올바른 관계'라는 선주민의 개념을 표현하는 서구적인 방식일 것이다. 커먼즈 개념에 대해서는 마지막 장에서 더 자세히 논의할 것이다.

둘째, 우리는 전 세계의 생명과 생물들을 향한 기쁨과 감사의 마음을 담은 모든 행동들에 대해 공감과 찬사를 보내며 지지한다. 이 세상을 살아가는 대안적 삶의 방식들과 영적이거나 종교적인 여러 전통은 온정적이면서도 장소에 따라 지역문화에 적합한 다양한 모습으로 표현된다. 우리는 모든 인류에게 이 메시지의 중요성을 강조하고자 한다.

셋째, 우리 작업의 아마도 가장 실질적인 목표는 인간의 생산과 소비 시스템의 급진적 민주화를 촉진하고, 사람들이 자기 일상에 영향을 미치는 결정에 대해 실질적인 통제권을 갖도록 하는 것이다. 이는 우리의 직장, 교육 시스템, 정치와 경제를 (이미 전 세계의 여러 공동체와 실험에 반영된) 새로운 방식으로 조직하는 것을 의미한다. 이를 통해 더 평화로운 세상을 만들 수 있을 것이라 믿는다.

우리 각자는 자신의 정체성, 자원, 교육, 지위 등에 따라 이러한 시스템에 여러 모습으로 영향력을 발휘할 수 있는 능력이 있음을 깨닫게 될 것이다. 이제 우리는 지금 당장 변화를 불러올 새로운 존재 방식에 대해, 그리고 온정적이고 포용적이며 민주적인 사회를 지향하는 새로운 존재 방식의 모범이 될 만한 몇몇 개인과 운동들에 대해 살펴볼 것이다. 그 전에 기후변화의 맥락에서 현재의 산업적 식품 시스템을 살펴보면서 음식정의를 가로막는 장벽에 대해 들여다보기로 하자.

2장

자본주의의 꿈과 악몽

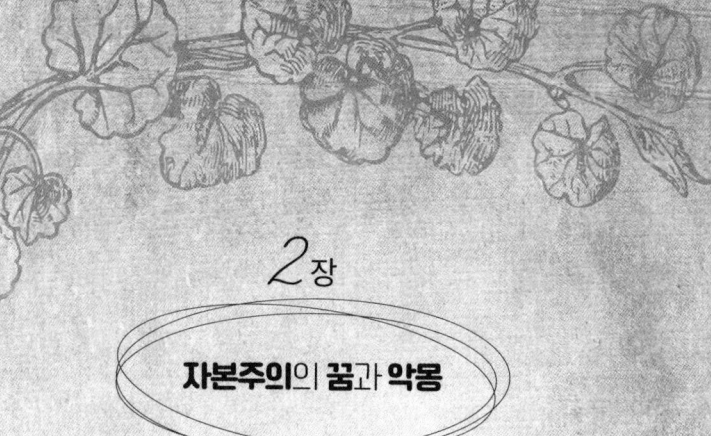

식품 시스템, 동물산업복합체, 기후붕괴

해결책은 그저 각 개인이 소비를 줄이는 것이 아니라,
우리가 앞으로도 이러한 방식의 소비에 동의할 것을 전제로 운영되는
현재의 시스템에 이의를 제기하는 것이다.
– 아비바 촘스키

파라오 시대와 알렉산더 대왕 이후 등장한 폭군들은
비록 위대한 문명의 꼭대기에서 세상을 지배하려 했겠지만,
우리 사회의 최고 권력자들은
권력의 정상에 선 자신 때문에 다른 모든 이들의 삶이
피폐해지리라고는 전혀 상상하지 못했을 것이다.
– 더글라스 러시코프

경제학 박사가 아니더라도
자본주의에서 우리 삶이 형편없다는 것은 알 수 있다.
– 크샤마 사완트, 〈새로운 기업The New Corporation〉 다큐멘터리에서

슬픔의 첫 단계, 부정

슬퍼하는 것은 탐색 과정의 일부이며 궁극적으로는 정치적 행위라는 주장이 제기되어 왔다. 캐서린 길레스피와 패트리샤 로페즈 같은 작가들은 인간과 동물에게서 그리고 생태학적 맥락에서 폭력과 상실을 직접 목격하는 우리 학자나 실무자들을 페미니스트의 시각으로 바라보곤 한다. 그러면서 흔히 연구 대상과 연구진 사이에 정서적 연결과 감정적 교류가 거의 또는 전혀 없는 것 같다고 지적한다.[86] 우리 학자나 실무자들 또한 투표를 통해 선출된 정치인들에게서 정서적 단절이나 공감 부족을 자주 목격한다.

그런데 이러한 단절에 좌절을 느끼는 정치인이 점점 늘어나고 있다. 2014년부터 시애틀 시의원으로 활동해온 인도계 미국인 정치인이자 경제학자인 크샤마 사완트가 영화감독 조엘 바칸과 함께한 공개 토론에서 이러한 좌절감을 내비쳤다. 캐서린 길레스피와 패트리샤 로페즈, 그리고 크샤마 사완트의 이야기를 듣다 보면 교육자이자 의사 결정권자인 우리는 일터에서 인간 및 비인간동물과 개인적으로 어떠한 관계를 맺고 있는지 고민하지 않을 수 없게 된다.

뉴욕시립대학교 퀸즈컬리지의 미디어 이론과 디지털 경제학 교수이자 팟캐스트 〈팀 휴먼〉의 진행자인 더글러스 러시코프는 세계에서 가장 영향력 있는 경제계 인사들과 토론을 한 적이 있다. 당시 러시코프는 많은 사람들이 직업적 역할을 수행하면서 불편한 메시지를 공유하고 전달하려고 할 때 '평정심을 잃지 않으려고' 노력하는데, 이때 그들은 '부조화'를 느낀다고 말했다. 그는 직업적으로든, 혹은 직업과 관련이 없더라도 사람들이 서로를 대하는 방식에서 감정을 있는 그대로 드러내느냐 아니냐는 원칙의 문제이며,[87] 내면의 부조화는 자기 자신과 타인에게 해를 끼친다고 말했다.

우리가 살고 있는 세상에서 벌어지고 있는 일에 대해 우리는 마땅히 슬픔을 표현할 수 있다. 인간과 환경의 관계를 집중적으로 연구하는 호주의 지리학자 레슬리 헤드는 최근 저서 《인류세의 희망과 슬픔*Hope and Grief in the Anthropocene*》에서 다음과 같이 말한다.

> 복잡성, 다양성, 모순의 집합체인 기후변화 현상에 우리가 슬퍼하는 과정이 잘 드러나지 않는 이유는 기후변화 및 기후 관련 문제를 다루는 문화 정치에서 기인한다. 나는 생활방식에 필요한 변화를 받아들여야 할 때 내면에서 일어나는 거부 반응을 슬픔이라는 감정으로 설명할 수 있다고 생각한다. [⋯] 기후 문제를 거론하는 것 자체로 그 문제에 굴복하거나 문제 해결을 포기하는 것이라거나 혹은 그저 최악의 상황에 대한 가정일 뿐이라고 치부하는 문화적 태도에 나는 반대한다. 오히려 불균형할 정도로 긍정적인 결과에만 초점을 맞추는 문화가 일종의 현실 부정인 것이다.[88]

슬픔에 어떻게 대처할지 논의를 시작하려고 할 때 정치가 개입하게 된다. 레슬리 헤드는 있을 법한 부정적인 시나리오에 동조하는 것이 더 솔직한 것이며 궁극적으로 보다 창의적인 대응을 가능하게 할 수 있다고 주장한다. “예를 들어 금세기 후반에 기온이 1.8℃에서 4℃사이에서 상승할 것이라 예상될 때, 우리가 더 원하고 바란다는 이유만으로 가장 낮은 1.8℃를 기준으로 대응 계획을 세워야 한다는 과학적 근거는 없다.”[89] 우리가 가능한 모든 시나리오를 예상하여 ‘계획’할 수는 없으며 일부 상황은 ‘통제 불가능’할지도 모른다는 점을 받아들인다면, 인류세*의 시민이 된다는 것이 무엇을 뜻하는지 더 큰 상상력을 발휘할 수 있게 된다. 헤드는 이러한 상상 안에 선형적 진보라는 근대 계몽주의적 관점을 초월한 미래가 담겨있다고 생각한다.

사회학자이자 환경학자인 카리 마리 노르가드를 비롯한 연구자들은 기후변화 부정의 정치적 스펙트럼을 자세히 들여다 본 후 공포와 무력감이라는 요소를 지적했다.

> 이러한 방식의 기후변화 부정은 인과관계뿐만 아니라 결과 측면에서도 나타난다. 현대 자본주의 체제 또는 ‘우리가 알고 있는 삶’이 종말을 맞이할 것이라는 두려움과 이를 인식하는 문화를 둘러싸고 극우파에서는 기후변화 부정, 그리고 좌파에서는 녹색 자본주의 기술 해법과 기후 무관심이라는 조합이 탄생했다. 기후변화

---

* 人類世, Anthropocene, 인류가 지구 지질이나 생태계에 미친 영향에 주목하여 제안된 지질 시대 구분 중 하나 -옮긴이

에 대한 우파와 좌파의 대응 모두 기존의 사회 구조와 지도층의 권력 관계를 더욱 강화한다. 양 진영에 시스템 붕괴에 대한 종말론적 프레임이 퍼지면서 대중은 어찌할 바를 모르며 그저 멍하니 있거나 기후과학을 전면 거부하게 되었고, 기후 대응을 위한 대중의 참여가 단절되거나 아예 차단되었다.[90]

기후변화 문제를 놓고 정치권이 현실을 부정하거나 양극단의 모습을 보이는 이유는 기후변화가 바로 우리의 생존과 관련된 문제이기 때문이다. 사회 및 환경 분야 관계자들은 인류에 의한 기후붕괴의 끝에는 무엇이 기다리고 있을지 우리가 완전히 이해한다면, 미래 생존 전략의 기반은 음식정의와 이에 필요한 모든 사회 통합 네트워크라는 결론에 모두가 고개를 끄덕일 것이라고 점점 더 확신하고 있다.

기후변화에 관한 이러한 진실을 찾아가는 과정에서 노르가드를 비롯한 전문가들은 기후변화 부정은 '사실'을 바탕으로 논파해낼 수 있는 것보다 훨씬 더 복잡한 것이 되었다는 프랭크 피셔 교수의 연구를 참고한다. 피셔 교수는 정치 및 국제 문제 분야의 전문가인데 그의 주장은 다음과 같다.

기후변화 부정론자들의 이야기를 좋아하지는 않지만, 실천이성의 사회문화적 논리가 기후변화 부정론자들에게 자리를 내어주고 있다. 따라서 기후위기론자들이 아무리 설득하더라도 기후변화 부정에 관한 갑론을박은 전적으로 수치적 증거에 의존하는 것이 아니며, 따라서 더 정확한 사실로 증명한다고 해서 해결할 수 있는 문제가 아니다. 앞서 살펴본 바와 같이, 실천이성의 사회문화적 논리는 현대 사회, 현대 사회의 사회적 가치, 규범적 방향, 정책 목표와 관련된 근본적인 질문에 훨씬 더 깊은 관심을 둔다. 이를 바탕으로 기후변화 부정론자들은 현상 저변의 함의를 강조하며, 숫자는 지식적으로나 감정적으로 이러한 근본적 문제를 다양한 방식으로 설명할 때 빌려 쓰는 수단에 불과할 뿐이라고 말한다.[91]

우리는 시민들 간에 연민과 공동체 회복력을 기르고 인권을 강화하여 정치 스펙트럼 전반에서 공유할 수 있는 가치에 도달할 수 있다고 믿는다. 이에 대해서는 마지막 장에서 다시 언급하려고 한다. 2장에서는 인권과 자유가, 특히 자본주의라는 지붕 아래에서 인권과 자유에 대한 호소가 어떻게 변화의 도화선이 될 수 있을지에 대한 질문에 초점을 맞추고자 한다.

인권 보호, 평화, 음식정의의 관계

유엔기후행동United Nations Climate Action은 생물다양성 보호는 인권의 문제라고 말한다. 2021년 10월 8일, 유엔은 깨끗하고 건강하며 지속가능한 환경에 대한 인권을 승인하는 결의안을 채택했다. 이 결의안은 현재 155개 국가에서 인정되고 있으며 다음을 강조한다.

육지와 바다는 온실가스 배출을 대량 흡수하는 천연 탄소 흡수원이다. 자연 공간과 그 안의 생물다양성을 보존하고 복원하려는 노력은 탄소 배출을 제한하고 기후변화로 인한 영향을 축소하기 위해 반드시 필요하다. 생물다양성 감소의 가장 큰 원인은 인간이 식량 생산을 위해 무리하게 토지를 이용해온 것에 있다. 인간의 활동은 이미 지구상의 얼지 않은 땅 가운데 70% 이상을 바꾸어 놓았다.[92]

지속가능한 환경에 대한 유엔의 인권 승인과 비슷한 맥락에서 법률 전문가 카터 딜라드와 제시카 바이옴은 미국 헌법에 명시된 자유 개념과 타인의 간섭 없이 자신의 삶을 살 권리에 대해 이야기한다.[93] 타인 또는 제3의 존재로 인해 깨끗하고 건강한 환경을 누릴 수 없게 되었다는 사실을 이러한 관점에서 고민해볼 필요가 있다.

누구나 배제되지 않고 공정하게 비옥한 땅, 깨끗한 공기와 물을 이용하고 영양가 있는 음식을 섭취할 수 있도록 하는 것은 음식정의를 이루기 위한 기본 요소일 뿐 아니라 매우 구체적이고 일상적인 권리의 문제이기도 하다. 과학적 분석에 따르면 건강한 환경을 구축하고 지속하기 위해서는 오염되지 않은 토양, 깨끗한 수로, 균형 잡힌 시스템 안에서 다양한 종이 공존하는 생물다양성이 갖추어진 환경이 필요하다. 이를 바탕으로 기후변화 대응책으로 '자연 기반 해법nature-based solutions, NBS'의 중요성을 밝히는 연구가 증가하고 있다.

옥스퍼드 대학교의 동물학과, 환경변화연구소, 지리환경대학의 자연 기반 해법 이니셔티브 연구팀의 나탈리 세든을 비롯한 연구진은, "국제 정책과 비즈니스 담론에서 자연 기반 해법이 주목받고 있다. 자연 기반 해법은 기후변화의 원인과 결과를 동시에 해결하면서 생물다양성을 증진하고 인간의 웰빙에 꼭 필요한 생태계 서비스를 보호할 수 있는 거대한 잠재력이 있다"고 말한다.[94]

자연 기반 해법에 관한 세든 연구팀의 이러한 언급은 여러 세대에 걸쳐 선주민들이 보낸 경고와 오늘날 전 세계 활동가와 과학자들이 외치는 경고와도 일맥상통한다. 그들은 땅과 인간의 관계, 자연과 다른 종의 상호의존성(기후변화에 대한 자연 기반 해법에 반영됨)을 인정하고 존중하는 환경 전략이 없다면 우리는 살아남지 못할 것이라고 경고한다.

산업 자본주의가 만든 복잡한 생산 시스템이 등장하기 전에는 자연법칙에 순응하는 삶이 인간의 생존을 보장했다. 최근의 연구를 살펴보더라도 자연에 순응하는 삶이 오늘날 우리에게 얼마나 중요한지 거듭 확인할 수 있다. 프랑스와 미국 대학의 진화생물학자와 생태학자들로 구성된 한 연구팀은 "환경 위기를 해결하기 위해 환경 보존 과학을 중심으로 친환경 성장 패러다임이 등장하긴 했지만, 무엇보다도 성장 중심 사회에서 벗어나 생물물리학적인 한계를 인정하고 인간의 웰빙과 생물다양성 보존에 중점을 둔 사회로 전환하려는 근본적인 변화가 필요하다"[95]고 주장한다.

앞서 언급했듯이 음식정의는 인간의 토지 이용과 토지에 대한 집단적 책임과 관계가 있을 뿐 아니라 세계 평화를 이룰 수 있는 우리의 역량을 보여주는 것이기도 하다. 미래 전쟁의 대부분은 비옥한 땅과 깨끗한 물 등 자원 접근성을 둘러싼 싸움이 될 것이며 유엔 인권보장 이사회와 기타 국제기구들도 이에 동의한다. 유럽위원회 공동연구센터Joint Research Centre, JRC의 연구원들이 컴퓨터 모델링을 도입하여 발표한 2018년 보고서는, 예를 들어 "수자원 확보를 위한 정치" 문제가 첨예한 여러 "화약고" 지역에서 조만간 물을 둘러싼 분쟁이 발생할 가능성이 농후함을 시사했다. 분쟁 가능성이 있는 5대 수계로 지목된 곳은 나일강, 갠지스강, 인더스강, 티그리스-유프라테스강, 콜로라도강이다. 연구팀은 향후 50~100년 안에 이곳에서 수자원 확보를 위한 전쟁이 일어날 확률이 75~95%에 달한다고 경고했다.[96]

논쟁의 여지가 있지만 역사적으로 토지와 자원은 늘 분쟁의 원인이었다. 하지만 나아질 기미가 없는 세계 전반의 기후 재난에 대응하면서 알게 된 오늘날은 과거와 차이가 있다. 바로 자원, 심지어 숨 쉴 수 있는 공기조차도 거주 지역, 국가, 그리고 글로벌 시스템 전반에서 개인이 지닌 특권적 위치에 따라 접근도가 달라질 수 있다는 점이다.

특권은 기후변화 부정과 기후 회복력과 밀접한 관계를 맺으며 제모습을 드러낸다. 교통 시스템과 전력망부터 교육, 의료 시스템까지 모든 것을 통제하는 데 특권이 이용되고 힘을 발휘할 것이다. 더글러스 러시코프도 최근 저서 《부자의 생존*Survival of the Richest*》에서 언급했듯이, 글로벌 엘리트들은 이를 가장 먼저 인식하고 실험실 배양 고기, 지구 멸망에서 생존하기 위한 벙커 설치, 화성으로의 이주 가능성 연구까지 분주하게 투자와 '탈출' 계획을 세우고 있다.[97]

자연은 인간이 없더라도 어떤 형태로든 계속 존재할 것이다. 일부 분석가들의 넋두리처럼 인간이 없는 편이 자연에게 더 나을지 모른다. 하지만 우리가 살아가는 지구와 이 지구를 공유하는 다른 종을 사랑하는 인간이라는 동물로서 우리는 모두가 함께하는 미래를 상상하고 싶다. 다음 세대를 살아갈 인간을 위해, 그리고 이 순간에도 우리가 구할 수 있는 많은 비인간동물 종과 함께 이 행성의 온전함을 지켜내는 그런 미래 말이다.

음식정의에 관한 책을 쓰면서 우리는 사람들이 동물, 특히 식품산업에 이용되는 비인간동물에 대한 문제를 음식정의 실현을 위한 최우선 과제로 생각하지 않는 경우가 많다는 사실을 알게 되었다. 사실, 비인간동물도 생명과 지각이 있고 감정을 느낀다고 문제를 제기하는 사람을 많은 사람이 '다정하다'고 생각할 수 있다. 하지만 전 세계적 빈곤과 불평등, 계속되는 전쟁, 가속화되는 기후붕괴라는 현실 앞에서 동물의 감각이나 감정에 공감하는 문제는 본질적으로 중요하게 여겨지지 않거나 실질적인 관심사 밖으로 밀려난다. 최악의 경우, 지구의 미래를 보살피거나 포용적이고 온정적인 사회를 만들기 위해 식량 생산에 비인간동물을 활용하는 행위를 멈추어야 한다고 주장하는 목소리는 철저히 부정되거나 심지어 비난받기까지 한다.

발전된 자본주의 사회에서 가장 소외된 우리조차도 마음속에는 내 아이가 적어도 지금만큼은, 아니 지금보다 더 나은 삶을 살고 보살핌, 행복, 만족이 가득한 삶을 누리길 바라는 생각이 깊이 자리 잡고 있다. 하지만 최근의 여러 연구를 통해 알 수 있듯이, 이러한 기대는 이제 미국을 비롯한 가장 풍요로운 사회에서조차 대다수에게 어려운 일이 될 것 같다.[98] 우리는 '가진 것에 매달리는 것'이 새로운 정치적 규범이 될 수 있는 시대로 접어들고 있다.

브렉시트, 도널드 트럼프 현상부터 백인 우월주의를 표방한 우익 자유주의자들의 발언, 엘리트 집단의 벙커 건설에서 가진 것에 매달리는 광경을 볼 수 있다. 이런 모습들은 우리를 포함한 발전된 자본주의 국가의 많은 사람이 화석연료에 찌든 소비 중심 사회의 일원으로서 위선적으로 떠받치고 있는 매우 위험한 빙산 덩어리의 극히 일부일 뿐이다. 다른 종과 토지와의 상호의존성에 대한 사회 전반의 부정, 그리고 아마도 가장 상징적인 말인, '평소 하던 대로'를 수동적으로 반복하는 행위는 인간을 죽음에 이르게 할 수 있다.

우리는 세계 곳곳에서 슬픔이 집단적으로 어떻게 표출되고 있는지 알아야 한다. 이는 캐나다와 인도를 비롯한 많은 국가에서 농부들이 자살하는 현상으로 분명하게 드러난다(2023년 조 패리시와의 인터뷰, 팔라구미 사이나스의 연구 및 다큐멘터리 참조). 인도에서는 매일 30명에 가까운 농민이 자살하고 있으며, 신자유주의 시대를 거치는 동안 농민 수십만 명이 스스로 목숨을 끊었다. 농업 노동자까지 합치면 그 수는 훨씬 더 커진다.[99]

인도에서 벌어지는 농부 자살의 대부분은 몬산토나 카길과 같은 다국적 기업이 판매하는 특허 종자와 기타 농업 자재를 구매한 농부들이 부채를 감당할 수 없게 되면서 일어난다. 특허 종자가 약속한 수준의 수확량을 내지 못하면 채무를 해결하지 못한 농부들은 농장을 잃고, 수치심과 절망을 견디지 못해 자살을 선택한다. 잔인하고 아이러니하게도 이러한 농부들 중 상당수는 대출을 받아 구매한 농업 자재 중 하나인 화학 살충제를 마시고 자살한다.[100]

글로벌남부의 농부들은 수천 년 동안 지역사회를 기반으로 축적한 전통적 방식으로 식량을 생산하고 지역 시장에 공급하며 살아왔다. 이를 통해 생산 시스템 안에서 기본적인 수준의 식량 안보를 구축할 수 있었다. 씨앗은 원래 모든 사람이 무료로 이용할 수 있는 '커먼즈'였다. 반다나 시바는 몬산토 같은 종자 기업의 문제를 지적한다.

> 종자가 잘 팔리려면 종자의 번식 능력이 좋지 않도록 씨를 물리적으로 변형시켜야 한다. 또한 종자의 법적 지위도 변경되어 농업 공동체의 공동 재산이 아니라 특허를 받은 종자 기업의 사유 재산으로 변경된다.[101]

이 과정에서 기업들은 1986~1994년 관세 및 무역에 관한 일반협정(GATT, 1995년 이후 세계무역기구WTO)에서 협상된 재산권 조항의 혜택을 받았다. 게리 리치는 지식재산권의 개념을 종자와 연결시킨 이러한 과정을 통해 대규모 농업 기업들이 유전자 변형GM 및 잡종 종자를 개발하고 그에 대한 특허를 취득할 수 있었다고 설명한다. 게리 리치의 지적에 따르면 기업들은 이러한 종자를 "발명"하는 것이 아니라 기존의 종자에 변형을 가하는 것이다. 이렇게 특허를 받은 기업은 종자로 수익을 창출하는 반면 농부들은 약용 식물, 잡종 종자, 천연 살충제, 다양성 유지 등에 관해 세대에 걸쳐 물려받은 고유 지식으로는 아무것도 얻지 못하는 "생물자원 수탈" 현상이 일어났다.[102]

탐사보도 저널리스트이자 수상경력에 빛나는 다큐멘터리 〈네로의 손님Nero's Guests〉으로 잘 알려진 팔라구미 사이나스의 보도는 신자유주의 시대의 암울한 농업의 현 주소, 그리고 농부 개인으로서는 투입 비용을 감당할 여력이 없고 효과적으로 경쟁할 수 없는 농업 생태계를 조성하는 데 일조한 몬산토 같은 대기업의 이야기를 폭로한다.[103] 그의 연구와 인터뷰를 통해 인도 전역에서 수집된 믿기지 않는 통계와 고통을 겪는 가족들의 이야기를 들을 수 있다.

〈더 힌두The Hindu〉의 농촌 섹션 편집자였던 팔라구미 사이나스는 전 세계의 찬사를 받았다. 2006년에는 뉴욕에서 해리 채핀 미디어상을 수상했으며, 2007년에는 "인도 국민이 농촌의 가난한 현실을 인식하는 계기를 만든 언론인으로서의 열정적인 헌신"으로 '라몬 막사이사이 저널리즘, 문학 및 창의적 커뮤니케이션 예술상'을 수상했다. 테리는 2007년 사이나스가 여성 농부와 그 가족들의 이야기를 시각적으로 담은 그의 사진 전시회 "노동

중인 여성Women at Work"에 관한 강연을 위해 케이프브레턴 대학교에 방문할 수 있도록 도움을 주었다. 책의 집필을 위해 인터뷰에 응해준 반다나 시바와 지역사회 연계 옹호자들과 마찬가지로 사이나스는 성숙한 시민의식의 표본이다. 우리가 사이나스만큼은 할 수 없을지 몰라도 고통받는 사람들에게 깊은 연민을 느끼고 진실을 말하는 것은 모두에게 선물이 될 것이다.

Interview

아브 싱 농업경제학자, 교육자, 농부

일하면서 가장 어려운 점은 보통 학계와 연방 정부가 대안을 지지하지 않는다는 사실입니다. 대안이라는 표현을 쓰는 이유는 이 방법이 북아메리카에서 주로 사용되는 방식이 아니기 때문입니다. 더 경제적이고 친환경적인 전략임에도 북아메리카 지도층은 관심을 두지 않습니다. 학계는 기업이나 산업에 초점을 맞춘 자금 지원 프로그램만을 좇습니다. 하지만 정반대로, 농업과 관련한 성공이나 기쁨은 현장의 농부들이 주도하는 연구와 이들이 공유하는 정보를 통해 얻을 수 있습니다.
농부들이 서로 나누고 지식을 교류하며 사회적 자본을 만들어가는 모습을 보면 항상 큰 보람을 느낍니다. 제가 농업 분야에 대한 열정을 지속할 수 있는 이유가 있습니다. 유기농, 바이오다이나믹 농업, 생태농업, 재생농업, 자연농법 등 어떤 방식이든 일단 뛰어들어 작물을 재배하는 과정에서 보람을 느끼며 끊임없이 배우고 자신만의 변화된 패러다임을 만들어가는 농부들이 있기 때문이죠. (2022년)

슬픔과 부정에서 시스템 저항으로

이제 우리는 기후변화와 기후붕괴라는 시각으로 자본주의 산업 식품 시스템의 한 부분인 동물산업복합체에 대해 살펴볼 것이다. 오늘날 우리가 어쩌다 이 지경에 이르렀는지 돌아보고, 더욱 정의롭고 생태적으로 책임감 있는 식품 시스템을 구축하는 방법이 무엇인지 찾기 위해서다.[104] 개인주의적인 벙커 전략을 세우거나 인간이든 비인간동물이든 다른 존재를 희생시켜 침몰하는 배에서 자기 목숨만 보전하는 것이 아니라, 보다 집단적인 시스템 변화로 이 위기에서 벗어나는 것이 중요하다.

이를 위한 첫째 단계는 시스템 변화를 방해하는 것이 무엇인지 파악하는 것이다. 여러 영역에 걸쳐 우리가 마주하는 가장 큰 방해물 중 하나는 단연 부정이다. 저널리스트이자 전 종군기자였던 다르 자마일이 지적했듯이, 지구의 상황을 매우 걱정하는 사람들조차도 우리의 현 주소와 그것이 의미하는 바를 부정하고 있을지 모른다. 사람들이 자꾸 현실을 부정하려는 이유는 지구의 미래를 걱정하면서 느끼는 슬픔 때문이기도 하지만, 사회 깊숙이 자리 잡은 이념체계와 군사력을 배후에 둔 강력한 글로벌 세력 앞에서 결국 아무것도 할 수 없을 것이라는 두려움 때문이기도 하다.[105]

인간과 동물과의 관계에서 나타나는 현실 부정은 어떤 모습일까? 정치 스펙트럼에서 진보좌파에 속하는 사람들조차도 기후 문제나 사회정의 활동에서 비인간 종들의 중요성을 외면하거나 적극적으로 부정하는 경우가 많다.[106] 기후붕괴, 인권 침해 문제에서 동물산업복합체가 커다란 영향을 미친다는 과학계의 증거가 누적되고 있음에도 비인간 종의 중요성을 외면하고 부정하는 현상은 사라지지 않는다(비인간동물에 대한 수십억 건의 권리 침해 사건이 대부분 합법적이고 용인되는 행위로 분류된다는 사실은 말할 필요도 없을 것이다).

비교적 최근에 과학적 연구를 시작한 연구자로서 우리는, '생태계 서비스'를 제공하고 생물다양성을 보장하며 심지어 기후붕괴로부터 우리를 보호하는 데 야생동물이 얼마나 중요한 역할을 하는지 제대로 이해하지 못하고 있다는 사실을 알게 되었다. 동물이 인간에게 어떤 이로운 '서비스'를 제공하는지 아는 것이 동물을 잘 대해야 하는 가장 도덕적인 이유가 되지는 않지만, 매우 실용적이고 이성적인 이유임에는 틀림이 없다. 또한 동의하지 않을 사람들도 있겠지만 빈곤, 불평등, 인종차별, 성차별, 동성애혐오, 성전환혐오를 비롯한 사회정의 문제의 해결은 비인간 종들을 억압적인 제도, 억압적인 생활 환경과 태도에서 해방시키기 위한 노력과 분리하여 생각할 수 없다는 사실을 분명히 해두고 싶다.

사회학자 데이비드 니버트는 동물에게 가해지는 억압과 생명체 파괴 행위를 바로잡으려는 노력은 온정과 정의가 한층 더 구현된 식품 시스템, 그리고 궁극적으로 더욱 정의로운 세상을 이루기 위한 투쟁의 주춧돌이라고 말한다. 니버트는 오랜 세월 인간이 동물을 이용하고 학대한 것은 식민지배와 자본주의 역사, 그리고 백인이 아닌 사람들, 특히 선주민과 글로벌남부의 많은 이들이 견뎌야 했던 인간에 대한 학대와 관련되어 있다고 말한다. 니버트와 다른 많은 학자들은 이렇게 현실을 마주함으로써 현재의 시스템을 비판하고 보다 포용적이고 온정적인 식품 시스템을 구축하기 위한 출발점에 설 수 있게 된다고 말한다(2022년 데이비드 니버트와의 인터뷰).

데이비드 니버트 사회학 교수이자 비판적 동물연구학자, 활동가

식민지 시대의 시작과 함께 동물을 전쟁 도구와 식량으로 사용하지 않았다면 유럽인들은 세계를 침략하고 지배할 수 없었을 것입니다. 당시 전 세계 많은 선주민의 삶이 파괴된 진짜 원인은 유럽 침략자들이 옮긴 인수공통감염병, 즉 동물을 억압하는 과정에서 발생한 천연두 같은 질병이었습니다. 끔찍한 전염병이 선주민 사회를 뒤흔들어 놓았고, 유럽 침략자들은 착취한 말의 등에 올라타 선주민을 대량 학살하고 노예로 삼으며 정복 활동을 펼쳤습니다. 중요한 것은 식민지화 과정에서 유럽인이 수탈한 토지의 상당 부분이 목장으로 사용되었다는 겁니다.

지금의 캐나다와 미국 지역에서 약탈과 식민지화가 처음 시작된 이유는 동물의 가죽과 털, 즉 도살로 얻은 '모피'로 높은 이윤을 얻을 수 있었기 때문입니다. 비버와 사슴 같은 동물의 가죽과 털을 밀매하는 사업은 수익성이 높았고 이로 인해 다수의 선주민 사회가 세계 자본주의 체제의 소용돌이에 엮여 들어가기 시작했습니다. 북아메리카에서 선주민이 쓸모없어지자 식민지 개척자들은 이미 중남미 전역에서 자행되고 있던 목장 건설을 위해 토지 수탈의 속도를 높였습니다.

지금과 마찬가지로 식민지 시대에도 목축업은 부와 권력의 주요 원천이었기 때문에 유럽 침략자들은 동물을 사육하고 착취하기 위한 땅을 거침없이, 그리고 더 많이 강탈했습니다. 말, 소, 양, 돼지 등 억압을 벗어날 수 없는 동물들의 운명과 끊임없이 침략당한 선주민들의 운명은 서로 깊게 얽혀 있었습니다. 식민지 개척 과정에서 침략자들은 아메리카 대륙뿐 아니라 호주, 뉴질랜드, 아프리카 등 엄청난 면적의 토지를 목장 건설을 위해 탈취했습니다. 여기서 주목해야 할 중요한 한 가지는, 당시 이들의 손에 넘어간 토지 대부분은 오늘날까지도 목장주와 사료작물 기업의 관리 아래 있으며 현재의 파괴적이고 불공정한 글로벌 식품 시스템에 의해 악의적으로 이용되고 있다는 점입니다. 예를 들어, 미국 선주민들이 계속해서 무시와 소외의 대상이 되고 있는 가운데 본래 이들의 조상이 소유했던 땅은 주 의회와 워싱턴에서 자신들의 이익을 대변하기 위해 경제적, 정치적 권력을 이용해온 강력한 목장주와 사료작물 기업들에 의해 통제되고 있습니다. 그리고 이들의 행위는 납세자의 세금으로 보호와 지원을 받습니다. 미국에서는 환경이 파괴되고 이미 수위가 낮아질 대로 낮아진 담수가 낭비되고 오염되고 있는데도 공공 토지에서 소를 방목할 수 있다는 사실이 그 한 예입니다.

북아메리카는 물론 아프리카, 호주, 뉴질랜드 일부 지역에서도 같은 일이 반복되고 있습니다. 브라질에서는 목장주들에 의해 열대우림이 대규모로 파괴되었죠. 또한 사료작물 기업들은 아마존의 광대한 지역에 자리 잡았으며 이들이 생산한 사료용 대두박은 공장식 축산에 갇힌 전 세계 수십억 마리의 동물을 둘러싸고 참상을 빚어냅니다. 따라서 오늘날의 글로벌 식품 시스템은 식민지배와 함께 시작된 폭력, 억압, 트라우마가 이어져온 결과물입니다. 안타깝게도 사람들 대부분은 식탁에 앉아서도 자신이 먹는 음식 때문에 벌어질 일과 치러야 할 진짜 대가에 대해 전혀 알지 못합니다. 소비자의 무지는 이 총체적이고 억압적인 시스템을 유지하는 강력한 이데올로기입니다. 그리고 단언컨대 오늘날의 글로벌 식품 시스템은 처음부터 이 모든 것을 주도해온 자본주의와 분리될 수 없습니다. 자본주의는 급속도로 전 세계를 환경 파괴로 몰아가고 있어요. (2022년)

니버트는 체계적인 연구를 통해 이 같은 역사를 추적했고 현재의 시스템이 어떤 경로로 처음부터 인간과 비인간동물에 대한 착취와 잔인함, 폭력과 함께했는지 보여주었다.[107] 니버트는 식민지화 초기에 목축업의 잠재적 수익성을 간파한 투자자들이 어떻게 미국 전역의 평원에서 시카고 같은 도시로 도축용 동물을 운송하는 사업을 확대했는지, 그 결과 중국과 필리핀 노동자, 그리고 기근과 가난을 피해 건너온 아일랜드 이민자들의 땀으로 건설된 도로와 철도를 바탕으로 어떻게 미 대륙의 광범위한 운송 시스템을 구축했는지 그 과정을 설명한다.

막대한 공공 토지의 이용, "카우보이 자본주의cowboy capitalism"라고 부를 만한 커먼즈 강탈, 토지 착취, 인간과 비인간동물에 대한 착취가 없었다면 이러한 시스템은 결코 구축될 수 없었을 것이다. 니버트는 오늘날에도 목장주들이 대형 은행과 월스트리트, 트럭 운송업계, 대규모 도축장과 협력하기 때문에 이러한 시스템이 여전히 건재하다고 지적한다.

건강을 위해 영유아 시기부터 육류, 생선, 달걀, 유제품을 먹어야 한다고 '교육'하는 교육 시스템을 비롯하여 우리 일상에 녹아든 다양한 사회화 메커니즘 덕분에 세계 식품 시스템은 흔들림 없이 건재하다. '정크푸드' 시장의 성장은 기업에게 토지, 사람, 동물을 착취해 막대한 수익을 창출하는 또 다른 기회를 열어주었다. 그리고 기업의 이익을 위해 대중은 현재의 식품 시스템이 소비자의 건강과 모두의 삶의 터전인 지구의 건강에 어떤 결과를 가져오는지에 대해 무지해야 한다.[108]

〈식품기업Food Inc.〉(2008), 〈종차별 : 영화Speciesism : The Movie〉(2019), 〈카우스피라시Cowspiracy〉(2014), 〈씨스피라시Seaspiracy〉(2021) 등 최근 제작된 수많은 다큐멘터리는, 자본주의 산업 내에 존재하지만 잘 보이지 않는 권위주의적 관행과 로비, 기부 캠페인을 통한 정치 간섭, 그리고 식품 건강과 안전 문제에 대한 대중의 암묵적 침묵 사이의 연관성을 고발한다. 설탕 소비를 획기적으로 줄여야 한다는 경고에 이어 WHO가 촉구한 식생활 교육과 식품 라벨링 의무화를 막기 위해 미국 설탕업계 경영진이 직접 개입한 사례는 기업의 의사 결정권자들이 늘 해온, 권위주의적이지만 완벽하게 합법적인 행동의 한 예다.[109]

중국과 러시아는 물론 글로벌남부 국가들을 손가락질했던 미국 등의 정치권에서 이러한 식의 조작이 이루어지고 있음을 알아야 한다. 위에 언급한 다큐멘터리, 그리고 NGO 대표 및 활동가들과 나눈 우리의 대화를 통해 명백하고 신랄하게 드러난 것처럼, 아마도 자본주의의 가장 큰 '성공' 중 하나는 시스템 전반에 만연한 부패를 합법적인 것으로 위장하는 기술을 습득한 것이 아닌가 싶다.

이러한 합법화된 부패는 종종 '공로'를 내세운 엘리트 족벌주의라는 지극히 합법적 메커니즘을 통해 이루어진다. '위장 단체'를 통한 로비, 캠페인 자금 조달, 부패 고발 조직과 단체에 대한 자금 지원 중단과 마녀사냥을 위한 직접적인 뇌물 수수, 농업시설의 조사를 제한하는 애그개그법ag-gag laws*, 기업 임원과 정부 대표의 나눠먹기식 인사, 광고를 통해 기업이 원하는 메시지 전파, 교육기관 침투 등이 그 예다.[110] 미국 법학자 앤드류 스팔딩이 지적했듯이, 부패로부터의 자유라는 인권 개념은 사회계약론만큼이나 오래된 것이지만, 연방법과 국제법에서는 생소한 개념이다. 이는 기업이 저지르는 일상적이고도 명백한 인권 침해 행위가 처벌되지 않는다는 것을 의미한다.[111]

여기서 분명히 해두고 싶은 것은 우리가 각종 산업에 종사하며 이러한 시스템을 유지하는 모든 개인을 이기적이고 이익을 좇는 권위주의자라고 비난하는 것이 결코 아니라는 점이다. 오히려 교육 시스템과 강력한 로비 및 광고의 영향 때문에 노동자와 소비자 대다수가 자신의 노동이, 때로는 삶의 선택이 얼마나 통제되고 조작되는지 그 현실을 모른다는 점을 알리려는 것이다. 하지만 이 경우에도 특정 직종에 종사하는 사람 중 대다수가 실제로는 경제적인 사정 때문에 다른 선택의 여지가 없었을 수 있다는 점을 이해해야 한다.

최근까지 착취를 통해 구축한 이 시스템으로 혜택을 누린 계층은 지금도 성장 중인 '발전된' 자본주의 사회의 중산층, 그리고 중국, 인도 등의 국가에서 그 수를 늘려가고 있는 중산층이었다. 노암 촘스키가 '여론 조작manufacturing consent' 이론을 통해 주

---

* 농장 내부에서 일어나는 동물 학대나 여러 문제들을 폭로하려는 시도를 막기 위한 법. 합법적 허가 없이 몰래 농장 내부를 촬영하거나 녹음하는 것을 금지하는 법으로, 알 권리와 표현의 자유를 침해한다는 비판이 일고 있다.- 옮긴이

장했듯이, 사람들이 지금의 패러다임에 동조하는 이유는 어떤 음모에 의한 결과가 아니라[112], 이익을 극대화하려는 자본주의 엘리트가 통제하는 시스템 안에서 사람들이 그 패러다임을 자연스럽게 받아들였기 때문이다. 엘리트들의 이해관계는 서로 겹치는 부분이 많고, 따라서 이들은 대중이 세상을 보는 방식에 영향을 미치는 메커니즘(예: 미디어와 정부)에 거대한 영향력을 행사할 수 있다.

결과적으로 사람들을 현재 패러다임에 동조하게 만드는 것은 조직적인 음모가 아니라 같은 목표를 지닌 강력한 경제 엘리트들의 이해관계가 합쳐진 결과물, 즉 그들을 위한 이윤 창출을 최우선에 놓는 시스템인 것이다. 따라서 글로벌북부의 법과 정치 시스템은 이러한 경제 엘리트들의 이익을 더욱 키울 뿐만 아니라 자신들의 집단을 강화하고 정당화한다. 여기에 교육, 그리고 기업이 지휘하는 미디어 시스템이 이들이 더욱 쉽게 이익을 추구할 수 있게 장단을 맞춘다.

지금의 시스템은 이 책이 두루 이야기하는 이른바 '외부효과'라는 피할 수 없는 해악을 불러온다. 그 해악은 오염, 기후붕괴, 인간 노동력 착취, 동물 학대 등의 모습으로 나타난다. 노동자와 소비자로서 이 시스템을 '떠받치는' 사람들은 대개 인간이나 다른 생명체에 해를 끼치는 선택을 의식하면서 행하지는 않는다. 이들은 단순히 일자리가 필요하거나, 급여와 노동 조건이 열악한 산업에 종사하거나, 강력한 사회화를 거쳐 자신이 하는 일이 괜찮다고 생각하게 된 평범한 사람들이다.

인종차별과 가부장제부터 동성애혐오와 종차별까지 일상에 습관처럼 스며들어 피해를 영속화하는 것은 역사적으로 착취가 자행된 과정과 시스템이 지닌 특징이었다. 니버트가 지적했듯이, "동물, 선주민, 노동자, 소비자를 향한 폭력은 서로 매우 밀접히 연결되어 있으며 통제 불능 상태로 가고 있다(2022년 데이비드 니버트와의 인터뷰)."

여러 기록물과 연구를 통해 알 수 있듯이 엘리트 집단의 이익 추구가 낳은 피해는 우리 생활에 넓게 퍼지며 '희석'되거나 보이지 않게 되었다. 그렇기 때문에 특히 기업 광고에 담긴 식품 및 지속가능성과 관련된 허위사실과 반쪽짜리 진실은 더욱 효과적으로 퍼져나간다.[113] 일부 연구자들은 기업이 진실을 반쪽만 말하고 심지어 거짓말을 한다는 것을 알면서도 어느 정도는 환경에 대해 관심이 있을 것이라는 믿음에 매달리는 '인지부조화'가 소비자 사이에서 광범위하게 일어난다고 지적하기도 했다.[114] "거짓말 비즈니스The business of lying"라는 글에서 케일린 윌리엄스를 비롯한 저자들은 "대부분의 사람들은 거짓말을 하지 않으려 하고 기본적으로 정직하지만, 비즈니스 환경에서는 거짓말이 넘쳐난다"고 지적한다. 그 이유는 엔론과 월드컴의 무참한 파산 이후에도 기업들이 거짓말이 용인되지 않는 문화를 만들기보다는 그저 법에 저촉되지 않도록 하는 데만 관심을 기울이고 있기 때문이다.[115]

기업은 거짓말과 반쪽짜리 진실만을 말하며 제품의 장점은 과장하는 반면 심각한 인권 침해와 환경 파괴 사실은 은폐하는 등 다양한 스펙트럼을 넘나들며 피해를 일으킨다. 유엔 인권최고대

표사무소의 의뢰로 작성된 기업 인권침해 보고서에서 기업 및 인권 변호사인 제니퍼 저크는 "한마디로 현재 국내법의 피해자 구제 제도는 엉성하고 종잡을 수 없으며 비효율적이고 허술한 경우가 많다"고 지적한다. 많은 경우 피해자는 자신이 당한 피해에 대해 효과적인 구제책을 찾을 수 없는 실정이다.[116]

기존 시스템에서 혜택을 가장 많이 누리는 기득권층조차도 부를 창출하는 자신들의 행위가 불러온 해로움을 인식하고 있다. 미디어 전문가인 더글러스 러시코프는 최근 저서 《부자의 생존》에서 세계 최고 부호들과 나눈 대화를 털어놓았다.

> 벙커 전략에 대해 이야기하려고 나를 사막으로 불러낸 억만장자들은 경제 게임의 승리자라기보다는 똑같은 희생자인데 다만 기형적으로 유리한 게임 규칙을 적용받는 집단이다. 무엇보다도 이들은 '승리'란, 이러한 특혜를 이용해 자신이 만들어낸 피해로부터 스스로를 보호할 수 있을 만큼의 돈을 버는 것이라는 사고방식을 받아들였다. 마치 배기가스를 피할 수 있을 만큼 빨리 달리는 자동차를 만들고 싶어 하는 것과 같다.[117]

킴벌리 크렌쇼는 교차성 연구를 통해 문제를 명명하기 전에는 문제를 해결할 수 없으며, 문제를 명명하려면 문제를 가시화해야 한다고 말한다.[118] 개인의 정치 성향과는 관계없이 민주주의를 추구하는 시민이라면 당연히 투명성과 책임성에 관심을 가져야 한다. 우리가 먹는 식품에 대한 투명성과 책임성의 부재에 관해 니버트를 비롯한 연구자들은 제약산업이 어떻게 대응적 의료와 예방적 의료 시스템에 기대어 성장하고 이윤을 창출했는지, 그리고 현재 식생활과 관련된 대중의 건강 문제에 이들이 얼마나 무책임한지 고발했다.

현재 시스템에서의 건강, 환경, 형평성 문제에 대한 정보 전체가 모든 사람에게 공개된다면, 그리고 공개되었음에도 대부분의 사람들이 삶의 방식을 바꿔야겠다는 생각을 하지 않거나 그다지 신경 쓰지 않는다면, 사람들은 그러한 문제로 인한 피해가 민주적으로 용인되고 있다는 또 다른 혼란에 빠질 것이다. 하지만 이러한 시나리오가 얼마나 끔찍하고 현실적인지와 관계없이, 대중은 현 시스템을 둘러싼 진실을 당연히 알아야 하고 우리의 개인적, 집단적 선택이 어떤 의미를 갖는지 이해해야 한다는 것이 이 책을 쓴 우리의 생각이다.

참된 민주주의와 투명성이 언젠가 실현될 것을 믿는다면, 그리고 미래를 위해 더 나은 시스템을 만들 수 있다는 희망이 있다면, 담배 포장에 끔찍한 사진을 담기 시작한 것처럼 대중에게 인기가 없을지라도 진실을 말하고 직면하게 하는 과정이 반드시 필요하다. 진실을 마주한 후에 사람들은 "될 대로 되라지"라고 말하고 흡연을 계속할 수도 있고, 반대로 금연을 결심하지만 그땐 이미 암에 걸렸다는 사실을 알게 될 수도 있다.

다르 자마일, 젬 벤델과 같은 저자와 연구자들은 우리가 겪고 있는 기후변화를 우리 몸의 암으로 비유했다. 그러면서 이러한 아픔을 계기로 세상의 아름다움과 이 아름다움을 함께 나누는 다른 존재들에게 감사하고, 피할 수 없는 붕괴에 직면하기 위해 온정의 마음으로 함께 적극적으로 노력하며 우리에게 남은 시간을 최대한 즐겨야 한다고 주장한다.

자마일과 벤델의 붕괴라는 우울한 엔딩에 동의하지 않더라도, 우리에게는 정치 영역에서 당장 치열하게 해결해야 할 매우 현실적인 숙제가 있다. 그것은 단지 땅과 인간의 관계를 인식하고 미래 세대에 대한 책임을 받아들이는 것만이 아니라, 실질적인 의미에서 온실가스 발생과 오염 전반에 가장 큰 책임을 져야 할 산업 분야를 가려내어 알리는 일이다. 또한 정책과 규제를 통해 이러한 산업을 시급히 획기적으로 규제하는 것이다.

이것이 바로 제27차 유엔 기후변화협약 당사국총회COP27를 앞두고 유엔 사무총장 안토니우 구테흐스가 강력하게 주장한 내용이다. 그가 겨눈 화살은 당연히 규제 대상이 될 화석연료 산업에 맞춰져 있었지만, 우리는 충격적일 만큼 비대해진 산업적 유축농업*에도 초점을 맞추고자 한다. 산업적 유축농업은 오늘날 기후위기의 가장 큰 원인 중 하나로서 가축에게 필요한 사료 재배를 위해 어마어마한 양의 화석연료를 사용한다.[119]

산업적 유축농업이 기후를 위기로 몰고 간다는 사실은 옥스퍼드 대학교와 스위스 농업 연구기관인 아그로스코프가 광범위하게 실시한 과학적 연구 결과에서 매우 단적으로 드러난다. 약 40,000개의 농장과 1,600개의 가공, 포장, 소매업체에서 수집

---

* animal agriculture. 작물 재배와 가축 사육을 결합한 농업 형태. 산업적 유축농업은 공장식 농축산업과 같이 유축농업을 대규모 산업으로 실행하는 것을 말한다.-옮긴이

한 40개의 주요 식품을 대상으로 데이터를 분석한 결과, 아그로스코프는 현재의 식품 시스템에 대대적인 변화가 필요하다는 결론을 내렸다. 유엔 사무총장 같은 대표들이 내세우는 글로벌 규제라는 즉각적이고 과감한 '급진적' 방식을 옹호하지는 않지만, 이 연구 데이터 하나만으로 축산업이 기후변화와 전반적인 환경오염에 대응하기 위해 대대적인 제재를 가해야 할 산업 분야 중 최상위에 있음이 명백히 드러난다.

아그로스코프 연구진은 다음 네 가지를 우선순위로 한 "기후변화 완화 통합체계"를 제안한다. (1)생산자에 의한 환경 영향 디지털 모니터링(일부 미국, 중국 기업이 이미 성공적으로 시행하고 있는 전략), (2)생산자가 달성해야 할 환경 목표를 설정하고 대출, 세금 감면, 보조금 지급 등의 인센티브 제공, (3)'환경 영향 완화 및 생산성 향상을 위한 다양한 옵션'을 고려할 수 있는 평가 도구를 생산자에게 제공하고 모범적 기업 관행에 대한 정보 공유, (4)공급망을 통해 생산자부터 소비자까지 모두가 환경 영향에 대해 소통하는 것[120]이 그 방안이다.

이 연구는 이미 많은 국가에서, 특히 유축농업 분야를 중심으로 환경 라벨링 제도, 세금과 보조금 제도를 통해 기업과 소비자가 소통할 수 있도록 하는 '엄격한 이력 추적 규정'이 마련되어 있다고 언급한다. 이러한 제도들은 실제 생산비용을 반영하게 된다. 이에 더해 연구진은 선물시장 등에서 거래되는 상품작물commodity crops은 이력 추적이 더 어렵기 때문에, 상품작물이 환경에 미치는 영향을 줄이기 위해서는 생산자에게 규제의 초점을

맞추어야 한다고 단언한다.[121]

온실가스 배출량과 관련한 유축농업의 데이터를 구체적으로 살펴보려면 하버드 대학교 로스쿨의 동물법 및 정책 프로그램 Animal Law and Policy Program에서 헬렌 하왓이 진행한 연구를 참고하는 것이 좋다. 하왓은 "2030년까지 각각 2℃ 및 1.5℃ 목표에 따른 온실가스 예산의 37% 및 49%를 축산 부문에 배정해야 할 것이다. 이에 대해 축산 부문이 아무런 대책을 세우지 않는다면 계획된 수치나 현실적인 수준을 훨씬 뛰어넘는 양의 온실가스 감축을 다른 부문에서 감당해야 할 것이다"라고 말한다.[122]

최근 〈사이언스〉지에 실린 논문에서 마이클 클라크 연구진은 종합적인 데이터와 시스템 분석을 통해 만약 오늘날 다른 모든 분야에서 화석연료의 탄소 배출을 없앤다고 해도 글로벌 식품 시스템을 통해 발생하는 배출량 하나만으로도 기온 상승을 1.5℃ 이내로 제한하는 것이 불가능하며 2℃ 목표를 실현하기도 어렵다는 점을 보여주었다. 클라크 연구진은 기후 목표 달성을 위해서는 현재의 식품생산 시스템에 대대적인 변화가 필요하다고 주장한다.[123]

우리는 이 책에서 식민주의와 자본주의의 역사를 살펴보며 이야기를 시작했다. 얽히고설킨 이 두 개념은 토지를 지배하고 자연, 인간, 비인간동물을 상품화하는 관계에 있기에 상호의존적이다. '탈식민화'는 식민지화된 민족, 비인간동물, 토지와의 관계를 변화시키기 위한 행동일 뿐만 아니라, 하나의 사고방식이자 인간의 미래 생존을 보장하기 위한 능동적인 노력을 포함하는 것이다.

우리가 '외부 전력망에 연결되지 않고 독립적으로off grid' 살지 않는 한 현대사회의 모든 사회관계에는 자본의 논리가 침투한다. 자본의 논리가 특히 식품 영역에서 어떤 의미를 지니는지, 그리고 우리 삶에 스며든 과도한 소비주의에서 벗어나려면 어떻게 해야 하는지 우리는 반드시 고민해야 한다.

토지에 대한 지배

앞서 이야기했듯이 식량안보와 음식정의 문제를 환경보호와 기후붕괴에 대한 논의에서 분리하는 것은 사실상 불가능하다. 인간을 포함한 모든 종의 미래는 전적으로 지구의 자연적인 재생 능력에 달려있다. 기후변화로 인해 식량 불안정이 더욱 위태로워진 지금 동물 사료용 작물을 생산하는 토지의 용도를 바꾸면 인간이 먹을 수 있는 작물을 더욱 많이 재배할 수 있다.[124]

세계식량계획은 2022년을 "전례 없는 기아의 해"로 묘사하며 전 세계 많은 국가에서 굶주림이 만연되어 있긴 하지만 예멘, 소말리아, 부룬디, 남수단, 시리아 등 일부 국가는 기근 또는 기근에 가까운 위기를 맞이했다고 덧붙인다. 국제 구호 단체인 컨선월드와이드Concern Worldwide 미국 지부는 "분쟁, 기후변화, 코로나19 팬데믹"의 악재가 겹쳐 수백만 명의 사람들이 기아와 굶주림에 처하게 되었다고 말한다. 한편, 유니세프(유엔아동기금)는 아프리카 지도에서 뿔 지역의 연이은 강우량 감소로 인해 "지난 40년 동안 최악의 기후 비상사태"가 발생했다고 보고했다.

그 여파로 지부티, 에티오피아, 케냐, 소말리아에서는 어린이 천만 명을 포함한 이천만 명의 사람들이 심각한 영양실조와 수인성 질병의 위험에 처했다고 경고한다.

아비바 촘스키와 글로벌남부의 역사가들이 지적했듯이 식민주의와 신식민주의는 토지 지배와 소유권 역사의 문을 열었고 토지에서의 노동자와 농민의 역할을 규정해왔다. 신식민주의는 다양한 모습으로 계속해서 경제적, 정치적, 생태적 지형을 형성하고 있다. 이러한 이유로 촘스키와 시바 등 음식정의를 옹호하는 많은 이들은 자립적이고 민주적이며 포용적인 공동체를 구축하기 위해서는 반드시 식량주권을 확보해야 한다고 말한다.[125](2022년 아비바 촘스키와의 인터뷰) 국가 주권 또한 식량안보와 진정한 민주주의를 실현하기 위한 핵심 요소이다. 촘스키는 다음과 같이 설명한다.

> 식량주권, 농업, 농민의 권리가 핵심입니다, 식량은 곧 인권입니다. 저는 주권에 대해, 그리고 국제 금융기관으로 인해 어떻게 제3세계 국가가 실질적인 주권을 상실하게 되었는지에 대해 깊이 생각해보았습니다. 국가는 스스로 결정할 권리를 가져야 한다고들 말합니다. 하지만 국가는 종종 가난한 사람들의 이익을 염두에 두지 않는 엘리트들에 의해 운영됩니다. 저는 식량 민주주의라는 개념을 본 적이 없습니다. 식량 민주주의라는 개념이 사용되는지는 잘 모르겠지만, 글로벌 식품 시스템이 작동하는 양상을 보면 현재 시스템은 힘겹게 살아남은 농민 자급농업의 남은 부분마저

> 파괴하는 데 열을 올리고 있습니다.
>
> 저는 농민들의 소규모 농업을 다룬 팀 와이즈의 아프리카 연구를 정말 좋아합니다. 그러한 농민농업은 여전히 아프리카에서 소비되는 식량의 70%를 공급하고 있습니다. 식품 시스템은 바로 이러한 농업을 파괴하지 말고 보호하고 장려해야 합니다. 모두가 알다시피 세계 일부 지역에서는 농민농업이 소멸의 길을 걷고 있습니다. 미국이 그러한 예입니다. 이미 90%가 무너졌는데 나머지 10%도 없애려고 하고 있죠. 하지만 지구상에는 여전히 농민농업이 지배적인 지역이 있습니다. 이를 육성하고 보존하며 존중할 방법을 찾아야 한다는 것을 우리는 알고 있습니다. 탈성장 관련 자료들은 인간의 번영에 대해, 그리고 성장 대신 인간의 번영을 우선시하도록 사회를 어떻게 조직할 것인가에 대해 많은 이야기를 합니다.(2022년 아비바 촘스키와의 인터뷰)

정의로운 식품 시스템 구축을 위한 우리의 인터뷰와 수많은 탐구 문헌에서는 아비바 촘스키의 이러한 주장과 결을 같이하는 견해를 쉽게 찾아볼 수 있다. '탈성장'이라는 용어의 등장은 1972년 프랑스 철학자 앙드레 고르츠로 거슬러 올라간다. 그는 프랑스 시사 주간지 〈누벨 옵세르바퇴르〉와 함께 성장과 자본주의의 관계를 탐구하고 녹색 자본주의의 위험성을 경고하는 토론을 벌였다. 거기서 그는 "물질적 생산의 비성장, 심지어 탈성장을 전제로 한 지구적 균형과 (자본주의) 시스템이 공존할 수 있는가?"라고 물었다.[126] 이 논쟁은 로마클럽이 '제로 성장'을 촉구하는 보고서를 발표한 후 다시 이어졌다.

학제 간 동료 심사를 거치는 개방형 간행물인 〈디그로스 저널 Degrowth Journal〉 편집자들은 그들의 웹사이트에서 "동료 심사를 거친 지식을 독점"하는 영리 기반 학술지에 자본주의를 비판하는 논문을 게재하려는 시도가 아이러니함을 이야기한다. 학계와 활동가를 연결하기 위해 애쓰는 〈디그로스 저널〉 편집자들은 다음과 같이 덧붙인다.

> 과학에서는 어떤 이유로도 수익 창출이 개입되어서는 안 되며, 특히 그 과학이 자본주의가 만들어낸 사회-생태학적 막다른 골목에서 어떻게 탈출할지에 관한 것이라면 더욱 그렇다. 이는 영웅적인 희생을 요구하는 것이 아니다. 이 저널의 창립 편집자인 우리는 비판적 학자들이 집단적인 태도를 보임으로써 학계 문화가 더 나은 방향으로 변화할 힘을 가진다고 확신한다.[127]

누군가가 지닌 자본주의 시스템에 대한 견해, 그리고 그 시스템이 인류에게 가져다준 혜택을 인정하는 것과는 무관하게, 여기서는 지식과 정보에 대한 민주적 접근에 초점을 맞춘다. 탈성장 개념에 대해서는 마지막 장에서 다시 살펴볼 것이다.

화석연료에 의존하는 자본주의 경제의 본질인 상품화, 성장, 추출주의, 단일경작, 공장식 축산에서 벗어날 때 비로소 우리는 자립적이고 번영하는 사회를 건설할 기회를 가질 수 있다. 인간이 만들어내고 유지하는 구조적 폭력 시스템이 눈에 들어오고 이를 인식하기 시작할 때 새로운 길로 나아가는 출구를 찾을 수 있다. 문제를 만든 것은 인간이기 때문에 해결도 인간이 할 수 있는 것이다.

역사의 여러 시점에서 인간은 빈곤과 기아로 고통받았다. 이러한 재난이 다름 아닌 인간에 의해 발생했을 경우 구조적 폭력이 존재한다고 말할 수 있다.[128] 전 세계적으로 식량 불안과 기아를 초래하고 있는 가뭄, 화재, 허리케인 등은 인간의 행위가 간접적으로 영향을 미쳐 발생하는 현상이다. 그런데 정작 고통을 겪는 사람은 위기를 초래한 주범이 아닌 경우가 많다는 사실도 주목해야 한다.

이러한 현실을 강조한 안토니우 구테흐스 유엔 사무총장의 도움으로 유엔 기후변화협약 당사국총회에서 '손실과 피해'를 보상하기 위한 글로벌 기금 조성이 최우선 의제로 논의되었다. 대다수 국가가 이 제안을 받아들였다는 사실은 일종의 역사적 승리라고 해석할 수 있다. 하지만 위기의 원인에 대한 대처가 유의미한 방식으로 이루어지지 못했다. 기업의 지속적인 이윤 창출과 소비자의 값싼 상품 구매를 부추기는 게임의 규칙을 바꾸는 것보다 '원조'와 '완화' 노력(일반적으로 납세자 부담의)에 초점을 맞추는 것이 정치적으로 훨씬 더 구미가 당기는 선택이었기 때문이다.

햄버거와 치킨너겟이라는 폭력

식민주의 역사는 물론이고 오늘날의 신식민주의 행태와 밀접한 연관이 있는 동물산업복합체는 인종과 계급 문제, 동물 복지, 노동자 안전, 소비자 건강 등 우리의 삶, 식습관, 우리가 먹는 음식에 다각도로 영향을 미친다.[129] 분명한 것은 동물산업복합체가 만들어내는 다양한 억압이 서로 연결되어 있다는 사실이다. 동물산업복합체가 환경 파괴와 기후변화에 미친 영향 조사에서도 이러한 연결성이 어김없이 드러난다.[130] 과학계 주류 학자와 연구원들은 기존에도 온실가스 배출량의 가장 큰 부분을 차지하는 단일 원인 중 하나로 유축농업을 지목해왔다.[131] 유축농업의 환경적 영향은 온실가스 배출에서 그치지 않고 시간이 지날수록 서식지와 종 손실 문제까지 더 긴밀히 얽혀 들어간다.

하지만 동물을 산업적으로 생산하는 행위만이 기후와 종 다양성에 영향을 미친다고 생각하면 큰 오산이다. 인간의 정착과 추출산업이 낳은 토지 황폐화와 환경오염은 가장 큰 최상위 포식자부터 가장 작은 곤충에 이르기까지 전례 없는 종 손실을 초래했다. 식량 공급의 미래를 보장하는 절대적으로 중요한 수분 매개자들도 피해에서 예외일 수 없었다.[132] 여러 과학자들이 지적했듯이, 인간의 산업 생산과 소비 모델이 환경과 다른 동물에 미치는 영향을 제대로 파악하려면 CO_2 배출량을 넘어 다각도로 눈을 돌릴 필요가 있다.

각 산업 부문별 배출량을 비교분석하는 작업이 절대 단순하지 않다고 해도, 농업에서 발생하는 아산화질소와 메탄의 환경적 영향을 이해하고 주요 '지구 위험 한계선'을 환경보호 체계에 포함시켜야 한다. 아비바 촘스키가 최근 발간한 기후변화에 관한 저서에서 언급했듯이, 지구 위험 한계선에는 해양산성화, 성층권 오존층 파괴, 생물지구화학적 질소(농업과 산업공정에서 방출되는 질소), 인 순환(해양으로 방출되는 인), 전 세계 담수 사용량, 토지 이용(삼림이 벌채되어 농업과 도시 수요로 사용), 생물다양성 손실(종 멸종), 화학 오염과 대기 중 연무제 누적(우리가 숨 쉬는 공기 중의 먼지 입자와 매연과 같은 대기오염) 등의 영역이 포함된다.[133]

일부 분석가들은 비인간동물로 만든 식품 대신 다른 대체 식품을 섭취하더라도 식량 생산이 결국 삼림 벌채라는 결과를 낳기 때문에 현재 상황에 별다른 도움이 되지 않는다고 주장한다. 그러나 식품 시스템 안에서 육류를 대체할 수 있는 작물 대부분이 지금은 비인간동물을 먹이는 데 사용되고 있다는 사실을 이해해야 한다. "데이터로 보는 세상"에서 리치와 로저는 다음과 같이 지적한다.

> 전 세계 대두의 4분의 3 이상(77%)이 육류와 유제품 생산을 위한 가축의 사료가 된다. 그리고 나머지는 대부분 바이오 연료, 산업용 또는 식물성 기름으로 사용된다. 두부, 두유, 에다마메, 템페 등 사람이 먹는 식품으로 직접 사용되는 대두는 7%에 불과하다. 두부나 두유 등 육류와 유제품의 대체 식품으로 알려진 식품이 삼림 벌채를 유발한다는 생각은 사람들이 흔히 하는 오해다.[134]

아마존 열대우림 파괴의 가장 큰 원인이 식용 소 사육을 위한 토지 개간이지만, 일부 분석가들은 대두 재배도 그에 못지않은 영향을 미친다고 말한다. 리치와 로저는 미국과 브라질이 전 세계 대두 생산량의 70%가량을 차지하고 있으며, 이 두 국가의 어마어마한 대두 생산은 지난 반세기 동안 전 세계 육류 생산량이 3배로 증가했다는 사실과 관련이 있다는 점을 강조한다.[135]

대부분의 삼림 벌채가 식용 소 사육과 닭, 돼지의 사료용 콩 재배를 위한 토지의 무분별한 이용 때문에 벌어진 결과임에 근거하여, 리치와 로저는 소비자가 육류 소비를 줄이는 것이 가장 효과적인 변화를 가져올 것이라고 말한다. 이들은 "브라질 아마존 삼림 벌채의 주된 원인은 소고기 생산을 위한 목초지 확장이었다. 또한 상업 작물로 대두를 재배한 결과 삼림이 손실되었는데 '브라질 대두 모라토리엄' 시행 이후 삼림 손실 폭이 크게 감소한 것이 확연히 눈에 띈다"[136]고 지적한다.

비슷한 맥락에서, 산업농업과 정치생태학을 연구하는 웨스턴대학교 지리학과 토니 와이즈 교수는 연구를 통해 "농업과 식생활 사이의 파괴적 연결 고리를 끊고 육류 생산과 소비를 줄이는 것이 환경 및 식량정책과 실천의 핵심 목표가 되어야 하는 이유"를 설명한다.[137] 식품 대기업과 정부에 대해 리치와 로저는 아마존 이외 지역에 초점을 맞추어 삼림 벌채 제로 정책을 추진할 것을 강조한다. 현재 아마존 이외 지역에서 식용 소의 생산이 급속히 증가하고 있기 때문이다.

글로벌북부 사람들은 먼발치에서 아마존 열대우림을 바라보며 탄소 흡수원으로서 열대우림이 중요하다고 막연하게 생각한다. 하지만 의약품에서 정크푸드까지 수많은 제품을 생산하는 데 글로벌남부, 특히 아마존에 얼마나 의존하고 있는지는 제대로 알지 못할 것이다. 리타 메스키타를 포함한 글로벌남부의 과학자들은 (언론인 다르 자마일의 저서 《지구를 위한 비가*The End of Ice: Bearing witness and finding meaning in the path of climate disruption*》(경희대학교출판문화원, 2022)에 관해 진행한 인터뷰에서) 서구식 식단 때문에 브라질 등의 국가에서 파괴와 폭력이 발생한다고 말한다.[138]

목재와 목축을 위한 무분별한 벌채가 문제의 근원이다. 자마일은 "아마존 전역에서 삼림 벌채가 증가하고 있다. 브라질은 환경과 토지, 농업 개혁과 관련된 암살 사건이 전 세계에서 가장 많이 벌어지는 국가다. 2016년 전 세계에서 매주 거의 4명의 활동가들이 살해당했는데 브라질은 49명*이 살해되어 가장 높은 암살률을 기록했으며, 사건 중 상당수가 아마존에서 발생했다"고 설명한다.[139] 한편 메스키타는 "브라질은 광업과 산업농업 발전이라는 명목 아래 경악할 일들을 자행하고 있으며, 보호 지역을 쓰레기로 만들고 있다"[140]고 비판한다. 브라질 과학자들은 북아메리카와 유럽에 소고기를 판매하는 소 목장의 삼림 파괴 실태를 밝히면서 국제사회가 벌채를 부추기며 브라질 정부에 가하는 거대한 압력의 실체를 고발한다.[141]

유축농업은 삼림뿐만 아니라 담수 자원에도 치명적이다. 수자원 위기에 대한 우려가 제기되면서 유네스코 등의 국제기구는 수자원 문제가 식량안보와 환경정책의 사각지대에 있음을 여러

* 세계 전체로는 200여 명-옮긴이

해에 걸쳐 언급하고 육류와 낙농업이 남긴 '물 발자국'에 대해 보고한 바 있다. 2010년에 유네스코는 다음과 같이 발표했다.

> 육류 위주에서 벗어난 식단 변화를 유도하여 동물성 제품 수요를 조정하는 사업은 정부의 환경정책에서 빠질 수 없는 부분이 될 것이다. 동물성 제품 소비가 여전히 빠르게 증가하고 있는 국가에서는 증가 폭을 조절할 방법을 고민해야 한다. 생산 측면의 변화를 유도하기 위해서는 축산업이 담수에 미치는 영향을 관련 정책에 반영하는 것이 효과적일 것이다. 이는 특히 사료 성분, 사료 생산에 필요한 물 사용량, 사료 원산지에 초점을 맞추어야 함을 의미한다.[142]

여러 해에 걸친 통계자료에 따르면 칼로리 당 측정법을 포함한 연구에서 비인간동물을 가공한 생산물은 농작물보다 물 발자국이 훨씬 더 큰 것으로 나타났다. 소고기만 해도 뿌리채소나 곡물보다 물이 20배 더 필요하다. 식물성 식이 단백질 공급원의 경우, 콩류는 소고기 생산에 필요한 물의 6분의 1로도 충분하다.[143]

물 발자국 네트워크The Water Footprint Network, WFN는 우리가 동물에서 생산한 제품보다 농작물에서 단백질, 지방, 칼로리를 얻으면 담수 활용의 효율성이 더 높아진다고 주장한다. 그러나 육류와 유제품 산업이 벌어들이는 어마어마한 이윤을 생각하면, 관련 기업들이 물 사용량을 인정하거나 제대로 모니터링하는 데 관심을 보이지 않는 것은 어쩌면 당연할지 모르겠다. 물 발자국 네트워크가 지적했듯이, 육류와 유제품 산업은 전 세계 물 발자국의 4분의 1 이상을 차지한다. 상황이 이러한데도 세계 어느 정부도 이 문제를 심각하게 다루지 않는다.

> 정부는 동물성 제품과 물 자원이 어떤 관련이 있는지 거의 관심을 기울이지 않는다. 육류와 유제품이 가장 물 집약적인 소비재라는 문제를 다루는 국가적 수자원 계획은 세계 어디에도 존재하지 않는다. 수자원 정책에 소비자나 육류와 유제품 산업에 대한 규제를 포함하는 국가도 당연히 없다. 물 정책이 지속가능한 생산에 초점을 맞추는 경우는 많지만, 지속가능한 소비에 대해서는 거의 다루지 않는다.[144]

이러한 현실에서 이익을 불리는 기업들의 침묵은 다분히 분노를 일으킬 만하다. 투표로 선출된 정부의 행동 부족 역시 수치심을 느끼게 한다. 시민의 손으로 뽑은 대표자들도 시민을 보호하거나 기후변화에 맞서기보다는 기업, 국내총생산, 경제성장에만 혈안이 되어있다는 비판을 면할 수 없다. 이러한 정치권의 현실을 보면, 동물 보호와 동물 복지에 대한 관심이 국가적 의제로 자리 잡지 못한 이유를 알 수 있을 것 같다.

누군가가 계속해서 수익을 창출하고 확장하는 시스템을 구축하려고 한다면, 동물산업복합체는 우리가 생각할 수 있는 가장 '효율적인' 시스템 중 하나일 것이다. 하지만 시스템의 효율성을 얻기 위해 들어가는 실제 비용은 사회가 부담하고 이익은 사적인 개인이 취하게 된다. 그렇기에 우리가 지속가능하고 정의로운 식품 시스템 구축을 목표로 한다면 동물산업복합체는 끔찍하게 비효율적일 뿐만 아니라 계속 존재한다면 우리가 설정한 목표가 멀어질 것이 불을 보듯 뻔하다.

우리의 식습관은 비만, 심장 및 관상동맥 질환 증가, 당뇨병 조기 발병 등 의료 비용을 증가시키는 일부 원인이 되고 있다. 건강과 영양에 관한 가장 날카로운 해석으로 베스트셀러에 오른 책 중 하나이자 뉴욕타임스가 '전염병학의 그랑프리Grand Prix of epidemiology'로 선정한 《무엇을 먹을 것인가*The China Study*》(열린과학, 2020)는 서구식 식습관을 채택한 인도와 중국 중산층에서 현재 이러한 '풍요 속 질병'이 만연하고 있음을 밝혔다.[145]

녹색혁명 되돌리기

이른바 녹색혁명을 적극적으로 지지했던 사람들은 녹색혁명이 과학기술을 이용해 토지와 투입물을 좀더 효율적으로 활용하고 수확량을 늘림으로써 전 세계에 식량을 공급할 기회가 될 것이라 생각했다. 제2차 세계대전 이후 식량 생산의 산업화와 동물산업복합체는 서로 보완하며 몸집과 영향력을 키웠다. 동물산업복합체의 성장과 그들이 갖게 된 힘은 냉전으로 인한 세계 질서의 전반적인 변화와 자본주의 식품회사들의 경제 우선주의가 득세한 맥락에서 분석과 평가가 이루어져야 한다.[146] 고수확 농산물 품종(특히 밀, 쌀, 옥수수), 교잡 기술을 통한 품종개량, 화석연료 기반 살충제 및 비료 의존도를 높이는 녹색혁명은 전 세계에 걸쳐, 특히 글로벌남부에서 적극 추진되었다.

1950년대 들어서, 공산주의와 사회주의 혁명에 대한 우려로 록펠러 재단과 포드 재단은 세계은행과 함께 글로벌남부 국가들이 녹색혁명을 모토로 식량을 생산할 수 있도록 장려했다. 반다나 시바를 포함한 연구자들[147]은, 궁지에 몰리고 빚에 허덕이며 식민화된 이들 지역에 강요된 화학 기반 농업이 "사회 변화를 무마하는 해독제 역할"을 하는 동시에 사회의 불평등을 심화시킨 과정을 추적하고 비판했다.(2023년 반다나 시바와의 인터뷰)

소작농들은 화학농법에 필요한 투입물을 신용 구매하고 결국 이를 감당할 수 없어 그들의 땅을 떠나야만 했다. 대규모 작물 생산에 필요한 막대한 양의 물 사용으로 인한 사막화, 극단적인 농업 다양성 감소 등은 화학 기반 농업 모델이 남긴 또 다른 흔적이다. 오늘날 글로벌 식품생산 시스템의 주축이 된 살충제를 비롯하여 녹색혁명을 거세게 부채질했던 화학물질 중 일부가 '신경가스'를 제조하는 군사 방어 기술에서 파생되었다는 사실은 찜찜함을 지울 수 없게 한다.

대규모 단일재배 생산 과정에서 농약과 비료 사용은 필수다. 시바는 쌀과 밀의 생산량이 증가했다고 하지만, 이것이 식량 생산량이 절대적으로 증가했다는 것을 의미하지는 않는다고 지적했다. 채소와 콩류의 생산량은 오히려 정반대로 큰 폭으로 감소했다. 식민 자본주의 역사에서 한몫했던 과학은 누군가에게는 진정한 녹색혁명을 위한 해결책을 찾는 데 골칫거리가 되기도 했다. 아비바 촘스키는 "과학의 끔찍한 사회문화적 역사, 즉 자본주의와 제국주의가 우리에게 과학으로 인식하게 만든 것에서 과학을 떼어내는 것이 중요한 것 같다"(2022년 아비바 촘스키와의 인터뷰)고 말한다.

시바는 2022년 이탈리아 피렌체에서 열린 종자 박람회에서 다음과 같이 이야기했다. "두 가지 흐름이 있다. 하나는 다양성, 민주주의, 자유, 기쁨, 문화와 같이 자신의 삶을 축복하는 것이고 다른 하나는 단일 문화와 죽음이다. 모든 사람이 우울하다. 모두가 우울증 약을 복용한다. 점점 더 많은 젊은이들이 일자리를 잃고 있다. 우리는 그런 죽음의 세상을 원하지 않는다." 그리고 이렇게 말을 이었다. "씨앗이 농부와 정원사의 손에 있고 땅이 농부의 손에 있다면 세상에 굶주림은 없을 것이다. 저들은 그것을 빼앗으려고 안달이다."

시바는 단순히 현 시스템에 항의하고 비판하는 데 그치지 않고 인도 북부 우타라칸드에 생물다양성 농장을 설립하는 등 구체적인 대안을 만들고 알리기 위해 끊임없이 노력해왔다. 시바는 "나브다냐Navdanya는 지구 중심, 여성 중심, 농부 주도의 생물학적 다양성과 문화적 다양성 보호 운동이다. 우리는 자연과 인간을 분리하지 않고 종, 문화, 성별, 인종, 신앙의 위계가 없는 지구가족(바수다이바 쿠툼바캄Vasudhaiva Kutumbakam)으로서 지구 민주주의의 철학을 실천한다"고 알렸다.[148]

나브다냐의 핵심은 종자 보존으로, 이는 기업의 독점적 단일

재배 생산에 대한 저항 행위와 운동으로 여겨진다. 나브다냐는 22개 주에 종자은행을 설립하여 몬산토나 카길과 같은 기업이 생산하는 특허 종자와는 다른 종자를 농부들에게 무료로 제공하여 미래 세대가 건강하고 다양한 식품에 접근할 수 있도록 힘쓰고 있다. 1970년대 인도의 삼림 벌목을 막기 위해 여성들이 주도한 비폭력 운동인 칩코Chipko 운동에서 영감을 받은 시바는 '나무를 껴안는 사람tree hugger'을 조직한 한 명이기도 하다.

식민주의의 현실과, 경계를 넘나드는 기후변화의 특성이 두드러지는 인도에서는 국민 대다수가 혜택을 받지 못한 화석연료 산업주의가 남긴 고통이 적나라하게 드러나고 있다. 이러한 상황은 글로벌남부의 다른 국가들에서도 똑같이 나타나고 있다. 히말라야 빙하는 화석연료 산업주의로부터 직격탄을 맞아 매년 1.5피트(약 45cm) 높이의 눈이 사라지고 있다.[149] 빙하 감소는 농경 공동체와 물에 대한 접근성 전반에 직접 영향을 미친다. 지구의 다른 곳에서도 비슷한 기후붕괴 사례가 발생하고 있는데 유엔에 따르면 수년간 지속된 가뭄과 홍수로 소말리아, 에티오피아, 남수단, 예멘 등의 국가에서는 농작물이 고사했고 전례 없는 대규모 식량 불안과 기근으로 많은 이들이 고통받고 있다고 한다.

이 책의 저자들인 우리는 매일같이 쇄도하는 '긴급 행동' 요청 메시지 속 고통스러운 사연과 이미지들을 마주할 때마다 온정적인 식품 시스템의 필요성을 절실히 느끼게 된다. 기후변화는 우리가 연민과 슬픔 안에서 서로를 도와야 하는 '천재지변'이 아니다. 글로벌북부의 생활양식을 유지하기 위해 걷잡을 수 없이 불어난 화석연료 생산과 소비가 직접적인 원인이다.

위에서 언급한 바와 같이, 단순히 국가라는 경계 안에서 발생하는 온실가스 배출량 측정은 그곳에서 생산한 제품을 누가 구매하는지 고려하지 않는다. 시중에 나온 각종 제품과 의류 라벨을 살펴보면 글로벌북부 거주민의 소비 양식이 중국과 인도의 높은 온실가스 배출량과 관련 있으며, 전 세계의 기후붕괴를 부추기고 있다는 사실을 알 수 있다.

식물 기반 조약 : 지구적 문화 전환을 향한 움직임이 될까?

우리는 식물성 식단을 향한 움직임의 근저에 문화 전환이 자리 잡고 있다는 점에 주목했다. 비건 소사이어티(영국), PETA(미국), 푸드 임파워먼트 프로젝트(미국), 애니멀 에이드(영국), 애니멀 세이브 무브먼트(전 세계), 프로베지 인터내셔널Proveg International 등 세계의 많은 단체가 오늘도 문화 전환에 힘쓰고 있다. 또한 '기후위기 대응 최전선으로서의 식품 시스템'을 목표로 유엔 기후변화협약 파리협정의 연장선에서 '식물 기반 조약Plant-Based Treaty'을 요구하는 등 정책 지향의 풀뿌리 운동도 진행 중이다. 식물 기반 조약은 집약적 유축농업과 핵심 생태계의 급격한 파괴 사이의 인과관계를 지적하면서 지속가능한 식물 기반 식단으로 전환할 것을 촉구한다.

마침내 최근 주류 담론에서 논의되기 시작한 것은, 모든 인간이 어떤 방식으로든 생태계에 영향을 미치긴 하지만, 기후붕괴와 그로 인한 위기에 모든 인간이 똑같이 영향을 미치는 것은 아니라는 사실이다. 이것이 왜 중요할까? 유엔 기후변화협약 당사국총회에서 분명히 드러났듯이, 글로벌북부의 부유한 국가들은 현 상황의 주요 가해자이자 수혜자이기에 최악의 결과를 떠안게 된 국가들에게 '비용과 피해'에 대한 문제 해결방안을 책임지고 제공해야 한다. 적어도 이론적으로는 법치에 뿌리를 둔 글로벌 시스템에서 정의는 반드시 실현되어야 한다.

전 세계 풀뿌리 운동에서 우려되는 점은, 화석연료 의존도에 대해 각국 정부가 단계적 감축을 책임지고 실행하지 않는다면, 현재의 글로벌 기금에 대한 '자발적 기여'와 자발적 '단계적 감축'만으로는 미래 세대가 숨 쉴 건강한 지구가 되도록 위기를 제때 해결할 수 없다는 것이다. 그러나 안타깝게도 글로벌북부 국가들은 유엔 기후변화협약 당사국총회에서 화석연료의 단계적 감축에 대한 아무런 합의도 이끌어내지 못했다. 글로벌남부의 많은 사람들은 '손실과 피해'와 지구 온도 상승 1.5℃ 제한 의무 사이의 명확하고 불가분한 관계가 인정되지 않고 있다는 사실에 좌절했다.

아비바 촘스키를 비롯한 전문가들이 지적했듯이 국가별 배출량을 계산하는 방식으로는 어느 국가의 책임이 가장 큰지 정확하게 밝히지 못한다는 측면에서 이 문제는 정치와도 관련된다. 국제 사회는 대기 중 총 CO_2를 고려해 계산하지 않고 국가별로 따로 연간 CO_2 배출량을 측정하기 때문에 중국은 최악의 가해자라는 비난을 끊임없이 받고 있다. 그러나 1인당 배출량과 누적 배출량을 계산하면 유럽연합과 미국에 '가장 큰 역사적 책임'이 있으며, 미국과 유럽 시민이 소비를 통해 가장 많은 CO_2를 배출하고 있음을 분명히 알 수 있다.[150] 즉, 중국 CO_2 배출량의 상당 부분은 글로벌북부의 소비자를 위한 상품을 생산하면서 발생하고 있는 것이다.

과잉 소비를 줄이고 불평등과 빈곤을 해결하는 것이 기후변화 해결의 중요한 열쇠라고 많은 사람이 외친다. 이와 관련하여 아비바 촘스키는 다음과 같이 말한다.

> 저소비 라이프스타일 안에서 풍요롭게 사는 삶을 그려본다면 우리는 결국 시장의 불안정성으로부터 기본적인 필요와 권리를 보호해주는 강력한 사회 안전망이 답이라는 결론에 이른다. 만약 무상보육과 대학 무상교육, 현실적인 국가 의료 및 연금 시스템, 식량과 주거 등의 기본적인 욕구가 인권으로 간주되고 공공부문에서 이를 보장한다면, 노동시간이 줄고 이로써 끊임없이 증가하는 소비에서 벗어나 삶의 질을 재정의하기 위한 고민이 훨씬 쉬워질 것이다.[151]

지속가능성을 높이는 방향으로 우리의 삶을 전반적으로 전환하기 위해서는 사회 안전망이 수반되어야 하며 그렇게 될 때 더 적게 일하고 더 적게 소비하는 것이 합리적인 환경이 만들어진다.[152] 이러한 전환을 위해서는 기존의 산업적 식품생산 시스템 안에서 인간과 비인간동물이 겪는 불평등과 착취 문제를 해결해야 한다.

3장

지옥의 노동

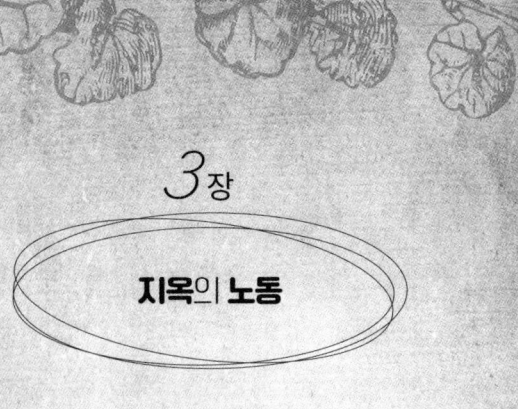

동물을 식품으로 산업 생산하기 위한 노동

[돼지들은] 자신 앞에 무엇이 기다리고 있는지 알고 있었다.
그래서인지 작업장에 발을 들여놓으면
돼지들이 뿜어내는 공포감을 대번에 느끼게 된다.
[양, 소, 돼지] 모두 마찬가지였다.
이들은 그곳에서 무슨 일이 벌어지고 있는지
충분히 알고 있을 것이다.
– 폴 루크

★★★

정의로운 사회에서 식품은 어떤 모습일까? 불평등을 해소하려면 인간뿐만 아니라 비인간동물의 필요까지 헤아려야 한다. 이런 이해 과정은 동물산업복합체를 변화시켜 나가기 위해서도 반드시 필요하다. 2장에서 언급했듯이 토지, 노동력, 비인간동물을 상품화하는 자본주의는 "우리에게 공정하고 건강하며 회복력 있는 식품 시스템을 제공하지 못했다."[153]

3장에서는 비인간동물을 식품으로 산업 생산하기 위해 투입되는 노동에 초점을 맞출 것이다. 다만, 일반적으로 농업 노동이 "가장 위험하지만 저평가되고 불안정한 형태의 노동이라는 점을 인식하고 이야기를 시작해야 할 것 같다. 농업 노동은 흔히 고립된 지역에서 이루어지기 때문에 투명성을 갖추기 어렵고 노동자와 노동하는 동물을 정당하게 대우하는 것과 관련해서도 특수한 문제가 동반된다."[154]

자본의 논리에 따라 식품 생산에 종사하는 노동자들은 저임금을 받으며 일상적으로 안전이 보장되지 않은 환경에서 하루를 보낸다. 과일과 채소를 따는 노동자뿐만 아니라 패스트푸드점과 식료품 소매업 노동자의 상황도 다르지 않다. 농업 노동력은 임시 외국인 노동자와 미등록 이주 노동자에게 의존하는 경우가 많다. 그런데 이들은 주거와 복지 혜택 등의 필수 서비스를 고용주에게 의존할 수밖에 없고, 따라서 다른 일반 시민과 동일한 권리를 누리지 못한 채 더욱 불안정한 조건을 감수해야 한다.

비인간동물을 식품으로 생산하는 산업에 종사하는 노동자들은 또 다른 문제에 직면한다. 사람들이 가장 궁금해하는 부분은 다른 제조업이나 산업에서의 노동과 비인간동물을 식품으로 생산하는 노동과의 차이점일 것이다. 우리는 동물을 식품으로 산업 생산할 때 적용되는 방식인 분업에 관한 자료도 살펴보았다. 여기서 분업이란 작업장에서 작업을 구획화하여 일부 작업자를 특정 작업에서 배제하는 과정이다. 예를 들자면, 일반적으로 육류 포장 및 닭고기 가공 공정에서는 비인간동물이 산 채로 도축장에 들어와 도살, 해체되는 과정을 거쳐 식품으로 출고되는데, 직접 도살을 하는 노동자는 소가 도축장까지 이동하는 통로의 작업에서 물리적으로 배제되는 경우가 많다.

도축 공장 등 동물을 다루는 산업은 흔히 더럽다고 여겨진다. 노동자들이 가축의 피와 배설물을 처리하거나, 동물에게 가해지는 일상적인 폭력에 노출될 수 있기 때문이다. 이러한 환경은 개인 노동자의 삶은 물론이고 지역사회에도 부정적인 외부효과를 불러올 수 있다. 나아가 인간의 노동뿐 아니라 동물의 '노동'에 관한 최신 연구에서 제기된 문제에 대해서도 이야기할 필요가 있다. 최근까지만 해도 비인간동물이 식품 생산에 제공하는 노동에 대해서는 거의 관심을 기울이지 않았다. 하지만 이제는 동물 노동에 어떤 것들이 뒤따르는지, 그리고 사람들이 비인간동물에게서 얻은 고기, 유제품, 달걀, 생선 등으로 만든 제품의 생산을 왜 당연하게 여기는지 생각해볼 때이다.

인간 노동자와 소비자는 식품이 되는 동물과의 정서적 단절을 유지하기 위해 일종의 경계 노동boundary work에 참여한다. 그럼으로써 노동자들은 자신의 특정 작업을 더 쉽게 분리하고, 소비자들은 이러한 현실을 보지 못하게 된다. 소비자의 눈을 가림으로써 최악의 상황에서 이루어지는 식품 생산 관행에서 소비자를 떼어놓는 것이다. 그렇기 때문에 생산 과정의 불투명성에 관한 문제는 특히 중요하게 다루어야 한다. 나아가 민주적이고 공정한 식품 시스템을 구축하기 위해서는 투명성이 왜 필요한지 분명히 조명해야 한다. 앞서 이야기했듯이, 생산 과정을 투명하게 공개하면 소비자시민은 정보를 바탕으로 소비하고, 필요한 경우 정치적, 경제적 변화까지도 요구할 수 있다.

여기서 우리는 저항과 연대라는 매우 중요하고 우리에게 힘을 실어주는 개념에 대해서도 생각해보려고 한다. 예를 들어, 어떤 노동자들은 노동조합을 만들거나 가입하고, 소비자시민 불매운동을 촉구하거나 도축장 취업을 거부함으로써 안전하지 않고 부당한 노동 조건에 맞서 싸운다. 비인간동물 역시 자신에게 가해지는 위험에서 도망치거나 순응하지 않는 방식으로 저항하기도 한다.

동물산업복합체에서의 노동, 코로나19, 그리고 자본의 논리

2021년 캐나다 국영 방송국The Canadian Broadcasting Corporation, CBC의 한 기사는 앨버타주에서 코로나19로 사망한 6명의 도축장 노동자의 이야기를 집중 조명했다.[155] 곧이어 팬데믹 이전에도 이미 이곳에 문제가 있었다는 노동자들의 인터뷰가 빠르게 전파를 탔다. 노동자들은 도축장에서 일을 시작했을 때부터 동물에 대한 연민을 떨칠 수 없었고 끔찍한 피와 배설물 냄새를 견디며 자신이 기계처럼 느껴졌다고 토로했다.

한 노동자는 생산 라인의 속도가 너무 빠르고(매주 4만 5천 마리의 돼지가 이 공장에서 도축 가공됨), 같은 동작을 무한 반복하다 보면 몸이 망가지는 것은 물론 심각한 부상을 입기도 한다고 설명했다. 뉴스 보도에 따르면 앨버타주 레드디어 시에 있는 가공육 식품 생산업체 올리멜의 재해율은 정규직 직원 100명당 18.1명에 이르는데, 이는 다른 위험 산업군과 비교해도 높은 수치다.[156]

코로나19 팬데믹 기간에 이 도축장은 생산 라인의 속도를 높여, 도축하고 가공하는 돼지의 수를 하루에 7,000마리에서 10,000마리 가까이 늘렸다.[157] 공장의 규모는 그대로 두고 같은 공간에서 더 많은 작업자가 더 많은 동물을 처리하도록 하여 도축량을 늘린 것이다.[158] 노동자와 생산량이 늘어나면서 작업장은 더욱 과밀해졌고, 인간과 비인간동물 모두 스트레스와 불안을 느낄 가능성이 커졌다. 도축장을 비롯해 고도로 기계화된 산업은 생산 라인의 속도를 높여 되도록 비용을 낮춘다. 그 결과 노동자는 라인 속도를 조정할 때 고려 대상이 되기보다는 그저 적응해야만 하는 상황에 놓인다.[159]

또 한 가지 중요한 것은 위에 묘사된 상황이 이 도축장에서만 일어나는 특별한 일이 아니라는 점이다. 팬데믹 발생과 이에 대한 국가의 제도적 대응이 도축장 노동자와 가족, 그리고 지역

사회에 어떤 방식으로 질병 위험을 증가시켰는지도 알아야 한다. 한 예로, 최근 〈미국 국립과학원 회보Proceedings of the National Academy of Sciences〉에 실린 한 논문은 도축 및 육류 포장시설과 미국의 코로나19 전염 사이의 관계를 조사했다. 이 논문은 이들 도축시설이 2020년 7월 21일 기준으로 236,000~310,000건의 코로나19 확진 사례(전체 확진의 6~8%)와 4,300~5,200명의 사망(전체 사망자의 3~4%)과 관련이 있다고 추정했다.[160] 지역사회 차원에서 도축시설이 위치한 지역은 코로나19 감염률이 높았다.[161] 이 상황에서 저임금으로 인한 경제적 어려움이 더해지면서 많은 노동자가 제2, 제3의 직업을 가질 수밖에 없었다.[162]

코로나19 팬데믹 소식에 이어 동물을 식품으로 생산하는 산업 현장의 축사 비우기depopulation 보도가 잇따랐다. 그러자 동물의 상품화와 이들이 궁극적으로 맞이하는 죽음에 대한 관심이 높아졌고 관련 산업 노동자들이 겪는 일들도 하나둘씩 알려지게 되었다. "육류산업을 강타한 팬데믹으로 낙태된 새끼돼지, 가스를 마신 닭"이라는 제목의 기사는 팬데믹 초기에 코로나19 확산으로 도축시설이 폐쇄되었을 때 어떤 일이 벌어졌는지 보여주었다. 도축 공장이 문을 닫으면서 농부들은 도축할 만큼 몸집이 커진 시장용 동물들이 팔리지 않고 농장에 남아 적체되는 상황에 맞닥뜨렸다. 농부들은 이 비인간동물들을 계속 먹여야 했고, 이들의 몸집이 더 커지면서 축사의 밀도가 높아지자 비용도 따라 증가했다.[163] 많은 농부들이 밀집도를 완화하고 새로 들어올 비인간동물을 위한 공간을 확보하고 비용을 절약하기 위해 가축을 대량 살

처분하는 축사 비우기를 시작했다.[164]

농업은 상당한 어려움과 스트레스가 따르는 직업이다. 농작물을 재배하든 동물을 기르든 농부들은 매일 삶과 죽음의 문제뿐만 아니라 경제적 압박과 고충에 맞닥뜨린다. 의료인류학자이자 농부인 조 패리시에게 농부들이 이러한 스트레스에 어떻게 대처하는지 묻자 이렇게 답했다. "일부는 결국 문제를 해결하지 못합니다. 농부는 자살률이 가장 높은 직업 중 하나죠. 실제로 우울증을 겪는 농부들을 위한 상담 전화가 있습니다. 대초원 지역 사람들은 죽음뿐만 아니라 경제적 어려움도 감당해야 하기 때문에 주정부에서 마련한 상담 전화 제도죠. 농부들은 경제적으로 매우 어렵습니다."(2023년 조 패리시와의 인터뷰) 미국 질병통제예방센터에 따르면 미국 농부의 자살률은 다른 직종 종사자의 자살률보다 두 배나 높다.[165]

코로나19 팬데믹이 처음 미국을 휩쓸었을 때 농부와 수의사들은 자신이 키우거나 돌보던 비인간동물을 '축사 비우기' 차원에서 죽여야만 했다. 이 때문에 그들은 여러 부작용에 시달린 것으로 알려졌다. 이 모든 비극은 곳곳의 도축시설이 폐쇄되고 인력 부족으로 생산 능력이 감소하면서 일어났다. 업계가 이런 폭풍을 겪게 된 것은 코로나19 발생과, 특히 돼지고기 같은 특정 육류 제품의 외식업계 수요 감소로 인한 공급망 축소로 거슬러 올라간다.[166] 인도적 살처분이라고 정의되는 동물 안락사는 수의사나 농부 등 인간 노동자에게 스트레스를 준다고 알려져 있다. 연구에 따르면 관련 종사자들은 우울증 등 다양한 정신적 증상을 겪을

수 있으며 이는 알코올이나 약물 의존으로 이어지기도 한다.[167]

많은 연구자들이 사회학자 아널드 알루크가 처음 발표한 '돌봄-살해 역설' 이론을 연구해왔다. 그들은 인간이 상호작용하는 비인간동물에게 느끼는 의무감이 서로 충돌하는 모순적인 상황을 어떻게 받아들일지 고민하는 데 이 이론이 유용한 도구가 될 수 있다고 생각했다.[168] 노동자들은 동물보호소와 농장에서, 그리고 수의사로서 다른 동물을 정성스럽게 돌보지만, 다른 한편에서는 이 비인간동물들을 죽이는 일을 담당한다.[169] 이러한 모순은 심각한 심리적 스트레스의 원인이 된다. 미국 소고기 생산자를 대상으로 한 연구에서 사회학자 콜터 엘리스는 농부들이 눈앞의 동물을 한편으로는 개인적 관계로, 다른 한편으로는 '상품'으로 취급해야 하는 상황에 놓인다는 사실을 발견했다. 그는 이러한 상황을 설명하기 위해 "경계 노동"이란 말을 사용한다.[170] 사회학자 로다 윌키는 가축을 상업적으로 생산할 때 노동자들이 자신이 맡은 비인간동물과 '분리'되어야 함에도 '돌보는 일'도 함께 하고 있다는 점을 비판한다. 윌키는 이러한 거리두기의 필요성을 "감정적 분리concerned detachment"[171]라고 설명한다.

자료에 따르면 축사 비우기는 종종 대량 살처분 방식으로 이루어지는데, 이 과정이 신속하게 끝나지 않거나 동물에게 고통을 주는 경우가 생기기도 한다.[172] 인도적인 방법을 사용하는 것은 노동자의 정신적 안녕에도 매우 중요하다.[173] 팬데믹 기간에 미국에서 돼지 살처분에 사용되었다고 알려진 방법 중 하나는 환기 차단 후 증기 가열이었다. 이는 공기의 온도를 높여 동물들을 고온에서 열사병으로 죽게 만드는 원리다.[174] 열사병은 사망 전 구토, 설사, 뇌 손상, 쇼크 등 여러 고통스러운 증상을 유발한다.[175] 열사병 유발로 돼지가 얼마나 빨리 죽는지, 얼마나 큰 고통을 겪는지에 대해 심각한 의문과 우려가 제기되고 있다. 동물복지의 관점에서 볼 때, 이러한 방식은 돼지에게 오랜 시간 고통을 주는 것으로 알려져 있고 잔인성 때문에 인도적인 도축 방법으로 분류되어서는 안 된다.[176]

캐나다 돼지 관리 및 취급에 관한 규정에 따르면, 조건부 안락사 방법 중 한 가지로 둔기외상이 명시되어 있다. 규정이 제시하는 둔기외상은 "새끼돼지의 뒷다리를 잡고 두개골 윗부분을 평평하고 단단한 표면으로 강하고 신중하게 내리치는 것"이다.[177] 규정은 이 방법으로 어린 돼지를 죽이는 것을 허용하기는 하지만, "안락사 기준을 일관되게 충족할 수 있도록 둔기외상을 대체하는 방법을 적극적으로 고민해야 한다"고 덧붙이고 있다.[178] 이러한 돼지 처리 방법이 농장 노동자, 농부, 혹은 수의사에게 어떤 정신적 피해를 줄지는 누구나 쉽게 짐작할 수 있을 것이다.

이러한 죽음의 과정에서 비인간동물들이 겪는 고통을 이해하는 것도 꼭 필요하지만, 건강한 동물의 목숨을 대량으로 끊거나 비인도적인 살처분을 해야 하는 경우 작업에 참여하는 수의사의 심리적 고통 또한 심각하다는 것을 알아야 한다. 이들의 고통은 트라우마와 번아웃으로 나타난다.[179] 비인간동물을 죽이는 행위는 농부나 수의사 등의 축산 종사자에게 큰 타격을 주는 것으로 보이는데, "이들 각자의 배경이나 준비된 정도와 상관없이 동물 안락사를 진행해야 하는 사람들은 우울증과 불안을 특징으로 하는 정신 질환을 널리 앓고 있기 때문이다. 안락사는 결코 쉬운 일이 아니며 인간이 치르는 커다란 희생은 돈으로는 측정조차 할 수 없을 것이다."[180]

대대적인 축사 비우기를 진행하고 더 많은 생명을 죽이며 인도적이지 못한 방식으로 살처분하는 것을 근절할 수 없는 중요한 구조적 이유가 있다.[181] 지금부터 살펴볼 도축산업의 시설 거대화와 기업 집중화는 농업의 변화와 연결된다. 농장 운영 규모는 점점 커졌고 이렇게 거대해진 농장에서 식품용 비인간동물이 대량으로 사육되었다. 1997년부터 2017년까지 미국 내 돼지 사육 농장 수는 절반 가까이 줄었지만 남아있는 농장들의 규모는 훨씬 커졌다. 2017년에는 5,000마리 이상 사육하는 농장의 돼지 생산량이 전체의 72.8%를 차지했다.[182]

캐나다에서도 농장 규모가 점점 커져서 2022년 평균 돼지 사육 두수가 1,900마리를 넘어섰다.[183] 캐나다 일부 주에서는 평균보다도 훨씬 더 큰 규모의 농장이 운영되었는데, 농장당 평균 4,831마리를 사육한 매니토바주가 대표적이다.[184] 기업이 육류 가공에 집중하고 사육 농장 규모를 키운 덕분에 개별 도축시설이 일정 기간 문을 닫아도 기업은 큰 손해를 보지 않았다.[185]

도축업이 기업화되는 현상은 도축 공장 하나가 문을 닫으면 농가가 이용할 수 있는 다른 도축 장소가 없다는 것을 의미한다. 게다가 도축장 폐쇄나, 질병 발생 위협으로 인한 축사 비우기를 해야 할 경우 농장의 규모가 클수록 살처분해야 하는 동물의 수는 더 많아진다.[186] 소규모 농장과 달리 대규모 농장은 어떤 결정을 할 때 훨씬 더 많은 비용이 들게 마련이다. 그래서 소비자의 건강을 고려하기보다는 경제성에 집중한 결정을 내린다.[187]

팬데믹 기간에 캐나다와 미국에서는 도축장 폐쇄로 비인간동물 수백만 마리가 농장에서 살처분된 것으로 추정된다.[188] 비상 상황에서 비인간동물의 농장 내 살처분에 대한 지침은 가능한 한 인도적이고 해당 종에 적합한 방법을 사용해야 한다고 명시하고 있다. 예를 들어, 캐나다의 가금류에 대한 규정에는 "긴급 상황에서 많은 수의 조류를 살처분할 때 사용되는 방법은 주어진 상황에서 가능한 한 인도적이어야 한다"고 되어 있다.[189] 질병 발생이나 도축장 폐쇄와 같은 긴급 상황에서 농장 내 개체 수 감소를 위한 종별 축사 비우기 지침은 권고 방식, 특정 상황에서만 허용되는 조건부 방식, 금지 방식을 각각 명시하고 있다. 이 지침은 농가가 현장에서 안락사를 진행해야 할 때 안락사 계획을 세우고 면허를 소지한 수의사와 논의하여 실시할 것을 '요한다.'[190] 캐나다 가금류에 대한 규정에 따른 요건이란, "규제 요건 또는 허용 가능한 관행과 허용되지 않는 관행에 대한 업계 내부의 기대치 둘 다를 의미하며 이 요건은 동물보호와 관련된 기본적인 의무이다."[191] 캐나다 농장동물 복지협의회NFACC는 업계 협회 차원에서 이러한 요건이 필요한지 판단할 수 있으며, 일부는 "연방 및 주정부 규정에 따라 시행할 수 있다."라고 명시하고 있다.[192] 5장에서 자세히 설명하겠지만, 이러한 규정은 법적 구속력이 없으며 대부분 업계 자체 정책을 따르게 된다. 그러나 세계

동물보호기구는 현재 6개 지방의 동물보호 규정에서 이러한 규정을 참조하고 있다고 밝혔다.[193]

축사 비우기를 결정할 때는 가용자원(예: 경제적 조건) 또는 비인간동물에 대한 접근성(예: 대규모 생산시설에서 개별 동물 단위로 조치를 취하기 어려움) 등 다양한 요인을 고려한다. 이러한 요인들은 위에서 설명한 특정 상황에서 조건부로 허용되는 방식 등 인도적이지 못한 살처분 방식을 사용하기 위한 핑계가 되기도 한다.[194]

코로나19 팬데믹으로 도축장이 폐쇄되었을 때 여러 뉴스 채널에서 보도된 바와 같이, 미국과 캐나다에서는 돼지를 총으로 쏘거나 새끼돼지에게 둔기로 외상을 가하고 닭에게 가스를 주입하는 등 다양한 방법으로 동물을 죽였다. 번식을 목적으로 동물을 기르는 농가의 경우, 팬데믹 기간에 농장용 새끼 동물 거래가 중단되었다. 예를 들어, 미국의 도축장이 폐쇄되면서 캐나다 새끼돼지의 시장 가치는 0으로 떨어졌다.[195] 이런 상황이 되면 캐나다 농부들은 임신한 돼지에게 약물을 사용하여 낙태를 유도하기도 한다.[196]

팬데믹이 도축장 노동자와 식품으로 사육되고 가공되는 비인간동물에게 왜 그렇게 위험하고 치명적이었는지 설명하기 위해서는 역사적, 정치적, 경제적 맥락을 좀 더 폭넓게 살펴봐야 한다. 미국에서는 1960년대 이전, 캐나다의 경우에는 1970년대 이전까지 대규모 소, 돼지 도축장은 도심 근처에 있었다.[197] 하지만 도축장이 점점 농촌으로 이동하면서 일련의 작업들이 기계화되었고 단일 종만 도축하는 공장이 세워지는 등 도축업계의 지형에 변화가 일어났다.[198] 그리고 1970년대 이후 생겨난 신생 기업들이 새로운 절단 방식, 자동화, 고속 조립라인 등의 변화를 도축업에 도입했다. 여기에 일부 지역에서 단체교섭을 없애고 이민자 인력을 적극적으로 채용하면서 노동 전략에도 큰 변화가 일어났다.[199] 1960년대 이후 도축장 노동자들의 소득은 낮아지고 단체교섭력은 눈에 띄게 약해졌다. 광범위한 신자유주의 정책 변화의 영향으로 전반적인 노조의 영향력 감소는 1980년대까지 이어졌다.[200] 이러한 변화 덕분에 도축업계는 쉽게 인력을 대체하고 더 고분고분한 노동자를 고용할 수 있었다.

교수이자 공공사회학자인 마이클 헤디케에게 어떤 경제적, 정치적 힘에 의해 도축장 노동이 지금의 모습에 이르게 되었는지 물었다. 헤디케 교수는 20세기 후반, 도축산업에서 노동조합이 강력한 입지를 다질 기회를 놓친 요인을 세 가지로 설명했다.

> 첫째는 업계의 통합, 둘째는 공공정책의 변화, 셋째는 도시에서 이루어지던 육류 포장 작업이 노조에 익숙하지 않은 중서부의 시골 마을로 이동한 것이 그 이유입니다. [이러한 시골 지역에서는] 육류 포장업 외에 다른 일자리가 많지 않았기 때문에 마을 지도자와 노동자들은 회사에 더 크게 의존하게 되었습니다. 이후 […] 육류 포장 회사들은 이민자를 [고용했습니다].(2022년 마이클 헤디케와의 인터뷰)

헤디케는 미국의 육류 포장 노동자들의 경우 난민, 불법이나 임시 체류 신분인 경우가 많다고 말하면서, 이러한 상황은 "노동자로서의 권리를 어느 정도 부여받지만 고용주의 과도한 요구에 적극적으로 저항하기는 훨씬 더 어렵게 만드는 또 다른 한계"라고 설명한다.(2022년 마이클 헤디케와의 인터뷰) 여기서 우리가 주목할 점은 이러한 변화가 우연히 일어나지는 않았다는 것이다. "미국에서 육류 포장업이 도시에서 농촌으로 이동한 것은 사실 노조의 힘을 약화시키려는 의도로 행해진 것이었습니다. 따라서 도축업계의 노동 지형은 우연히 변한 것이 아니라 업계 리더들이 같은 목표를 두고 힘을 합친 결과라 할 수 있습니다."(2022년 마이클 헤디케와의 인터뷰)

작가이자 활동가이며 학자인 라지 파텔과 세계사 및 세계생태학 교수인 제이슨 무어는 이러한 변화를 부채질한 정치적, 경제적 영향을 꼬집으며 값싼 육류는 값싼 노동력으로 만들어진다고 설명한다. 라지 파텔과 제이슨 무어는 미국 도축장 부문의 값싼 노동력은 주로 라틴계 이민자들이 제공한다고 말한다.[201] 이민에 관한 대중적인 논쟁에서 노조 영향력의 변화, 그리고 이민 노동자 증가에 따른 고임금에서 저임금 일자리로의 대체 등 멕시코 이민자들의 발걸음이 미국의 도축장을 향하도록 의도적으로 부추겨진 상황을 따져본 경우는 드물다고 한다.[202] 이들은 또한 북미자유무역협정NAFTA에 의해 멕시코의 농업 지형이 크게 흔들린 이후 값싼 노동력의 멕시코 실업자가 미국으로 유입된 과정에 대해서도 조명했다.[203]

Interview

마이클 헤디케 교수 겸 공공사회학자

오늘날 많은 소비자들이 식품 생산 과정에 대한 감각이나 이해가 부족하다는 점이 가장 큰 문제입니다. 저는 정기적으로 음식사회학 강의를 하는데, 첫날 학생들을 만나면 요즘 먹은 음식을 떠올리고 그 음식의 재료가 어디서 왔는지 거슬러 올라가 설명해달라고 합니다. 머릿속에 떠오른 그 음식의 재료는 과연 어디서 왔을까요? 지리적 위치 말고도 그 음식이 어디에서 비롯되었는지, 최종 소비자(여러분)에게 도달하기까지 관련된 사람들이 어떤 경험을 하는지 아는 것이 있습니까? 특수한 경우를 제외하면 당연히 학생들은 알 수 없습니다. 이들이 할 수 있는 최선의 답은 재료가 마트에서 왔다는 것입니다. [···] 사회학적 관점에서 정말 중요한 것은 최종 소비자에게 전달되기까지 그 식품과 상호 작용한 사람들의 경험에 대해 전혀 알지 못한다는 것입니다.

식품 시스템이 어떻게 구성되어 있는지, 사람들이 어떤 경험을 하는지, 생산 과정에서 어떤 일이 일어나는지에 대한 이해가 부족합니다. 식품 생산 과정과 판매 방식의 복잡성 그리고 산업화가 오늘날 식품 시스템의 특징이죠. 지난 수십 년 동안 식품업계에 일어난 변화 중 하나는 식품을 쇼핑하면서 갖게 되는 경험에 중점을 둔 전략을 도입한 것입니다. 실제로 이러한 전략은 홀푸드(Whole Foods)에서 시작되었는데, 홀푸드는 자체 체인을 넘어 더 큰 시장에 이 전략을 도입했습니다. 이제는 다른 식료품 체인들도 소비자가 식료품점에서 더 흥미롭고 매력적이며 자극적인 경험을 하도록 하는 데 혈안이 되어 있습니다. 이렇게 되면 사람들은 제품의 이면을 보기 어렵게 되겠죠? 소비자들의 시선은 식료품점 자체, 즉 쇼핑 환경에 집중되고 제품들이 그곳에 오기까지 일어나는 일에는 관심을 두려고 하지 않기 때문입니다. 제가 말한 생산자와 소비자를 분리하는 복잡성이란 바로 이런 것입니다.

이러한 복잡성도 문제지만 식품산업 시스템에 또 다른 분리가 내재한다는 점도 소비자들의 이해 부족을 불러오는 또 하나의 원인입니다. 소비자로서 특권을 누리는 사람들과 식량을 생산하는 사람들은 일반적으로 인종적, 민족적, 언어적, 법적 지위 측면에서 분리되어 있습니다. 항상 그렇다고 할 수는 없지만, 미국에서 식료품을 가장 많이 구매하는 사람은 고소득, 고학력 백인 여성입니다. 그래서 식료품 회사 운영진이 가장 염두에 두는 대상도 이들인 경우가 많습니다. 반면에 식품 생산에 종사하는 사람들은 일반적으로 고소득, 고학력이라는 인구통계학적 특성과는 거리가 멀죠. 이들은 유색인종, 미국 내 법적 지위가 제한된 사람들, 고등교육을 받지 못한 사람들로, 식품 시스템에서 또 다른 유형의 단절이나 장벽에 부딪힙니다. 따라서 현재의 식품 시스템 안에서 연대를 구축하기는 더욱 어렵습니다. (2022년)

노동자 보건과 인구통계

이 위험한 노동을 교차적 관점으로 바라보면 도축 노동에는 분명 인종, 성별, 계급의 측면이 존재한다. 이에 대해서도 분석해볼 필요가 있다. 이직률이 높은 미국 육류 포장 회사들은 "멕시코와 중남미에서 온 합법 및 불법 이민자"를 고용하여 빈자리를 채우는 경우가 많다.[204] 마찬가지로 최근에는 캐나다 기업들도 이민자, 난민, 임시 외국인 노동자에게 도축 노동을 의존하는 추세다.[205]

미국의 "육류 가공 일선에 있는 노동자 중 45%는 저소득층, 80%는 유색인종, 52%는 이민자이며, 이들 중 다수는 불법체류 상태이다."[206] 캐나다의 경우 도축장 수입으로는 생계를 유지하기 어려우며, 업계 내 대다수가 도축 외 노동을 병행하며 생활하는 것으로 보고되고 있다. 앨버타주의 돼지 도축 가공 공장 중 한 곳은 직원의 5분의 3이 해당 공장 외의 일자리를 갖고 있었다.[207]

코로나 바이러스 위기에 관해 미국 특별소위원회에서 발간한 2022년 보고서는 "육류 포장산업은 시장이 매우 집중되어 있으며 경쟁업체들이 북미육류협회NAMI, 미국닭고기협회NCC 등 힘 있는 동종업 단체를 조직하여 긴밀히 협력한다는 것이 특징이다"라고 밝혔다.[208] 2장에서 언급한 기업의 부패, 거짓말, 비윤리적 행위에 대해서도 "북미육류협회나 미국닭고기협회와 같은 단체들은 고객 대응 전략을 비롯해 코로나 바이러스 등의 위기 대응 전략에 이르기까지 다양한 사안에 대해 단체 내에서 긴밀한 논의를 거친다. 이들 중 일부는 최근 가격 담합 혐의로 조사를 받기도 했다"[209]고 밝혔다.

이 보고서는 조사의 도마 위에 올랐던 미국 육류 포장 회사 다섯 곳과 그 대표자들이 팬데믹 이전과 동일하게 생산을 계속할 경우 직원들의 코로나19 감염 위험이 얼마나 큰지 알고 있었으며, 당시 전염병 발병에 대비해 생산량을 줄이거나 단기적으로 가동을 중단해도 국가 식량안보에 아무런 위험이 없다는 사실도 알고 있었다고 주장했다.[210] 보고서에 따르면 이 기업들은 노동자의 코로나19 감염 위험성을 알고도 미국 농무부 등 정부 기관에 성공적으로 로비를 벌여 "노동자들이 안전하지 않은 환경에서 일하도록 내버려두고, 주 및 지방 보건당국이 별도의 명령을 할 수 없도록 하면서, 그로 인해 노동자가 입게 될 피해의 법적 책임으로부터 보호받을 수 있도록 손을 썼다."[211]고 결론지었다.

이러한 무방비 상태에서 코로나19 팬데믹 첫해에 수천 명의 감염자와 수백 명의 사망자가 발생한 미국의 상황은 게리 리치가 비판했던 자본의 논리가 낳은 구조적 폭력이 현실에 어떻게 적용되는지 보여준다.[212] 실제로 팬데믹 첫해에 이 다섯 곳의 회사에서 최소 59,000명의 노동자가 감염되었고 최소 269명이 사망했다. 또한 노동자 본인, 친구, 가족, 그리고 이들이 거주하는 지역사회에 교차 감염과 사망자가 발생했다.[213]

미 하원의 특별소위원회가 미국 5대 육류 포장 기업인 JBS, 타이슨, 스미스필드, 카길, 내셔널비프를 조사한 결과 팬데믹 초기에 각 회사의 육류 포장 시설에서 코로나19 감염자가 대규모로 발생했음을 발견했다.[214] 조사 보고서에는 "트럼프 행정부의 농무부와 백악관 인사들의 폭넓은 지원을 받은 육류 포장업계는 가능한 방법을 총동원하여 질병 관리 정책, 지침과 행정명령이 그들에게 유리하게 작용하도록 했다. 육류 포장 노동자들은 개별적 또는 전체 감염 위험이 있었음에도 공장을 멈추지 못하도록 강요받았다. 코로나 바이러스로부터 노동자를 보호하기 위한 기업의 예방 조치가 감독의 대상이 되지 않아 결과적으로 업장 내에서 수천 명의 노동자가 감염되고 수백 명이 사망했다."고 기록되어 있다.[215] 이 시기에 육류 포장 및 가공 기업들의 수익은 폭발적으로 늘었다.

타이슨은 2021년에 약 30억 달러, 2020년에 20억 달러의 순이익을, JBS는 2021년에 약 42억 달러, 2020년에 9억 3,700만 달러의 순이익을 보고했다. 최근 몇 년 동안 육류 포장 기업들의 수익률이 너무 높은 나머지 업계 로비스트들조차도 이를 긍정적으로 바라보고 있지 않다. 특별소위원회는 법인세를 감면받아 육류 포장업 종사자에게 위험수당과 보조금을 지급하자는 미국 농무부의 팬데믹 대응 방안 이메일을 입수했으며, 이 이메일에서 한 육류 포장업 로비스트는 타이슨 로비스트에게 "[육류] 포장업체를 위한 세금 감면을 공개적으로 지지해서 돈을 마련해보는 것이 어떻겠습니까?"라고 물었다.[216]

이러한 문서를 보면 식품 기업이 노동자에게 적절한 임금을 지급할 수 없는 이유가 자금난 때문이 아니라는 것을 알 수 있다. 오히려 기업과 주주의 이익을 극대화하기 위해 노동자에게서 최대한 많은 가치와 이익을 쥐어짜는 자본의 논리를 볼 수 있다. "카길 유한회사는 미국에 본사를 둔 카길의 캐나다 자회사로, 2019년에 1,135억 달러의 매출과 25억 6,000만 달러의 순이익을 기록했다."[217] 2020년에 카길 주식회사는 "전년 대비 17% 증가한 30억 달러의 순이익을 보고했다."[218] 회사를 소유한 125명의 가족 구성원들은 사상 최대 규모인 11억 3천만 달러의 배당금을 받았다.[219] 단체협약에 따르면 앨버타주 하이리버에 있는 카길 소 도축장 생산라인의 2020년 초봉은 시간당 19.50달러였다.[220]

미국과 캐나다에서 식품 가공이 일부 기업에 집중되어 있다는 사실은 식품 공급망에 심각한 문제를 불러일으킨다. 생산 품목과 생산 방법에 대한 의사 결정권이 극소수 기업에 집중되고, 그로 인해 발생하는 수익도 소수에게 집중되기 때문에 민주적인 식품 시스템에 역행한다. 미국에서는 단 몇 개의 기업이 도축 및 육류 포장산업을 과점하고 있다. 12개의 공장이 소고기 생산량의 절반 이상을 담당하고, 또 다른 12개의 공장이 돼지고기 생산량의 절반 이상을 담당하고 있다.[221]

캐나다에서는 기업 집중 현상이 미국보다 더욱 심각하다. 단 세 곳의 도축 및 육류 포장 공장에서 전체 소고기의 95%를 처리하기 때문이다.[222] 이런 상황을 보면 캐나다 식품 공급망이 얼마나 곪아있는지 알 수 있다. 모스비와 로츠는 "캐나다의 농부, 노동자, 그리고 당장이라도 확인할 수 있는 텅 빈 마트 진열대, 꾸준히 상승하는 식품 가격에서 볼 수 있듯이 캐나다의 식품 시스템은 소비자를 희생시켜 타이슨, 카길, JBS와 같은 다국적 기업에 과도한 이익을 안겨주는 방향으로 변했다"[223]고 말한다.

도축장 노동에는 인종, 계급, 성별에 따른 차별이 추가로 나타난다. 미국의 가금류 도축 및 가공 노동자는 불법체류 신분이거나 영어 능력이 부족하기 때문에 취약한 위치에 놓인다.[224] 노스캐롤라이나의 닭 도축 공장 두 곳을 대상으로 한 연구 결과, 노동자의 90%가 흑인 여성이었으며 이들 노동자의 우울증 유병률이 높은 것으로 나타났다.[225]

스티브 스트리플러는 세계에서 가장 큰 닭 도축장 중 한 곳을 대상으로 행한 민족지학* 연구에서, 이 공장에 고용된 전체 노동자의 3분의 2가 남성인데도 가공 라인에서 일하는 노동자 대부분은 여성이라는 사실을 발견했다. 라인 작업은 단순노동이 빠른 속도로 진행되기 때문에 공장 내에서 가장 고된 작업이라고 할 수 있다. 컨베이어 라인에 닭을 매달아 놓는 작업을 담당하는 노동자들은 1분에 약 40마리의 닭을 처리했다.[226] 이러한 유형의 반복 동작은 반복사용 긴장성 손상증후군**을 일으킨다.[227]

불법체류 노동자는 의료 서비스를 이용할 수 없기 때문에 부상 시 더욱 심각한 어려움을 겪을 수 있다.[228] 돼지고기 도축 및 가공에 관한 연구에 따르면 살아있는 동물을 다루는 작업자는 베임, 긁힘과 같은 상처를 입는 경우가 많으며 이로 인해 감염 가능성 역시 높아진다.[229]

작업자의 부상 위험을 줄이는 방법은 작업 속도를 늦추고, 노동자의 반복적인 동작을 제한하며, 작업 도구가 지나치게 날카롭지 않은지 확인하는 것이다.[230] 농부나 도축장 노동자처럼 살아있는 비인간동물이나 동물 사체, 배설물을 직접 접촉하는 노동자는 병원균에 노출될 위험이 더 크다.[231] 양돈 및 가금류 산업에 종사하는 노동자는 더욱 그렇다.[232] 도축장 작업의 위험성을 고려할 때, 제니퍼 딜라드는 도축장 노동을 법적으로 "매우 위험한 활동"으로 규정하고 노동자가 보상을 받을 수 있도록 해야 한

---

* 특정 문화나 사회 집단의 생활방식, 가치관, 신념 등을 심층적으로 연구하는 학문 분야 -옮긴이

** 오랜 시간 특정 동작을 반복하거나, 부적절한 자세로 작업하여 근육, 힘줄, 신경, 관절 등에 통증이나 손상이 발생하는 질환군을 통칭하는 말-옮긴이

다고 주장한다.[233]

집약농업으로 인한 피해, 그리고 도축 및 가공 시설에서 발생하는 피해는 작업장을 넘어 해당 시설이 위치한 지역사회로 확대된다. 한 예로 미국, 특히 남부의 양돈산업으로 인해 해당 농촌 지역은 배기가스와 수질 오염이 심해지고 건강상의 위험이 커졌다. 이는 "양돈업으로 인한 오염, 경제적 비용, 토지 오염에 따른 이주 압력을 견뎌온 아프리카계 미국인 주민과 농부"에게 심각한 영향을 미친다.[234]

탈동물화를 더욱 쉽게-작업 구획화

탈동물화de-animalization란 비인간동물을 마치 제품이나 상품처럼 취급하는 과정을 의미한다.[235] 도축시설의 구획화와 식품이 포장을 거쳐 소비자에게 유통되는 방식은 탈동물화를 더욱 부추겼다. 도축장을 구획화하는 것은 불쾌함 없이 비인간동물을 도살하기 위한 과정의 일부인데, 작업을 구획별로 나누고 시설을 구조적으로 배치하면 작업자 대부분이 동물 도살 행위와 분리되기 때문이다.[236]

도축장에서의 일부 작업은 '아랫배 토막내기 작업', '내장지방 절단 작업'과 같이 분명한 작업명이 있다. 그중 '노커knocker'(쇠 충격기를 사용하여 소를 기절시키는 작업자), '림오버rim over'(소의 어깨에서 가죽을 제거하는 작업자) 같은 작업명은 특정 작업의 폭력적인 현실을 덮는다.[237] 이 작업들과 함께 고도로 자동화된 과정을 거치면서

비인간동물들은 살아있을 때보다 한층 더 음식처럼 보이기 시작한다.[238]

'시선의 정치학politics of sight'*은 도축산업의 구조가 어떤 모습인지, 누가 그곳에서 일하는지, 도축장과 소비자 사이의 거리가 어떻게 현실을 숨기는지 등 도축산업의 특징에 대해 의문을 갖게 한다. 시선의 정치학은 하나의 개념으로서, 긍정적인 변화를 위해 도축장의 숨겨진 이면을 드러내려는 노력의 연장선에 있다.[239]

도축 행위가 어떻게 우리 '눈에 잘 보이지 않을' 수 있는지 생각해볼 때, 우리는 인종, 성별, 이민자 신분, 교육 수준이 반영된 불안정한 고용 상황이 만든 가림막이나 거리에 주목해야 한다.[240] 소비자는 고기의 재료가 다름 아닌 동물이라는 것을 분명히 알고 있지만 더럽고, 품위 없으며, 위험하다고 생각되는 작업을 하는 사람이 따로 있다는 사실(및 거리) 뒤에 숨을 수 있다.

구획화와 탈동물화는 육류와 닭고기의 도축 가공 시설에만 해당되는 이야기가 아니다. 동네 슈퍼마켓을 방문한다고 생각해보자. 비인간동물로 만든 식품은 원래 모습과는 전혀 다른 모습을 한 경우가 대부분이다. 육류, 생선, 그 밖의 비인간동물로 만든 제품들은 포장용기에 담겨 햄버거, 빌veal **, 파테, 초밥, 치즈 또는 오믈렛과 같이 무엇을 소비하는지 모호하게 하는 이름으로

---

* 사회학, 문화 연구, 시각 문화 연구, 페미니즘 이론 등 다양한 학문 분야에서 중요하게 사용되는 개념. 누가 누구를, 어떤 방식으로 보는가에 대한 권력 관계와 사회적 의미를 탐구한다.-옮긴이

** 송아지고기인데 송아지는 대개 calf란 명칭으로 부른다-옮긴이

진열되고 사람들은 이러한 제품을 구매한다.[241]

캐럴 애덤스는 "도살을 거치면 동물은 애초에 이 세상에 없던 존재가 된다. 각자의 이름과 몸이 있었던 동물은 고기가 되기 위해 동물임을 잃는다. […] 동물이 없었다면 육식도 없었을 텐데, 사람들은 고기를 먹으면서도 동물을 떠올리지 않는다. 동물은 이미 음식으로 변했기 때문"[242]이라고 말한다. 식품산업에서 동물을 상품으로 변신시키는 것은 도축 행위만이 아니다. 살아있던 짧은 기간조차 이들은 그저 상품으로 취급된다. 결과적으로 농장의 동물들을 노동을 통해 최종 산물(햄버거나 피시스틱이 되는 것 혹은 우유, 달걀의 생산)로 만들기 위해 우리가 소중히 여기는 반려동물 같은 비인간동물에게는 결코 허용되지 않을(또는 합법적이지 않은) 모든 조건과 대우가 이들이 살아있는 동안 모두 정당화된다. 이상한 중간 범주가 아닐 수 없다.

8년 동안 슈퍼마켓 정육점에서 일했던 게리 리치는 자신이 해체한 고깃덩어리와 뼈대를 어떻게 비인간동물이라고 생각하지 않았는지 설명한다.

> 그때를 떠올리면 제가 도살한 고기를 생명체, 즉 지각이 있는 생명체로 생각한 적이 없었던 것 같습니다. 그건 그냥 고기였어요. 식용 동물이든 무엇이든 자연이라고 할 수 있는 것과는 단절된 사회에서 성장한 저는 동물을 단지 상품, 즉 식품으로만 보았습니다. 도시에서만 생활했던 저는 대부분의 비인간동물, 그리고 보통 자연이라고 하는 것에 특별히 친밀감을 느끼지는 않았습니다. 중

요한 것은 동료 정육점 주인들과 마찬가지로 나도 내 일을 즐겼다는 사실입니다. 광부들이 탄광을 나와서 다른 일을 하는 것을 상상할 수 없듯이, 우리 대부분은 정육점을 벗어난 다른 위험한 노동을 상상할 수 없을 것 같습니다. 다시 말해, 이런 끔찍하고 위험한 일에 종사하는 사람들이 모두 착취당한다고 느끼는 것은 아닙니다.(2023년 게리 리치와의 개인 서신)

리치의 메시지는 고기가 포장되어 소비자가 구매할 수 있도록 진열되기 전에 이미 탈동물화가 어떻게 진행되는지 보여준다. 제품 포장은 이 과정을 한 단계 더 발전시킨 것일 뿐이다.

더러운 일, 그리고 느린 폭력

코로나19 팬데믹 기간에 미국과 캐나다의 육류 가공 노동자는 '필수 노동자'로 분류되었다. 식량이 생명에 필수적임은 부정하지 않지만, 육류 생산이 미국의 국가 안보에 필수인지, 그래서 미국 국방물자생산법의 적용을 받아야 하는지 입증하기는 어렵다. 앞서 논의한 바와 같이, 코로나 바이러스 위기에 관한 특별소위원회는 육류 생산이 안보에 필수적이라고 주장한 기업은 물론 정부 기관조차 육류 가공 공장의 폐쇄가 식량안보가 아니라 기업 이익에 위협이 된다는 것을 알고 있었다고 비판했다.[243]

캐나다에서는 도축 및 포장 작업과 식품의 생산, 운송, 판매가 '필수 서비스'로 분류되었으며, 이에 따라 "필수 서비스와 기능을 제공하는 노동자는 코로나19 질병 증상이 없는 한 계속해서 업무를 수행해야 한다"고 규정했다.[244] 이러한 결정 이후 캐나다 연방정부는 연방 비상사태법에 따라 도축장 업체에 개인 보호 장비 비용과 플라스틱 가림막 같은 공장 개조 비용을 일부 지급하는 자금을 승인했다.

애초에 위험하고 높은 이직률과 낮은 임금이 특징이었던 일자리에 코로나19는 또 다른 위협을 몰고 왔다.[245] 이직률이 높고 위험한 현장에 경험이 부족한 신입이 투입되면 안전 문제가 추가로 발생한다.[246] 헤디케는 "육류 포장 노동자들이 현재의 열악한 임금, 높은 부상률, 불쾌한 노동 조건에 머물러 있는 이유는 낮은 인건비를 유지하여 이윤을 불리려는 기업의 시장 전략에 맞서 집단적으로 반발할 수 있는 노동자의 역량이 억제되는 환경 아래 있기 때문"이라고 말한다.[247]

닭 도축 및 가공 노동자에 대한 연구에서 모라를 비롯한 연구진은 "왜 이곳의 노동자들은 더럽고 위험하며 힘든 조건(3D)을 기꺼이 감수하는가?"에 대해 적절한 급여(찾을 수 있는 다른 일자리와 비교하여), 복리후생(예: 의료 혜택과 초과근무 수당), 신뢰성(회사가 제때 임금을 지급하고, 다른 일자리의 기회가 제한적임) 등 연구에 참여한 노동자들이 이 직업의 장점으로 생각하는 조건 안에서 그 해답을 찾아야 한다는 결론을 얻었다.[248] 반대로 노동자들이 이곳 업무의 문제점으로 지적한 부분은 일이 진을 빼고, 더럽고, 육체적으로 힘들다는 등 업무의 물리적 측면이었다. 또한 고된 작업으로 인한 통증 등 건강 문제, 자율성 부족과 라인 속도를 유지해야 한다는

압박감, 상사 및 동료와의 부정적인 관계도 문제로 언급했다.[249]

연구에 참여한 노동자 대부분은 안정적인 다른 일자리를 찾기 어렵고 '위험하고 더럽고 힘들다'는 노동 조건에도 쉽게 공장을 그만둘 수 없는 라틴계 이민자라는 상황 때문에 업무상의 어려움이 있더라도 쉽게 그만두지 못한다.[250] 노동자 중 일부는 주변에서 구할 수 있는 다른 일자리에 비해 적절한 임금이 지급되는 것과 같은 특정 측면을 높이 평가하여 해당 노동에 종사하는 것으로 답했다. 하지만 연구진은 사회 전반에 퍼져 있는 구조적 폭력이 도축장 노동자들이 그곳을 떠나지 못하게 하는 주된 이유라고 판단했다.

맥러플린이 지적했듯이, 노동자의 관점에서 같은 도축장에서도 작업 사이에 선호도 차이가 생겨난다.[251] 아일랜드 도축장을 대상으로 한 연구에서 일부 노동자는 라인에서 일하는 것보다 '축사'(직접 가축을 다루는 작업)에서 일할 때 더 자유롭게 움직일 수 있고 동료와 대화도 할 수 있어서 축사 작업을 선호한다고 답했다.[252]

"그 일은 자네를 진짜로 망칠 거야"

도축장 작업은 속도가 매우 빨라 노동자는 신체적 위험에 고스란히 노출된다.[253] 이들이 정신적인 고통을 겪는다는 사실은 잘 알려지지 않은 부분인데, 다른 산업의 노동자에 비해 이러한 부정적 영향이 훨씬 심하게 나타난다. 정신적 고통의 원인은 도축장 노동자가 폭력에 일상적으로 노출되고 "가해하면서 겪는 외상성 스트레스Perpetration-Induced Traumatic Stress, PITS"의 영향을 받기 때문으로 보인다.[254] 노동자가 동물을 죽이며 경험하는 외상성 스트레스는 자신의 생명이 위급한 상황에서 심각한 트라우마를 경험한 외상 후 스트레스 장애PTSD와는 달리 자신이 다른 생명체에 해를 끼쳤을 때 생긴다.[255]

도축 관련 민족지학 연구에서 파치라트는 충격기로 연달아 소를 기절시키는 '노커' 작업장에 있었을 때 경험한 충격적인 장면을 다음과 같이 묘사했다.

> 나는 총에 집중하느라 컨베이어에 동물이 들어오는지도 몰랐다. 소는 고개를 앞뒤로 크게 흔들었고 눈은 튀어나와 있었다. 소가 잠시 움직임을 멈추면 나는 총을 두개골에 대고 방아쇠를 당긴다. 총이 내 손에서 반동하고 소의 두개골에 구멍이 뚫린 것이 보인다. 구멍 사이로 피가 튀고 뿜어져 나오다가 점차 줄줄 흐르기 시작하고 동물의 눈동자는 꺼떡거리는 머리 위쪽으로 말려 올라간다. 축 처진 목은 경련을 일으키고 혀는 입 옆으로 늘어진다. 나는 충격기를 한 번 더 쏘라고 손짓하는 카밀로를 바라본다. 다시 방아쇠를 당겼다. 곧 소의 머리가 내 아래쪽 컨베이어로 무겁게 떨어진다.[256]

파치라트가 특별히 감정을 넣어 설명한 부분은 없지만, 노커 작업이 그저 도축장의 많은 작업 중 하나라고 생각했다면 상황을 좀 더 자세히 들여다볼 필요가 있다. 파치라트는 자신이 킬플로어kill floor를 맡겠다고 했을 때 동료 노동자들의 반응이 어땠는지 이야기한다. 동료들의 반응을 통해 우리는 비인간동물을 죽이는 작업자에 대한 다른 노동자들의 인식, 그리고 죽이는 행위 자체에 대한 노동자들의 심리를 읽을 수 있다. "굳이 킬플로어로 가려는 이유가 무언가? 노커가 되고 싶은가?"라고 묻는 동료의 질문에 파치라트가 그렇다고 대답했다. 그러자 동료는 "아니, 그러지 않는 게 좋아. 나라면 절대 킬플로어로 가지 않을 걸세. 어느 누구도 노커가 되길 원하지 않는다고. 악몽을 꾸게 될 거야."[257]라고 말했다.

다른 노커 노동자는 "나는 깊은 죄책감 속에서 산다. 작업장 밖에서 소들의 귀엽고 작은 얼굴을 볼 때 특히 그렇다"고 털어놓았다.[258] 또 다른 동료는 파치라트에게 킬플로어 지원을 다시 생각해보라고 설득하며 "이봐, 자네 정말 망가질 거야. 노커들은 3개월마다 심리학자든 정신과 의사든 만나서 치료를 받아야 해. 왜냐하면 그건 살인 행위니까."라고 말했다. "그 일은 자네를 진짜로 망칠 거야."[259] 이러한 자료와 에피소드를 통해 비인간동물을 죽이고 생명체에 해를 끼치는 데 적극적으로 참여한 노동자들은 이후 극심한 트라우마를 겪게 됨을 여실히 알 수 있다.[260]

우리는 전직 도축장 노동자이자 교직에서 은퇴한 폴 루크에게서 수십 년 전 소규모이지만 기계화되어 운영되던 호주의 한 도축시설에서 경험한 이야기를 들을 수 있었다. 루크는 그곳에서의 경험이 오랜 시간이 지난 지금까지도 지워지지 않는다고 말했다. 그는 자신의 트라우마를 이야기하며 "말을 꺼내기가 힘들다"고 괴로워했고 인터뷰를 앞두고는 "마음이 불안하다"고 고백하기도 했다.(2023년 폴 루크와의 인터뷰)

해밀턴과 맥케이브는 식육 검사를 담당하는 노동자들은 업무 과정에서 복잡한 감정을 느끼지만, 업무가 조직되는 방식과 도축시설 자체가 그 안에서 어떤 감정이 표출되는 것을 원천 봉쇄한다고 주장한다.[261] 인터뷰에서 루크는 당시 동료들이 모두 남성이었는데, 직장에서 보이는 모습과 직장 밖 모습이 매우 달랐다고 이야기했다.

> 동료들은 일할 때는 무뚝뚝하게 말하고 행동했습니다. 그러다 퇴근해서 선술집에 가면 다른 사람이 되었습니다. 두 가지 다른 정체성, 두 가지 다른 성격을 가진 사람처럼 말이죠. 저는 술집에서 스포츠든 음악이든 자신이 좋아하거나 관심 있는 분야를 이야기하는 동료들이 좋았습니다. 작업장 밖에서는 이런 멋지고 진지한 대화를 할 수 있었지만, 공장에만 들어가면 분위기가 완전히 바뀌었습니다. 그들은 마치 의무라도 되는 양 다른 사람이 되었고, 일과를 마칠 때까지 꼭 그렇게 해야 한다고 믿는 것 같았습니다.(2023년 폴 루크와의 인터뷰)

루크는 또한 노동자들이 출근 전, 점심식사 중, 퇴근 후를 가리지 않고 늘 술을 마신다고 덧붙이며 알코올이 노동자들의 일상에 상당한 영향을 미친다고 말했다. 루크가 목격한 노동자들의 이러한 일상은, 다양한 직종의 덴마크 노동자를 대상으로 한 연구에서 도축장 노동자가 다른 노동자에 비해 주중과 주말 모두 알코올 섭취량이 높다고 나온 연구 결과와 일치한다.[262]

도축장에서의 경험을 이야기해달라고 하자 루크는 그곳에서의 시간은 "짧았지만 뇌리를 떠나지 않는다"고 말했다.

> 그 열기, 냄새, 피, 동물 울음소리, 반복되는 끔찍한 작업, 도축장 건물… 이런 것들이 저를 괴롭힙니다. 제 인생에서 몇 년도 아니고 겨우 3개월이었지만 아직도 큰 충격으로 남아있습니다. 저는 여전히 그곳에서 받은 타격이 너무 크다고 말합니다. 몇 년 동안은 특히 양고기 냄새를 견딜 수 없었습니다. 냄새를 맡고 양고기라는 것을 깨달으면 구역질이 났습니다. 말해야 할지 모르겠지만 사실 몇 년 동안 고기를 입에 대지도 못했습니다. 도축장에서 본 고기들은 유난히 붉었습니다. 다시 말하지만 그곳에서의 경험은 저에게 너무 큰 영향을 미쳤습니다. 그때를 설명할 때면 저는 감각을 중심으로 이야기합니다. 누구라도 그런 곳에 있으면 당시 느꼈던 시각, 후각, 청각, 미각까지 거의 모든 것이 기억에 남을 것입니다.(2023년 폴 루크와의 인터뷰)

연구에 따르면 도축장 작업은 사회적으로 규범화된 남성성이 강조되며 노동자들의 마음과 감정을 억압하는 과정에서 '타협과 감정 억누르기'가 이루어질 가능성이 높다.[263] 어떤 이들은 도축장 일을 "더러운 노동"이라고 묘사했지만, 이들이 꼽는 도축장 노동의 가장 큰 특징은, "도축장에서는 외부와는 다른 도덕적 규범"이 적용되며 인간 대 인간 사이에서는 허용되지 않을 행위를 지각이 있는 존재에게 해야 하기 때문에 유사해 보이는 다른 종류의 노동과 근본적으로 성격이 다르다는 점이었다.[264]

도축장 도살은 사냥 같은 다른 형태의 비인간동물 살생과 비교할 때 세 가지 독특한 차이점이 있다. 도축장 도살은 일상화되어 있고, 대상과 가까운 거리에서 행해지며, 이미 길들여지고 신뢰 관계를 맺은, 일종의 관계가 형성된 동물을 죽이는 행위라는 점이다. 이러한 특징 때문에 노동자는 더 큰 문제를 겪는다.[265] 루크에게 도축장 경험을 이야기해달라고 부탁했을 때, 그는 매일 일어나는 일은 아니었지만 수년이 지난 지금까지도 기억에 남는 사건이 있다며 이야기를 들려주었다.

> 말했듯이 돼지와 관련된 경험은 결코 잊을 수 없을 것 같습니다. 그중에서도 특히 기억에 남는 장면이 있어요. 어느 날 돼지 멱을 딴 다음 갈고리에 매달았는데 돼지가 고리에서 빠져 구덩이로 떨어진 거죠. 누군가 내려가서 돼지를 다시 걸어야 했습니다. 직원들 간에 팽팽한 긴장감이 감돌았고, 이들은 돼지를 다시 제 위치에 걸어놓기를 망설이는 현장 관리자를 비난했습니다. 결국 한 사람이 쇠몽둥이를 들고 내려가 우리가 지켜보는 가운데 돼지를 완전히 죽인 후 다시 고리에 매달아 작업이 계속 진행되도록 했습니다. 당연히 시간은 돈이었기 때문에 라인은 다시 돌아가기 시작했습니다.(2023년 폴 루크와의 인터뷰)

'더러운 일'은 바람직하지 않다고 여겨지는 일과 연결되며, 이는 돼지의 숨을 끊어놓기를 주저했던 관리자의 행동에서 잘 드러난다. 그러나 더럽다는 것에는 단순히 바람직하지 않다는 것보다 더 많은 의미가 담겨있다. 더러운 일 뒤에는 물리적인 잔존물(예: 혈액, 내장, 배설물)이 남고 어떤 대상에게 아픔, 고통, 죽음을 가했다는 오명이 따른다. 이는 결국 불명예와 사회적 낙인으로 이어진다.[266]

이러한 낙인은 도축산업 노동자들을 평생 정신적 고통에 시달리게 할 것이라고 추측할 수 있다. 하지만 노동자들의 고통 덕분에 비인간동물로 만든 제품을 소비하는 소비자는 생명을 가진 비인간동물이 최종적으로 식품이 되는 과정을 보지 않아도 된다. 소비자가 편안하게 고기를 먹을 수 있도록 누군가는 말 그대로 더러운 일을 하고 있는 것이다. 또한 공장의 입지 선정, 즉 소규모 외딴 지역에 공장을 밀집시키는 도축산업의 기업 집중 방식은 생명이 식품으로 변하는 현실적인 과정으로부터 지역사회와 소비자를 멀리 떨어뜨려 놓는다. 결국 "유축농업은 태생적으로 폭력적인 제도이며, 매일 엄청난 규모로 인간 사이에, 종 사이에, 그리고 환경에 피해를 입힌다."[267]

도축장 작업 현장은 내부적으로 노동자에게 트라우마를 유발하고, 외부적으로는 도축장 담장 너머로 "느린 폭력slow violence"을 배출한다. 공장식 축산에서 배출되는 부산물이나 해체 과정에서 나오는 "동물 사체"는 인근 지역사회의 환경을 오염시키기 때문이다.[268] 느린 폭력이란, 롭 닉슨(2011)이 저서 《느린 폭력과 빈자의 환경주의*Slow Violence and the Environmentalism of the Poor*》(에코리브르, 2020)에서 처음 사용했다. 이 용어는 스트러더스 몬트포드와 워더스푼[269]이 코로나19 팬데믹 기간에 도축장 노동을 설명하는 데 사용했는데, "눈에 보이지 않게 서서히 발생하는 폭력, 시간과 공간에 흩어지며 지연되는 파괴적인 폭력, 일반적으로 전혀 폭력으로 인식되지 않으면서 대상을 소모시키는 폭력"으로 정의한다.[270]

느린 폭력은 도축장 노동자가 대부분 소모품 취급을 받는다는 사실, 그리고 도축산업에서 평균 이상의 높은 코로나19 감염률을 기록한 현상과 분명 연관이 있다. 또한 이 책의 앞부분에서 논의한 공장식 축산과 도축장이 불러오는 환경 문제를 연구하는 데 유용한 개념이기도 하다. 그리고 다음에서 살펴보겠지만, 느린 폭력은 사람들 간에 일어나는 문제, 지역사회와 관련된 문제가 도축장이 있는 마을과 그 주변으로 퍼져가는 과정을 설명하는 데 도움이 된다.

파급 효과

앞에서 살펴본 바와 같이, 도축산업에서 비인간동물을 죽이는 행위는 노동자에게 정서적 악영향을 초래한다. 안타깝게도 그 피해는 여기서 끝나지 않고 공장이 자리 잡은 지역에도 영향을 미친다. 2장에서도 대규모 산업화된 농장이 주변 지역과 수로 등 환경에 미치는 부정적 외부효과, 즉 파급 효과에 대해 살펴본 바 있다.

이와 비교해 3장에서 이야기할 '파급 효과'는 도축장이 위치한 미국 마을에서 '폭력 범죄, 강간 및 기타 성범죄' 범죄자 체포율이 증가한 현상 등 도축 노동에서 비롯된 인적 피해에 관한 것이다.[271] 사회학자이자 환경범죄학자인 에이미 피츠제럴드에게 '파급 효과'라는 개념을 잘 모르는 사람에게 이를 어떻게 설명할 수 있을지 물었을 때 다음과 같이 대답했다.

> 자, 무엇이든 좋으니 어떤 것을 머릿속에 떠올려봅시다. 그것은 한 영역으로 묶인다고 생각되는 다양한 유형의 것들일 수 있습니다. 이 무언가가 임의의 경계를 초월하여 전혀 예상하지 못했던 다른 영역의 일부가 되는 것이죠. 이때 서로 다른 영역이라고 생각했지만 실제로는 교차하는 부분이 있었던 영역들 사이에 한 영역에서 다른 영역으로 파급 효과가 일어난 것입니다.(2022년 에이미 피츠제럴드와의 인터뷰)

도축산업의 경우 피츠제럴드와 그 동료들은 도축 공장이 자리한 지역사회의 범죄자 체포율에서 파급 효과를 읽어냈다.[272] 그들은 특히 폭력 범죄의 경우, 마을 내 도축장의 고용 수준이 높을수록 더 많은 인적 범죄로 이어지는 파급 효과를 발견했다. 다시 말해, 동물을 해치는 행위가 사람을 해치는 행위로 옮겨간 것이다. 상당히 조심스러운 추측이지만, 범죄와 상관관계가 있는 수많은 변수를 통제한 후에도 도축장 고용으로 인한 파급 효과가 여전히 존재한다는 사실을 알 수 있었다.(2022년 에이미 피츠제럴드와의 인터뷰)

사회학자 제시카 자크는 최근 연구에서 범죄통합보고서Uniform Crime Reports, UCR를 활용하여 "소고기 도축장 시설 및 고용이 가장 집중된" 미국의 비 대도시 지역을 연구했다.[273] 자크는 이러한 시설이 밀집된 지역사회에서 총 체포율, 강간 및 가족 관련 범죄 등의 특정 범죄 체포율이 더 높다는 사실을 발견했다.[274]

이러한 연구는 종합적인 방식으로 진행되기 때문에 어떤 개인이 범죄를 저지르는지 정확히 알 수 없다는 한계가 있음에 유의해야 한다.[275] 게다가 범죄통합보고서의 자료는 경찰에 신고된 사건만을 기반으로 하기 때문에 실제 사실과 정확하게 일치하지 않을 수 있다. 특히 성폭행이나 강간 같은 일부 범죄는 과소 신고되는 것으로 알려져 있다.[276] 그리고 각 지역마다 경찰 인력과 관행이 달라 신고에 차이가 있을 수 있다.[277] 그렇다 하더라도 근방에 도축장이 있다는 사실이 해당 지역의 대인 범죄 증가에 영향을 줄 가능성을 고려하면, 범죄 예방을 위해서라도 여전히 도축장 소재지에서 일어나는 파급 효과에 관해 추가 연구가 반드시 진행되어야 한다.[278]

탈숙련화와 "억압의 실타래"

산업화된 식품생산 시스템하에서 인간 노동자와 이들이 마주하는 비인간동물 사이에는 필연적으로 관계가 형성된다. 포처는 "'축산업' 따위는 존재하지 않는다. 축산업이라는 용어는 산업 시스템 안에서 가축 사육이 지속가능하고 이치에 맞음을 암묵적으로 전제한다. 그러나 이는 모순된 표현으로, 연구에 따르면 사육과 생산이라는 두 의미는 결코 양립할 수 없으며 노동자와 동물 모두에게 고통을 준다"고 말한다.[279]

이러한 고통을 피할 수 없는 이유는 산업 시스템을 움직이는 핵심 원동력이 생산과 이윤이기 때문이다. 이윤을 위해 비인간 동물은 상품으로 바뀌고 그 과정에서 종종 인간 노동자와 동물의 안녕은 무시된다. 식품산업 시스템에서 인간과 비인간동물이 어떤 경험을 하는지 들여다보기 위해 우리는 칼 마르크스의 소외 개념을 재구성한 바바라 노스케[280]의 연구와 데이비드 니버트[281]의 "체계적이고 뒤얽힌 억압"에 대해 살펴보려고 한다. 니버트는 이러한 억압을 종들 사이의 관계에 입각해 설명한 바 있다.

마르크스의 소외 개념은 도축장 노동자, 그리고 비인간동물 식품산업 속 다양한 층위에 있는 노동자의 현실을 깊이 있게 살펴보는 데 유용하다. 마르크스는 자본주의 아래에서 노동자가 자신의 노동에 대해 통제권이 없는, 그리고 생산물(이 경우에는 대량 생산되는 비인간동물), 생산활동(도축장에서 비인간동물을 죽이고 가공하는 일), 동료 심지어 자신으로부터 무력감과 단절감을 느낄 수밖에 없는 구조적 조건을 보았다. 이러한 소외감은 행복보다는 비참한 감정으로 이어진다.[282]

노스케는 동물산업복합체에서 발생하는 탈숙련화를 비인간동물의 관점에서 이야기했다. 마르크스의 소외 개념을 차용하여 그녀는 '탈동물화'라는 개념을 만들어냈다. 공장식 축산 시스템 아래에서 비인간동물은 자신의 신체, 생산 결과물, 같은 종 무리, 자연, 종의 삶 전반에서 소외된다.[283] 마르크스의 소외와 노스케의 탈동물화는 특히 어떻게 노동자가 기계처럼 행동하게 되는지, 어떻게 비인간동물이 상품으로 변하는지 그 방법적 측면에서 동물산업복합체를 이해하는 데 도움이 되는 개념이다. 캐런 데이비스는 마르크스의 소외 개념을 집단 사육당하는 닭의 삶에 적용했다. 데이비스는 닭은 가능한 한 많은 근육(고기)을 최대한 빨리 만들어낼 수 있도록 유전자 변형을 통해 자신의 모든 것을 소모해야 하기 때문에 자신의 알, 자손, 심지어 몸 자체를 포함한 자신의 생산물로부터 소외된다고 주장한다.[284]

식품 생산용으로 사용할 비인간동물의 성장 속도를 높이고 가격을 낮추기 위해 동물 사육 방식에 큰 변화가 생겼다. 이제 산업적 식품 생산에 사용되는 많은 비인간동물은 평생을 실내에서 지내거나 과밀 사육되거나(알 낳는 닭의 공장식 사육장, 임신과 수유 중인 돼지의 임신용 우리 등) 격리 사육된다(송아지 고기 생산을 위해 송아지를 개별 축사에 격리). 비인간동물들은 종종 동종 무리와 비정상적으로 좁은 공간에서 지내도록 하기 위해 취해지는 조치 때문에 고통스러운 신체적 변형에 시달린다. 예를 들어 닭의 경우 발톱을 제거한다. 또한 좁고 밀폐된 공간에서 서로 쪼아대지 못하도록 부리 일부를 잘라내기도 한다.[285]

돼지의 경우에는 주기적으로 꼬리를 자르는데, 이를 완곡하게 표현해 단미(斷尾, docking)라고 부른다. 이는 돼지들을 인위적으로 비좁은 공간에 가둘 경우 서로 꼬리를 물어뜯을 수 있기 때문에 취하는 조치다. 산업적으로 돼지를 생산하기 위해 격리도 이루어진다. 이때는 암퇘지의 임신과 수유를 위한 임신용 우리가 사용된다.[286] 어미돼지는 냉장고 크기 정도의 공간에 갇히는데, 일어서거나 누울 수는 있지만 몸을 돌릴 수는 없다. 업계에서는 새끼돼지가 어미돼지에게 짓눌리지 않도록 하기 위한 안전 조치라고 주장한다. 그러나 어미에게 공장 시스템이 허용하고 있는 면적보다 넓은 공간을 준다면 애당초 그러한 사고가 발생할 일은 없을 것이다.[287]

낙농업 등 다른 동물산업에서도 격리는 중요하다. 낙농업 시스템에서 만들어지는 제품은 명백히 어미의 모유다. 일반적으로 낙농업에서는 갓 태어난 송아지를 출생 후 몇 시간(일반적으로 30분에서 12시간) 이내에 어미에게서 떼어내어 우유 보충제를 먹이고,[288] 모유는 인간 소비자에게 판매한다. 원래 자연에서 발굽이 있는 포유류는 출생 후 수개월에서 1년 사이 서서히 자연스럽게 젖을 뗀다.[289] 송아지가 자라 자신의 몸을 통제하고 스스로 결정하며 살 수 있을 때가 와도 암소는 평생 어미소와 함께하고 수소는 한 살이 될 때까지 무리에서 떨어져 나오지 않는다.[290] 하지만 낙농업 울타리 안의 젖소는 새끼를 양육하거나 아기소와 유대감을 형성하는 것이 허용되지 않는다.

그렇다면 생선을 먹는 것은 어떤가? 그게 더 나은 선택이 아니냐고 누군가는 물을 것이다. 안타깝게도 생선을 먹는 것에도 여러 가지 심각한 문제가 있다. 다큐멘터리 〈씨스피라시〉(2021)는 노예처럼 일하다 부상을 당하거나 사망하는 노동자들, 야생 어류의 고갈, 부수 어획으로 인한 다른 해양 포유류의 죽음 등 집약적 어업의 문제점을 고발한다. 유엔 식량농업기구는 상업적 어업이 세계에서 가장 위험한 직업 중 하나라고 우려했다.[291]

휴메인 소사이어티 과학정책연구소Humane Society Institute for Science and Policy의 동물지각력Animal Sentience 책임자 조너선 밸컴은, 어류 양식은 수산 양식의 한 부분이며 "1970년에는 어류 양식이 전 세계 어류 생산량의 5%만을 차지했으나 오늘날은 전체 어류 생산의 5분의 2 수준을 차지할 만큼 세계에서 가장 빠르게 성장하는 동물성 식품 생산 분야"라고 말한다.[292] 이른바 양식장이라고 불리는 곳에서 물고기는 "해양 및 담수 그물망 가두리 또는 육상 수조나 연못"에 가두어진다.[293]

일부에서는 집약적 어류 양식을 앞서 설명한 도축장에서의 문제를 해결할 대안으로 보기도 하지만, 수조에 갇힌 어류는 "자극이 없는 생활로 인해 뇌 발달과 기능이 저하된다. 부화장에서 태어나고 길러진 어류를 야생에 방류한 후 다시 포획해보면, 그들의 위장은 텅 비어 있거나 부유물 찌꺼기, 혹은 사료 알갱이처럼 보이는 돌 등 무생물로 채워져 있는 경우가 많다."[294]

양식 어류가 밀집되어 있으면 어류 개체들의 건강, 소비자 건강, 다른 어종과 생태계 측면에서 심각한 문제가 발생한다. 어류가 밀집된 상태에서는 어느 한 마리가 바다 이sea lice 등에 감염되면, 한정된 공간에 머물러야 하는 이 어류가 근처의 다른 어류를 감염시킬 가능성이 높아진다.[295] 바다 이는 밀폐된 공간에서 "어류의 점액, 살, 눈을" 먹어 치운다. 밀폐된 어류 양식장에서는 [바다 이로 인한 폐사의] "10~30%를 허용 가능한 수준으로 본다."[296]

이렇게 제한된 공간의 어류 양식은 환경 파괴와 양식 어류 주변에 서식하는 특정 야생종의 멸종 등 여러 파급 효과를 일으킨다는 점을 기억해야 한다.[297] 조너선 밸컴은 다음과 같이 말한다.

> 가두리에 어류를 가두는 그물은 기생충의 외부 전파를 막지 못한다. 암컷 바다 이의 수명은 약 7개월인데, 이 기간에 약 22,000개의 알을 낳고 이 알은 주변 수 마일에 달하는 해역에 구름처럼 퍼져 양식장 근처에 있는 야생 어류에 큰 피해를 준다. 이 바다 이가 캐나다 태평양 연안의 야생 핑크 연어의 80%를 대량 폐사시킨 것으로 알려졌다. 먹이사슬로 인해 연어를 먹는 곰, 독수리, 범고래와 같은 야생동물도 영향을 받는다.[298]

서부 해안의 연어 양식장에서는 2004년 이전에 140만 마리 이상의 양식 연어(이중 최소 50만 마리는 태평양 해역에서 사육 중이었던 대서양 연어)가 태평양으로 탈출한 것으로 추정된다.[299] 탈출한 연어 중 일부는 베링해에서 발견되었을 만큼 이들은 먼 곳까지 이동했는데, "양식된 대서양 어류가 자연 면역력이 없는 야생 개체에게 질병을 옮길 수 있고, 양식 어류가 병에 걸리지 않기 위해 투입하는 약물로 인해 바다에서 항생제 내성 슈퍼박테리아가 나올 수 있다는 비판과 우려의 목소리가 있다."[300]

지각이 있는 존재가 그들이 누릴 수 있었던 삶에서 소외된다는 것은 어떤 것일까? 산업 시스템 밖 동물들의 행동을 보면 답이 분명해진다. 야생에서 헤엄치는 어류나 공장식 축산농장에서 구조되어 동물보호소로 옮겨진 비인간동물들은 집약적 생산 시스템 안의 동물들에게서는 볼 수 없는 다채로운 행동을 보이는 경우가 많다. 이들은 야생에서 다른 동물과 다양한 관계를 맺고 먹이를 구하며 자연에서 시간을 보내거나 놀이를 하는 등 의미 있는 활동을 한다.

동물산업복합체에서 사육되고 끝내 도살되는 비인간동물과 이들을 죽이고 가공하는 노동자들의 처우 사이에는 복잡한 억압이 교차한다. 데이비드 니버트는 인간과 비인간동물이 받는 억압을 사회학적으로 접근하여 "체계적이고 뒤얽힌 억압systematic and entangled oppression"[301]이라는 억압이론을 제안했다. 니버트는 억압을 계속하기 위해서는 경제적 착취, 권력 불평등, 이데올로기적 통제라는 세 가지 요소가 필요하다고 주장한다.[302]

경제적 착취는 일반적으로 동물산업복합체에서, 특히 도축산업에서 일어난다. 니버트는 "인간은 자신과 다르다고 인식되는 집단을 해산, 제거 또는 착취하는 경향이 있다"고 말한다.[303] 비인간동물을 죽이고 가공하기 위해 고용된 노동자들은 낮은 임금, 높은 스트레스, 위험한 환경에서 노동하며 시스템 안에서 착취당하는 경우가 많다. 권력 불평등은 일반적으로 "정치적 통제권을 행사하고 국가 권력을 휘두르는 능력"과 관련되어 있다. 도축산업이 기업에 집중되어 있을 때 바로 이런 권력 불평등 현상이 나타난다.[304] 마지막으로 이데올로기적 통제는 편견과 차별을 조장하는데, 이는 동물산업복합체와 같은 사회적, 정치적, 경제적 제도를 "자연스러운 것으로 보이게 하여 특권을 누리고 노동자와 동물이 받는 억압에서 이익을 얻는 사람들에게는 그 억압이 보이지 않게 만든다."[305]

이 집약적인 시스템 안에서 이루어지는 도축장과 농장 노동자들의 노동은 외부에서는 거의 보이지 않는다. 또한 이곳에서 비인간동물이 어떤 삶을 사는지도 업계 밖으로 잘 알려지지 않는다. 혹 소비자가 내부 현실을 알게 되더라도 식품 생산을 위해 어쩔 수 없이 필요한 것이라고 받아들여진다. 상황이 여기까지 온 이유는, 강력한 사회화를 통해 육류 위주의 식단과 육류의 생산 과정이 이상한 것으로 보이지 않게 되었기 때문이다. 니버트가 말했듯이, "이민자와 동물들에 대한 억압적 대우는 자본주의 시스템과 떨어질 수 없을 만큼 복잡하게 엮여 있는데, 이러한 억압적 대우는 캐나다의 도축장에서 단적으로 교차한다."[306]

동물과 이들 몸에서 나온 것을 상품화할 때 비인간동물 각 개체의 행복은 뒤로 밀려날 수밖에 없다. 이것이 자본의 논리다. 이러한 시스템을 허용하고 부추기는 관계들에 대해, 그리고 비판 없이 기존의 사회적 불평등과 불공정을 재생산하며 경제적 이익을 위해 효율성을 추구하는 것이 과연 옳은 선택인지에 관해 고민해보아야 한다.

동물 노동 인정하기

3장을 통해 생산 라인의 속도 증가, 동물에 대한 의무적인 무감각 등 인간 노동자들이 겪는 많은 문제가 동물산업복합체 전반에 걸친 생산 과정에서 비인간동물에게도 영향을 미친다는 것을 알 수 있었다. 앞서 살펴본 바와 같이 20세기 중반부터 유축농업이 산업화되면서 살아있는 동물을 잡아 식품으로 만드는 방법은 발전을 거듭했다. 이러한 시스템 아래 동물, 그들의 삶, 그리고 그들의 노동이라고 할 수 있는 부분까지 그 어떤 영역도 인간의 손길이 닿지 않는 곳이 없다. 닭은 인공적으로 수정되고, 자연에 자유롭게 있었다면 구경도 못했을 사료를 먹으며 빨라진 수명주기로 더 빨리 더 크게 성장하고 훨씬 짧은 기간 안에 도축된다.[307] 이제 우리는 "수정된 달걀과 9파운드(4kg) 사료 한 봉지를 5주 만에 5파운드(2kg) 닭으로 바꿀 수 있는 육류 생산 시스템을 갖추게 된 것이다."[308] 이때 비인간동물들은 새끼를 돌보거나 같은 종의 동물과 사귀는 등 그들 나름의 즐거운 삶을 위한 다채로운 활동이 불가능한 실내에서 단기간만을 살다가 생을 끝내는 경우가 많다.[309] 이제 암퇘지는 야외를 돌아다니며 먹이를 찾는 대신 "과도하게 쇠약해질 만한 행동을 하지 못하는 작은 [임신용] 우리에 갇혀 온순함을 강요당하며 사육된다."[310]

미국가금류협회United Poultry Concerns 설립자인 캐런 데이비스는, 자연 상태에서 최대 30년까지 살 수 있는 닭들이 이제 며칠, 몇 주 또는 몇 달밖에 살지 못하게 되었다고 지적한다. 이는 닭가슴살을 비정상적으로 크게 키우고 장기와 근육, 팔다리 기능이 퇴화하도록 사육된 결과다. 유전적 변형으로 인해 병아리조차도 심혈관계 및 위장계와 관련된 유전적 질병에 걸리는 경우가 많다.[311]

몇 년 전 트레이시는 여름방학에 농업 대학에서 인턴으로 토양을 연구했다. 트레이시의 주요 임무 중 하나는 현지 농장을 방문하여 토양 밀도 테스트를 실시하고 농장의 토양 침식 정도를 측정한 후 침식 위험에 대응할 방법을 모색하는 것이었다. 방문한 농장 중 일부는 소규모 비집약적 낙농장이었다. 트레이시는 농장에서 만난 젖소 이야기를 들려주었다.

> 토양 샘플을 채취해서 이곳의 흙이 물을 얼마나 빨리 흡수할 수 있는지 분주히 측정하는 동안 소들은 우리 연구팀 곁에서 풀을 뜯곤 했다. 하루는 밭에 앉아 샘플을 채취하고 있는데 소 한 마리가 내 뒤로 다가와 목덜미를 핥았다. 나는 깜짝 놀랐다. 나중에 농부에게 당시 상황을 이야기했더니 농부는 어떤 소가 그렇게 했는지 안 봐도 알겠다면서 그 소가 얼마나 살갑고 다정한지를 보여주는 다른 에피소드도 들려주었다. 당시에 어린 학생이자 연구조교였던 나는 이 젖소가 노동을 하는 존재라는 사실, 내가 마시는 차에 우유를 넣기 위해 젖소의 노동이 필요하다는 사실, 이 소가 더는 우유를 생산할 수 없게 되면 가축 경매에서 도태우cull cow로 팔려 도축장으로 보내지고 그 사체가 햄버거나 가공식품을 만드는 데 사용된다는 사실을 전혀 생각하지 못했다.(해리스, 개인 메모)

이 소를 노동의 관점에서 바라보면 투명성, 공감, 탈동물화, 동물 노동의 젠더적 특성(5장에서 다룰 예정), 억압의 교차점, 그리고 현대 자본주의 식량 생산에서 인간 및 비인간 노동자들에게 가해지는 구조적 폭력 등 이 책에서 다루고자 하는 서로 연결되어 있고 핵심적인 많은 개념에 접근할 수 있는 문이 열린다. 식품 시스템에서 비인간동물도 노동자라고 인지하는 것은 이들과 이들의 고유한 가치에 대한 인식을 전환할 수 있는 중요한 출발점이 될 것이다.

> 오늘날 대부분의 동물은 오로지 인간의 이윤과 식량을 위한 이용 가치 때문에 식품 시스템과 실험실에 존재한다. 이러한 현실에 비추어볼 때 오늘날 동물을 자본주의 체제하의 노동자로 이해하는 것은 매우 유용하다. 동물 문제를 새로운 관점에서 바라볼 수 있게 해주기 때문이다. 동물을 노동자로 규정하면 우리는 동물을 생산의 주체, 고통스럽고 착취적이며 견디기 힘든 노동을 원하지 않는 주체, 건강한 삶을 영위할 수 없을 것 같은 일을 본능적으로 피하려는 주체로 인식하게 된다.[312]

비인간동물, 자연, 과학을 전문으로 다루는 독립 언론인인 브랜든 케임과 했던 인터뷰에서 동물 노동에 대해 어떻게 생각하는지 물었다. 브랜든은 먼저 브록 대학교 켄드라 콜터 교수의 책(《동물, 노동, 그리고 종간 연대의 약속*Animals, Work, and the Promise of Interspecies Solidarity*》, 2016)을 추천하며 다음과 같이 말했다.

> 동물은 인간을 위해 일합니다. 이것은 누구도 부정하거나 반대할 수 없는 사실이지만 이 메시지를 듣고 나서야 우리는 그 사실을

새삼 깨닫게 됩니다. 동물은 인간을 위해 일하지만 우리는 이를 인지하지 못하는 거죠. 누군가 말로 표현하기 전까지는 그것을 노동이라고 생각하지 않기 때문입니다.(2022년 브랜든 케임과의 인터뷰)

동물의 노동을 인지해야 한다는 요구가 높아지고 그것이 사람들의 관심을 끌게 되면 식품산업에서 비인간동물을 바라보는 우리의 시각을 바꿀 수 있다. 샬럿 블래트너가 말했듯이, 동물이 인간을 위해 노동한다고 생각하면 우리는 몇 가지 어려운 질문을 해볼 수 있다. "동물이 원하는 것은 정확히 무엇일까? 인간과 동물 사이에는 단기적인 관계만 가능한가, 장기적인 관계도 가능할까? 어떤 방식으로 인간과 동물의 관계를 형성할 수 있을까? 어떻게 하면 동물을 위한다고 변명하면서 인간의 이익을 앞세우는 것이 아니라 진정으로 우리 모두에게 이로운 관계를 위해 노력할 수 있을까?"[313]

지속적인 동물 착취를 정당화하기 위한 수단이 아닌, 실제로 동물에게 무엇이 가장 이익이 될지 고민하는 계기가 될 수 있도록 비인간동물의 노동을 인식하는 방향은 신중히 설정되어야 할 것이다.[314] 정치학자 자나 캐너번은 비인간동물의 농업 참여가 이들의 의식적인 선택에 의한 것이었다면, 동물산업복합체에서는 억류 도구(예: 임신용 우리)를 사용할 필요가 없었을 것이고, 또 비인간동물이 특정 방식으로 이용되는 관행(예: 낙농업에서 출생 직후 어미소에게서 새끼를 신속히 분리시키는 행위) 역시 존재하지 않았을 것이라고 비판한다.[315]

켄드라 콜터는 위험하고 안전이 보장되지 않은 노동 환경의 대안으로 "인도적 일자리"를 주장한다. 그녀는 인권에 취약한 일자리들이 비인간동물에게 고통을 주고 환경을 더럽히는 시스템 안에 자리 잡고 있다고 지적한다.[316] 콜터는 인도적 일자리 창출의 필요성과 기존의 노동 환경 개선에 대해 고민하며 비인간동물들도 인도적 일자리에서 노동할 수 있을지 그 가능성을 모색한다.[317] 콜터는 연구를 통해 인도적 일자리란 동물에게 해를 끼쳐서는 안 되며, 따라서 동물을 상품화하는 직종은 좋은 일자리, 인도적 일자리가 될 수 없다고 명확히 밝힌다.[318] 우리는 브랜든 케임에게 비인간동물 노동에 대해 보상한다면 그 보상은 어떤 모습이 될지 물었다. 그는 이렇게 대답했다.

제 경험상 동물들이 진정 괜찮은 삶을 살 수 있도록 하는 것이 이들의 노동에 대한 보상일 것 같습니다. 식품산업 안에서 혹은 식용으로 동물을 키우는 사람들이 동물에게 먹이를 주고, 의료 서비스를 제공하고, 포식자로부터 보호해주는 등 많을 일을 한다고 말합니다. 나는 이들의 말이 물론 사실이고 옳은 이야기라고 생각하지만, 이 정도 보상으로는 충분하지 않다고 생각합니다. 동물들은 여전히 잠깐의 생을 살다 가고, 이들에게 중요한 다른 것들이 제공되지 않으니까요. 그래서 저는 동물 노동에 대한 공정한 보상이란, 이들이 풍부한 사회적 관계를 맺고 종 고유의 모든 삶의 요소를 온전한 사회 구조 안에서 유지하며, 진정으로 살 만하고 장수하는 삶을 누리는 것이라고 생각합니다. 가령 내가 사랑하는 사람이 닭이나 돼지로 환생하더라도 괜찮을 정도라고 판단된다면 노동을 제공한 동물에게 공정한 보상이 이루어진 것이라고 인정할 수 있을 것 같아요. 제가 생각하는 보상은 이 정도는 되어야 합니다. 그리고 운송, 이동 작업, 치료 등 다른 형태로 노동하는 동물들도 있는데, 이들의 경우 은퇴 후 남은 생애는 동물들이 자신을 위해 살 수 있도록 하는 것도 보상의 한 방법이 될 것입니다.(2022년 브랜든 케임과의 인터뷰)

비인간동물의 노동, 다채로운 관계, 그리고 이들의 삶을 전체적인 관점에서 바라보면 인간이 동물을 대우하는 방식에 시급한 변화가 필요하다는 것을 알게 된다. 레녹스 아일랜드 퍼스트 네이션의 선주민이자 캐나다 화해, 젠더, 정체성 연구 위원장인 미그막 학자 마거릿 로빈슨에게 동물 권익을 위한 목소리를 내는 것이 가능한지 물었을 때 그녀는 이렇게 대답했다.

저는 인간이 동물의 욕구나 원하는 것을 대변해도 되는지 조심스럽습니다. 동물을 위한다는 핑계를 앞세우지만 그러한 생각이 너무나 쉽게 오용될 수 있기 때문이에요. 그럼에도 동물도 깨끗한 식수를 원할 것이라고 판단하는 데 대단한 상상력이 필요한 건 아닙니다. 이들도 자연 속에서 대대로 먹던 것들을 먹을 수 있어야 합니다. 내가 내 이웃을 위해 옳다고 생각하는 것을 동물 이웃에게도 적용해야 하며, 동물 스스로가 깨끗한 식수나 먹이에 대한 권리를 표현하는 방법을 알지 못하더라도 사람에게 하듯 우리가 그들의 권리

를 대변할 수 있다고 생각합니다.(2022년 마거릿 로빈슨과의 인터뷰)

마거릿 로빈슨이 인터뷰에서 언급했듯이 동물에게 필요한 것들은 인간의 이윤 극대화와 정반대에 있으며, 표준화된 산업적 식품생산 시스템 안에서는 제공될 수 없다는 것을 알 수 있다. 동물들에게 필요한 것을 충족시켜주기 위해서는 비인간동물을 욕구, 욕망, 좌절, 기쁨을 가진 고유한 주체로, 또는 로빈슨의 인터뷰와 연구에서처럼 "사람"으로 생각해야 한다.[319] 이렇게 인식이 바뀐다면, 동물을 상품이나 살아있는 재산처럼 사용해도 된다는 생각은 점차 설 자리를 잃을 것이다.

투명성과 그 너머, 공감하기?

3장 서두에서 다른 동물을 식품으로 산업 생산하는 작업장이 어떤 모습일지 독자들은 상상하기 어려울 것이라고 이야기했다. 도축장은 어떤 모습이고, 무슨 느낌, 소리, 냄새가 날까? 닭 부화장은 어떨까? 또 살아있는 동물을 트럭에 싣고 도축장으로 데려가는 일은? 상업적 어업이나 양식 시설에서는 어떤 일을 하는 걸까? 산업화된 식품 시스템 안에서 비인간동물의 노동에 대해 시간을 들여 생각해본 사람은 많지 않을 것이다.

이 질문들의 답을 찾기 위해 우리는 식품산업과 비인간동물을 식품으로 생산하는 노동을 자세히 들여다보았다. 어둡게 닫혀있던 장막을 걷어 산업 안쪽을 훤히 드러낸 것이다. 이렇게 내부를 투명하게 들여다보는 작업은 매우 중요하다. 그 공간과 장소에서 무슨 일이 일어나고 있는지 알게 되면 우리가 먹는 음식에 대해 윤리적인 선택을 할 수 있기 때문이다.[320] 잠시 멈춰 생각해보면, 비인간동물을 식품으로 만드는 데 필요한 노동에 대해 왜 우리는 아는 것이 없는지 의문이 생긴다. 그리고 그 노동에 투입되는 노동자들(인간과 비인간동물 모두)에 대해 궁금해지고 이들의 노동 공간이 어떻게 생겼는지, 어디에 위치해 있는지 알고 싶어질지 모른다.

사회학자 마이클 헤디케와 식품 시스템의 투명성이 왜 중요한지 이야기 나누었을 때 그는 다음과 같이 설명했다.

> 사람들은 투명성이라고 하면 지식적인 측면, 즉 먹이사슬의 각 위치에서 어떤 일이 일어나는지 이해하고, 보고, 관찰할 수 있는 것으로 생각하는 경향이 있습니다. 하지만 이에 더해 공감 능력을 키우는 것, 혹은 지식과 더불어 사람들의 경험을 더 깊이 이해할 수 있는 능력을 키우는 것도 투명성의 한 부분이라고 생각합니다. 이 농장에서 무슨 일이 일어나는지 안다고 말하는 것과 이 농장에 사는 사람들이 어떤 경험을 하는지 안다고 말하는 것은 다릅니다. 당연하잖아요? 후자에는 그들이 겪는 좌절, 보람, 기쁨, 슬픔이 함께 담겨있습니다. 이를 알기 위해서는 이성적인 지식을 넘어 식품 시스템 이면의 모습을 직시할 수 있는 능력을 꼭 키워야 한다고 생각합니다.(2022년 마이클 헤디케와의 인터뷰)

웨슬리언 대학교의 철학교수이자 웨슬리언 동물 연구 코디네이터인 로리 그루언은 "얽힌 공감entangled empathy"을 설파한다.[321] 얽힌 공감은 그루언이 제안하는 돌봄 윤리인데, "타인의 웰빙 경험에 집중하는 일종의 돌봄 인식"이라고 설명할 수 있다. 즉, 타인의 필요, 관심사, 욕구, 취약성, 바람, 감수성에 주의를 기울임으로써 우리가 타인과 관계 맺고 있다는 것을 인식하고 이러한 관계 안에서 적극성과 책임감을 갖는, 감정과 인지가 혼합된 경험 과정이다.[322]

메인 대학교의 명예교수인 조세핀 도노반과 독립 학자인 캐럴 애덤스는 이러한 '윤리적 돌봄'이 '동물 복지' 방식의 접근과 다르다고 설명한다. '윤리적 돌봄'은 비인간동물 각각의 고통을 바라보는 데 멈추지 않고 "고통의 원인이 되는 정치 및 경제 시스템"을 들여다보는 것이기 때문이다.[323]

동물을 식품으로 산업 생산하는 일과 노동에 대한 이해를 넓히고, 인간과 비인간 노동자들을 착취를 일삼는 경제와 정치 구조 속에서 살아가야 하는 개인으로 바라보기 시작하면 얽힌 공감을 실천하는 일이 어렵지 않다. 《귀표 1389번 소*The Cow with Ear Tag #1389*》(2018)의 저자이자 《힘없는 증인: 들판 위 슬픔의 정치*Vulnerable Witness: The politics of grief in the field*》의 공저자이자 연구자인 캐서린 길레스피에게는 "그들의 괴로운 삶을 알리는 일"이 중요하다. 이는 동물이 "자신의 경험을 표현하고 있음을 인식하는 일"이며, 그들과 함께 슬퍼함으로써 "이해와 배려가 있고, 비폭력적인 사회적 관계를 공유하는 정치로 변화할 수 있기" 때문이다. 동물들의 고통에 대해 목소리를 높임으로써 보이지 않는 곳에서 동물들을 옭아매는 구조적 폭력에 함께 맞설 수 있다고 길레스피는 말한다.[324]

여기서 말하고자 하는 핵심은 수동적인 관찰자가 되라는 것이 아니다. 우리가 해야 할 일은 "인간과 비인간 존재를 억압하는 권력 위계와 불평등을 공론화하기 위해 글을 쓰고, 발언하고, 가르치는 등" 행동으로 실천하는 것이다.[325] 민속학자이자 윤리적 비건인 실라이 맥캐스모란은 다른 동물과 인간의 관계에 대한 연구, 옹호활동, 이론 정립의 복잡성에 대해 고민한다. 그녀는 동물 구조 자원봉사를 비롯하여 도살장으로 끌려가는 비인간 동물들의 고통을 목격하는 등 행동주의를 실천했으며, 비건 라이프스타일을 고수하는 사람으로서 자신의 독특한 경험을 공유한다.

> 저는 프랑시온, 싱어, 그리고 도노번의 글도 읽었는데, 조세핀 도노번이 자신의 작품에서 제시한 '동물 복지', '폐지주의abolitionism*', '페미니스트 돌봄 윤리'라는 단어를 사용하고 싶습니다. 야생동물 구조자로서 저는 복지주의자, 몽상가, 희망을 꿈꾸는 사람이고, 비건 세상을 원하는 사람으로서 폐지주의자이기도 하죠. 동시에 제 영혼은 페미니스트 돌봄에 뿌리를 두고 있습니다.(2022년 실라이 맥캐스모란과의 인터뷰)

---

* 노예제도를 폐지하려는 정치사회적 운동에서 나온 말-옮긴이

위 인터뷰의 요점을 이해하는 것이 중요한데, 실라이 맥캐스모란은 자신이 일반적인 의미의 동물 복지주의자가 아니라는 점을 분명히 밝혔다. 동물 복지에 대해 언급한 이유는 자신이 동물 복지의 기존 틀을 따르고 있다는 사실을 설명하기 위한 것이 아니라 야생동물을 구조하고 자신의 고양이를 돌보면서 특정 비인간동물과 어떻게 상호작용하는지 설명하기 위한 것이었다. 이러한 맥락에서 자신의 눈앞에 있는 비인간동물의 특정 필요를 충족시키고 이들의 안녕을 보장하는 것이 실라이 맥캐스모란의 가장 중요한 관심사다.

맥캐스모란은 한 예로 상황에 따라서는 구조된 맹금류를 동물 보호 시설로 이송하며 돌보는 동안 정육점 고기 자투리를 먹이로 주어야 할 때가 있다고 언급했다. "이런 상황이 바로 우리가 가진 모든 윤리가 불완전해지는 순간이자 우리가 가진 능력보다 우리의 이상, 우리의 지적 이상이 훨씬 더 멀리 나아가는 순간입니다. 그래서 저는 당장 눈앞에 닥친 현실 앞에서는 제 앞에 있는 동물의 행복을 우선 생각하게 됩니다."(2022년 실라이 맥캐스모란과의 인터뷰)

저항, 그리고 정의로운 전환의 시작

동물성 식품 생산 노동자, 그리고 이들과 함께하는 사람들이 펼치는 저항을 들여다보면 동물을 식품으로 산업 생산하는 행위를 멈출 정의로운 전환이 실제로 어떤 모습인지 알 수 있다. 우선, 노동자들이 이미 다양한 방식으로 저항하고 있다는 사실을 인식하는 것이 중요하다. 노동자들의 저항이 가장 분명히 드러나는 지표는 관련 산업 내 이직률이다.[326] 캐나다와 미국 도축장의 이직률은 60%, 닭 도축장의 경우만 보면 연간 100%에 이른다.[327] 연구에 따르면 캐나다 육류가공 공장의 경우, 입사한 첫해를 넘겨 계속 남아있는 노동자는 10명 중 단 1명뿐이었다.[328]

놀라운 사실이 하나 있다. 노동자들이 어떻게 이 업계에 계속 머무는지 궁금했는데, 해답은 대부분 오래 일하지 않거나 대체로 같은 시설에 장기간 머물지 않기 때문이라는 것이었다. 인류학자 알렉스 블랑셰트[329]는 노동자들이 공장을 그만두는 행위가 단순한 이직이 아닌 저항의 한 모습일지도 모른다고 생각했다. 콜로라도 볼더 대학교의 캐럴 맥그라나한은 "거부는 곧 반대"라고 해석한다. 나아가 거부 행위는 생산적이고 전략적이며, 어떤 목표에 다가가기 위한, 그리고 믿음을 실천하고 공동체에 가까워지기 위한, 혹은 어떤 것에서 멀어지려는 의도가 담긴 행동이다.[330] 코로나19 팬데믹 기간에 미국 도축장 노동자들의 노동 환경을 목격한 블랑셰트는 "(비)노동의 인류학"[331]을 주장하며 다음과 같이 설명한다.

> 더 나은 작업 환경을 만들기 위해, 혹은 점진적으로라도 개선되길 바라며 노동을 거부하는 이야기와 장르를 상상해볼 수 있을 것 같다. 민족지학적 실천의 측면에서 이 글이 지향하는 바는 이러한 후기 산업적 작동방식이 종식되도록 행동에 옮기는 것, 그리고 노

동을 그만두는 사람들로부터, 이들과 함께, 그리고 이들을 위해 배우는 것이다.[332]

앞서 살펴보았듯이 매년 많은 노동자가 도축장을 떠난다. 이는 노동자들이 더럽고 위험한 일을 거부하고 있다는 것을 증명한다는 측면에서 매우 중요한 현상이다. 블랑셰트는 "매년 전체 인력의 절반에 해당하는 인원이 일을 그만두는 셈이다. 낮은 급여, 사람들을 병들게 하는 바이러스의 위험이라는 조건이 아니더라도 도축 현장에 남는 사람보다 사실상 작업을 거부하는 수가 훨씬 더 많다"고 말한다.[333] 문제가 있다고 느껴지는 불쾌하고 위험한 일을 거부하며 "아니오"라고 말하는 행위는 노동자들이 경험한 구조적 폭력에 대한 저항의 한 형태이자 재생 가능한 식품 시스템이 어떤 변화를 일으킬 수 있는지 상상해보는 출발점이 될 수 있다.

일을 그만두는 것 외에 노동자가 주도할 수 있는 다른 전략도 있다. 안전이 보장되지 않은 노동 환경에 문제를 제기하기 위해 노동자들은 보이콧을 추진한다. 이러한 노동자 주도 프로젝트 중 하나는 '고기 없는 5월'에 소비자들의 참여를 독려하는 것이다. 일부 지역에서는 도축장 노동자의 자녀가 부모의 안전을 우려하여 위험한 노동 환경에 항의하기도 한다.[334] #보이콧미트 운동에 도축시설 노동자들이 함께하고 있으며, 일부 노동자들은 공공의 안전 측면에서 #보이콧미트를 옹호하고 식물성 식단 구성을 제안하는 전략을 취하기도 한다.[335]

노동자를 피폐하고 위험한 상황으로 몰아넣는 노동에 저항하는 또 다른 방법은 보편적 기본소득을 지지하는 것이다.[336] 기본소득 지지자들은 기본소득 같은 진보 정책은 안전하지 않은 일을 거부하고 집약적 유축농업에서 벗어나는 정의로운 전환을 앞당길 수 있게 노동자들의 역량을 향상시킨다고 주장한다. 또 "나쁜, 자유롭지 않은, 그리고 강제적인 노동에 대한 제어장치로서 다양한 형태의 노동 안에서 개인의 선택을 장려하고 노동의 가치는 모두 동등하다는 인식을 강화한다고 말한다.[337] 중요한 것은 보편적 기본소득이 지닌 잠재력으로, 자본주의적 생산 형태와 분리된 세상에서 노동의 역할은 무엇일지, 그리고 인간 노동과 비인간 노동이 어떤 모습일지 생각해볼 기회를 제공한다는 것이다.[338]

지금까지 우리는 주요하게 자본주의 체제 안에서 벌어지는 인간 노동의 저항에 대해 살펴보았다. 하지만 비인간동물도 저항한다는 점을 알아야 한다.[339] 동물은 종속된 위치에 있기 때문에 이들의 저항 행위가 의도한 결과를 가져오지 않을 수도 있다. 그러나 우리의 인식을 재고하고 현 상황에 이의를 제기할 때 동물의 저항 행위가 품은 의미를 읽어내는 것은 여전히 중요하다. 사라트 콜링[340]은 동물과 저항에 대한 글에서 인간이 만든 인위적인 구획과 경계를 지적하고 수많은 비인간동물이 감금이나 죽음에서 벗어나고자 탈출, 도주, 도피를 감행하여 원하지 않는 역할을 거부하고 있다고 이야기한다.

카터와 찰스는 비인간동물의 주체성에 대해, 그리고 이들이 어떤 방식으로 의도적인 행동을 하는지에 대해 설명했다. 동물은 때때로 자신이 원치 않는 상황에 주체적으로 저항하며, 적극적으로 그 상황을 바꿀 수 있다.[341] 이러한 저항의 결과, 포획되어 도살장으로 보내지기도 하고 법 집행 기관의 손에 폭력적인 최후를 맞이하기도 한다.[342]

농장, 도축시설에서 또는 운송 중에 탈출한 소, 돼지 등이 포획을 피하다가 공공 안전 문제를 이유로 법 집행 기관에 의해 사살되는 경우가 있다. 사살 여부는 대부분 시민의 안전에 위협적인지의 기준에서 결정된다. 뉴스와 소셜미디어를 통해 이러한 결정에 대한 시민들의 분노가 표출되기도 하는데, 흥미로운 점은 소비자시민 대부분은 식품 목적으로 비인간동물을 죽이는 것에 대해서는 대체로 의문을 제기하지 않으면서 이러한 상황에서 동물을 죽이는 행위에 대해서는 비난의 목소리를 쏟아낸다는 것이다.

때로는 반항적인 동물들이 동물보호소 같은 시설에서 노동에 대한 보상을 받으며 남은 생을 보내는 경우도 있다.[343] 팜생츄어리(농장동물 복지단체)의 공동 설립자이자 대표인 진 바우어는 우리와 했던 인터뷰에서 과잉 생산된 비인간동물에게 어떤 일이 벌어지는지 떠올려보라면서 인간과 동물이 더 온정적인 관계를 맺는 방법이 무엇일지 우리에게 물었다. 바우어는 동물들의 삶이 단순히 경제적 쓸모를 넘어 고유한 가치를 지니고 있다는 사실을 잊지 말아야 한다고 말한다.

비인간동물이 저항하는 이야기나 산업적 식품생산 시스템에서 동물을 구하기 위해 노력하는 사람들의 이야기를 전할 때마다 그 이야기를 들은 소비자시민은 동물의 생명이 지닌 가치와 이들이 괜찮은 삶을 살 수 있도록 해야 한다는 인간적인 책임에

진 바우어 팜생츄어리의 공동 창립자이자 대표

인간과 다를 바가 없었습니다. 주체성, 자신을 온전히 드러낼 수 있다는 느낌, 삶을 풍요롭게 해주는 다른 이들과 함께 공동체에 속한 상태, 저는 이 모든 것을 보호소에서 보았습니다. 공동체의 중요성에 관해 생각나는 이야기가 있군요. 오래전에 구조한 동물 중 낙농장에서 태어난 오피라는 송아지가 있었는데, 그 아이는 암컷이 아니어서 태어난 날 축사로 보내졌습니다. 오피는 어미 몸에서 나온 후 아직 몸이 젖은 상태였습니다. 뉴욕 북부의 추운 날, 오피는 축사 통로에 쓰러져 저체온증으로 죽어가고 있었는데 몸뚱이는 축 늘어지고 눈은 퀭한 채로 거의 혼수상태였습니다. 저는 축사 관리자에게 "이 송아지는 어떻게 된 거죠?"라고 물었고 관리자는 "오늘 오후에 땅에 묻을 계획입니다"라고 답했습니다. "제가 데려가도 될까요?"라고 묻자 관리자는 "그래도 좋습니다" 라고 했죠.

오피를 데리고 근처 수의사에게 갔습니다. 수의사는 이 아이는 살 가망이 거의 없고 경제적으로도 이익이 없는데 왜 시간을 낭비하냐고 물었습니다. 저는 수의사에게 돈을 벌려는 것이 아니라 오피를 돕고 싶은 거라고 답했습니다. 수의사는 정맥 수액을 투여했고 저는 오피를 보호소로 데려와 밤새 돌봤습니다. 곧 녀석의 눈빛이 천천히 돌아오기 시작하더군요. 오피가 고개를 들거나 서 있을 수 있게 되었을 때 젖병으로 수유를 시작했습니다. 모두 좋은 징조였죠. 그런데 육체적으로는 회복되었지만 완전히 건강한 상태로는 돌아오지 않는 겁니다. 그 이유가 궁금했습니다. 문득 이 녀석은 자신이 소속된 무리와 함께 있어야 한다는 생각이 들었습니다. 오피를 축사로 데리고 갔더니 다른 소들이 주위에 모여들었습니다. 그제야 오피가 기운을 차리기 시작하더군요. 동물들에게도 공동체가 중요했던 거죠. (2022년)

대해 잠시나마 생각해보게 된다. 코로나19 팬데믹 같은 세계적 사건을 계기로 때때로 불평등, 불공정, 그리고 동물산업복합체 반대에 관심이 집중되기도 한다. 피츠제럴드와의 인터뷰에서도 이러한 사실을 알 수 있었다.

> 팬데믹이 불러온 몇 안 되는 긍정적인 결과 중 하나는 도축장 작업 환경에 관해 사람들의 관심이 높아졌다는 점입니다. 도축장에서 코로나 전염이 너무 많이 일어난 결과였죠. 많은 사람이 도축장 안의 모습을 외면하고 싶었겠지만, 주류 뉴스를 통해 [도축장 내부에 대해] 진실을 마주할 수밖에 없었습니다.(2022년 에이미 피츠제럴드와의 인터뷰)

앞서 살펴본 바와 같이, 도축 및 가공산업 노동자들은 팬데믹 기간에 상당한 고통을 겪었다. 생명을 위협하는 바이러스의 감염 가능성이 훨씬 컸고, 안전이 보장되지 않은 상황에서도 법과 조건에 따라 일을 계속할 수밖에 없었다. 도축 기업들은 일선 노동자들의 고통을 외면하면서 계속해서 막대한 수익을 챙겼다. 비인간동물의 저항이 대중적 관심을 촉발한 것처럼, 팬데믹은 현 식품 시스템 아래 고통받는 비인간동물에 대한 대중적 논쟁에도 불을 지폈다.

팬데믹 기간에 도축장이 폐쇄되었을 때 동물들이 떼죽음을 당한, 이른바 '사육'동물의 현실을 전하는 뉴스가 쏟아졌다. 하지만 아이러니하게도 사람들은 공장의 작업 중단으로 도살된, 그리고 필요치를 넘어서 과잉 생산된 비인간동물의 죽음에만 관심을 기울였다. 똑같은 동물이어도 햄버거나 치킨 샌드위치 같은 상품이 되기 위해 도살되는 것에 대해서는 아무런 문제를 느끼지 못한다는 점은 흥미롭다. 농부, 수의사, 육가공 공장 종사자들 또한 갑작스레 구설수에 올랐다. 이들은 단지 음식물 쓰레기 문제나 코로나19 발생과 관련해 소셜미디어와 대중, 주변으로부터 쏟아지는 비난을 감당하기 어려웠다고 토로했다. 문제를 일으킨 구조적 측면을 지적하는 사람들은 거의 없었다.[344]

3장의 이야기를 마무리하면서 브랜든 케임의 말을 떠올려보는 것이 좋겠다. 케임은 동물 지능에 관한 연구, 그리고 이러한 과학적 연구를 널리 알리는 일에 보람과 어려움을 동시에 느낀다고 털어놓는다. 그는 사회 변화, 그리고 사회정의를 위한 변화를 제안할 때는 제안된 아이디어가 실제로 이미 많은 사람이 공유하고 있는 더 깊은 가치와 연결되어 있다는 인식을 심어주는 것이 중요하다고 강조했다.

> 우리의 가장 큰 숙제는 사람들을 만나 공통점을 찾아내거나 개인 내면에 깃든 연민을 더 크고 넓은 무언가로 확장하는 것입니다. 저는 이 분야에서 제가 현명한 사람인 것처럼 말하지 않습니다. 왜냐하면, 지금 나의 신념과 지식이 여기까지 오게 된 것은 당연하게도 그동안 함께해준 사람들 덕분이기 때문입니다. 제 경험은 아주 많은 사람들에게서 옵니다. 그 사람들 안에서 우리가 성장하는 것이죠. 그리고 동물 중에는 우리 집단 안에 있는 동물이 있고,

집단 밖에 있는 동물이 있을 겁니다. 우리는 이들 모두를 존중하고 내 눈에 보이지 않는 동물들도 똑같이 존중합니다. 이 집단을 나누는 경계가 무엇인지, 사회적으로 어떻게 구성되는지는 생각하지 않습니다.(브랜든 케임과의 인터뷰)

우리는 인간 노동자와 비인간 노동자를 위한 좀더 정의로운 식품 시스템을 만들 도구를 이미 갖추고 있다. 3장에서 우리는 자본주의 생산 시스템 내의 구조적이고 느린 폭력의 현실을 들여다보았고 나아가 투명성, 공감, 증언, 연민, 저항에 관한 이야기도 들을 수 있었다. 4장에서는 자본주의의 집약적 식품 시스템이 소비자시민에게 어떤 의미가 있는지, 3장에서 다룬 개념들이 정의롭지 않은 식품 시스템에 대한 관심을 높이는 데 어떻게 도움이 되는지, 그리고 긍정적인 풀뿌리 조직이 어떻게 긍정적인 사회 변화를 앞당기는지 살펴볼 것이다.

4장

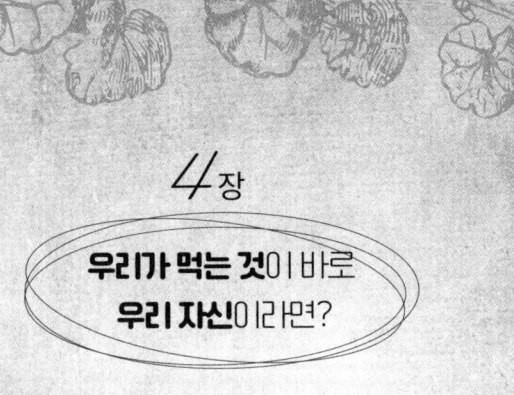

우리가 먹는 것이 바로 우리 자신이라면?

식민 자본주의 식생활에 도전하다

식민주의가 세계적인 쟁점이 되고 있는 가운데,
내가 선택하는 먹거리가
또 다른 곳에서 식민주의 강화를 조장하고 있는 건 아닌지에
대해서도 생각해봐야 한다.
내가 여기에서 이득을 보고 있는지,
그러면서 다른 누군가를 억압하는 데 일조하고 있는 건 아닌지.
그러므로 여러분이 탈식민화를 실천하고자 한다면,
자기 지역에 국한해서 꾀할 것이 아니라,
어떤 결정이든 전 지구적 차원에서 연결되어 있으므로
그 연결고리에 대해서도 생각해봐야 한다.
– 마거릿 로빈슨

★★★

오늘날 소외된 개인과 공동체는 경제적 불평등이나 감당할 수 없을 정도의 심각한 기후위기의 피해를 가장 크게 입고 있음에도, 정작 그 위기의 주요 책임자는 아니다. 1장에서 언급했듯이, 옥스팜을 비롯한 국제기구들은 이러한 불균형을 더욱 악화시키는 것은 기후변화로 녹아내리는 빙하는 말할 것도 없고, 코로나19와 같은 세계적 팬데믹, 갈수록 빈번해지는 기근과 화재, 홍수 등이라고 주장한다. 이러한 재난들은 자원과 토지를 둘러싼 갈등을 증폭하는 데 일조하고 있다.[345]

빈곤, 그리고 그로 인한 식량 불안정 문제를 해결하기 위해서는 반드시 여러 지역에 걸친 교차적 접근이 필요하다. 여기에 더해 기후과학자를 비롯한 다양한 분야의 학자들이 지적하듯, 정의롭고 지속가능한 미래를 보장하면서, 한층 격렬하고 예측 불가능해진 기후붕괴라는 불가피한 위기에 효과적으로 대응하려면 '사회기반시설'에도 큰 관심을 기울여야 한다.[346]

현재의 산업화되고 비인간동물에 크게 의존하는 식품생산 시스템은 전 세계 인구의 필요를 충족시키지 못하고 있다. 파텔과 무어가 주장하는 것처럼, 현재 "전 지구적으로 지속되는 음식 관련 질병과 영양실조"의 발생 현황을 살펴봤을 때 "값싼 식품 체제cheap food regimes"는 지구를 먹여 살리지 못한다.[347] 지금부터 우리는 "값싼 식품 체제"에서 소비자시민이 치러야 하는 대가뿐만 아니라 일부 지역사회가 반다나 시바가 언급했던 이른바 "카우

보이 자본주의"의 결과를 어떻게, 왜 심각하게 겪고 있는지 살펴볼 것이다. 정의로운 식품 시스템에 무엇이 포함되어야 하는지 살펴보는 것을 넘어, 모든 사람이 식량에 대한 기본권을 갖고 있다는 원칙에서부터 출발하려 한다.

식량에 대한 권리 : 가용성, 접근성, 적절성

세계인권선언은 식량에 대한 인권을 인정한다(또한 우리는 주거에 대한 권리도 주목해야 한다).[348] 1966년의 경제적, 사회적, 문화적 권리에 관한 국제규약과 같은 추가 규약들에서는 모든 인간이 "제대로 된 음식을 먹을 권리와 기아로부터 자유로울 권리를 갖는다"고 보장하는 보호 조치들이 마련되었다.[349] 식량은 기본권으로 보장되어야 할 뿐만 아니라 이용 가능하고 접근 가능하며 적절해야 한다는 점도 유념해야 한다.[350]

식량의 '가용성availability'은 농사와 같은 활동을 통해 토지를 경작하여 식량을 확보할 수 있다는 것을 의미한다. 또한 구매를 통해서도 식량에 접근할 수 있어야 한다. 두 번째로, '접근성accessibility'은 "식량에 대한 경제적, 물리적 접근 보장"과 관련이 있다.[351] 즉, 식량가격은 적정해야 하며, 사람들은 생존에 필수적인 물품들을 줄이거나 없이 살아가도록 하는 선택을 강요받아서는 안 된다. 이는 기본소득 보장, 또는 식량 및 다른 생필품 비용을 지불하기에 충분한 만큼의 최저임금 보장 등 다른 삶의 영역과도 연결된다. 유엔은 사람들이 외딴 지역에 거주하든 노인 돌봄 시설이나 교도소와 같은 기관 시설에 거주하든 식량에 대한 접근성이 기본적으로 보장되어야 한다고 명시한다. 그리고 세 번째로, 식량의 '적절성adequacy'은 성장기 아동이나 임산부와 수유부의 필요를 채우는 데 충분한 열량과 영양소를 반드시 제공하고, (호르몬, 농약 잔류물, 산업 공정으로 인한 오염 같은) 유해한 오염물질이나 성분이 없으며, 문화적으로 용인되는 등 식량이 영양가가 풍부하고 다양한 사람들의 필요를 충족해야 한다는 것을 의미한다.[352]

이번 장을 집필하면서 우리는 학생들에게 언제, 어디서, 무엇을, 누구와 먹는지에 대해 비판적으로 생각해보라고 권하면서 교실에서 자주 사용했던 자료를 떠올렸다. 하퍼와 르보[353]는, 프랑스 정치인이자 식도락가이며 《맛의 생리학*Physiology of Taste*》의 저자인 앙텔름 브리야사바랭이 주장했던 "당신이 무엇을 먹는지 말해주면, 당신이 어떤 사람인지 알려주겠다"라는 격언에 대해 한번 생각해보라고 제안한다.[354] 하퍼와 르보는 "음식에 대해 물어보는 것은 마치 양파 껍질을 벗기는 것과 같다"며 "껍질을 하나씩 벗길 때마다 다른 의미와 문제가 드러난다"고 얘기한다.[355]

양파의 비유는 우리가 식량과 식량 생산의 이면을 들여다볼 때 그것이 처음 상상했던 것보다 얼마나 더 복잡한지를 보여준다. 비인간동물을 식품으로 산업 생산하는 것의 이면과 이것이 소비자시민에게 미치는 영향을 겹겹이 벗겨가다 보면, 소비자시민의 잘 먹을 권리를 제한하는 식량 생산과 관련된 몇 가지 주요 쟁점을 발견하게 된다. 더불어 개인을 넘어 지역사회와 문화, 더 나아가 전 지구적 환경에까지 파급되는 부수적 결과들과도 마주하게 된다.

이전 장들에서는 사람들을 그들의 토지인 '커먼즈'에서 강제로 몰아내는 것을 비롯해 자본주의의 '원시적 축적'이라는 역사 과정을 살펴보았다. 토지와 자원의 상품화, 즉 식량의 상품화는 식량의 가용성, 접근성, 적절성에 대한 중대한 도전이었고 앞으로도 그러할 것이다. 식량이 돈으로 구입하는 것이 되면서부터 식량 생산은 상품화의 성격이 더욱더 짙어졌다.[356]

의료인류학자이자 농부인 조 패리시의 주장에 따르면, "우리 사회의 심각한 구조적 문제 가운데 하나는 인구의 1.7%만이 농사를 짓고 나머지 98%는 그렇지 않은 상황에 이르렀다는 점이다. [캐나다] 국가 전체가 이런 양상을 보인다. 이렇듯 터무니없이 낮은 비율을 보이는 것은 서구의 농가 규모가 워낙 크기 때문이다."(2023년 조 패리시와의 인터뷰) 전 세계적으로 농민 수는 "다국적 농업 기업의 성장과 반비례하여" 감소하고 있는데, 이러한 대규모 농업과 중앙집중식 통제는 북아메리카 축산업에서 가장 두드러지게 나타난다.[357]

웬델 베리는 공장식 농장과 비인간동물의 집중 사육 및 가공이 "공중 보건과 토양 및 수질, 대기오염, 인간 노동의 질, 동물에 대한 인도적 처우humane treatment of animals, 제대로 된 농업 제도와 실행, 장기적이고 건강한 식량 생산 면에서 여러 문제를 불러일으킨다"고 주장한다.[358] 따라서 건강, 복지, 환경에 영향을 미치는 사안들에 대한 중요한 의사결정 과정에서 소비자시민이 배제되어 있다는 점을 고려할 때, 민주주의라는 틀 안에서 비인간동물을 식품으로 산업 생산하는 문제를 성찰하는 것은 매우 중요하다.[359]

신자유주의적 세계화가 득세하면서, 민주적으로 통제되는 경제활동 영역을 줄이려는 단합된 시도가 계속되었다.[360] 우리의 삶, 그러니까 과거와 현재, 미래의 삶을 다른 인류와 다른 생물종의 삶, 그리고 지구 자체와 결부하여 생각해야만 우리는 비로소 개개인의 행동이 주변 환경과 지방자치단체, 지역, 국가의 정치적, 법적 경계를 훨씬 뛰어넘어 영향을 미친다는 점을 깨닫기 시작한다. 분명한 사실은 현재의 민주주의 이념과 실천을 경제 영역으로 확장하고 글로벌 경제 관계의 현실을 고려해야 한다는 사실이다. 그러지 않는다면 지금의 민주주의는 구조적 폭력을 지속시키는 체계가 될 수 있으며 더 건강하고 생태적으로 지속가능하며 온정적인 세계를 창조하는 데 걸림돌이 된다.[361]

영양이 풍부한 양질의 음식은 우연히 주어지지 않는다. 이는 불평등과 구조적 폭력과 연결되어 있는 문제임을 알아야 한다. 또한 대다수 인류의 건강한 삶을 뒷받침할 수 있도록 영양이 풍부한 음식을 제공하지 못할 뿐만 아니라 토양에서 영양분을 뽑아내고 동물을 생명체가 아닌 상품으로 취급하는 현재의 식품 시스템이 지닌 억압의 교차성도 분명히 인식해야 한다.(2023년 반다나 시바와의 인터뷰)

농업학자이자 교육자, 농부인 아브 싱에 따르면, 현재의 식품 시스템하에서 "우리가 생산하는 것들과 결부시켜 생각해보면, 영양가 높은 완전식품을 생산하는 대신, 우리는 영양이 결핍된 식품을 생산하고 거기서 나오는 온갖 부산물로 기능장애에 빠진 식품 시스템을 보완"한다.(2022년 아브 싱과의 인터뷰) 계속해서 싱은 현재의 산업화된 식품 시스템 안에서 대부분의 사람들은 인간과 다른 동물, 토지 사이에 본질적으로 존재하는 상호연결성을 인식하지 못한다며 다음과 같이 말한다.

> 식민주의 그리고 수익 극대화 개념이 부추기는 추출적 사고방식extractive mentality이 모두가 서로 연결되어 있다는 사실, 그리고 우리의 식품 시스템을 표현하는 "쓰레기가 들어가면 쓰레기가 나온다"는 사고방식garbage-in garbage-out mentality의 중요성을 인식하지 못하도록 가로막는다고 생각합니다. 품질에 관심을 기울이지 않는 식민지 철학을 보여주는 사례죠. 이런 사고방식은 시스템의 통합성과 내부 상호관계의 보존에도 관심을 두지 않습니다. 저는 추출적인 착취 체계를 우리가 만들고는 계속해서 발전시키고 있다고 생각합니다.(2022년 아브 싱과의 인터뷰)

반다나 시바도 지적하듯이, 이 산업형 농업 모델로 인해 결과적으로 "인간의 필요를 충족시키기 위해서가 아니라 상품으로 유통되는 시장에 공급하기 위해서, 어떻게 하면 소에서, 토양에서, 식물에서 최대한 많이 뽑아낼 수 있을까?"에 초점을 맞춘 접근방식이 생겨났다.(2023년 반다나 시바와의 인터뷰)

시장에 식량을 공급하는 것은 사람들을 먹이는 것과는 매우 다르다. 우리는 지구상의 모든 사람이 먹고살 만큼 식량이 충분하지 않고, 그래서 기아와 영양실조에 시달리는 사람들이 생긴다는 주장을 자주 듣는다. 하지만 유기농 농부인 조지 네일러에 따르면, 전 세계에서 100억 명의 사람을 먹일 수 있는 충분한 식량이 생산된다.[362] 유엔 역시 "오늘날 지구상의 모든 사람을 먹여 살릴 수 있는 충분한 식량이 생산되지만, 세계의 일부 지역에서는 기아가 증가하고 있고, 약 8억 2,100만 명이 '만성 영양실조' 상태에 있는 것으로 추정된다"고 보고한 바 있다.[363]

국제 인도주의 단체인 기아대책행동Action Against Hunger은 2023년에 8억 2,800만 명이 굶주렸다는 사실과 관련하여, "세계 기아는 지난 10년 동안 꾸준히 감소하다가 다시 증가세로 돌아섰는데, 전 세계 인구의 약 10%가 기아에 시달리고 있다. 2019년부터 2022년까지 영양 결핍 인구수는 1억 5,000만 명이나 증가했는데, 이러한 위기 상황은 주로 분쟁, 기후변화, 코로나19 팬데믹으로 인해 발생했다."[364] 라즈 파텔의 말처럼, 8억 명의 굶주린 사람과 10억 명의 과체중인 사람이 있다.[365] 식량을 생산하는 기업들은 "우리가 음식을 어떻게 먹고, 음식에 대해 어떻게 인식하는지"에 영향을 미친다. 그렇기 때문에 식량의 '과잉' 소비와 '과소' 소비는 서로 다른 문제가 아니라, "동일한 문제에서 비롯된 두 개의 증상"이다.[366]

과잉 소비와 과소 소비의 문제

그렇다면 문제는, 생산량이 충분하지 않거나 식량이 부족한 것이 아니라 식량이 상품화되어버린 현실과 일부 사람들이 생필품을 살 경제적 여유가 없거나 건강에 좋은 음식을 구할 수 없는 지역에 살고 있다는 데 있다. 식량 및 개발정책연구소Institute for Food and Development Policy 소장인 에릭 홀트히메네스는 이렇게 말한다. "세상 사람들 대부분은 자신의 가치관에 맞게 음식을 먹을 형편이 못 된다. [하지만] 그렇게 할 수 있는 사람들에게는 그렇게 하는 것이 중요하다. 그러나 이것이 식품 시스템의 기본적인 상품 가치 관계를 바꾸지는 않는다."[367]

월드워치연구소의 2011년 보고서는 식품과 소비재 모두에 대한 소비율에서 세계적으로 큰 격차가 있음을 보여준다. 북아메리카와 서유럽의 주민들은 세계 인구의 12%에 불과하지만 개인 소비 지출에서는 60%를 차지한다.[368] 이들 지역의 소비자시민은 가난한 나라들의 주민보다 평균적으로 곡물, 생선, 담수는 3배, 고기는 6배, 에너지와 목재는 10배 더 많이 소비한다."[369]

이 이윤 중심의 추출적 식품 경제는 특히 글로벌북부를 비롯해 많은 나라들에서 대부분의 인구가 '과잉 영양' 상태에 빠지는 부작용을 낳았다. 물론 이 지역 사람들이 정제당과 탄수화물, 기름기 많은 동물성 식재료를 비롯한 고지방, 고당분, 초가공 식품과 같은 특정 유형의 식품을 너무 많이 섭취하기는 한다. 이러한 식단은 흔히 "서구식 식단"이라고 불린다.[370]

가공식품과 패스트푸드 비중이 높은 식단은 많은 지역에서 더 저렴하고 더 쉽게 구할 수 있다. 소비자들은 찬장에 오래 보관할 수 있거나 냉장고에서 꺼내 바로 준비해서 먹을 수 있는 식품을 찾을지 모른다. 저소득 지역에서는 특히 더 그렇다. 어느 정도는 정부 지원금 덕분이긴 하지만, 비인간동물로 만든 가공식품과 패스트푸드가 통곡물과 과일, 채소보다 저렴한 경우가 많다.[371] 이 문제가 왜 중요한 걸까? 이에 대해 로버트 앨브리턴은 이렇게 말한다.

> 전 세계 식단에서 육류 소비가 증가하는 것이 기아의 원인이 되고 있다. 갈수록 더 많은 곡물이 가축 사료로 사용되면서 곡물 칼로리의 상당 부분이 손실되고 있다. 뿐만 아니라 그렇게 생산되는 육류는 대개 가난한 사람들은 구입할 여력조차 안 된다. 다시 말해서 육류는 효율 높은 칼로리 공급원이 아니다. 육류는 수억 명의 사람들이 선호하는 식품이지만, 우리는 많은 양의 육류 소비에 따르는 사회적, 환경적 비용을 고려해야 한다.[372]

가공이 많이 된 정크푸드를 지나치게 섭취하면 건강과 수명에 심각한 영향을 미칠 수 있다. 캐나다 정부가 최근 실시한 자체 보고 조사에 따르면, 2018년 캐나다 성인의 대략 26.8%가 비만인 것으로 나타났다.[373] 지역 격차가 있는데, 노바스코샤 주에서는 그 수치가 33.7%에 가까웠고, 케이프브레턴 섬에서는 성인 인구의 거의 42%에 달했다.[374] 비만은 정크푸드 중심의 식생활이 낳은 한 가지 측면일 뿐이다. 콜린 캠벨과 토마스 캠벨이 획기적인 연구 끝에 쓴 《무엇을 먹을 것인가*The China Study*》(2020, 열린과학)에서 분명히 밝힌 것처럼, 당뇨병과 심장병, 일부 암, 그리고 기타 만성 질환도 널리 퍼져 있다.

이른바 정크푸드(고칼로리, 저영양)와 패스트푸드(곧바로, 이동 중에도 이용 가능), 가공식품(덜 가공된 식품에 비해 영양가가 낮은 경향이 있음)이 비만의 유일한 원인은 아니다.[375] 그러나 요크 대학교 명예 교수인 로버트 앨브리턴이 말했듯이, "주요 원인"임은 확실하며[376] "설탕과 마찬가지로 지방도 식품의 맛을 더 좋게 만들어 거의 중독성을 갖게 하는 데 중요한 역할을 한다."[377]

연구에 따르면 "미국 식단에서 포화지방의 주요 공급원 중 일부에는 치즈, 육류, 가금류, 해산물 등이 들어간 요리가 포함된다."[378] 앨브리턴은 계속해서 "비만은 당뇨병, 심장 질환, 암을 포함한 수많은 만성 질환의 발병과 밀접한 상관관계가 있기 때문에 문제가 된다"고 설명한다.[379] 그는 또한 시카고 일리노이 대학교의 잘 올샨스키 교수의 연구를 인용하면서, 체지방률이 30% 이상이면 평균 수명이 최대 10년까지 단축될 수 있다고 말한다.[380]

'이상적인' 신체의 해체

인터뷰 대상자 가운데 몇몇은 주류 광고와 대중매체에서뿐만 아니라 비건주의를 장려하는 일부 진보적 운동 집단 내부에서도 특정 신체 유형을 다른 신체 유형보다 특권화하고 있다고 말했다. 그러면서 이 특권화에 내포된 인종차별주의를 성찰해야 한다고 강조했다. 체중과 신체 사이즈, 식습관에 관한 논의라면 모두 시스템 관점에서 문제를 살펴보는 것이 중요하다. 특정 유형의 식품을 더 쉽게 구할 수 있고, 널리 광고하고, 더 싸게 공급하는 현재의 식품 시스템 안에서 이러한 문제가 발생하는 구조적 상황을 살펴봐야 하는 것이다.

식품 선택에 관련된 조건들은 식민지적, 자본주의적 구조에 뿌리내리고 있다. 그러므로 개별적 접근보다는 시스템이 불러오는 쟁점에 초점을 맞추는 것이 중요하다. 시스템 안에서 특정 신체 유형과 사이즈를 다른 체형과 사이즈에 비해 특권화하는 것은 '정상'이거나 '자연스러운 것'처럼 보일 수 있다. 이러한 사고는 특정 신체 유형의 특권화가 성별, 계급, 장애·신체 능력, 민족·인종 차별 등과 관련된 구조적 불평등과도 연관이 있다는 점을 인식하지 못하도록 가린다.[381]

비건 사회학자 제시카 그린바움은 여성과 가난한 사람들, 유색인종을 소외시키는 PETA 같은 조직의 캠페인과 전략을 비판한다. 이를 위해 상호 교차적 틀을 활용하는 비판적 동물연구 Critical Animal Studies, CAS의 중요성과 페미니즘의 보편적 경험을 비판하는 흑인 페미니스트의 중요성에 대해 논의한다. 보편적인 여성의 경험이라는 개념은 인종, 계급, 성적 중립성을 띠는데, 이는 여성을 기본적으로 백인, 중산층, 이성애자로 가정한다는 뜻이다.[382] 이러한 전제 아래 PETA와 같은 조직은 하얗고 마른 이성애자의 신체를 건강성의 모델이자 비건의 규범적 이미지로 일반화한다. 이로 인해 그러한 이미지에 부합하지 않는 여성들은 자신이 평가받고 배제된다고 느끼기 때문에 비건주의에 대해 배우고 동참하지 못하게 된다.[383]

최근에 이와 같은 비판을 담은 책이 많이 출간되었는데, 이 책들은 특정 체형에 부여된 특권과 이상적인 신체 이미지가 수용되는 현상에 주의하라고 요청한다. 위에서 언급했듯이, 이러한 사고는 우리가 책 전반에 걸쳐 논의한 억압의 교차점을 반영하는 것으로서 전혀 정상적이지도 자연스럽지도 않다. 더 다양하고 많은 시민이 채식이나 비건 식습관과 생활방식에 더욱 쉽게 접근할 수 있도록 하려면 이러한 비판이 중요하다(《억압적인 세계에서의 비건주의: 유색인종 비건 커뮤니티 프로젝트*Veganism in An Oppressive World: A vegans of color community project*》, 《시스터 비건: 흑인 여성, 음식과 정체성, 건강과 사회에 대해 말하다*Sister Vegan: Black women speak on food, identity, health, and society*》, 《아포리즘: 대중문화, 페미니즘, 흑인 비건주의에 관한 두 자매의 에세이*Aproism: Essays on pop culture, feminism, and black veganism from two sisters*》와 같은 편집본 참조).

이론가이자 인디 디지털 음악 프로듀서, 그리고 블랙 비건스 록Black Vegans Rock의 창립자인 아프 코와 작가 실 코는 "인종차별을 종식하기 위해서는 식품 관행을 포함한 소비 패턴 전체를 해체해야 할 수도 있다"고 주장한다.[384] 민속학자 실라이 맥캐스모란은 우리와 했던 인터뷰에서 자신이 최근에 쓴 극본에 대해 이야기했다. 이 작품은 오타와에 있는 오디세이 극장의 의뢰로 "다

Interview

브리즈 하퍼 박사 비판적 인종이론 페미니스트이자 식품학자

비만 혐오증fat phobia에 대한 이야기, 그리고 비건주의가 어떻게 날씬함과 건강함, 혹은 건강하게 날씬한 것과 동일시되고 있는지에 대한 이야기를 많이 접하게 됩니다. 저는 이러한 방식의 언어 사용 역시 탈식민화되어야 한다고 생각합니다. 깨끗함을 둘러싼 강박, 그리고 그 깨끗함이 젊고 하얗고, 마르거나 깡마른, 그리고 건강한 몸을 의미한다는 사고방식 말입니다. 이런 생각으로 비건 식단을 먹는 경우가 허다합니다. 언어는 우리가 단순히 이해하는 것을 넘어섭니다. 우리는 앞서 이야기한 그런 이미지에 끊임없이 노출됩니다. 저는 비건 스타트업이나 비건 식품회사 관계자들과 이야기를 나눌 때 이런 점을 염두에 둡니다. 그들이 날씬함과 건강함을 강조하는 이미지로 마케팅이나 홍보를 할 경우, 여러분은 이것을 흑인 여성을 대상으로 한 반흑인주의의 일환으로 이해해야 합니다. 비만 혐오증 역사의 일부로서 말이죠.

비만 혐오증이 반흑인주의와 반비만이 뒤섞인 데서 나왔다고 말하는 연구 자료가 꽤 많습니다. 흑인 여성은 좀 더 굴곡진 몸매를 가진 반면 좀 더 문명화된 여성의 외모는 하얗고 날씬해야 한다는 그런 말들, 여러분도 잘 아실 겁니다. 그래서 사람들이 정말 한번 생각해봤으면 하는 거죠. 건강한 비건의 몸매가 왜 그래야 한다고 생각하게 되었는지, 누가 그런 생각을 갖게 만들었는지, 그리고 그런 생각이 얼마나 타당하고 정당한지, 특정 몸매에 대해 혐오감을 갖고 있지는 않은지, 거듭 말하지만 특정 신체가 다른 신체보다 도덕적으로 더 옳다고 말하는 백인 우월주의적 카스트 제도 같은 그런 생각은 사실상 어디에서 비롯된 건지 등 말입니다.

희다는 것은 단순히 외형적 특징을 의미하지 않습니다. 시간의 흐름 속에서 특정 유형의 문명화되고 윤리적인 힘을 형성하는 한 갈래의 생

각입니다. 그래서 사람들이 신제품의 이미지를 고안하여 시장에 내놓거나 홍보 영상을 제작하려고 할 때, 우리는 그러한 점에 대해 토론하고 분석하여 문제를 제기하는 겁니다. (2022년)

른 길The Other Path"이라는 제목의 라디오 연극 시리즈에 포함될 예정이었다. 그녀는 자신이 아름다움의 개념화에 관한 동화를 어떻게 현대화했는지 들려주었다. "몸집이 큰 사람은 매우 부정적인 시선을 받는 경우가 많습니다. 그래서 비만을 택했고 연극에서 그 점을 따져 묻고 싶었습니다."(2022년 실라이 맥캐스모란과의 인터뷰)

체중과 신체 사이즈에 관한 모든 논의는 교차적이고 문화적으로 적절한 틀 속에서 이뤄져야 한다. 사회적 맥락을 무시한 채 바라보거나 '기정사실'로 바라보는 대신, 개인과 공동체가 문화적으로 유의미한 이해를 스스로 형성해가는 섬세한 접근방식이 필요해 보인다. 미그막 학자인 마거릿 로빈슨은 자신의 연구에서 "건강에 있어 다른 결과를 가져오는 문화적 연결성과 문화적 뿌리내림cultural embeddedness에 초점을 맞추었습니다. 그러면서 문화가 우리를 건강하게 지켜준다는 생각을 하게 되었습니다"라고 설명했다.(2022년 마거릿 로빈슨과의 인터뷰)

지역사회 구축과 사회기반시설

글로벌북부의 많은 사람이 음식과 소비재를 과잉 소비한다고 비난하기는 쉽다. 하지만 이러한 소비 증가는 소비하는 '시민'이었던 많은 이들이 이제 시민이라는 정체성을 능가하는 '소비자'를 주된 정체성으로 삼으면서 이루어졌다.[385] 신자유주의가 조장한 개인주의 문화와 그에 따른 공동체 쇠퇴, 그리고 공동체 안에서 시민들이 의미 있는 사회관계를 맺을 수 있는 기회의 감소는 결국 글로벌북부의 시민들이 자신의 이익만 생각하는 데 익숙해졌다는 것을 의미한다. 게다가 앞서 언급했듯이, 소비가 (환경과 인간, 다른 종들에) 미치는 해로운 영향은 소비자의 눈에 곧바로 들어오지 않는다.

사회학자 크리샨 쿠마르와 에카테리나 마카로바는 "사회주의의 쇠퇴, 건강에서 교통에 이르기까지 공공기관 전반이 낭비적이고 비효율적이라는 비판, 문화 및 교육 기관들에 대한 집요한 민영화" 등을 인식하는 것이 중요하다고 강조한다.[386] 연구 결과가 말해주듯이, 공동체에 속한 다른 사람들과의 연결이 우리를 많은 어려움에서 지켜주며, 사회 참여의 기회가 더 많은 공동체는 기상 이변이나 팬데믹 같은 위기 상황에 맞닥뜨렸을 때 더 잘 대처한다.[387]

시민들이 집단적 경향에서 멀어져 개인주의적 경향으로 치닫는 것을 항상 피할 수 있는 건 아니다.[388] 사회학자 재닛 로렌젠에 따르면, 시민들은 대중교통과 같은 공공 서비스에 접근할 수 없어서 자동차를 소유하는 식으로 개인주의적 교통수단을 이용해야 할 때 '소비자 고착consumer lock-in' 상태에 빠진다. 로렌젠은 '소비자 고착' 현상은 자원이 제한된 사람들에게 가장 두드러지게 나타난다고 말한다. 이러한 사람들은 "특정한 소비 패턴에 고착되는" 경우가 많기 때문이며, 이 중대한 사실은 모든 공동체가 "구조적 불평등"에 맞서야 할 필요성을 분명하게 보여준다는 것이다. 구조적 불평등에 맞서 우리는 가장 취약한 사람들을 지원하고, 의미 있는 공유 유형을 만들어내며, 사람들이 서로 연결될 수 있는 공간에 투자할 수 있다. 이러한 노력은 결국 식량 불안정, 온실가스 배출, 기후위기와 같은 문제들을 공동으로 해결하는 데 도움이 될 것이다.[389]

공공 투자의 부족 또는 그로 인한 사회기반시설의 부족은 우리가 이미 다룬 많은 주제들에 영향을 미친다. 예를 들어, 신자유주의는 여러 지역사회에 혜택을 준 것처럼 보이지만, 결과적으로는 보수가 좋은 노동조합 일자리를 비롯하여 제조업 일자리를 앗아갔다. 많은 지역사회 또한 지역 식료품점과 커피숍을 잃었을 뿐만 아니라 공원과 도서관, 포장된 인도, 공립학교, 커뮤니티센터 등과 같은 사회기반시설에 대한 투자 부족도 겪었다.[390] 사회기반시설은 가교 같은 역할을 하면서 사람들을 서로 연결하고 확실한 안전망을 제공한다. 동네 공원, 산책로, 운동장, 농산물 직거래 장터, 지역 YMCA, 도서관 등이 그런 역할을 한다. 가장 훌륭한 사회기반시설은 효율성에만 초점을 맞추지 않고, 다른 사람들과 함께 시간을 보낼 수 있게 함으로써 "협력

과 신뢰"를 구축하는 데 도움이 된다.[391]

이 책의 도입부에서, 최근에 필자들의 지역사회가 허리케인 피오나 때문에 겪은 몇 가지 어려움에 대해 이야기했다. 사람들이 집과 개인 재산, 식료품을 잃었고 전력과 물 부족, 언제 상황이 정상으로 회복될지 모르는 불확실성 앞에서 고군분투했다. 극심한 스트레스를 받았으며 견디기 힘든 시간이었다. 기상 이변으로 도로, 상하수도, 전력, 식료품점의 식품 배달과 같은 물리적 기반시설이 붕괴되면 무슨 일이 벌어질까? 이에 대해 클리넨버그는 이렇게 말했다.

> 정전이 되면 대부분의 기업과 의료 서비스 기관, 학교의 운영이 중단되고, 대중교통망과 통신망도 대부분 가동을 멈춥니다. 연료 공급이 중단될 경우에는 훨씬 더 심각한 결과를 초래할 수 있습니다. 석유는 우리가 사용하는 열의 공급원이고, 가스는 대도시와 교외에서 소비되는 식품과 의약품을 운송하는 트럭과 대다수 사람들이 이동 수단으로 사용하는 자동차에 전력을 공급하기 때문입니다. [⋯] 그리고 대부분의 정책 입안자와 엔지니어들은, 시카고 폭염 때 그랬던 것처럼, 물리적 기반시설이 제대로 작동하지 않는 상황에서는 사람들이 덜 물리적인 사회기반시설에 크게 좌우된다고 봅니다.[392]

사회기반시설이 방치되고 악화되더라도, 그것이 물에 잠긴 도로나 쓰러진 송전선처럼 극적으로 느껴지지 않을 수 있다. 하지만 "그 결과는 불을 보듯 뻔하다. 사람들은 공공장소에서 보내는 시간을 줄이고 안전한 집에 처박혀 지낸다. 사회관계망은 약화되고 […] 불신이 높아지고 시민 참여는 줄어든다."[393] 허리케인 피오나가 덮쳤음에도 사람들이 생존할 수 있었던 이유 가운데 하나는 이 유대감 강한 지역사회 내 사회기반시설이었다. 어려운 시기에 사람들이 서로 돕고, 기존의 사회기반시설이 그 역할을 확대하여 훨씬 많은 사람을 도운 사례는 너무도 많았다.

예를 들어, 지역 YMCA는 지역사회의 모든 사람에게 전자기기 충전, 인터넷 사용, 무료 식사나 간식, 온수 샤워 등을 할 수 있는 따뜻하고 쾌적한 공간을 제공했다. 비슷한 맥락에서 학교와 소방서, 그리고 커뮤니티센터는 식량과 인터넷을 비롯해 여러 가지를 지원해주었다. 애틀랜틱 캐나다 지역에서는 나무들이 쓰러지면서 전선이 손상되어 많은 지역사회가 정전 피해를 입었다. 일부 지역에서는 정전이 며칠이 아닌 몇 주간 지속되기도 했다. 에스카소니 지역의 선주민 공동체는 장기간 정전을 겪었는데, "포틀로텍 선주민 공동체가 발전기 22기를 보내고 웨그멋쿡과 웨코크막 선주민 공동체는 식량과 물, 가스를 보냈다."[394]

또한 케이프브레턴 대학교의 국제 학생들이 동네에서 즉석 주방을 열어 이웃에게 무료 식사를 제공하는 사례도 많았다.[395] 이러한 현지의 여러 사례는, 사회기반시설이 이상 기후와 여타 자연재해에서 우리를 보호해주는 동시에 사람들을 신뢰와 관심, 시민 참여라는 민주적 원칙이 반영된, 배려심 가득한 공감과 소통의 장으로 모여들게 할 수 있는 다양한 길을 보여준다.

식량 불안정에서 음식정의까지

우리 사회는 심장병과 당뇨병, 고혈압 같은 이른바 생활습관병과 씨름하고 있다. 널리 알려진 대로 이러한 질병은 사회 전체에 균일하게 퍼져 있지 않다. 가난한 지역사회뿐만 아니라 선주민과 흑인, 그리고 다른 인종에 대해 차별적인 지역사회가 이러한 '생활방식'의 영향을 가장 많이 받는 경향이 있다.[396]

촉진자facilitator이자 흑인 비건 운동가, 그리고 음식정의 연구원인 스타 캐링턴은 미국에서 대체로 "백인 중산층 밀집 지역에서의 식품 접근성이 흑인 저소득층 밀집 지역에서의 식품 접근성보다 훨씬 높은데, 이는 우리 식품 시스템 내의 인종차별을 대변한다"고 쓰고 있다.[397] 가난한 지역사회에서는 가공되지 않은 자연식품을 구할 수 없을 때가 많고, 시민들은 편의점과 주류 판매점, 패스트푸드 식당에서 식품을 구입해야 한다.

수년 동안 이런 지역들은 '식품 사막food desert'으로 불렸다. 최근에는 "현재의 인종주의적 세태를 초래한 기업 및 정치 정책"이 부추기는 구조적 폭력을 두고 '식품 아파르트헤이트food apartheid'라는 용어가 사용되고 있다.[398] 활동가 캐런 워싱턴Karen Washington이 '식품 아파르트헤이트'라는 용어를 만들어낸 이유는 다음과 같다.

> 사람들은 식품 접근성이 제한된 저소득층 지역을 지칭할 때 '식품 사막'이라는 단어를 곧잘 사용한다. 실제로 우리는 값싸고 정부

보조금이 지원되는 가공식품을 이용할 수 있다. '사막'이라는 단어는 흔히 텅 비고 황량한 장소를 떠올리게 하지만, 이와 달리 저소득층 지역사회는 생명력과 활기가 넘치고 잠재력도 충분하다. 나는 인종, 계급, 지리적 조건에 따라 식품 시스템 전반에 나타나는 불평등의 근본 원인을 사람들이 살펴보게끔 하기 위해 '식품 아파르트헤이트'라는 용어를 만들었다. 솔직히 말하자면, 부유한 동네에서는 건강에 좋은 신선한 식품을 쉽게 구할 수 있는 반면 가난한 동네에서는 건강에 해로운 식품이 넘쳐난다. '식품 아파르트헤이트'는 수십 년간의 차별적인 도시계획과 정책 결정의 결과임을 강조하는 용어다. 이것은 다음과 같은 질문을 던진다. 여러분이 보고 있는 사회적 불평등은 무엇이며, 그것을 해결하기 위해 여러분은 무엇을 하고 있는가?[399]

푸드 트러스트The Food Trust의 건강한 식품 접근 프로그램Healthy Food Access Programs 책임자인 브라이언 랜드Brian Land는 식품 접근성의 이러한 격차와 정책 연관성에 따라 의도적으로 벌어지는 관행, 즉 미국의 가난한 흑인 밀집 지역이 불평등한 식품 선택권을 감수하게끔 하는 관행을 설명하기 위해 "식품 공급 제한하기food redlining"라는 용어를 택했다. '레드라이닝redlining'이라는 용어는 원래 특정 동네 주민들이 주택담보대출을 비롯한 대출을 받으려고 할 때, 그들에 대해 대출을 원천적으로 거부하는 관행을 설명하는 말이다.

보스턴 대도시권의 공정주택센터Fair Housing Center of Greater Boston

는 레드라이닝을 "주민 자격이나 신용도와는 무관하게 인종이나 민족 구성에 따라 특정 지역에 대한 금융 서비스를 거부하거나 제한하는 관행"으로 정의한다. 이 용어는 원래 금융기관이 투자하지 않을 지역을 지도상에 빨간색 선으로 표시하는 관행에서 유래했다.

이러한 관행은 백인 밀집 거주지역을 선호하는 시장의 힘과 공공 정책의 결정에 따라 가난한 흑인 밀집 거주지역 주민들의 식품 선택을 좌지우지하는 "인종차별과 분리 정책의 합법화 및 제도화"로 이어졌다.[400] 이러한 모든 문제는 오늘날의 식품 시스템에 뿌리내린 구조적 폭력을 보여준다.

우리는 비판적 인종이론 페미니스트이자 식품학자인 A. 브리즈 하퍼에게 구조적으로 발생하는 식량 불안을 설명하는 데 있어 우리가 사용하는 언어의 중요성에 대해 질문했다. 그녀는 '식품 아파르트헤이트'라는 용어 도입의 공을 캐런 워싱턴에게 돌리며 다음과 같이 설명했다.

> 또다시 언어의 탈식민화에 대해 이야기하게 되는군요. 억압의 역사를 그리고 오늘날 여러분이 경험하는 상황을 밝혀주는 언어를 사용하는 것이 중요합니다. 음식, 건강한 음식에 대한 접근이 정말 어려운 공간을 '사막'이라고 부르는 것은 구조적으로 만들어진 현실을 지우려는 것입니다. 왜냐하면 사막은 대개 자연스럽게 발생하는 생태계이자, 그 자체로 하나의 생태계이기 때문입니다. 사막이 동식물이 진화하며 살아가는 데 필요한 조건이 없는 공간이

라고는 생각되지 않으니까요. 그러나 우리가 말하는 아파르트헤이트는 의도적으로 만들어졌다는 점을 표현하는 것입니다. 아파르트헤이트는 사람들을 자기 뜻대로 통치하기 위해 존재합니다. 그러므로 식량 문제에 대해 이야기할 때 아파르트헤이트라는 용어를 사용하는 게 중요하다고 생각합니다.(2022년 브리즈 하퍼 박사와의 인터뷰)

이 불공평한 시스템에서 취할 수 있는 식단 선택권은 미국 흑인의 전통 식단과 뚜렷한 대조를 이룬다. 사마라 스털링과 셸리앤 보어은 흑인의 전통 식단은 주로 채식 위주였다고 강조한다 "예전 방식"의 식사는 주로 녹색 잎채소, 고구마, 과일, 콩, 땅콩, 코코넛, 집에서 만든 소스, 허브, 향신료로 이루어졌다는 것이다.[401] 식물성 위주로 먹는 것은 소비자의 돈이 절약될 뿐만 아니라 심혈관 질환과 제2형 당뇨병과 같은 여러 질병을 줄이는 이점도 있다고 주장한다.[402] 식물성 식단을 차릴 때 드는 비용에 대한 연구들에서 상반된 결과가 나오기는 했다.[403] 그러나 현재 가축 생산용 사료와 비인간동물을 식품으로 생산하는 산업을 지원하는 보조금을 재분배한다면 식물성 자연식품에 드는 비용을 줄일 수 있다.

건강하고 적정한 가격의 식품을 구하기가 쉽지 않다는 점 말고도, 많은 사람이 하루 종일 일하느라 너무 바쁘고 피곤해서 요리할 엄두를 내지 못하는 문제도 있다. 그래서 슈퍼마켓과 패스트푸드 식당에서는 편리하게 가공하고 과포장한 즉석식품으로 이런 사람들을 공략한다. 사회학자 조지 리처가 지적한 것처럼, 이렇게 "그치지 않고 계속되는 합리화는 […] 사람들의 건강은 물론 생명까지 위협하고 있다."[404] 예를 들어, 패스트푸드 한 끼 식사에는 "지방과 콜레스테롤, 소금, 설탕" 하루 권장량이 모두 함유되어 있다.[405] 이번 장의 서두에서 살펴봤듯이, 결과적으로 갖가지 식단 관련 질병이 유행병처럼 퍼질 뿐만 아니라 평생 어린아이들의 건강에 해로운 식생활을 부추기는 대중 광고가 성행하게 된다.[406]

이처럼 불안한 현실과 불공정한 식품 선택권을 볼 때 어떤 형태로든 음식정의가 필요하다는 사실은 명백하다. 그런데 '음식정의'라는 용어의 정확한 의미는 무엇일까? 하퍼는 이렇게 말했다.

> 우리가 말하는 정의가 무엇을 의미하는지, 그리고 그것이 임의적인 것이 아니라는 점을 이해해야 합니다. 여러분이 말하는 정의는 무엇인가요? 음식과 결합된 정의는 무엇을 의미할까요? 자본주의 시스템에서는 정의에 한계가 있음을 주목해야 합니다. 자본주의는 재생 가능한 식품 시스템regenerative food system을 확립하는 방향으로 나아가는 데 성공하지 못하고 있다고 생각합니다. 이 점을 심각하게 고려하면서 토지와 배상에 대해 생각해봐야 합니다. 북아메리카에 있는 우리 대부분이 양도받지 않고 훔친 땅에서 살고 있는 상황에서 도대체 어떤 말을 할 수 있을까요?(2022년 브리즈 하퍼 박사와의 인터뷰)

Interview

마거릿 로빈슨 미그막 학자, 캐나다 화해, 젠더, 정체성 연구 위원장, 레녹스 섬 선주민

캐나다 선주민 공동체의 당뇨병 발병 증가 원인으로 지목되는 특정 식민지 식단에 대해 많은 연구가 수행되었습니다. 일부 연구는 식생활 변화에 대해 살펴본 것이지만, 대부분은 "미그막 여성으로서 당뇨병을 예방하거나 치료하기 위해서는 어떻게 다르게 먹어야 하는가?"라는 개인 차원의 문제를 중심으로 이루어졌습니다. 그들은 "건강을 결정짓는 식민지적 요인은 어디에 있는가"와 같이 사람들과 음식 사이에 놓인 구조적 관계를 거의 살펴보지 않았습니다. 사람들의 식품 접근성, 전통 식품에 대한 접근성, 그리고 그들이 구입할 수 있는 식품의 종류, 그들이 사는 곳에서 얼마나 많은 것들을 감수해야 하는지 등을 말입니다. 그들이 구입 가능한 식품이 무엇인지가 실제로 건강의 가장 큰 결정 요인 가운데 하나입니다.

그러나 음식을 빈곤과 연관 지어 살펴보는 선주민 건강 연구를 많이 보지 못했습니다. 그래서 전통적인 식품 경제와 그것의 붕괴가 초래한 건강상의 문제를 연관 지어 음식을 생각해보기 시작했습니다. 건강 문제는 음식 자체나 소비 동향뿐만 아니라, 음식 문화에 대한 접근성, 그리고 그 문화가 공동체 안에 얼마나 깊게 뿌리내렸는지도 그 원인이 아닐까 생각했거든요. 저의 이런 생각은 서구의 일부 연구(Oster et al. 2014)에 의해 확고해졌습니다. 그 연구는 토착어 유창성을 문화적 뿌리내림을 보여주는 지표로 간주하고, 자신들의 말을 사용하는 사람들이 당뇨병 발병 가능성이 낮다는 사실을 발견했습니다.

우리는 미그막어를 배운다고 해서 당뇨병 증상이 완화되는 건 아니라는 점을 압니다. 하지만 문화와의 연결과 문화적 뿌리내림에는 건강에 다른 결과를 가져오는 무언가가 있습니다. 문화는 우리가 건강하게 살아가도록 해줍니다. 그리고 이러한 점은 식민주의 구조의 영향을 받는 다른 공동체에서도 마찬가지로 살펴볼 수 있습니다. (2022년)

이번 장의 서두에서 살펴본, 식량이 기본 인권이라는 점은 음식정의와 긴밀한 연관이 있다.[407] 작가이자 농부, 사회운동 조직가인 에릭 맥베이는 음식정의와 관련된 교차 주제에 대해 이야기하면서 다음과 같이 말했다.

> 저에게 기후정의는 여전히 가장 시급하게 다루어야 할 문제입니다. 저는 여러 가지 일을 하고 있습니다. 수감자 정의, 빈곤 퇴치 등 다양한 대의를 위해 힘쓰고 있습니다. 하지만 우리가 기후변화에 대해 시급하고도 과감한 조치를 취하지 않는다면, 이 모든 운동은 의미를 잃어버릴 것이고 우리에게 주어지는 기회는 매우 제한될 것입니다. 그래서 기후정의는 제 삶과 활동의 중심입니다. 식량도 마찬가지 아닐까요? 식량과 토지는 기본적으로 다른 모든 정의의 문제, 모든 형평성 문제와 어떤 식으로든 연결되어 있기 때문입니다.(2023년 에릭 맥베이와의 인터뷰)

인터뷰에 참여한 이들은 각자 고유한 전문분야(동물보호, 농업생태학, 탈식민화, 기후 보호, 노동자 권리 등)에서 활동하고 있었지만, 모두가 자신들의 분야와 음식 및 음식정의가 서로 연결되어 있다는 점을 인식하고 있었다.

우리는 아브 싱에게 음식 문제에 대한 그의 견해와 음식과 사회정의가 어떻게 연결되어 있는지 질문했다. 이 물음에 그는 "우리가 점령된 땅에 살고 있다는 사실, 그리고 여성이 현재의 농업 시스템에서 지속적으로 배제되어 왔으며, 유색인종은 그 땅에서 보이지 않는다는 사실을 다루지 않는 한" 실제적인 변화는 없을 것이라고 말했다. "우리가 더 많은 탄소를 격리할 수는 있겠지만, 그 비용을 계속 지불하는 사람들은 누구일까요?"(2022년 아브싱과의 인터뷰)

어디에 사는지, 젠더와 민족성, 사회경제적 상황 등이 어떠한지와 관계없이 모든 사람이 잘 먹을 수 있도록 하는 것이 음식정의를 보장하는 것이다. 식량안보는 한 집단이 스스로 식량을 확보할 수 있어야 하고 스스로 먹는 방법을 결정할 수 있어야 한다는 사실에서 출발한다. 마지막으로, 식량 불안은 "각 가정이 제대로 된 음식에 접근하는 것이 제한되거나 불확실한 경제적, 사회적 조건"과 연관이 있다.[408] 반다나 시바는 음식정의가 인간뿐만 아니라 "생명의 그물"에 있는 모든 존재, 그리고 토양과도 연결되어 있다고 지적하면서 이렇게 말한다.

> 제가 스와라지라고 부르는 이른바 식량주권 문제는 공동체가 직접 식량을 제공할 수 있는 역량과 관련이 있습니다. 따라서 자신의 음식을 스스로 생산하는 것이 음식정의의 일부분이며, 먹는 사람들 입장에서 음식정의는 제대로 된 음식, 그러니까 음식이 가장 큰 사망 원인인 오늘날 여러분을 죽이지 않는 식품, 바로 독성이 없는 음식이나 지나치게 가공하지 않은 음식을 먹는 것을 의미합니다. 식량을 생산할 권리와 먹을 권리는 따로 떨어져 있지 않습니다. 식량은 곧 공동체입니다.(2023년 반다나 시바와의 인터뷰)

사리타 로드리게스는 비건 및 식물성 식단과 음식정의 공동체 사이에는 긴밀한 상관관계가 있으며, 더 많은 자연식품과 식물 위주의 선택권에 대한 접근성이 전 세계적으로 식량 불안정을 완화하는 데 큰 도움이 될 것이라고 주장한다.

> 저는 처음에는 음식정의 활동가로서, 나중에는 비건으로서, 세계의 음식정의를 촉진하려 할 때 유축농업에 대해 논의하는 것이 유용할 뿐만 아니라 정말 중요하다는 것을 이해하게 되었습니다. 유축농업이 우리 자신과 타인, 지구에 미치는 해로운 영향을 고려하지 않은 채 음식정의의 미흡한 문제를 해결하려는 것은 세포 성장에 대해 아무것도 모르는 상태에서 암이 어떻게 퍼져나가는지를 이해하려는 것과 같습니다.[409]

미그막 학자 마거릿 로빈슨은 식량 불안 문제를 해결하는 일이 복잡하다는 점을 강조하며, "문제는 이것이 식민주의적 식습관일 뿐만 아니라 자본주의적인 식습관이기" 때문이라고 말한다.(마거릿 로빈슨과의 인터뷰) 비건 사회학자인 제시카 그린바움의 견해도 마찬가지다.

> 우리가 원한다고 해서 자본주의 시스템에서 완전히 벗어날 수는 없습니다. 자본주의에 대한 비판도 중요하겠지만, 우리는 현실적이어야 합니다. 그렇지 않나요? 그런 의미에서 거대한 전 지구적 식품 시스템뿐만 아니라 지역 단위의 미시적인 식품 시스템 역시

필요합니다. 소규모 지역사회와 그 구성원들이 스스로 식량을 확보하고 살아갈 수 있도록 어떻게 지원할 수 있을까요? 이러한 점에서 저는 도시농업이라는 아이디어를 정말 좋아합니다.(2022년 제시카 그린바움과의 인터뷰)

로빈슨과 그린바움은 둘 다 "자본주의는 우리 음식을 구성하는 암묵적인 성분"이라는 점을 인정한다.[410] 사실 음식이 자본주의와 얽혀 있는 문제를 밝혀내고, 지역사회에서 회복력을 쌓아나갈 전략을 세우려는 시도는 많은 인터뷰에서 공통되게 나온 주제다. 이는 분명히 억압의 교차점 개념과 자본주의적 추출 논리, 그리고 끊임없이 더 많은 것을 원하는 욕구를 바탕으로 한 세계 경제 시스템과 관련되어 있다. 그리고 이러한 시스템은 토지 전유, 자원 고갈과 환경 파괴, 심지어 식품을 비롯한 다양한 상품의 개발·생산·유통 과정에서 발생하는 폭력과 대량학살이라는 식민주의적 전략에 의해 강화된다.

줄리아 펠리즈 브루크는 저서 《억압적 세계에서의 비건주의 *Veganism in an Oppressive World*》의 도입부에서 다음과 같이 주장한다. "우리 인간은 불평등에 의존하는 시스템에서 살아가기 때문에 모든 사회정의 운동은 서로 연결되어 있다. 유색인종 비건으로서 우리는 비인간동물의 권리를 위해 싸우지만, 백인 우월주의와 체제적인 억압에 기반한 세상에서 우리 자신의 권리를 위해서도 싸워야 한다."[411] 다양한 형태의 정의가 서로 연결되어 있다는 생각에서 더 나아가, 우리는 개인 차원과 시스템 차원에서 음식정의를 어떻게 생각해야 하는지에 대해 마거릿 로빈슨이 공들여 내놓은 글로 이번 장을 시작했다.

우리는 어떻게 앞으로 나아갈 수 있을까? 그리고 지역의 소비자시민으로서 어떻게 이 글로벌 식품 시스템 안에서 스스로 자리매김할 수 있을까? 피터 싱어와 짐 메이슨이 함께 쓴 《죽음의 밥상*The Ethics of What We Eat*》(산책자, 2008)에서 '필요needs'의 윤리 원칙에 대해 언급한 바 있다. 그들은 우리가 단지 특정 식품의 맛을 좋아해서, 또는 편의성 때문에 선택한다면 윤리적이라 할 수 없다고 말한다. 나아가 노동자와 주민, 소비자, 그리고 식품 생산에 사용된 다른 동물에 부정적인 외부효과(부수적 비용)를 발생시킨다거나, 자유로운 생활을 하는 비인간동물을 위험에 빠뜨리며 자연 서식지를 파괴하게 된다면, 그런 방식으로 식품을 생산하고 소비하는 행위를 계속할 이유가 없다고 지적한다.[412]

개인의 '욕구'가 아닌 진정한 '필요'에 대해 생각하는 것은 개인의 책임 개념을 확장할 수 있는 가능성뿐만 아니라 음식정의를 위한 시스템적 해결책을 옹호할 수 있는 가능성의 문도 열어준다. 지역사회가 주변 환경의 변화에 적응해나가며, 시간이 흐름에 따라 문화적 관행 역시 변화할 수 있고 실제로 변화해왔다는 점도 사실이다.

안전하고 건강하며 영양가를 고려하는 식습관을 장려하는 미국 비영리 단체인 푸드탱크Food Tank의 연구원인 에이미 마틴은 음식정의를 위해 싸우는 여러 가지 방법에 대해 의견을 밝힌다. 여기에는 토지 접근성, 씨앗 지키기, 노동자 권리 보호, 더 나은 먹거리 교육을 위한 노력 등이 포함된다.[413] 이러한 문제들은 저마다 음식정의와 연결되는데, 농장 노동자, 농부, 소비자시민이 식품 시스템에 대해 다른 누가 아닌 스스로 직접 결정할 수 있는 역량을 구축한다는 점에서 그렇다.

이러한 식품 시스템상의 변화 덕분에 우리는 어떤 식으로든 먹거리 민주주의의 씨앗을 심을 수 있을 것이다. 이러한 변화가 어떻게 가능할지 살펴보기 위해 우리는 마틴의 권고를 되새기며, 이제부터 산업화된 시스템이 초래하는 개인적, 사회적, 세계적 추가 비용에 대해 검토해보려 한다. 이를 통해 지금의 우리가 어디에 있는지, 앞으로 어디로 나아갈 수 있는지 가늠할 수 있을 것이다.

인수공통감염병: 다른 동물들을 대하는 방식이 우리를 괴롭힌다

유엔에서는 사람들이 문화적으로 적절한 식품을 통해 충분한 칼로리를 섭취할 수 있는 기회를 가져야 한다는 점 외에 식품에 유해한 물질이나 오염물질이 들어있지 않아야 한다는 점도 강조한다. 따라서 식품의 적절성은 식품 안전과도 관련이 있다.[414] 오염물질과 관련하여 특히 우려되는 점 가운데 하나는 비인간동물에서 인간에게 또는 인간에서 비인간동물에게 전파되는 전염성 질환인 인수공통감염병이다. 지금부터는 식품매개감염병, 프리온 질환, 인플루엔자 등 여러 유형의 인수공통감염병에 대해 살펴보려 한다.

식품매개감염병과 프리온 질환

모든 식품매개감염병이 인수공통감염병은 아니지만, 모두 소화기(즉, 먹거나 마시는 모든 것)를 통해 감염된다. 가족 소풍에서 너무 오랫동안 야외에 방치된 달걀 샐러드(식품매개감염병이지만 보통 인수공통감염병은 아님), 조류독감에 감염된 가금류 농장주(인수공통감염병이지만 식품매개감염병은 아님), 비위생적인 취급이나 재배를 통해 대장균에 오염된 식료품점의 샐러드 채소(인수공통감염병이자 식품매개감염병) 등을 예로 들 수 있다.

안전하지 않은 식품은 다양한 질병을 유발할 수 있으며, 그 때문에 많은 환자가 고통을 겪을 뿐만 아니라 장애와 사망에 이를 수도 있다. 식품매개감염병은 어린아이와 노인을 비롯해 면역기능이 약화된 사람들을 가장 크게 위협한다.[415]

우리가 땅과 비인간동물과 맺는 관계는 이 책에서 논의된 다른 주요 주제들과 분리된 별개의 문제가 아니라 오히려 특정 인수공통감염병의 발생과 밀접하게 연관이 있다. 이러한 감염병은 소비자뿐만 아니라 농업, 그리고 육류 및 닭고기 도축 가공 분야에서 비인간동물과 함께 일하는 노동자를 감염시킬 수 있다. 산업 관행이 질병의 확산에 어떻게 영향을 미칠 수 있는지 이해하는 것은 매우 중요하다. 예를 들어, 식품매개감염병은 공장식 축산으로 비인간동물을 키우고 운송하는 방식과 밀접한 관련이 있다고 여겨지며,[416] 결과적으로 "식품 생산에 이용되는 동물은 다양한 식품 매개 병원체의 주요 저장소"다.[417]

식품매개감염병에 걸린 사람들은 대부분 회복되긴 하지만, 세계보건기구는 세계적으로 해마다 약 6억 명이 이 질병에 감염되며 그중 약 42만 명이 사망하기 때문에 결코 안일하게 생각해서는 안 된다는 점을 명확히 한다.[418] 특히 5세 미만의 아동이 가장 위험한데, 전 세계에서 해마다 대략 12만 5,000명의 아동이 식품매개감염병으로 사망한다고 추정된다.[419]

세계보건기구는 물 오염, 식품 저장 문제, 규정이 제대로 시행되지 않는 점 등 식품매개감염병을 유발하는 많은 요인을 지적한다. 그러면서 "생산 극대화를 위한 집약적 동물 사육 관행 탓에 가축 무리에서 병원균이 확산된다"[420]는 사실을 밝힌다. 물론 이러한 유형의 감염병이 이전 세대나 소규모 농업을 하는 지역에 존재하지 않았다는 말은 아니다. 그러나 오늘날의 동물 사육 환경은 식품 안전과 관련된 여러 문제를 드러내며 감염병 발생 위험을 한층 가중시키고 있다.

식품 생산용 동물의 집약적 사육 탓에 식품매개감염병을 일으키는 살모넬라균이나 대장균 등과 관련된 건강 문제가 흔해졌다.[421] 살모넬라균은 "고소득 국가와 저소득 국가를 막론하고 세계적으로 흔한 공중보건상의 문제인 반면, 대장균과 같은 일부 식품매개감염병은 "저소득 국가에서 훨씬 더 흔하게 발생한다."[422]

식품 생산용 동물의 공장식 축산 과정에서 항생제 사용이 증가함에 따라 인간과 비인간동물 모두에게서 항생제 내성균 감염 문제가 동시에 발생하고 있다. "가축은 인간에게 병을 유발하는 항생제 내성균인 살모넬라균, 캄필로박터균, 대장균 변종의 주요 원천"이라고 여겨진다.[423] 좁고 사방이 막힌 공간에서 어류를 양식함으로써 발생하는 항생제 내성 유전자도 "인체로 전염되며 이러한 병원체가 병을 일으키는" 것으로 추정된다.[424]

예를 들어 대장균은 인간과 비인간동물의 장 속에 항상 존재하는 세균이다. 우리 몸 속에 공생하던 대장균이 이질적인 균과의 경쟁에서 밀려날 때 우리는 질병에 걸린다.[425] 반면에 살모넬라균은 사육되는 비인간동물에 존재한다. 따라서 특정 집단의 동물에게 제공된 침구류나 음식, 물 등은 다른 동물이나 인간과 격리하여 보관해야 한다.[426] 살모넬라균의 질병 유발 과정은 대장균의 경우와 크게 다르지 않다.

비인간동물에게 항생제를 투여하는 것보다 비인간동물로 만든 식품을 위생적으로 관리하는 것이 더 중요하다. 이는 질병을 유발하는 박테리아와 인간의 접촉을 제한하기 위한 것인데, 위생적으로 관리하면 동물의 면역체계에 존재하는 정상적인 박테리아 수가 유지된다. 세계보건기구는 "식품 생산용 동물에게 [⋯] 모든 종류의 항균제 사용을 전반적으로 줄일 것"을 강력하게 권고한다.[427] 항생제 사용은 사육되는 동물 종에 서식하는 박테리아 수를 제한하여 질병 확산을 방지하고 단위 면적당 비인간동물을 더 많이 수용할 수 있는 사육 환경을 조성하기 위한 것이다. 그러나 이러한 방식은 박테리아에게 불필요한 선택 압력을 가하여 생존을 위해 가장 강하고 내성이 큰 균이 되게 하는 이차적 문제를 불러온다.

휴메인 소사이어티 인터내셔널Humane Society International의 사

라 실즈와 휴메인 소사이어티 미국의 마이클 그레거는 "양계산업에서 [배터리 케이지*에] 닭을 가두는 것은 명백히 식품 안전의 위험 증가와 관련이 있다"고 주장한다.[428] 캐나다 보건부Health Canada의 웹사이트에서는 몇몇 과일과 야채뿐만 아니라 닭고기, 달걀 , 햄버거, 조개류 등의 안전한 식품 취급과 처리에 관한 권고사항을 상세하게 제공하고 있다. 달걀 섭취에 대한 권고사항에는 살모넬라균 중독 가능성이 있으므로 날달걀로 만든 쿠키 반죽을 절대로 먹지 말고, 우리 몸에 해로울 수 있는 박테리아를 죽이기 위해 달걀은 반드시 안쪽의 온도가 74℃가 넘도록 조리해야 한다는 등의 경고가 포함되어 있다. 캐나다 보건부는 조리도구의 경우 오염 가능성이 매우 높기 때문에 사용 직후 비눗물로 세척한 뒤, 약한 농도의 표백제로 소독할 것을 권장한다.[429] 한편 고기가 분뇨로 오염되거나, 도축 과정에서 동물 소화기관의 내용물이 쏟아져 내리면 대장균이 육류 공급 과정에 유입될 수 있다. 빠르게 돌아가는 현대의 도축장에서 이런 두 가지 상황 모두 피하기가 갈수록 어려워진다.[430]

일부 국가에서는 식료품점에서 판매되기 전에 "식용 달걀의 미생물 오염 정도"를 정기적으로 검사하지만, 모든 국가가 이러한 관행을 따르지는 않는다.[431] 나이지리아에서 실행된 한 연구에서 샘플 달걀이 살모넬라균이나 대장균으로 오염되어 있는 경우가 많았는데, 발견된 균은 글로벌남부에서 널리 사용되는 몇

---

* 산란계를 사육하기 위해 사용되는 집약적인 철제 우리 시스템-옮긴이

몇 저가 항생제에 내성이 있는 것으로 확인되었다.[432] 대장균 확산을 제한하기 위한 몇 가지 제안으로는 닭장을 철저히 청소하고, 농장 안을 적절히 환기하며, 충분히 뜨거운 온도에서 안전하게 조리하는 것 등이 있다.[433]

살모넬라 식중독은 "살모넬라균 대부분이 인간과 비인간동물에게 질병을 유발할 가능성이 있기 때문에 심각한 공중보건 문제로 남아 있다. 예를 들어, 조류 살모넬라증은 노출되면 사람에게 건강상의 위험을 초래할 수 있는데, 주요 증상은 설사와 급성 위장염 등 식중독과 비슷하다."[434] 살모넬라 식중독에 대한 예방 조치로는 안전한 식품 취급과 처리, 고기를 비닐봉지에 싸서 교차 오염을 피하기, 유해 박테리아를 죽일 수 있을 정도로 충분히 높은 온도에서 조리하기 등이 있다.[435]

잎채소에 관한 주의사항의 경우, 문제는 채소 자체가 아니라 살모넬라균, 대장균, 또는 생육 과정에서 나오는 많은 다른 병원체(예: 비료로 사용되는 인간의 배설물)에 오염되었을 수 있다는 점이다. 또한 채소를 오염된 물로 관개하거나 세척했을 수도 있고, 비인간동물과 접촉했거나, 작물 재배에 부적절한 퇴비를 사용했을 수도 있다.[436](조 패리시와의 인터뷰) 수확 과정이나 보관, 운송 과정에서도 오염될 수 있다. 마지막으로, 캐나다 보건부는 잎채소가 "생고기나 가금류, 해산물에서 나오는 유해 박테리아로 인해, 또는 소매점이나 누군가의 냉장고에서, 혹은 식품조리 과정에서 교차 오염될 수 있다고 경고한다.[437]

식품매개감염병은 대개 대장균, 살모넬라균과 같은 세균성 질병이지만, A형 간염과 같은 바이러스성 질병과 소해면상뇌증, 일명 '광우병'과 같은 프리온 기반 질병도 더러 있다. 인간의 크로이츠펠트야콥병이나 소의 광우병과 같은 프리온 기반 질병은 추적하기도 어렵고 질병 연구를 위해 살아 있는 소를 실험할 방법이 없기 때문에 가장 두려운 질병 가운데 하나다.[438] 광우병은 한번 감염되면 중추신경계를 공격하기 때문에 언제나 치명적인 결과로 이어진다.[439] 프리온 기반 질병은 본질적으로 단백질의 비정상적인 접힘 현상에 의해 생긴다. 그런 이유로 효과적인 실험을 하기가 어렵고 연구자들도 이러한 질병이 어떻게 발생하는지 아직 명확히 이해하지 못하고 있다.[440]

프리온 질병이 반드시 집약적인 농업 관행과 관련이 있는 것은 아니지만(예: 사슴 개체군에서 발생하는 사슴만성소모성질병), 식용으로 사육되는 엘크와 사슴 같은 관련 종을 교차 감염시킬 수 있다.[441] 광우병은 비인간동물의 유해를 다른 가축에게 먹일 때 발생하는 것으로 알려진 질병 가운데 하나다. 이러한 이유로 캐나다는 1997년부터 소와 양, 그리고 염소에게 "포유동물에서 얻은 단백질"(예: 다른 포유동물로 만든 사료)을 금지하는 법률을 제정했다.[442]

광우병에 감염된 소로 만든 제품은 그것을 섭취하는 사람들을 감염시킬 수 있으며 감염된 혈액 제제를 통한 수혈 등으로 사람 사이에 감염이 더욱 확산될 수 있다. 모든 프리온 기반 질병이 비인간동물에서 인간으로 교차 전염되는 것은 아니다. 양에게 영향을 미치는 질병인 스크래피는 인간을 감염시키지 않는 것으로 확인되었다.[443] 현재까지 인수공통 프리온 기반 질병은 인간 개체군에서 흔한 것은 아니지만, 이러한 질병이 어떻게 발생하는지에 대한 이해 부족과 그 치명성은 분명히 우려할 만하다는 점에 특히 주목해야 한다.

동물을 식품으로 산업 생산하기 전에도 많은 인수공통감염병이 존재했지만 연구에 따르면 다음 두 가지 측면에서 주요한 차이가 나타난다. (1)전례 없는 감염성 질병의 발병률, (2)인간 개체군이 지속적으로 증가함에 따라 식량 수요가 계속 급증할 것이라는 세계적 예측.[444] 또한 세계적으로 육류에 대한 수요가 계속 늘어나고 인간과 비인간동물 모두 더욱 밀집된 환경에서 살아감에 따라 감염성 질병의 발병 가능성도 높아질 것으로 보인다.[445] 이는 이전에는 가축화되지 않았던 사슴과 같은 비인간동물의 사육이 증가함에 따라, 이들로부터 가축화된 동물이나 인간 개체군으로 질병이 전파될 가능성이 있음을 시사한다.[446]

2008년 보고서인 〈식탁에 고기 올리기: 미국의 공장식 축산 Putting Meat on the Table: Industrial Farm Animal Production in America〉에서 퓨리서치센터는 인간에게 질병이 전파될 가능성 외에도 비인간동물이 사육되는 방식에서 일어난 몇 가지 변화와 그것이 비인간동물의 삶에서 의미하는 바에 대해 설명했다.

> 50년 전에 돼지나 닭을 길렀던 미국 농부는 하루에 한 시간이 채 안 되는 시간 동안 수십 마리의 동물에 노출되었을 것이다. 오늘날의 사육시설 작업자는 매일 수천 마리의 돼지나 수만 마리의 닭에 8시간 이상 노출되는 경우가 많다. 그리고 50년 전에는 아프거

나 죽어가는 돼지들에 노출되는 일이 비교적 드물었다면, 오늘날의 농업 노동자들은 훨씬 더 큰 무리의 양떼와 소떼를 일상적으로 돌보면서 아프거나 죽어가는 동물에 매일 노출된다. 건강한 가축과 병든 가축 둘 다와 이렇게 장기간 접촉하게 되면 농업 노동자가 인수공통감염균에 감염될 위험이 높아진다.[447]

이러한 밀집도는 인공적인 사육시설 환경과 결합하여 비인간동물을 건강하게 사육하는 데 큰 장벽이 된다. 비인간동물과 농장 노동자들은 모두 고통받고 있으며, 이는 양쪽 모두에게 질병을 유발할 잠재적 위험이 된다. 비인간동물을 식품 생산용으로 키우는 공장식 축산과 인간의 건강, 비인간동물의 삶의 질 개선(일부에서는 복지라고도 함) 사이의 연관성이 비인간동물과 인간 모두에게 질병 발생의 위험을 줄이는 데 도움이 될 수 있는지를 전면 조사하는 총체적인 접근이 필요하다.[448]

특정 인수공통감염병의 발병 등 한 가지 문제에만 초점을 맞추는 현재의 접근방식은 분명히 효과가 없다. 따라서 동물의 집약적 생산방식을 조사하고 이러한 문제가 왜 계속 발생하며 해결을 위해 어떻게 해야 하는지를 모색하는, 시스템 기반 접근방식이 필요하다.

인플루엔자

코로나19 팬데믹은 일반적으로 인간이 자연과 다른 동물의 생태계를 잠식할 때 미치는 영향뿐만 아니라, 비인간동물을 밀집 사육하고 도살하는 방식 탓에 발생하는 현재 진행 중인 세계적인 건강 위협에 대한 인식을 높였다.[449] 코로나19 팬데믹 이후에 더 나은 세상을 만들기 위한 일환으로 다른 동물과의 관계, 집약적 식량 생산에서 동물을 대하는 방식, 인간이 침범과 서식지 파괴를 통해 자연계에 가하는 피해와, 또 다른 심각한 인수공통감염병의 발병 가능성 사이의 연관성을 진지하게 받아들이고 있다.[450]

인수공통 인플루엔자는 비인간동물에게서 사람에게로 쉽게 전이될 수 있는 감염을 의미한다.[451] 인수공통 인플루엔자는 원래의 숙주 종에서 사람에게로 바이러스가 직접 전이되는 것이 아니라 원래의 숙주에서 중간 동물로 전파된 후 간헐적으로 사람을 감염시킨다.[452] 일반적으로 바이러스는 원래의 숙주 동물에게는 해롭지 않지만 인간을 포함한 다른 동물 종이 감염될 경우 위험해질 수 있다.[453] 세계자연기금에 따르면, 이러한 전이는 종간 전파로 간주될 수 있다. 놀랍게도 그들은 "신종 질병 4개 가운데 3개가 인수공통감염병"으로서 이러한 질병이 점점 더 일반화되고 있다고 말한다.[454]

문제의 핵심은 동물 그 자체가 아니라 "전염병의 진정한 원인이 되는, 우리가 그들을 대하는 방식이다."[455] 앞서 인수공통 식품매개감염병에 대한 논의에서 보았듯이, 비인간동물의 공장식 축산 증가는 동물로 인한 인간 질병의 발병 가능성을 높였다.[456] 오늘날 가장 잘 알려진 인플루엔자에는 '신종플루(돼지독감)'와 '조류독감'이 있다.[457] 이런 상황에서 종간 전파 가능성을 더 높이는 조건을 이해하는 것이 중요하다.[458]

비인간동물의 밀집은 스트레스를 증가시키고 스트레스를 받은 동물은 감염에 더 취약하게 된다. 감염된 동물은 집약농업에 따른 근접성으로 인해 다른 동물들과 밀접하게 접촉하게 되어 접촉한 동물들을 감염시킬 수 있다.[459] 밀집으로 인한 스트레스 외에도 집약농업으로 사육되는 동물들은 젖을 일찍 떼고, 인공적 환경에서 살아가며, 균일한 형질을 얻도록 사육되는 등 스트레스 수준이 높아질 수 있는 여러 제한 조건과 사건을 겪기도 한다.[460] 유전적 다양성의 부족은 바이러스에게는 완벽한 서식 조건이다. 바이러스는 일단 새나 짐승을 한 마리 감염시키고 나면, 유행성 질병의 전파를 지연시킬 어떤 유전적 변이와도 접하지 않고 확산될 수 있기 때문이다.[461]

우리가 현재 겪고 있는 인수공통감염병은 모두 인간의 활동으로 인해 번창하는 것으로 보인다. 그렇다고 해서 모든 인수공통감염병이 인간 사이에서 대유행하게 된다거나 위험 수준이 모두 동일하다는 말은 아니다. 인수공통감염병이라도 전파 가능성이 천차만별이기 때문이다. 코로나19 팬데믹은, 우리가 H5N1과 같이 전염성이 더 강한 독감 변종에서 비롯되는 광범위한 발병을 겪게 될 경우, 인간의 삶을 파괴로 몰고 갈 수 있는 잠재적 가능성에 대한 예행연습 정도일 수도 있다.[462]

H5N1은 조류 인플루엔자라고도 하며 '조류독감'으로 더 잘 알려져 있다. 이미 일부 동물 개체군을 대량으로 죽이고 있는 이 독감은 그 속성상 저병원성일 수도 있고 고병원성일 수도 있다. 미국 지질조사국은 "저병원성 또는 고병원성 조류 인플루엔자

의 지정은 이 바이러스가 닭을 죽일 수 있다는 가능성을 나타내는 것이지 인간이나 다른 포유류, 혹은 다른 조류 종에 얼마나 쉽게 전염될 수 있는지를 나타내는 것은 아니다"라는 점을 지적한다.[463]

고병원성 조류 인플루엔자는 여러 나라에서 발견되고 있다. 이곳 노바스코샤 주에서는 상업용 또는 뒷마당에서 기르는 (닭 같은) 조류 무리, (까마귀와 흰머리독수리 같은) 야생 조류, (여우, 너구리, 물개 같은) 야생 포유류에서 발견되고 있다.[464]

현재 H5N1은 고병원성 조류 인플루엔자HPAI 유형이라 할지라도, 닭 같은 비인간동물 종에서 사람에게도 전파될 수 있지만, 전파력은 그리 높지 않다. 물론 미국 질병통제예방센터에서는 "1997년 이후 23개국에서 고병원성 조류 인플루엔자 A형 바이러스에 의한 인체 감염이 보고되고 있는데, 이중 약 50%가 중증 폐렴에 걸려 사망에 이른다"[465]고 경고한다. 일반적으로 감염은 농부와 같이 가금류와 밀접하게 접촉하며 일하는 사람들이나 소규모로 조류를 키우는 사람들에게서 발생한다.

세계 자본주의는 토지와 자원을 얻기 위해 자연 속으로 더 깊이 파고들어야 하는 추출 경제를 촉진한다.[466] 농업 시스템의 강화, 목초지 조성이나 사료 작물 재배를 위한 삼림 벌채, 도시 인구 증가와 같은 변화들은 기후붕괴를 촉진해왔다. 그리고 이 변화들은 "병원체의 출현이나 재출현, 기후변화, 그리고 끊임없이 지속되는 대규모의 불평등한 사회 구조와 맞물려 가속화되고 있다."[467] 전염병은 땅에서 쫓겨나 도시로 모여든 사람들, 농장 일

Interview

조 패리시 의료인류학자이자 농부

음식정의에 관한 사안을 살펴볼까요? 사람들에게서 음식에 대한 주도권을 빼앗는다면, 이는 사실상 인수공통감염병을 더 악화시키는 관행을 도입하는 것과 같습니다. 예를 들어 닭의 경우에 전통적으로 배터리 케이지에서 사육되는데, 매우 건강하지 못한 닭을 식용은 물론 달걀 생산을 위해서도 키웁니다. 이런 관행이 어느 시점엔가 조류독감을 일으킬 가능성을 높였고, 실제로 중국에서 조류독감이 발생했죠.
우리는 동물을 학대하고 있었습니다. 그 결과 동물의 면역체계가 저하되는 등 건강 상태가 나빠졌고 결국 인수공통감염병이 발생하는 지경에 이르렀습니다. 학대는 동물에게 스트레스를 줍니다. 농장동물이 감염병의 주요 원인이긴 하지만 그들에게만 스트레스를 주는 건 아닙니다. 돼지와 가금류는 종의 경계를 넘어 아주 쉽게 전염되는 두 가지 주요 동물이지요. 그런데 대규모 기업들은 야생동물을 서식지 밖으로 내몰면서 그들에게도 심한 스트레스를 줍니다. […] 이렇듯 우리는 농장들이 환경에 영향을 미치는 상황을 조성하면서 [동물에게] 스트레스를 주기 시작합니다. 우리는 환경의 모든 면에 영향을 미치고 있으며, 동물은 스트레스를 받는 대상이 됩니다. 그게 고스란히 또 우리에게로 돌아오지요.
코로나19 팬데믹도 아마 이런 식으로 우리에게 찾아왔을 겁니다. 우리는 야생 박쥐 개체군에 스트레스를 주고 서식지를 파괴하고, 녀석들이 이용할 수 있는 자원도 감소시켰습니다. 그러니 녀석들도 그런 식으로 반응할 수밖에 없었을 겁니다. 지금 이 시점에 박쥐 개체수가 80억 마리가 넘는다고 해서 좋을 건 없지만, 문제는 우리가 계속해서 동물들에게 스트레스를 주고 있다는 점입니다. (2023년)

꾼으로 일하기 위해 장거리 이동을 해야 하는 노동자들, 서로 만나기 위해 장거리를 이동해야 하는 가족들 등 여러 인간 활동에 영향을 받으며 확산한다.[468]

생산과 소비가 끊임없이 반복되는 세상에서 기후붕괴는 갈수록 더 일상화되고 있고, 극심한 이상 기후는 문제를 일으킨 행위와 가장 관련이 적은 사람들에게 피해를 줄 가능성이 더 높아지고 있다. 농부들과 땅에서 생계를 꾸리며 살아가는 사람들은 갈수록 삶의 터전에서 쫓겨나 도시로 밀려나고 있다. 앞서 살펴본 것처럼 인구가 집중된 도시에서는 "감염병이 빠르게 전파되거나 또 다른 질병들에 걸릴 위험"이 더 높다.[469] 이는 모두 긴급히 해결해야 할 경제·정치·문화·사회 문제다.

반다나 시바는 인터뷰에서 우리가 '긴급함'이라는 단어를 어떻게 사용하는지에 대해 다시 생각해봐야 한다고 말했다.

> 말하자면 긴급성은 시간과 관련이 없습니다. 그것은 중요도와 관련이 있습니다. 뭔가 긴급하다는 것은 매우 중요하다는 말입니다. 동물로서의 인간이 다른 동물들과 맺는 관계란 단지 여러 겹의 잘짜인 위계와 분리가 있을 뿐입니다. 우리 시대는 매순간 재난이 더 심해지고 있습니다. 이제 잠시 멈추어 한 발짝 뒤로 물러서서 우리가 무엇에 눈을 감고 있었는지, 우리가 무엇에 무관심했는지 살펴볼 때입니다.(2023년 반다나 시바와의 인터뷰)

유엔은 의사 결정권자들이 다음 팬데믹을 피하고자 할 때 고려해야 할 몇 가지 '긴급' 사안이 있으며, 그 목록의 최상위에는 "식품 시스템의 위험 제거하기"가 있다고 밝혔다.[470] 그들은 또한 동물성 단백질에 대한 수요 증가, 지속 불가능한 농업 집약화, 야생동물의 이용 및 착취 증가, 지속 불가능한 토지 이용, 식량 공급 변화, 기후변화 등 인수공통감염병의 주요 동인을 열거한다.[471]

스위스 베른 대학교 공법연구소Institute for Public Law의 수석 연구원이자 강사인 샬럿 블래트너는 팬데믹 대비의 핵심은 팬데믹을 예방할 수 있다는 점이며, 현재 우리에게는 두 가지 선택지가 있다고 주장한다. (1)우리가 개별적으로나 집단적으로나 동물을 대하는 방식을 바꾸지 못하여 기본적으로 팬데믹이 항상 우리와 함께할 것이라는 점을 받아들이거나, (2)코로나19 팬데믹을 기회로 삼아 "정부의 규제, 기업의 조치, 개인 행동의 변화를 통해 사전 대책으로서" 다른 동물을 대하는 방식을 완전히 바꾸는 것이다.[472] 마찬가지로 림버리는 "공중 보건 및 동물 보건과 복지를 위협하는 집약적 축산 관행에서 벗어나 공장식 축산을 없애고 집약적 축산 식품에 대한 의존도를 크게 낮추어, 자연과 조화를 이루는 재생적이고 농업 생태적인 식품 시스템으로 전환하기 위한 긴급 조치가 전 세계적으로 이뤄져야 한다"고 주장한다.[473]

마이클 그레거는 호모 사피엔스가 다른 종들과 그들의 병원균이 제대로 기능해야 하는 생태 환경을 크게 바꿔놓았다고 지적한다. 그러나 인간에게 과실이 있다면, 희망도 있게 마련이다. 인간 활동의 변화가 새로운 질병을 유발할 수 있다면, 인간 활동의 변화가 앞으로는 질병을 예방할 수도 있는 법이다.[474] 식품 생산용 동물의 집약적 축산이 비인간동물, 그리고 그들을 다루거나 그들 곁에서 일하는 노동자, 소비자시민에게 미치는 실제적인 건강 위협을 고려할 때, 더 심각한 결과에 맞닥뜨리기 전에 당장 이러한 건강 문제를 해결해야 한다.

올바른 행동 방침을 명확히 세우기 위해 주의깊은 성찰이 중요하다는 메시지와 마찬가지로, 아무것도 하지 않기로 선택하는 것도 여전히 선택이라고 말하는 앨버트 마셜 장로의 메시지 역시 중요하다.[475] 샬럿 블래트너는 의사결정은 민주적으로 이루어져야 하며, 앞서 논의한 바와 같이 이러한 민주적인 의사결정 자체가 현재 식량 및 농업 생산에 관한 의사결정 방식의 근본적인 변화를 의미한다고 주장한다.[476] 앨버트 마셜 장로는 우리가 행동하기 전에 우리의 의사결정이나 행동이 지구와 조화를 이룰지 아닌지 최대한 고려해 결정하는 예방적 접근을 할 것을 권한다.(2022년 앨버트 마셜과의 인터뷰)

온정적 식량의 미래를 향한 점진적 전환

종종 제도화된 환경에 갇힌 사람들이 있다. 교도소에 수감된 사람들처럼 문자 그대로 어딘가에 감금된 경우도 있고, 좀 더 비유적으로 보자면 공립학교나 대학에 재학 중인 학생이나 식품 아파르트헤이트 정책 아래 살고 있는 지역사회와 같이 특정 시간 동안 거의 선택의 여지 없이 어떤 제한 속에 갇힌 경우도 있다. 이 점과 관련하여 마거릿 로빈슨은 다음과 같이 말한다.

> 국가 기관에 속박되어 있는 사람들에게 공급하는 식품에 대해 고민해봐야 합니다. 그들은 식품에 대한 선택권이 거의 없이 주는 대로 먹어야 하는 수감된 사람일 수도 있고, 보호 대상 아동과 같이 보호시설이나 정부에서 관리하는 기관에 수용된 사람들일 수도 있습니다. 저는 정부가 사람들에게 식품을 공급하는 방식을 살펴보면 그렇게 [결정]한 이들에 대해 실제로 많은 것을 알 수 있다고 생각합니다.(2022년 마거릿 로빈슨과의 인터뷰)

이 사안은 또한 우리가 앞서 논의한 식량 이용 가능성과 접근성, 적절성과도 관련이 있다. 댈하우지 대학교의 농학부 부교수인 캐슬린 케바니는 대학 캠퍼스와 같은 제도적 환경에서 더 건강하고 환경 친화적이며 포용적인 식습관을 옹호하는 한 가지 방법은 식물 기반 선택지를 기본값으로 정하는 것이라고 말한다. 식물성 식단을 선택 사항이 아닌 기본으로 삼고 비인간동물로 만든 고기와 기타 식품이 추가 선택지가 되게 하는 것이다.[477]

미국에서는 2019년 농장 시스템 개혁법Farm System Reform Act of 2019이 또 다른 부분적 해결책으로 제시되고 있다. 대규모 농장을 새로 만드는 것을 금지하고 육류와 유제품 부문에서 기존 농장의 성장을 제한함으로써 미국이 대규모 농업에서 벗어나도록 꾀하는 법안이다. 이 법은 단기 목표(새로운 밀집형 가축 사육시설concentrated animal feeding operations, CAFO의 개장 금지), 중기 목표(기존 밀집형 가축 사육시설의 확장 제한), 장기 목표(밀집형 가축 사육시설을 단계적으로 폐지하여, 2040년까지 완전 폐지)를 갖는다고 볼 수 있다.[478]

비인간동물의 공장식 축산을 금지하면 기업 집중도가 낮아지고, 궁극적으로 식품 시스템의 지역화를 촉진할 수 있다. 이러한 변화는 몇 가지 중요한 기능을 수행하게 된다. 첫째, 기업 집중도가 낮아지고 농장 규모가 축소되면서 더 많은 농장과 지역 가공업체가 필요해지고 농업과 식품가공 부문의 일자리가 새롭게 창출될 것이다. 둘째, 사람들이 식품 생산자들과 다시 연결되는데 도움이 될 것이다. 농업과 식품 생산 과정을 알게 되면 사람들이 식품 시스템에 속하는 노동자와 비인간동물에 대해 더 많은 관심을 갖게 될 것이라고 우리는 확신한다. 그들을 만나고 그들의 삶이 어떤 모습인지 알게 된다면 노동자를 기계처럼, 비인간동물을 오로지 제품이나 상품으로만 생각할 수 없게 된다.

식품 시스템의 집약화가 완화되면 많은 긍정적 결과를 불러올 수 있다. 식중독이나 다른 인수공통감염병의 발병 가능성이 줄어들고, 소규모 농장에서 발병할 경우 비인간동물의 감염 수가 줄고 그 결과 살처분도 줄게 된다. 이는 고기와 육류 제품의 생산이 줄어들어 동물들이 겪는 고통을 줄일 수 있다는 뜻이기도 하다. 우리는 이것이 지금까지 살펴본 문제들 중 일부에 대한 불완전하고 부분적인 해결책이라는 점을 알고 있다. 이러한 대규모 동물 기반 농업의 감소에 더해 비인간동물을 집중 생산하는 방식에서 벗어나 사람들을 먹이기 위한 작물 재배로 전환하도록 농부들을 돕는 정책이 포함된다면, 일부 식량 불안정 문제를 완화하고 동물 집약적 농업에서 비롯된 탄소 배출을 줄일 수 있으므로 더욱 큰 효과를 볼 수 있을 것이다.[479]

식품생산 시스템을 바꾸면 인수공통감염병의 발생 가능성을 줄일 뿐만 아니라 더 넓게는 우리의 건강에도 도움이 될 것이다. 콩과식물과 견과류, 야채와 과일처럼 비인간동물을 이용하지 않거나 더 적게 이용하여 만든 식품이 인간의 건강에 더 이로우며 이미 걸린 질병의 치료와 다른 질병의 발병 감소에도 기여한다는 것은 널리 알려진 사실이다.[480]

이와 반대로, 윌렛 등은 "서구 식단과 서구화된 식단은 전 세계적으로 인간의 건강과 환경에 위협이 된다"고 지적한다.[481] 육류와 달걀, 유제품, 몇몇 종류의 생선이 많이 들어간 식단은 심장병과 암, 당뇨병을 유발할 수 있다.[482] 연구에 따르면, 식물성 식단의 비중을 늘리는 것이 심혈관 질환에 도움이 된다는 증거는 충분하다.[483]

이번 장을 위해 검토한 많은 과학 기사에서는 식물 기반 식단을 폭넓게 정의하고 있다. 사티자와 후는 "식물성 식품의 비중을 점차 다양하게 늘려가는, 채식주의에 대한 점진적이고 부드러운 접근방식"이 사람들을 식물성 식습관으로 나아가도록 설득하는 가장 효과적인 방법이 될 수 있다고 생각한다. 다시 말해서 점진적인 식단 변화는 사람들이 더 수월하게 채택할 수 있으며 이후에도 그런 식단을 계속 유지할 가능성이 높다는 것이다.[484]

베르너와 오스터버는 "연구에 따르면 동물성 식품 비중이 낮고 식물성 식품 비중이 높은 식단이 건강에 가장 좋은 것으로 나타났다. 이러한 식단에는 비건, 채식 위주 식단, 지중해식 식단이 포함된다"고 밝혔다.[485] '식물 기반' 식단에는 다양한 선택지가 있다. 비건 식단은 모든 동물성 식품을 배제한다. 채식 위주 식단은 육류와 생선을 배제하며(유제품과 달걀 허용), 지중해식 식단은 대부분 (야채와 과일, 견과류와 콩류를 포함하는) 식물성 식품과 건강에 더 좋은 지방과 생선, 유제품, 닭고기, 달걀을 적당히 섭취하도록 권장한다.

식물 기반 식품의 소비 증가를 지지하는 사람들이 맞닥뜨리는 두 가지 공통적인 문제가 있다. 인간의 건강이나 지구 환경의 유지, 동물보호를 위한 것과는 별개로 식물 기반 식품이 비싸다고 여겨진다는 점과 (따라서 특권을 누리는) 서구 또는 서구화된 사회의 관점에서 반문화적인 것으로 여겨진다는 점이다. 스털링과 보언[486]에 따르면, 식물 기반 식단이 더 비싸다는 일반적 인식과 오해에 대응하기 위해서는 더 많은 교육이 필요하다. 적당한 가격의 식물 위주 식단이 있다는 사실을 뒷받침하는 여러 연구를 검토하면서 그들은 "팥과 현미, 콜라드그린, 고구마, 옥수수빵으로 구성된 식물 기반 저녁 식사는 4인 가족이 12달러 미만의 금액으로 가능하다는" 사례를 소개한다. 그러나 "고기와 감자" 식단을 먹고 성장한 사람들은 완전히 또는 부분적인 식물 기반 식단으로 바꿀 경우 어떤 모습의 요리와 식사가 될지 상상하기 어려울 수도 있다.

이러한 문제들과 관련하여, 고기와 비인간동물로 만든 육류 식품의 섭취를 줄이려고 노력하는 사람들을 제대로 조명하기 위해 작가 브라이언 케이트먼은 '육식소식주의자reducetarian'라는 용어를 만들고 여러 권의 책을 썼다. 또한 재단을 만들고 사회적으로 육류 소비를 줄일 가능성을 높이고자 다큐멘터리를 제작했다.[487] 사람들이 고기와 육류 식품을 전혀 소비하지 않도록 하는 데 방해가 되는 문화적, 정치적, 경제적 걸림돌을 세심히 살펴보고 이 걸림돌들을 좀 더 유연하게 뛰어넘으려고 시도한다는 점에서 그의 접근은 실용적이다.

캐나다에서는 2019년에 〈식품 가이드Food Guide〉를 업데이트했는데, 현재는 식물성 식품에 주안점을 두고 있다. 가이드를 살펴보면, 단백질 섭취 권장량의 1/4에 해당하는 분량에 대해, 기존의 동물성 단백질 공급원과 함께 콩류, 견과류, 두부, 콩과식물이 제시되어 있어서 우리의 식생활 인식이 얼마나 달라졌는지 새삼 놀라게 된다.[488]

세계동물보호단체의 농업 캠페인 관리자인 린 캐버너는 캐나다 〈식품 가이드〉는 "우리가 정부를 상대로 대화할 때 유용하게 활용할 수 있는 자료"라고 설명했다. 그녀는 캐나다인들이 식물을 더 많이 먹고 육류와 유제품을 덜 섭취하도록 하기 위한 첫 번째 단계로 정부가 〈식품 가이드〉를 홍보하는 것이 얼마나 중요한지에 대해 설득하던 중이었다.(2022년 린 캐버너와의 인터뷰) 캐나다 〈식품 가이드〉는 웹사이트에서 사람들에게 "여러분의 식습관에 유의하세요." "더 자주 요리하세요." "초가공식품을 제한하세요." 등을 중요한 교육 도구로 제시하고 "마케팅이 여러분의 식품 선택에 영향을 미칠 수 있다"는 점을 인정한다.[489]

Interview

린 캐버너 세계동물보호단체의 농업 캠페인 관리자

산업형 축산이나 공장식 축산 시스템의 부정적 영향을 받는 공중 보건, 팬데믹, 항생제 내성, 기후변화 등 사람들이 실제로 우려하는 사안들을 살펴봄으로써 우리는 근본적인 변화나 체제 변화를 어떻게 이루어내야 할지 뚜렷이 인식할 수 있습니다. 그래서 우리는 육류와 유제품 소비를 줄이고 식물성 식품을 더 많이 섭취하도록 장려하고 있습니다. 장기적으로는 사육되는 동물의 수가 훨씬 줄어들고 공장식 축산 시스템이 해체될 수 있기를 희망합니다.

제가 보기에 구조적으로 접근했을 때, 지금처럼 많은 동물을 더 인도적이고 지속가능한 방식으로 사육할 방법은 없습니다. 지구는 그럴만한 수용력이 없습니다. 공장식 축산 시스템을 이끄는 원동력은 엄청난 양의 육류와 유제품에 대한 수요이므로 그 수요를 줄여야 합니다. 우리는 정부가 유축농업을 온실가스 배출의 주범으로 인정하고, 유축농업에 맞추어 배출 감소 목표를 설정하기를 바랍니다. 물론 정부도 기후 정책으로 유축농업 문제를 다루기는 하지만 기술적인 측면에 크게 치우쳐 있습니다. 예를 들어, 무엇을 사육하고 어떻게 사육할지는 그대로 둔 채 농장의 효율성을 향상시키자는 식입니다. (2022년)

우리는 먹거리와 지속가능성을 함께 생각하는 게 중요하다고 믿는다. 확실히 토지의 영양 공급 능력은 우리가 토지, 그리고 그곳에서 살아가는 비인간동물(가축화된 동물과 우리와 떨어져서 살아가는 동물 모두)을 이용하고 남용하는 방식과 연결되어 있기 때문이다. 인간생태학 교수인 스티븐 휠러는 지속가능성을 위해서

는 세계관의 변화가 필요한데, 이 변화는 "전환적이고 급진적이지만, 지속가능성이라는 용어를 사용하는 대부분의 사람도 아직 이 변화에 충분히 주목하지 못하고 있다"고 주장한다.[490]

다시 말해 식품 생산과 소비의 지속가능성을 확보하기 위해서는 변화가 필요하다는 뜻이다. 이러한 변화는 많은 인터뷰 참가자가 이야기한 것처럼 패러다임 전환으로 규정지을 수 있다. 따라서 보다 지속가능한 식품 시스템을 만들기 위한 계획에는 다음과 같은 변화가 필요하다. 바로 "결과 지향적results-oriented 문제 해결, 장기적 관점, 전체론적 또는 생태학적 사고" 등이다.[491]

우리가 직면한 많은 먹거리 위기와 관련하여 잠재적 해결책의 상당 부분이 문자 그대로 바로 우리 앞에, 그것도 너무나 빤히 보이는 곳에 있는데도 놀랍게도 모두가 모른 체하고 있다. 다른 건 볼 것도 없이 당장 오늘 저녁식사 메뉴가 무엇인지, 아니면 누군가가 좋아하는 커피에 무엇이 섞여 있는지를 한번 살펴보자는 말이다. 이와 관련하여 조너선 사프란 포어는《동물을 먹는다는 것에 대하여*Eating Animals*》(민음사, 2011)에서 다음과 같이 지적한다.

> 미국에서 인간이 직접적으로 영향을 주고받는 모든 동물의 99% 이상이 사육동물이다. 우리가 '동물계'에 미치는 영향(동물이 받는 고통이든, 생물다양성 문제든, 수백만 년에 걸쳐 진화를 통해 살기 좋은 균형을 이루는 종의 상호의존성 문제든)이라는 측면에서 볼 때, 우리의 식단 선택이 미치는 영향만큼 중요한 것은 없다. 인간의 육식만큼

동물에게 직접적인 고통을 주는 행위가 없다는 점과 마찬가지로, 우리가 매일 하는 어떤 선택도 육식만큼 환경에 큰 영향을 미치는 것은 없다.[492]

동시에 진정으로 정의로운 식품 시스템을 만드는 것이 얼마나 복잡한 문제인지 생각해보면, 단지 소비자의 식품 구매 행위만으로 현재 우리가 직면한 수많은 문제에서 벗어날 수는 없다는 점을 깨닫게 될 것이다.[493] 우리에게는 농업생태학에 기초한 식품 시스템이 필요하다. 농업에 대한 총체적 접근방식으로 "식물, 동물, 인간 및 환경 사이의 상호작용을 최적화하는 동시에, 사람들이 자신이 먹는 식품과 그것의 생산 방식과 장소에 대해 선택권을 행사할 수 있는 사회적으로 공정한 식품 시스템의 필요성에 대해 고심해야" 하는 것이다.[494]

농업생태학에 기초한 농업에 투자하는 것은 농업을 지역화하고 더 많은 농부를 고용하는 데 도움이 될 것이다. 또한 정부가 현재의 집약적이고 산업화된 식품 생산에 투자하듯이 소규모 농업에 투자한다면, 이번 장에서 확인된 많은 음식정의 문제를 해결할 수 있을 것이다.[495] 이 같은 전환이 현실이 되려면, 현재의 산업 시스템에 이의를 제기하고 농업생태학의 실행 가능성을 입증하려는 정치적 의지, 그리고 풀뿌리 실천과 운동이 모두 필요하다.[496]

정치로서의 먹거리 : 저항은 헛된 것이 아니다

농부이자 작가인 웬델 베리는 에세이 《먹는 것이 주는 즐거움 *The Pleasures of Eating*》에서 "먹는 것은 농업적 행위"라고 썼다. 또한 먹는 것은 매우 정치적이라고 주장했다.

> 여느 정치와 마찬가지로 우리의 자유를 동반하는 먹거리 정치가 있습니다. 우리의 마음과 목소리가 다른 누군가의 통제를 받는다면 우리는 자유로울 수 없다는 것을 여전히 (때때로) 떠올립니다. 그러나 우리의 먹거리와 그 원천이 다른 누군가에 의해 통제된다면 우리가 자유로울 수 없다는 사실을 이해하는 데는 소홀했습니다. 먹거리를 수동적으로 소비하는 사람의 상태는 민주적인 상태가 아닙니다. 책임감 있게 먹어야 하는 한 가지 이유는 자유롭게 살기 위해서입니다.[497]

이것은 음식 관련 작가인 마이클 폴란의 연구 주제이기도 하다. 그는 음식을 먹는 것은 "생태적 행위이자 정치적 행위이기도 하다"고 말하며 베리의 주장에 동조한다.[498] 한편, 메릴랜드 대학교의 미국학 교수인 워런 벨라스코는 《음식 : 핵심 개념들 *Food: The key concepts*》에서 "더 나은 미래를 만들고 싶다면 요리를 배우는 것부터 시작하자. 뭐든 빠르고 쉬운 시대에 요리는 여러분이 할 수 있는 가장 전복적인 일 가운데 하나다. 요리를 하면 먹이사슬의 한 부분을 통제할 수 있기 때문이다. 더욱이 여러분은 음식이 어떻게 여러분의 주방까지 도달하는지 궁금해지기 시작할 것이다. 정말 좋은 일이다."라고 주장한다.[499] 선주민에게 전통 음식에 대한 접근은 정체성과 건강의 기초이다. 나아가 식량주권은 정착민 식민주의에 직접적으로 도전장을 내미는 것이기도 하다.[500] 2019년 유색인종 비건 회의2019 Vegans of Color Conference에서 마거릿 로빈슨은 동물 인격animal personhood*, 의도적으로 선주민 먹거리 경제를 파괴하는 식민주의 비판, 탈식민화 식단을 포함한 미그막의 가치들이 식량주권을 뒷받침한다고 설명했다.[501] 동물의 인격에 대해 논의하면서 그녀는 미그막 스토리텔링에서 비인간동물들의 특색이 두드러지게 드러난다고 말하며,[502] 미그막 족인 완다 화이트버드 장로Elder Wanda Whitebird의 단어를 사용하여 동물의 인격을 설명한다. "걷는 사람들people, 기어가는 사람들, 헤엄치는 사람들, 그리고 날아다니는 사람들."[503] 동물은 "나의 모든 관계all my relations"라는 의미로 미그막어에 들어있다.[504]

우리는 이 책 전반에 걸쳐 정착민 식민주의가 전 세계 선주민의 먹거리 경제를 파괴해온 몇 가지 방식에 대해 살펴보았다. 정착민 식민주의는 또한 경우에 따라서 선주민과 다른 동물의 관계를 긴장시키고 의도적으로 깨뜨리려고 했다.[505] 로빈슨은 정착민들이 오늘날의 미국과 캐나다 지역에서 버팔로를 사냥하여 거의 멸종 직전에 이르게 한 사례를 언급한다. 원래 6,000만 마리

* 동물에게도 법적이거나 도덕적인 '인격'을 부여하자는 개념으로 동물도 권리를 부여받고 보호받을 수 있는 존재임을 의미한다-옮긴이

로 추정되던 버팔로는 인간의 사냥으로 고작 1,000마리 정도로 줄었다.[506] 식량주권을 유지하거나 되찾기 위해 애쓰는 과정에서 전 세계 선주민이 직면한 어려움에 대해 딱 세 가지만 꼽자면, 목장과 정착촌을 위한 토지의 몰수(즉 정착민의 토지 절도), 선주민의 강제 이주, 전통 음식의 원천이 되는 생태계의 파괴다.[507]

로빈슨의 연구는 미그막 공동체에서 전승되던 전통적인 조리법과 정착민 음식이 혼합된 조리법 둘 다를 조사했다. 그녀는 조리법과 음식에 대한 공유가 "조리법이 전승될 수 있도록 부엌에서 이루어지는 반식민지 저항의 한 형태"라고 말하며 그 중요성을 강조했다. 그 이유는 부엌 공간에서는 선주민 관리관이 시시콜콜 감시하지 않기 때문에 사람들이 비록 선주민 언어를 공유할 수는 없었더라도 음식과 요리 전통은 공유할 수 있었기 때문이다.(2022년 마거릿 로빈슨과의 인터뷰)

식단을 탈식민화하고 전 세계 선주민의 식량주권을 지원하기 위해서는 개인의 행동을 뛰어넘어 더 많은 것을 고려해야 한다. 소득 격차와 건강한 먹거리 원천에 대한 접근에 있어서 구조적 불평등은 반드시 살펴봐야 할 문제다. 뿐만 아니라 전통적인 먹거리 원천에 대한 접근도 보장해야 한다.[508] 다른 연구에 따르면 "토착 생태계의 복원, 전통 식량작물 재배의 부활, 음식 마련과 가공, 보존에 대한 전통 지식의 부활은 현재의 선주민 지역사회에서 비전염성 질병NCD의 급속한 확산에 맞서 식이 지원 전략을 구축하는 데 중요한 조치"라고 한다.[509]

로빈 월 키머러는 토착 식물을 음식과 약으로 여기는 전통 지식과 가르침 뒤에는 수천 년의 과학이 담겨 있다고 말한다.[510] 그녀는 "세 자매The Three Sisters" 이야기를 통해 인간과 식물 사이에 존재할 수 있는 호혜적 관계를 들려준다. 옥수수, 콩, 호박을 함께 심고 재배하는 과정에서 드러나는 의미와 상호의존성뿐만 아니라 이 식물들을 함께 섭취했을 때 맛과 영양에서 어떻게 서로를 보완하는지 아름답게 포착한다.[511] 키머러는 "그들 세 자매는 함께 먹어야 맛이 있을 뿐 아니라 사람들의 삶을 지탱하는 영양 3인조를 형성"한다고 말한다.[512] 복잡한 선주민 식량 시스템은 정착민들이 종종 잘못 짐작하는 것처럼 '우연히' 만들어진 것이 아니다. 그것은 토지에 대한 유구하고 깊은 관계와 이해, 감사를 바탕으로 구축된 것이다.[513]

투명성과 그 너머

세계 경제 시스템으로 인해 발생하는 세계적인 식량 문제에 대해 가능한 대응 전략을 세울 때, 우리는 건강한 먹거리 민주주의의 필수 요소로서 투명성의 중요성을 다시금 강조한다. 여기에 덧붙여, 현재의 식품 시스템에서 무슨 일이 일어나고 있는지 아는 것이 중요하기 때문에 교육 역시 중요하게 고려해야 한다. 그러나 변화를 원한다면 행동도 필요하기 때문에 교육만으로는 충분하지 않다. 조 패리시는 다음과 같이 설명한다.

대부분의 사람들은 자신이 소비자라는 사실을 별로 신경 쓰지 않

> 아요. 그냥 자신이 무엇을 먹고 싶은지 알고 있고 그것을 얻고 싶어 할 뿐입니다. 그게 다예요. 음식과의 관계는 딱 거기까지죠. 사람들이 음식에 대해 관심을 갖게 만드는 교육이 더 많이 필요하다고 생각합니다. 육류 섭취에 대해 이야기할 때 특히 그렇죠. 대부분의 사람들은 그 동물이 어떻게 사육되는지 적극적으로 알고 싶어 하지 않습니다. 육류를 얻기 위한 동물의 도살과 가공 과정에 대해서는 특히나 더 그래요. 그 과정과 마주하고 싶지 않은 거죠.(2023년 조 패리시와의 인터뷰)

자연식품, 소규모 유기농 식품, 식물 기반 식품이 건강에 미치는 이점과 그러한 식품을 구입하고 조리하는 방법에 대해 알리는 것이 앞서 말한 교육의 사례가 될 수 있다. 건강하고, 지속가능하며, 정의롭고 온정적인 먹거리를 향한 여정은 어릴 때부터 시작되어야 한다. 따라서 문화적으로 적절하고 건강한 자연식품과의 관계를 시작하는 데 가장 중요한 장소 중 하나는 어린이집과 초중고 학교라고 생각된다.

세계적으로 증가하는 인구에게 영양 밀도가 높고 문화적으로 적절하며 인도적인 식품을 공급하기 위해 고군분투하고 있는 우리에게 부분적이나마 이러한 해결책은 필요하다. 의사와 간호사의 부족, 병원 응급실의 긴 대기 줄, 의약품에 의존해 질병을 고치려는 습관 등 전례 없는 건강 위기에 직면해 있는 상황에서는 더욱 그렇다. 또한 음식정의와 식량 불평등에 실제로 중요한 변화를 가져오려면, 위에서 언급한 활동이 민주적으로 결정되고 문화적으로 적절할 뿐만 아니라 앞서 논의한 기본소득 보장까지 뒤따라야 할 것이다.

반다나 시바는 인터뷰에서 수년에 걸친 자신의 연구와 지역사회 옹호활동을 통해 배운 것을 되돌아보며 "저는 먹거리를 상품으로 보지 않습니다. 먹거리를 삶의 흐름으로 보고, 먹이그물을 생명의 그물로 봅니다. 음식정의는 생명의 그물에 있는 모든 생명체에 대한 정의입니다"라고 말했다.(2023년 반다나 시바와의 인터뷰) 다음 장에서 살펴보겠지만, 이러한 시스템에서 비인간동물에 대한 처우에 제대로 이의를 제기하고, 개선의 기회조차 보이지 않는 글로벌 식품 시스템과 씨름하는 가운데 우리가 직면하는 상호연결된 문제들을 완화할 수 있으려면, 태도와 행동 모두에서 시급한 변화가 필요하다.

5장

거꾸로 뒤집힌 **세상**

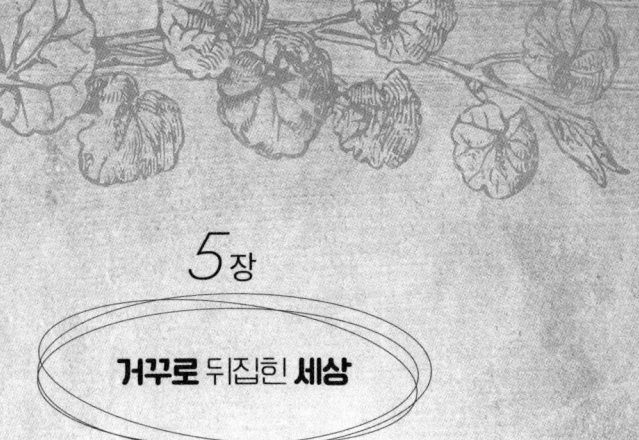

식품 생산용 비인간동물의 숨겨진 세계

물건에 드는 비용은 당장에 또는 장차
그 물건과 교환해야 하는 삶의 양이다.
- 헨리 데이비드 소로

종(種)은 그 자체가 도덕적으로 임의적이라는 생각이 확산되고 있다.
하지만 이 생각이 우리 문화에 얼마나 깊숙이 자리 잡고 있는지,
그래서 그것을 올바른 방향으로 바꾸는 데
얼마나 오랜 시간이 걸릴지 생각할 때면 몹시도 놀랍다.
- 리처드 케션

이들 동물이 경제적 단위라는 개념에 이의를 제기하며,
대신에 동물은 감정을 느끼는 살아있는 생명체이자 동료 지구인이고,
상품이 아니라 우리의 동반자이며,
식품이 아니라 우리의 친구라고 말하기
- 진 바우어

★★★

10월 2일은 세계 농장동물의 날WDFA이다. 의식 있는 시민들은 이 기념일에 "도살을 멈춰라. 비건이 되자!" "비폭력은 아침식사에서 시작된다." "개를 쓰다듬는다면 돼지도 먹지 마라." 등의 구호를 내걸고 유제품, 달걀, 생선, 고기의 생산 과정에서 희생된 생명을 기리고 애도한다. 세계 농장동물의 날은 1983년에 시작되었으며 마하트마 간디의 생일과 같은 날이다. 이 기념일 말고는 소비자시민이 자신이 소비하는 식품 선택에 대해 비판적으로 성찰할 기회가 거의 없다. 또한 인간이 끊임없이 소비하는 육류나 달걀과 유제품 등을 생산하는 산업, 바다에서 양식하거나 잡아들이는 수산물을 가공하는 공장 등 비인간동물을 집약적으로 생산하는 시스템에 대해 생각해볼 기회도 거의 없다.

동물을 식품으로 산업 생산하는 것과 관련된 인간 노동자와 소비자, 그리고 공장식 축산으로 인한 환경 피해에 대해서 이야기하는 것은 '방 안의 코끼리elephant in the room*'나 마찬가지다. 아니, 더 정확히는 방 안의 소나 돼지, 닭, 어류의 문제이기도 하다. 이 시스템이 존재하려면 반드시 비인간동물이 있어야 하기 때문이다. 하지만 너무도 빤히 보이는데도 이러한 시스템을 둘러싼 대화에서 그런 문제는 다루어지지 않는 경우가 많다.[514]

"물건에 드는 비용은 당장에 또는 장차 그 물건과 교환해야 하

* 모두가 알지만 말하기 꺼려하는 문제-옮긴이

는 삶의 양이다." 소로의 이 말을 떠올리자면, 동물성 식품인 육류와 생선을 생산하는 과정에서 '사물화되는', 이른바 식용 동물의 삶과 연관 지어 생각하지 않을 수 없다.[515] 소로는 이 문장에서 다른 동물들에 대해 이야기하는 것이 아니다. 소비자로서의 생활방식을 유지하는 데 드는 비용과 투입되는 노동의 양이 그만한 가치가 있는지를 고려해보자는 것이다. 하지만 우리는 식용 동물의 집약적 생산 비용에 대해서도 마찬가지 고려를 해야 한다고 생각한다. 상품화로 인해 발생하는 개인적이고 집단적인 비용은 어떠한가?

뒤집힌 세계: 작동 중인 종차별주의

넷플릭스의 인기 프로그램인 〈기묘한 이야기Stranger Things〉를 시청하지 않은 사람들에게 '뒤집힌 세계Upside Down'는 표면적으로는 일반 세계와 동일해 보일 것이다. 하지만 그 세계의 표면 아래에는 악몽 같은 이야기와 괴물들이 도처에 있는 기묘한 평행 우주다. 비인간동물, 노동자, 소비자시민과 환경에서 발생하는 많은 일들이 숨겨져 있거나 왜곡되거나 차단되어 있다. 소비자시민 대부분은 그로 인해 발생하는 외부효과에 대해 제대로 알지 못하거나 막연하게만 이해하고 있다. 그런 의미에서 현재의 집약적 식품생산 시스템은 〈기묘한 이야기〉의 상황과 닮아있다고 할 수 있다.

집약적 생산 시스템에 투명성이 없으면 우리는 그 시스템이 어떤 모습인지 제대로 알 수 없고, 그 시스템 때문에 어떤 일이 일어나는지도 알아채지 못한다.[516] 투명성은 산업화된 식품생산 시스템이 불러온 모든 결과들이 서로 연결되어 있음을 알게 해주는 중요한 역할을 하기도 한다. 연결되어 있다는 것은 어느 한 부분에서 일어나는 일이 다른 부분으로 파급된다는 것을 뜻한다. 게다가 사회학 교수이자 비판적 동물 연구학자 겸 활동가인 데이비드 니버트가 인터뷰에서 말했듯이, 우리가 이처럼 모든 부분에 영향을 미치는 사안들에 대해 인지하고 해법을 찾기 위해 노력하지 않는다면, 사회의 일부라도 개선할 수 있으리라 기대하기 어렵다.

니버트는 이렇게 말했다. "몇 년 전 저는 인간에 대한 억압과 다른 동물에 대한 억압이 깊게 얽혀 있다고 보고 그것에 대해 사회학적으로 깊이 분석하기 시작했습니다. 그리고 더 많이 알면 알수록 동물 억압 문제는 오늘날 우리 사회가 맞닥뜨리고 있는 주요 문제와 분리될 수 없다는 점을 깨닫게 되었습니다."(2022년 데이비드 니버트와의 인터뷰) 이러한 문제에 익숙하지 않은 사람에게 이 주제를 어떻게 제시하면 좋을지 묻자, 그는 이렇게 대답했다.

> 먼저 다른 동물에게 일어나고 있는 일이 끔찍하고 상상조차 하기 힘든 고통과 폭력이라는 말부터 하겠어요. 우리 대부분은 다른 동물에게 행해지는 일이 별로 중요하지 않다고 배워왔고, 그러한 일이야말로 동물들이 존재하는 이유라고 들었습니다. 그들을 쓸데없이 잔인하게 다루어서는 안 된다는 말만 들었을 뿐이죠. 건강하

고 영양가 있는 식물성 식품을 모든 사람이 먹을 만큼 충분히 생산할 수 있다는 사실을 아는 사람은 거의 없습니다. 우리 종이 신속하게 식물성 식단으로 전환하면 우리 자신과 지구, 그리고 지구상의 모든 생명체를 치유할 수 있다는 사실을 아는 사람 또한 많지 않습니다.(2022년 데이비드 니버트와의 인터뷰)

그가 억압의 교차점에 대한 광범위한 연구[517]에서 입증하고 이 책을 위한 인터뷰에서 공유했듯이, 비인간동물은 폭력적인 정복과 식민주의 역사에서 군인을 수송하기 위한 전쟁 도구(가령 말)로, 식민지 시대의 아메리카 선주민 학살로 이어진 희생양(가령 미국과 캐나다의 대초원에서 자행된 수백만 마리의 들소 학살)으로, 식량 생산을 위해 훔친 땅을 채우는 데에(가령 정착민들이 수익성 있는 목장을 위해 그 땅을 소유하게 된 경우) 이용되었다.(2022년 데이비드 니버트와의 인터뷰)

니버트는 비인간동물을 식량, 의복, 의약품에 이용하는 것이 인간 불평등과 연관되어 있다는 깨달음에 비추어 이렇게 설명했다. "저는 기본적으로 인종차별이나 성차별, 장애인차별, 계급차별 그 어떤 것이든 정치적, 경제적, 이념적으로 다른 동물에 대한 억압과 연결된다는 사실을 인식하지 않고서는 이 문제를 다룰 수 없다고 강조하고 싶습니다."(2022년 데이비드 니버트와의 인터뷰) 이는 다른 동물에 대한 취급을 본질적으로 종차별주의로 규정하는 것이다.

종차별주의는 인간 종을 다른 동물보다 특권을 가진 위치로 격상시키는 것이다. 이렇게 차별의 관점에서 바라볼 때 인간의 행위가 동물의 삶에 어떤 영향을 미치는지 인식하고 주목할 수 있게 된다. 리처드 라이더는 인간이 비인간동물에게 가하는 고통을 설명하기 위해 1970년에 처음으로 종차별이라는 용어를 사용했다.[518] 그는 종차별주의가 다른 동물에 비해 인간에게 특권을 부여하는 편견에 찬 태도라고 주장했다.[519] 따라서 종차별주의라는 용어의 사용은 사회 기관과 관습, 정부가 다른 동물에 대한 착취를 어떻게 규제하고 시행하며 보조금을 통해 지원하는지 인식할 수 있게 해준다. 이 용어는 피터 싱어가 1975년 저서 《동물 해방*Animal Liberation*》에서 대중화했는데, 그는 이 용어가 "자기 종 구성원만의 이익을 옹호하는 편견 또는 편견에 찬 태도"라고 주장했다.[520]

데이비드 니버트는 원래의 의미를 수정하여 (모든 '-주의'와 마찬가지로) 종차별주의가 각 개체의 결함에서 비롯된 것이 아니라 "하나의 이데올로기, 즉 편견과 차별을 정당화하고 고무하는 신념체계"라는 중요한 인식을 더했다.[521] 이는 종차별을 성차별, 인종차별, 장애인차별 등 다른 체제적 불평등과 유사한 구조적 폭력으로 이해하도록 해준다.[522]

라이더는 분석을 통해 비인간동물에 대한 잔인함의 단계를 구분했다. 개인의 잔인함은 무지, 방치 또는 비열함의 결과인 반면, 제도적 잔인함은 "탐욕, 야망, 생각 없는 관습 고수"에 기반을 두고 있다.[523] 개별 작업자나 운송기사 또는 조련사가 전기 막대기를 사용하여 쓰러진 동물을 움직이게 하는 등 동물에게 잔인하게 대하거나, 동물의 기본 욕구를 채워주지 못하는 것과 같이 방치하는 경우도 있기는 하다. 하지만 오늘날의 생산 시스템에서는 일반적이고 합법적인 표준 산업 관행을 따른 결과로 동물들이 스트레스를 받거나 피해를 입을 가능성이 훨씬 더 높다. 그런데도 이런 사정을 잘 알지 못한다면 그 이유는 무엇일까?

우리는 왜 우리가 모른다는 사실을 모르는가?

사람들은 식품용 비인간동물을 생산하는 방식이 자연스럽고 불가피하다고 믿는 경향이 있다. 하지만 동물산업복합체는 사람들이 다른 동물과 함께 살아온 오랜 역사에서 매우 최근의 발전 양상이라는 점을 기억해야 한다. 식품에 대해 우리가 일반적으로 알고 있는 것들의 이면을 하나하나 들춰내고, 산업화된 축산 시스템에서 어떤 일들이 벌어지고 있는지 들여다보는 과정은 매우 낯설고 때로는 문화 충격을 동반할 수도 있다.

문화인류학자들은 문화 충격이란 주변 환경에서 이질감을 느끼는 상태라고 설명한다. 새로운 지역이나 나라를 방문하거나 그곳으로 이주할 때, 또는 직업이나 학교가 바뀌었을 때 겪을 수 있는 불안이나 우울감을 설명하는 데 문화 충격이란 말이 자주 사용된다. 인간과 다른 동물의 관계를 연구하면서, 특히 산업화된 식량 생산 시스템 아래에서 동물들의 삶이 어떤 모습인지에 관한 연구 자료를 검토하면서, 우리는 종종 문화 충격에 휩싸인다. 이건 꼭 우리 연구자들만 경험하는 일은 아니다. 이 책을 위해 인터뷰한 많은 이들이 하나같이 했던 말이 있다. 다른 동물들에 대한 우려를 표명할 때 주류 상식에 반하는 의견을 가졌다는 이유로 비판이나 경멸의 시선을 받지 않고 이야기 나눌 수 있어서 매우 기뻤다는 것이다.

매사추세츠 대학교 심리학 및 사회학 교수인 멜라니 조이가 고안한 용어인 '육식주의Carnism'는 육식을 윤리적이고 적절하며 눈에 보이지 않는 것으로 여기는 이데올로기나 신념체계를 일컫는다.[524] 조이에 따르면, 육식의 비가시성은 육식이 너무도 당연한 것이어서 육식에 대해 이모저모 따져 물을 수 없는 현실 때문에 생기는 것이다.[525] '-주의'에 관한 이전 논의와 관련지어 살펴보면, 육식주의는 너무 널리 퍼져 있고 일반적으로 용인되고 있어서 대부분의 사람에게 보이지 않는다. 이러한 비가시성은 일반적으로 사육동물의 삶과 죽음 또는 포획되거나 양식된 어류의 삶과 죽음을 그들이 음식으로 제공되기 전까지는 보지 못한다는 점에서 의도된 것이기도 하다.[526]

조이는 "우리는 그들을 보면 안 되기 때문에 보지 않는 것이다. 여느 폭력적인 이데올로기처럼, 시스템의 피해자들은 대중에게 직접 노출되지 않도록 감춰져야 한다. 그렇지 않으면 대중이 시스템을, 또는 자신들이 그 시스템에 가담한 것을 문제 삼을 수도 있기 때문이다. 육류산업이 자신들의 관행을 계속 감추기 위해 그렇게 많은 노력을 기울이는 이유가 바로 거기에 있다"라고 말한다.[527] 이러한 비가시성은 미국 정부가 전투에서 사망한 미군 시신의 귀환 사진 촬영을 금지한 행위와 여러 면에서 비슷하다. 그랜트 펜로드가 지적한 것처럼, "델라웨어의 도버 공군기지로 옮겨온 관을 촬영하지 못하게 한 국방부의 언론 보도 금지를 두고 많은 언론인은 전쟁에 대해 부정적인 이미지를 줄 수 있는 보도를 통제하려는 시도로 보았다."[528] 금지령은 결국 2009년에 해제되었다.

비인간동물을 이용하는 산업에서 방해 행위로 간주하는 행동, 즉 산업적 생산 방식에 반대하거나 부화장과 공장식 농장, 도축장에 잠입하여 조사하는 것 같은 행동에 부정적인 딱지를 붙이고, 그런 행동을 법적으로 금하는 것을 정부가 점점 더 많이 지지하는 추세다. 대중의 감시로부터 동물 기반 산업을 보호하려는 정부의 의도 때문이다.[529] 흔히 말하는 애그개그법(동물학대행위 촬영 금지법)은 일반적으로 주를 비롯한 지방의 법률로, 원래 미국 일부 주에서 시행되다가 다른 서구 국가에서도 동물 산업을 방해하는 행위를 불법으로 규정하기 위해 채택한 법이다.

동물 옹호론자들은 애그개그법이 내부 고발자에게 위협이 되는 것은 물론 농업 시설에서의 동물 학대나 소비자 식품 안전 문제를 폭로하는 데에도 위협이 된다고 지적한다.[530] 이른바 녹색혁명의 지지자들이 식량 생산에서의 변화를 진보로 포장한 것처럼, "현재의 산업형 축산의 발전을 이러한 진보의 기치 아래 포장하는 것은 큰 문제를 불러온다. 특히 문제가 되는 것은 산업형 축산을 비판하는 것을 후진적이거나 심지어 일탈적인 것으로 간주하면서 그러한 비판을 억제하려는 조치를 취한다는 점이다."[531]

캐나다 동물법 단체인 '동물정의Animal Justice'의 상임이사인 카밀 래브척Camille Labchuk은 〈마더 존스Mother Jones〉 잡지사를 상대로 이렇게 말했다. "우리가 지금 보고 있는 것은 점점 더 적극적으로 나서고 있는 농장 공동체의 퇴행적 반발"이라며, "미국에서는 이런 길을 고수해왔기 때문에 놀랍다고는 할 수 없다. 하지만 결국에 그들에게 좋은 일이 될지는 확신할 수 없다"고 말했다.[532] 래브척이 말하고자 하는 것은 미국에서 애그개그법과 관련된 대부분의 법정 소송 사건이 수정헌법 제1조의 권리를 침해한 것으로 밝혀져 무효로 간주되었다는 점이다. "동물정의는 현재 온타리오 법이 캐나다인의 표현의 자유에 대한 권리를 침해한다고 주장하며 비슷한 근거로 법정에서 싸우고 있다."[533]

브록 대학교의 사회학 교수인 존 소렌슨은 동물권 및 환경보호 단체가 "동물 착취를 통해 정체성을 구축하는 사람들에게 존재론적, 실존적 위협이 될" 뿐 아니라 그들의 재정적 수익을 위협하기 때문에 특히 동물산업복합체, 화학제약산업 등은 잃을 것이 많다고 주장한다.[534] 소렌슨은 또한 산업적 축산의 발전을 진보로 포장하는 담론은 비인간동물에 대한 현재의 처우를 정상적이고 자연스러운 것으로 보이게 만든다고 지적한다. 아울러 동물권을 옹호하는 반대 관점을 잠재우려고 노력하며, "친자본주의적, 가부장적, 인종차별적" 이데올로기를 포함한 다른 유형의 보수적이고 개인주의적인 입장과 상당한 공통점이 있다고 말한다.[535]

애그개그법은 우리가 이전 장에서 제기한 민주주의와 그것의 결여에 대한 계속되는 문제제기와도 분명 관련이 있다. 정보에 입각한 소비자시민의식을 갖게 하고 식품 시스템의 투명성을 보

Interview

실라이 S. 맥캐스모란 민속학자이자 윤리적 비건

저는 팬데믹이 발생하기 직전에 토론토의 한 도축장에서 잠시 참여관찰을 한 적이 있습니다. 수년 전에는 육로 운송 트럭 운전사로도 일하며 중장비를 다뤄본 경험도 있고요. 그래서 저는 돼지에게 물을 먹이는 일이나 중장비와 트럭에 대해서도 웬만큼 알고 있습니다. 당시에 저는 동물보호 단체인 토론토피그세이브(Toronto Pig Save) 웹사이트에서 여러 사건들을 접했습니다. 벌링턴의 돼지 운반 적재함에서 일어난 사건현장에는 경찰도 출동했습니다. 법안 156이 제정되기 전에는 활동가가 스톱워치를 들고 트럭 앞에 서서 손을 들어올려 평화 신호를 보내면서, 돼지에게 물을 먹이기 위해 "돼지들과 우리에게 2분만 주세요"라고 말한 다음 스톱워치를 누르고 2분을 외치는 일도 있었다는 것을 읽은 적이 있습니다. 그러고 나서 시간이 지나면 트럭을 보내주는 식이었는데, 활동가들에게 트럭에 대한 경각심을 심어주는 것도 꼭 필요했습니다.
트럭 운전사들은 몰'상식'하게 많은 폭력을 행사했습니다[여기서 실라이는 그람시의 헤게모니 이론 맥락에서 '상식'을 언급하고 있다]. 흑인의 생명도 소중하다(Black Lives Matter) 운동에서도 이런 모습을 볼 수 있습니다. 백인으로서 배워온 것을 잊지 않으려는 백인 우월주의자들에게서도 볼 수 있고요. 우리가 그들이 운송하고 있는 동물의 고통에 대해 주의를 환기하면 그들은 그저 모욕적으로 받아들였습니다. 2019년 가을에 운전자들이 2분이 지나기 전에 트럭을 앞으로 모는 일이 벌어졌습니다. 트럭으로 활동가들을 밀어붙이는 상황이었던 거죠. 저도 그 자리에 있었습니다. 스톱워치를 든 활동가가 트럭에 밀리는 장면을 제가 촬영했습니다.

제가 집에 온 지 4개월 후에 바로 그런 식으로 큰 비극이 벌어졌습니다. 트럭이 잘못된 차선에서 코너를 돌아 돌진하며 리건 러셀을 들이받았고 그녀의 몸이 두 동강이 났습니다. 트럭 운전사가 잘못된 차선으로 코너를 너무 빨리 돌면서 이 60대 활동가를 향했는데 그녀는 재빨리 피하지 못해서 트럭에 치여 죽었습니다. 이 사건은 저의 연구에 커다란 영향을 끼쳤습니다.

연구자로서 제가 주목하는 것은 헤게모니 거품에 맞서 동물권 운동에서 전개하는 반헤게모니 운동입니다. 애그개그법은 헤게모니를 유지하기 위한 법입니다. 정부와 축산농장은 현재 상황을 조용히 유지하고, 침묵시키고, 드러나지 않게 막고, 무슨 일이 일어나고 있는지 사람들이 보지 못하도록 하는 일을 하고 있습니다. 그리고 활동가들은 저항하면서 트마우마를 겪을 뿐 아니라 하루가 멀다하고 폭력에 맞닥뜨리고 있습니다. (2022년)

장하는 데 이 법이 위협이 될 수 있기 때문이다.[536] 조이가 덧붙여 지적한 것처럼, "농축산업이 너무 강력해져서 그들은 법 위에 있다. 법을 존중하기보다는 법을 만들어낼 수 있는 위치에 섰기 때문에, 우리의 민주주의는 육식 민주주의가 되었다고 말해도 무방할 것이다."[537]

만약 우리가 이 시스템에 투명성을 구축하고자 한다면 동물산업복합체 산업이 대중의 감시를 벗어나는 상황은 분명히 문제가 되며, 시민 참여, 기업과 정부의 책임과 같은 다른 민주적 원칙에 명백히 위배된다. 동물을 식품으로 산업 생산하는 현장에 대한 잠입조사는 동물산업복합체에서 무슨 일이 일어나고 있는지 밝혀내기 위해 갈수록 중요해지고 있다. 왜냐하면 공장식 농장과 도축장은 주로 외딴 지역에 있는 데다 동물들은 실내에 격리되어 있는 경우가 많고, 높은 울타리로 둘러싸여 있어 대부분의 소비자시민이 그곳에 가서 비인간동물을 직접 보는 것이 매우 어렵기 때문이다. 잠입조사는 노골적인 학대와 같이 매우 직접적인 문제에 초점을 맞추는 경우가 많지만, 업계의 표준 관행이 어떠한지를 엿볼 수 있는 기회도 된다.[538]

개인적 학대와 업계의 표준 관행

비인간동물을 식품으로 산업 생산하는 것은 전 세계에 걸친 생산 시스템으로, 매우 방대하고 집약적이어서 그 실상을 온전히 파악하기조차 힘들다.[539] 실제와는 약간의 차이가 있겠지만, 모든 추정치는 이 산업의 규모가 엄청나다는 점을 보여준다. 최근의 한 추정치는 다음과 같다. "인간이 연간 대략 4,000만 마리의 소, 1억 2,000만 마리의 돼지, 3억 마리의 칠면조, 70억 마리의 어류, 90억 마리의 닭, 640억 개의 조개류를 소비하는 것으로 추정된다는 사실을 알고 나니 정말 놀랍다."[540]

리처드 트와인은 전 세계에서 매년 약 560억 마리의 육상동물이 식품 생산용으로 도살되고 있다고 주장한다.[541] 어류 소비량에 대한 일부 추정치는 이보다 훨씬 더 높아서 1999년부터 2007년까지 전 세계 상업 어업에서 매년 7억 9,000만 마리에서 많게는 3조 마리의 어류가 죽임을 당한 것으로 나타났다.[542] 이 놀라운 추정치는 유엔 식량농업기구의 자료에 따라, 포획된 어류 수십 톤을 개체수로 환산한 것이다. 유엔 식량농업기구에 따르면, 양식장에서 양식한 어류뿐만 아니라 상업적 어획으로 잡힌 어류를 포함하여 2020년에 1억 7,800만 톤의 수생 생물이 죽었다고 한다.[543] 이 수치에는 상업적 어획 과정에서 부주의로 생명을 빼앗긴 바다 포유류와 바닷새 등은 포함되지 않았다.

매년 엄청난 수의 육상 포유동물과 조류가 식품 생산용으로 사육되고 죽임을 당한다는 사실을 사람들은 잘 알고 있다. 그렇지만 상업 어업과 양식업이 바다에 미치는 피해에 대해서는 대다수가 잘 알지 못하며, 잡힌 어류 개체의 관점에서 그 과정을 곰곰이 생각해본 사람은 더욱 드물 것이다. 조너선 밸컴은 "어류는 지구상에서 가장 많이 착취당하는 (그리고 과잉 착취당하는) 범주의 척추동물이다. 그리고 어류의 감각과 인지를 다룬 과학은 우리가 그들에 대해 생각하고 대하는 방식에서 패러다임의 변화가 필요하다는 점을 제기한다."[544]

부화장, 공장식 농장, 경매, 운송, 도축장에 대한 동물보호 단체의 잠입조사는, 공장식 축산에서 벌어지는 동물에 대한 비인간적 처우에 관해 소비자 인식을 높이고 산업 전반의 복지 향상을 촉구하는 데 중요한 역할을 해왔다.[545] 이러한 조사 과정에서 촬영된 사진과 동영상이 공개되면 종종 전국을 강타하는 뉴스가 되기도 한다. 최근 뉴스의 헤드라인 가운데 일부는 다음과 같다. "충격적인 농장 영상, 꼬리 잘린 새끼돼지들과 비좁은 우리에 갇힌 어미돼지의 모습을 보여주다."[546] "미국 낙농 부문에서의 동물 학대 혐의 조사 중: 폭력적인 처우와 유기농으로 둔갑한 소에 대한 고발이 농무부에 제출되다."[547] "상어 지느러미는 이 종을 멸절시킬 수도 있는 역겨운 교역을 위해 산 채로 잘려나간다."[548]

또 다른 사례로서 캐나다 방송공사CBC는 잠입조사 결과 캐나

Interview

이노우에 타이치 일본 비건 활동가, 작가, 동물 연구에 관한 주요 도서의 영일 번역가

어업 행위를 조사하는 활동가 수가 한정적이어서 어업 관련 투명성 문제를 푸는 데 어려움이 있습니다. 그래서 그 이면에서 무슨 일이 일어나는지 알기 어렵고, 그 실상을 사람들에게 알리기가 쉽지 않습니다. 저는 그러한 일 대신에 해양 생물의 힘과 주체성을 전면에 내세우는 것이 이들 생물의 도덕적 지위(moral standing)에 대해 곰곰이 생각해볼 수 있는 주요한 [방법] 가운데 하나라고 생각했습니다. 큘럼 브라운(Culum Brown)과 동물행동학자 조너선 밸컴이 수많은 해양 생물의 내면세계에 대한 이해를 높이는 데 큰 기여를 했듯이 말입니다. 그들은 우리의 관찰에 과학적 근거를 제공합니다.

어업이나 수산과학에 관한 책이나 논문도 도움이 됩니다. 저는 다이버가 아니어서 참치를 직접 관찰할 기회가 없었기 때문에 에세이를 쓰는 동안 참치의 행동을 이해하기 위해 이러한 책과 논문을 참조했습니다. 반면에 참치의 도피 행동이나 저항 행동을 기술한 어업 관련 책들도 있습니다. 물론 책들의 목적은 참치와 같은 생물을 포획하고 통제하는 것입니다. 하지만 우리는 그러한 억압적인 서사를 적절히 바꾸어 받아들여 활용할 수 있으며, 또 그래야 합니다. 우리가 이 생물들에게서 얼마나 빼앗고 있는지 그 규모를 아는 것이 그들을 포획하고 죽이는 행위의 핵심을 이해하는 열쇠가 될 것입니다. (2022년)

다 온타리오에 있는 부화장에서 병아리가 학대당하고 있는 모습을 포착했다고 보도했다. '동물에게 자비를' 캐나다 본부Mercy for Animals Canada에서 잠입 촬영한 영상인 "동물권 단체, 병아리가 부화장에서 '산 채로 요리된다'고 고발하다"를 보면, 플라스틱 쟁반에 갇혀 빠져나오지 못한 병아리들이 결국 산 채로 삶아지거나 고성능 식기세척기에 빠져 죽는 장면이 나오는데 이 모습을 두고 한 노동자가 농담을 건네는 모습도 나온다. 해당 영상에는 또한 병들거나 다친 병아리를 분쇄기(병아리를 산 채로 분쇄하는 대형 기계)에 붓는 장면과 고무 걸레를 이용하여 의식이 또렷해 보이는 병아리를 기계의 칼날 쪽으로 미는 장면도 나온다.[549]

흥미롭게도 이 보도에는 거의 900건에 이르는 독자 댓글이 달렸는데, 댓글을 살펴보면 개별 동물에게 냉담하거나 잔인하게 대하는 행위를 목격한 많은 소비자시민이 충격을 받거나 격분한 것을 알 수 있다. 동물 산업에서 개별적으로 가해지는 학대 행위에 대해서는 사람들이 동영상이나 뉴스 기사를 통해 쉽게 인지할 수 있다. 하지만 대다수 사람들은 동물에게 해를 입히고 고통을 주는 구조적 문제에 대해서는 인식하지 못한다는 점을 알 수 있었다.[550]

앞의 이야기들은 많은 사례 가운데 일부일 뿐이다. 이 외에도 너무 아파서 혼자 서 있을 수 없는 동물들, 다쳤거나 쓰러져 있는 소들을 전기 충격기로 반복해서 감전시키는 행위, 병아리를 식기세척기에 익사시키는 행위, 산 채로 지느러미가 잘린 후 바다로 던져지는 상어, 죽어가는 소들을 의료 지원이나 안락사 등의 조치를 취하지 않고 몇 시간이고 방치하는 행위도 있다. 잠입 조사를 통해 이러한 행위들이 때로는 업계의 표준 관행으로 행해지는 제도적 문제로 밝혀지기도 한다.

예를 들어 양돈 농장에 대한 한 조사에서 조사관들은 업계에서 휴한(休閑) 쇠틀우리 또는 임신 쇠틀우리로 알려진 소형 냉장고 크기의 아주 작은 우리에 어미돼지들을 가둬놓는 모습을 영상에 담아냈다. 어미돼지들은 그 안에서 서고, 눕고, 새끼돼지들에게 젖을 먹이는 것 말고는 어떤 행동도 할 수 없었다. 영상의 또 다른 장면에는 출생 후 죽은 새끼돼지의 모습과 잘린 꼬리가 시설 바닥에 버려져 있는 모습도 담겨 있었다.[551] 업계에서는 '단미'라는 완곡한 표현으로 알려진 새끼돼지의 꼬리 자르기를 일반적인 표준 관행으로 시행하고 있었다. 사실 꼬리 자르기는 의도적으로 조성한 비좁고 밀집된 생산시설의 사육 환경에서 돼지들이 혼잡함이나 지루함으로 스트레스를 받아 서로 꼬리를 물어뜯는 것을 방지하기 위한 조치다.

영국의 양돈 시설 두 곳에 대한 이번 조사를 두고 양돈 농가를 대표하는 전국양돈협회National Pig Association 대변인은 "우리는 '공장식'이라는 용어를 인정하지 않으며, 특히 지난 2년 동안 양돈 농가들이 겪은 극도로 어려운 상황을 고려할 때 우리의 동물 복지와 환경 기준에 자부심을 느낀다"고 말했다.[552]

캐나다 부화장에서 벌어지는 학대를 포착한 잠입 취재 영상에 나타난 업계의 표준 관행은 갓 태어난 병아리를 컨베이어 벨

트로 운반하여 분류한 후에 금속낙하로를 통해 기계식 건조기에 떨구어, 어미닭의 날개 아래가 아닌 기계 장비에서 건조하는 것이다. 다쳤거나 상품화하기에 부적합한 병아리들은 분쇄기에 던져져 의식이 또렷한 상태에서 분쇄된다.[553]

업계의 표준 관행은 널리 행해지고 있으며 합법적이다. 표준 관행에는 동물들이 먹이와 물을 먹지 못한 상태로 얼마나 오래 운송될 수 있는지, 다양한 유형의 동물 종에 대해 어떤 도축 방법이 어떤 조건 하에서 이루어지도록 권장하는지 등에 관한 규정이 포함되기도 한다. 사회학자이자 환경범죄학자인 에이미 피츠제럴드가 이야기한 것처럼, 미국의 인도적 도축 방법에 관한 법US Humane Methods of Slaughter Act이 1978년에 제정되었을 때 "업계에서는 육류 가공 관행에 대한 규정이 불필요할 뿐 아니라 비용도 많이 든다고 주장했다. 대신에 그들은 신자유주의 정신의 확산에 따라 규제를 시장에 맡길 것을 제안했다. 즉, 소비자가 자신의 돈으로 투표하고 경쟁에 따라 업계에서 관행이 형성되도록 허용하자"는 것이었다.[554]

캐나다 형법(RSC (1985년) c. C46)에는 "불필요한 고통이나 괴로움 또는 부상"으로부터 비인간동물을 보호하는 법률이 있다. 하지만 이 법률은 일반적으로 비인간동물을 영리 목적으로 활용하는 상업적 산업에는 적용되지 않는다.[555] 캐나다에서 식품 생산용 동물에 대한 대부분의 보호는 자발적인 행동 강령에 기초하고 있다. 세계동물보호기구는 "농업에 이용되는 동물을 보호하는" 데 있어서 캐나다에 D등급을 부여하고, "국립 농장동물 관리위원회의 실천 강령National Farm Animal Care Council's Codes of Practice 에 대한 준수는 자발적이지만 축산업계 일부에서는 외부 검증도 하는 방향으로 나아가고 있다"고 주장한다.[556]

비교하자면, 캐나다는 "농업에 이용되는 동물을 보호하는" 것에 E등급을 받은 미국보다 약간 나은 편이다.[557] 세계동물보호기구는 캐나다에서 일부 긍정적인 변화를 보여주는 두 가지 사례를 제시한다. (1)현재 여러 주에서 동물보호 법안에 실행 규칙을 언급하고 있으며, (2)"캐나다 낙농가 협회DFC를 비롯한 일부 동물 산업에서는 모든 낙농 생산업자가 젖소 관리와 취급에 관한 국가 실천 규칙을 준수하는지 검증한다."[558]

캐나다가 낮은 등급을 받은 이유 가운데 하나는 많은 정책이 자발적으로 시행되는 측면과 관련이 있다. 법제화된 정책을 통해 국가가 규제하기보다는 업계 이해관계자의 자발적 준수에 맡겨져 있기 때문이다. 세계동물보호기구는 또한 동물 복지에 대한 다양한 업데이트 등 캐나다의 실천 강령에서 일부 긍정적인 변화가 있었지만, 안타깝게도 동물 복지 기준에 관한 몇 가지 중요한 변화는 앞으로 수년이 지나야 이루어질 것으로 보인다고 지적한다. 예를 들어 지침에는 산란계의 사육 환경을 개선하여 더 넓고 풍요로운 사육 공간을 제공하도록 명시하고 있지만, 이 지침의 준수는 2036년 7월 1일까지 유예된다.[559]

한 연구는 동물 복지에 관한 결정에서 "모든 이해관계자의 이익과 가치" 사이에서 균형을 맞추는 것이 어렵다는 점을 지적했다.[560] 누군가는 자본의 요구와 비인간동물이나 환경의 요구가 쉽게 양립하기 어렵다고 결론지을 수도 있다. 육류 생산 시스템을 광범위하게 연구해온 에이미 피츠제럴드는 캐나다의 동물 운송 규정에 대해 언급하며 다음과 같이 말했다.

> 글쎄요, 여기 캐나다는 상황이 좋지 않습니다. 솔직히 말해서 사료와 물, 휴식을 제공하지 않고 동물을 운송할 수 있는 총 시간이 지금처럼 바뀌기 전에는 상황이 훨씬 더 나빴습니다. 하지만 우리는 여전히 유럽연합에 뒤처져 있으며 현재는 미국과 비슷한 수준인데, 실제로 그 시간이 꽤 깁니다. 캐나다 식품검사청에 정보의 자유Freedom of Information 요청을 통해 접근한 문서들을 살펴보면서 놀랐던 한 가지는, 업계가 운송 시간을 줄이지 않고 기존처럼 그대로 유지하기 위해 로비를 하고 있었다는 사실입니다.
> 캐나다 식품검사청도 사실상 어느 정도 뒤로 물러선 것으로 보입니다. 가금류 업계의 압력 때문에 결국에는 타협을 한 거죠. 문서가 여기저기 삭제되긴 했지만, 퍼즐 조각을 맞춰본 결과 가금류 업계가 로비했을 거라고 확신합니다. 동물 복지 관련 보고서에 따르면, 동물의 고통은 더 빨리 시작되기 때문에 허용 시간이 훨씬 더 짧아져야 합니다. 하지만 업계가 로비를 해서 캐나다 식품검사청의 초기 권장 시간보다 더 길게 연장할 수 있었습니다.(2022년 에이미 피츠제럴드와의 인터뷰)

캐나다 식품검사청의 가축 운송 문서에는 "규제 영향 분석 보고Regulatory Impact Analysis Statement"라는 섹션이 있다. 이것은 공식

규정에는 들어가지 않지만, 규정 자체와 업계와 진행된 협의, 그리고 협의 후 일부 운송 지침이 개정된 이유에 대한 몇 가지 중요한 배경을 보여준다. 다음 보고 글은 가금류 업계 대표들과의 협의를 거쳐 개정된 내용에 대해 구체적으로 밝히고 있는데, 에 이미 피츠제럴드가 제시한 분석을 뒷받침해준다. 캐나다 식품검사청은 다음과 같이 밝혔다.

> 가금류 업계의 일부 구성원은 개정안의 운송 시간 단축에 대해 우려를 표명하며 운송 도중 가금류들에게 사료와 물을 제공하는 것이 비현실적이라고 지적했다. 사료, 안전한 물, 휴식을 제공하지 않고 운송 최대 시간을 초과할 경우에 가금류를 운송할 수 없게 된다는 것이다. 응답자들에 따르면, 이렇게 될 경우 적정 가격의 기름기 없는 단백질 공급원을 상당량 잃을 수 있으며, 가공업체의 수익성에 직접적인 영향을 미친다는 것이다. 또한 가금류를 인도적으로 죽이고 현장에서 퇴비화하거나 사체를 운송하여 렌더링* 하는 데 드는 비용을 지불해야 하는 생산업자의 수익성에도 간접적인 영향을 미칠 것이라고 한다. 캐나다 식품검사청은 가금류 업계 대표들과 만나 최대 운송 시간이 미치는 경제적 영향을 완화하기 위한 규정 준수 방안을 논의했다. 이해관계자들의 우려와 과학적 증거를 고려하여, 일부 가금류 부문의 최대 운송 시간이 당초 제안된 12시간에서 24시간으로 수정되었으며 해당 내용은 캐나

* 가축을 도살하여 해체할 때 나오는 비식용 부분을 가열하고 수분을 증발시켜 기름을 분리하고 잔여물을 사료나 비료, 공업용 자재로 제품화하는 것-옮긴이

다 관보 1부에 사전 게시되었다.[561]

캐나다 식품검사청은 닭 운송 시간에 대한 처음 권고안이 논란의 여지가 있었고 동물 복지에 최선의 이익이 되는 것은 아니라고 밝힘으로써 투명성을 유지하려는 듯하다. 캐나다 식품검사청은 이렇게 밝혔다. "대부분의 이해관계자들은 규정 개정이 필요하다는 데 동의하고 지지한다. 그러나 의견은 양분되어 있다. 예를 들어 사료, 안전한 물, 휴식 시간의 변경과 관련하여, 동물복지 단체는 사료와 물을 주지 않고 동물을 운송할 수 있는 최대 운송 시간이 지나치게 길고 휴식 시간이 턱없이 짧아 동물 복지에 악영향을 미칠 수 있다고 생각한다." 그러나 다른 한편으로 캐나다 식품검사청은 개정안의 영향을 받는 일부 업계 대표들이 이러한 변화가 자신들의 영업 이익에 부정적인 영향을 미치기 때문에 운송 허용 시간이 더 길어져야 한다고 주장하고 있다고 설명한다.[562]

캐나다의 개정된 운송 허용 시간에 대한 지침은 뒤에서 살펴보겠지만 유럽연합의 지침보다 훨씬 느슨하다. 또한 세계동물보호기구가 내놓은 결과 보고서는 "이것이 농장동물의 삶에서 가장 큰 스트레스 요인 중 하나라는 점을 고려할 때, [캐나다] 정부는 가능한 한 최고의 동물복지학에 기반하여 지속적으로 규정을 개선해 나가야 한다"고 명시했다. 연방 정부가 최신 동물복지학에 근거하지 않고 업계 로비 단체의 압력에 따라 사료, 물, 휴식 시간을 줄이겠다고 당초의 제안을 완화한 것은 실망스

러운 일이다.[563]

예를 들어, 캐나다의 육계(고기용으로 사육되는 닭)와 산란계(달걀 생산에 사용되는 닭으로서 달걀 생산량이 감소하면 도축장으로 보내져 일반적으로 가공식품에 사용됨)에 대한 지침에서는 물 없이 최대 24시간, 사료 없이 최대 28시간까지 운송할 수 있도록 허용하고 있다. 유럽연합은 다음 (a)와 (b)보다 짧은 시간의 여정을 제외하고는, 동물 운송 중에 적절한 질과 양의 사료와 물을 제공해야 한다고 규정하고 있다. (a)싣고 내리는 시간을 제외하고 12시간 (b)부화 후 72시간 이내에 운송이 완료되었다면, 모든 종의 병아리에 대해 24시간"[564]. 캐나다에서는 갓 부화한 병아리는 부화 시점부터 최대 72시간 동안 사료나 물을 주지 않고 운송할 수 있다.[565]

특정 잔혹 행위는 개별 작업자가 누구인지에 따라 달라질 수 있지만, 업계 표준 관행은 인간 개인의 의지와는 상관없이 구조적인 폭력을 불러일으킨다. 이는 개별 인간의 실수, 편견, 악의가 아니라 시스템을 따라 이루어지는 관행에서 비롯한 문제다.

낙농업과 관련된 업계 표준 관행도 있다. 젖소의 우유는 생식의 결과물이기 때문에 지속적인 우유 공급을 촉진하기 위해 젖소를 반복적으로 임신시킨다.

실제로 낙농업계에서는 출산 후 3개월이 지나면 젖소를 다시 임신시킨다.[566] 이는 어미소가 새끼를 낳고 우유를 생산하지만 어미와 새끼 간의 유대관계를 형성하지 못하게 된다는 뜻이다. 우유는 소비자 시장을 위해 생산되고 어미소는 "우유 생산을 제외한 모든 형태의 모성 행동을 하지 못하게" 되기 때문이다.[567]

대부분의 상업적인 낙농장 운영에서 출산 후 허용되는 유일한 모성적(어미다운) 행위는 수유뿐이다.[568]

캐나다 퀘벡의 한 연구에 따르면 조사 대상 낙농장의 73%가 넘는 곳에서 갓 태어난 송아지를 출생 후 12시간 이내에 어미에게서 떼어내는 것으로 나타났다. 심지어 조사 대상 낙농장의 32.5%에서는 송아지가 태어난 후 2시간 이내에 어미에게서 분리했다.[569] 이 연구에 따르면 송아지를 출생 후 바로 어미에게서 분리하는 관행이 미국에서는 훨씬 더 흔했으며, 미국 농무부는 전체 젖소의 약 56%에서 즉각적인 분리가 이루어진다고 밝혔다.[570] 강제적인 조기 젖떼기는 이 과정에서 야기되는 고통으로 인해 어미소와 갓 태어난 송아지 모두에게 복지 문제를 불러온다.[571] 디콘세토 등은 어미소와 갓 태어난 송아지 모두가 정상적인 유대관계를 유지하지 못하면서 고통받는다고 설명한다.[572]

《#1389 귀표를 단 소*The Cow with Ear Tag #1389*》에서 캐서린 길레스피는 워싱턴 서부의 낙농장에서 어느 농부와 나눈 대화에 대해 자세히 설명한다. 그녀는 농부에게 "송아지는 태어나면 어떻게 되나요?"라고 질문했고 농부는 하루 안에 어미에게서 송아지를 떼어낸다고 설명한다. 왜 그렇게 하는지 묻자 농부는 이렇게 설명했다. "그렇게 하는 게 더 낫기 때문입니다. 어미소와 송아지 둘 다를 위해 분리해야 합니다. 둘 사이의 결속이 오래 지속될수록 분리가 더 어려워집니다. 좀 슬픈 일이죠. 우리가 그렇게 재빨리 송아지를 떼어내는데도, 소들은 마치 송아지를 찾는 것처럼 몇 주 동안 계속 울부짖습니다. 그래서 빠르게 분리해서 유대감이 깊이 형성되지 않도록 하는 편이 나아요."[573]

길레스피는 "[미국] 낙농업에서의 동물의 삶, 그리고 반복되는 관행을 뒷받침하는 담론을 이해하기 위해 젠더화된 상품화 gendered commodification와 성적 폭력sexualized violence"이라는 용어를 사용한다.[574] 정의의 관점에서, 온타리오 공과대학교University of Ontario Institute of Technology 사회과학 및 인문학부의 앨리슨 그레이는 우유 생산 규정에서 젖소의 건강 및 복지와 관련된 많은 규정이 개별 젖소에게 가장 이익이 되기보다는 '경제적 이익'과 연결되기 때문에 젖소가 마치 동물 기계처럼 다루어지는 경우가 많다고 주장한다.[575]

출산 직후 되풀이하여 송아지와 떨어져야 하는 스트레스 외에도 젖소가 일반적으로 겪게 되는 여러 가지 건강 문제가 있다. 집중적 우유 생산이 젖소의 건강에 미치는 영향에 관한 연구 보고서에 따르면, 젖소의 유방에 염증이 생기는 것(유방염으로 알려진 일반적인 질병)[576]과 함께 절뚝거림[577]도 심각한 문제다. 세 번째로 흔한 건강 문제는 수유열이다. 이는 출생 직후에 발생할 수 있는 대사성 질환으로 간주되는데 혈중 칼슘 수치가 감소하는 것이 특징이며, "젖소의 유방염 발병 가능성을 현저히 증가시킬 뿐만 아니라 사망을 포함한 여러 가지 심각한 건강 위험을 초래한다."[578]

이러한 건강 문제가 지속해서 생길 때 젖소는 생산 수명이 다한 것으로 간주된다.[579] 생산 수명이 다한 것으로 간주된다는 것은 생산성이 떨어지거나 쉽게 임신하지 못하거나, 또는 (유방염,

절뚝거림, 수유열 등) 치료하기 어렵거나 치료 비용이 많이 드는 질병에 걸리는 것을 뜻한다.[580] 길레스피가 방문한 농장에서는 젖소 한 마리당 3~4마리의 송아지를 출산하며 일 년에 9~10개월 동안 젖을 추출당한다. 그들은 5~6년 동안 사육된 후 도축장으로 보내지는데[581] 대규모 농장에서는 이 사육 기간이 더 짧아지는 경우가 많다. 인터뷰에 응한 농부는 "여러분이 패스트푸드점에서 햄버거를 먹고 있다면, 틀림없이 여러분은 젖소를 먹고 있는 것입니다."라고 말했다.[582]

앞서 언급한 건강상의 위험들에 비추어 볼 때 운송요원들은 동물이 운송에 적합한지 여부에 대해 다시금 검토해 봐야 할 뿐 아니라, 캐나다 운송 지침의 다소 부적절한 규정들을 전체 맥락에서 종합적으로 판단해볼 필요가 있다. 한 예로, 동물들은 "그들의 신체 내부 기관이 외부로 노출되지 않은" 경우 도축을 위한 운송에 적합하며, "자궁 탈출이나 심각한 직장 탈출 또는 심각한 질 탈출"이 신체 내부 기관의 외부 노출에 포함될 수 있다고 명시했다.[583] 자궁 탈출이나 심각한 질 탈출이 일어날 수 있는 상황을 생각해보면, 최근에 출산했거나 여러 번 연속 출산한 비인간동물이 여기에 해당될 수 있을 것이다. 지침에는 지난 48시간 이내에 출산한 소는 운송할 수 없다고 규정하고 있다.[584] 다시 말하지만, 디네시 와디웰이 다음과 같이 지적한 것처럼 우리는 낙농업계에서 행해지는 젖소의 번식과 양육이 어떤 모습인지 진지하게 생각해봐야 한다.

> 지난 몇 년 동안 쌓아온 나의 견해로는 자본주의 식품 시스템을 동물, 인간, 자본이 상호연결된 순환의 형태로 함께 묶인 '신진대사' 관계로 봐야 한다는 것이다. 우리의 식품 시스템은 해마다 수천억 마리의 육상과 해양 생물을 번식시킨다. 이를 위해서는 한 가지 형태의 동물 노동이 필요하다. 다시 말해 소피 루이스가 설명했듯이, 식품 시스템에 들어온 수백만 마리의 동물이 끊임없이 출산하도록 '임신' 노동을 강요받고 있는 것이다. 이렇게 태어난 수십억 마리의 동물 '노동력'은 그들 자신의 몸이 상품이 되도록 하기 위해 평생을 신진대사 노동에 종사하며 보내야 하고, 생명이 소멸한 후에는 식품으로 전환될 것이다.[585]

낙농업과 생식 노동이 함께 관련된 산업으로 송아지 고기 산업이 있다. 낙농장에서 태어난 수컷 송아지는 송아지 고기 농장에 판매될 가능성이 가장 높다. 미국 농무부 문서인 "송아지 고기, 농장에서 식탁까지Veal from Farm to Table"는 대부분의 "고기로 판매되는 송아지는 일반적으로 16~18주 사이의 연령에 도축된다"고 밝힌다. 또한 수컷 젖소 송아지는 우유 생산과 관련하여 아무런 가치가 없기 때문에 송아지 고기 산업에 사용된다고 지적한다. 이 문서는 또한 송아지는 대부분 3일 이내에 어미에게서 분리되는 경우가 많으며 이후 송아지 농장에서 일반적으로 개별 사육된다고 지적한다.[586]

송아지 고기 농가를 위한 온라인 문서는 '송아지에게 먹이를 주는 것은 단순한 비용이 아니라 투자'라는 점을 상기시킨다.[587]

같은 사이트에서는 농부의 편의를 위한 것들과 송아지의 안락함을 위한 것들을 대조적으로 제시함으로써 둘 사이의 괴리를 보여주는 문서도 있다.

> 송아지를 젖병으로 키우는 것이 양동이로 키우는 것보다 더 많은 시간이 들어간다는 것은 잘 알려진 사실이다. 송아지에게 양동이의 우유나 대용유를 먹이는 것은 간단하다. 젖병보다 양동이에 우유를 붓기가 더 쉽고, 젖병보다 양동이를 세척하기가 더 쉽다고 생각하는 사람도 있다. 그러나 송아지가 젖꼭지를 통해 우유를 빨지 않고 양동이로 우유를 마시면 비영양 빨기(우리 안의 물건 빨기) 또는 교차 빨기(다른 송아지 빨기)와 같은 비정상적인 행동을 보일 가능성이 더 높아진다.[588]

두 문서 모두 어미소와 송아지가 분리될 때 정서적으로 어떤 영향을 받는지 고려하지 못하고 있다. 소는 사교적인 동물로 알려져 있으며, 동종의 다른 소들과 함께 있는 것을 좋아한다. 또한 로리 윈 칼슨Laurie Winn Carlson의 연구에 따르면, "자연계에서 가장 보호 본능이 발달한 어미"로 묘사된다.[589]

송아지는 포유류로서 어미에게 영양을 공급받는다. 그리고 삶에 대한 선택권이 주어지면 암컷 소는 "평생 어미소와 함께 지내는 반면 수컷은 생후 1년이 되면 무리를 떠난다."[590] 업계 표준 관행을 살펴볼 때 이 관행이 동물의 복지보다는 경제적 결정에 따라 좌지우지된다는 점에 특히 주목해야 한다. 노우드와 러스크는 농장동물 복지에 대한 경제적 평가에서, 소비자들이 송아지 고기를 소비하지 않더라도 유제품을 소비함으로써 송아지 고기 생산을 지원(및 '보조')하게 된다는 점을 상기시킨다.[591]

식품 생산에 사용되는 동물은 종종 감정이 없는 존재로 묘사되며, 마치 자신들이 어떤 취급을 받든지 그다지 개의치 않는다고 여겨지곤 한다. 행동생태학자이자 인지행동학자인 마크 베코프 콜로라도 대학교 명예교수는 감정이 없는 것은 소와 같은 동물이 아니라 인간이라며, 우리가 동물의 감정을 인식하거나 알아보지 못하는 것이라고 설명한다. 그는 인터뷰에서 다음과 같이 말한다.

> 저는 동물의 감정과 감각에 대한 인지동물행동학 분야의 모든 연구가 이제 막 시작되었다고 생각합니다. 소는 멍청하지 않지만, 사람들은 인지부조화를 줄이기 위해 지능과 감각이 있는 동물에 대해 잘못된 특성을 지어냅니다. 사람들은 소는 그다지 감정적이지 않다고 말합니다. 하지만 소는 매우 감정적인 동물입니다. 소는 매우 풍부한 얼굴 표정을 지니고 있지만 우리는 대개 개와 고양이에 초점을 맞추기 때문에 소의 감정 표현에 대해서는 잘 알지 못합니다. 그리고 엄마와 아이들은 서로에게서 떼어지는 것을 좋아하지 않습니다. 우리는 해리 할로우가 철사로 만든 모형 어미를 이용해 원숭이 새끼들을 키우다가 그들이 미쳐버린 끔찍한 실험을 통해 이 사실을 알고 있습니다. 원숭이는 포유류입니다. 그들도 우리와 같은 신경계, 같은 신경전달물질, 같은 감정을 가지고

있습니다. 다만 우리가 그들에게 익숙하지 않을 뿐이죠.(2023년 마크 베코프와의 인터뷰)

흥미롭게도 사람들은 종종 모순된 태도를 보인다. 한편으로는 비인간동물이 비좁고 지루하며 고립된 환경에서 사육되는 것에 무관심한 듯 보이지만, 다른 한편으로는 농장동물의 복지를 개선할 필요성에 공감하거나 그러한 변화를 수용하기도 한다. 베코프는 이러한 모순을 되짚어 이야기한다. "사람들이 정말로 이 동물들이 고통받고 있다고 생각하지 않았다면 동물 복지 규정을 수정하고 강화하려는 움직임도 없었을 것입니다."(2023년 마크 베코프와의 인터뷰)

길레스피는 식품 생산 과정에서 다른 동물들에게 일어나는 현실로부터 우리 자신을 보호하는 데 필요한 '이중 사고doublethink'에 대해 거론한다.[592] 조지 오웰의 소설 《1984》에서 차용하여, 길레스피는 소비자시민이 동물에 대해 상반된 관점을 가지면서 둘 다를 동시에 사실로 받아들이는 것이 일반적이며, 일상생활에서 이러한 태도를 흔히 취하기 때문에 이러한 모순에 익숙한 것이라고 주장한다.[593]

우리는 무언가를 무시하거나 부정할 때마다 이중적인 사고를 하게 된다.[594] 예를 들어, 일부 소비자시민은 산업 시스템과 그 안에서 살아가는 비인간동물의 삶에 대해 알게 된 후 다른 동물을 먹는 것을 불편해한다. 그들은 인간미 있는 고기와 같은 대안을 찾을 수도 있다. 반면에 생산 시스템에 비인도적 관행이 팽배하고 비인간동물이 여전히 도살되어 고기가 되고 있다는 사실을 인지하면서도, 그러한 현실을 무시하고 인도적 동물 제품을 구매하기로 한 자신의 결정에 대해 기분이 좋을 수 있다.[595]

이는 사회학자 아널드 알루크와 클린턴 샌더스가 1996년에 사회학자 찰스 라이트 밀스의 연구를 기반으로 쓴 저서 《동물에 관하여*Regarding Animals*》에서 사용한 '양면성ambivalence'이라는 용어를 떠올리게 한다. 이 책에서 그들은 사람들이 비인간동물에 대해 상반된 관점을 유지하면서도 놀랍게도 이를 전혀 모순으로 인식하지 않을 수 있는 무수한 방법에 대해 논의한다.[596] 그들은 사회학적 관점에서 다른 동물에 대한 일관성 없는 관점과 취급은 타인을 분류하는 위계적 방식과 같은 사회적 힘의 산물이라고 주장한다.[597]

길레스피는 자신의 연구에서, 태어난 지 몇 시간 만에 송아지를 빼앗긴 어미소나 부화 직후 식기세척기에서 죽은 부화장 학대 사건의 병아리들 가운데 한 마리, 또는 연구를 위해 찾은 가축 경매장에서 경매장 직원에게 코를 비비려던 어린 송아지가 라켓으로 얼굴을 맞고 "난 네 엄마가 아니야!"라는 말을 듣는 소름 돋는 광경을 지켜보았던 일처럼 동물 하나하나의 이야기를 들려준다.[598] 그녀는 이런 이야기가, 소비자시민에게 현재 우리가 다른 동물을 대하는 방식을 깨닫게 하고, 이에 대해 심각하게 문제를 제기하고 근본적으로 다른 무언가를 만들어낼 수 있는 방법을 모색하게 하는 데 도움이 될 것으로 기대하고 있다.[599]

사람과 비인간동물의 관계가 근본적으로 바뀌지는 않았지만,

다른 동물을 식품으로 생산하는 것을 인도적으로 재구성하려는 대체 농업에 대한 관심은 확실히 커졌다. 그러나 이러한 생산 방법이 동물 기반 제품을 죄책감 없이 계속해서 먹을 수 있게 부추기지는 않는가? 그렇다면 비인간동물과 관련된 산업은 과연 어떤 모습이여야 할까? 인도적 생산 방식은 이전 장에서 개괄한 동물산업복합체 문제에 대한 해결책이 될 수 있을까? 이제 우리는 이러한 질문을 염두에 두고 '행복한 고기'라는 것이 존재하는가 하는 질문에 답해보려고 한다.

행복한 고기?

동물을 식품으로 산업 생산하는 공장식 축산을 비인간동물에게 인도적인 방식의 생산으로 재구조화하는 것이 인간과 동물의 관계를 변화시키거나 이 책에서 개괄하는 많은 문제를 근절시키지는 못한다. 이론적으로는 축산업에 더 높은 수준의 관리 기준을 도입하면 동물 복지가 향상될 가능성이 있다. 하지만 그러려면 아주 많은 변화가 필요하며 그 변화 가운데 상당수는 이윤 추구를 앞세우는 집약적 생산 모델과 쉽게 양립될 수 없는 것들이다. 기껏해야 동물 복지 지침을 준수하도록 요구할 수 있을 뿐이다. 어쨌든 이러한 지침의 이행이 필요하다고 주장할 수도 있지만, 최악의 경우 소비자시민에게 그들이 소비하는 고기나 동물성 식품이 행복한 동물에서 나온 것이라는 잘못된 인식을 줄 수 있다. 이는 오히려 도덕적 우월감으로 이어질 수 있으며 현재의 인간과 비인간동물의 위계적 관계를 정당화할 뿐이다.

미국 국제법학회ASIL 저널에서 사스키아 스터키는 "인도적이라는 많은 라벨은 너무도 모호하고, 규제 받지 않거나 실질적으로 이행되지 않으며, 의미를 부여하기 쉽지 않다. 감독 및 복지 기준 역시 법적으로 요구되는 최소 수준에 그치거나 표준 농업 관행을 반영하는 선에서 벗어나지 못한다"고 주장한다.[600] 그리고 많은 동물보호 단체가 이에 동의한다.[601]

미국 내 육류의 거의 대부분(99%)은 전통적인 도축시설과 집약적 농장에서 생산된다.[602] "나머지 1%는 대안적이고 종종 소규모 가족이 운영하는 육류 생산업자가 차지한다. 이러한 농장에서는 방목, 목초, 유기농, 자연산, 케이지 프리 등으로 분류된 방식으로 동물을 기르는 경우가 많으며", "이러한 용어들은 모두 (동물의 죽음을 무시하면서) '행복한' 동물 생활이라는 담론을 발전시키고 라벨에 도살slaughter을 명시하는 것에 대해 지속해서 저항하기 위해 사용된다."[603] 더 높은 기준에 따라 사육되는 비인간동물이 있다 하더라도 대부분 도축시설로 운송되어야 하며, 이 운송 과정은 비인간동물에게 스트레스를 유발하는 것으로 알려져 있다.

길레스피는 각 용어가 의미하는 바를 강조해 설명하면서, 방목이란 동물이 원하는 대로 실내외를 자유롭게 오갈 수 있음을 의미한다고 말했다. 미국 농무부에서는 방목 사육을 "성장기 동안 목초지를 지속적으로 이용할 수 있는 것"으로 정의한다.[604] 소비자들은 이것이 동물이 넓고 열린 공간에 언제든 접근할 수 있거나 일상적으로 그렇게 하도록 권장되는 것을 의미하겠거니 생각해서는 안 된다.[605] 예를 들어 풀을 먹인다는 용어는 단순히 소에게 '풀과 사료'를 먹인다는 의미이며, 미국 농무부 규정에 따르면 소들이 "성장기에 야외에 접근할 수 있어야 한다"고 명시하고 있지만, 많은 관할 구역에서는 그렇게 할 수 있는 기간이 날씨와 같은 제약으로 인해 일 년 중 절반 이하일 수도 있다고 길레스피는 지적한다. 또한 미국의 경우 풀을 먹인다는 것이 호르몬이나 항생제를 사용하지 않는다는 의미는 아니다.[606]

유기농 인증 라벨은 식품에 유전자 변형이 없어야 한다. 이 라벨을 받은 동물은 유기농 사료를 먹고, 야외에 접근할 수 있어야 하며, 항생제나 성장 호르몬의 투여 없이 사육되어야 한다는 것을 의미한다.[607] 길레스피는 방목 동물에 대해 설명하면서 야외에 대한 접근이 우리가 흔히 상상하는 것처럼 동물이 자유롭고 지속적으로 야외에 접근한다는 것을 의미하지 않을 수 있다고 상기시킨다.[608] 자연산 육류와 같은 이른바 천연 동물성 식품은 어떤 인공적인 것도 첨가하지 않았고 최소한으로 가공했다는 사실을 의미한다.[609]

마지막으로, 케이지 프리라는 명칭은 닭의 상태를 설명할 때 자주 사용된다. 이 용어는 닭이 움직일 수 있는 구역에서 사육되고 배터리 케이지에 갇혀 있지 않다는 것을 의미한다. 안타깝게도 그 공간이 반드시 야외에 대한 접근성을 포함해야 한다는 의미는 아니다. 캐나다에서도 유사한 식품 라벨이 존재하며 대부분의 경우 비슷한 정의를 사용한다.[610]

캐나다에서 식품 생산에 사용되는 동물에 적용되는 대부분의 식품 라벨 또한 규제가 없다.[611] 부리를 잘라낸 병아리나 생후 4주에서 10주 정도에 도축되어 생명이 다할 때까지 한 마리당 "약 100제곱인치(0.7평방피트)의 공간"에서 생활하는 닭과 같이, 앞서 논의한 업계 표준 관행의 대부분은 여전히 널리 시행되고 있다.[612]

유럽 동물법 및 정책 연구소European Institute for Animal Law and Policy는 동물보호에 관한 유기농 기준과 업계 표준 관행을 종합적으로 비교했다.[613] 이들은 (유럽에서 시행되는 다른 유형의 품질 인증은 제외되고) 유기농 인증 지침에만 동물 복지와 관련된 규정이 포함되어 있음을 확인했다.[614] 또한 "유럽연합의 동물 복지는 포괄적으로 측정되며 건강, 생산성, 생리학과 행동학 지표를 포함하므로 유럽연합은 이미 캐나다와 미국보다 농장동물에 대한 복지 규정이 앞서 있다는 점에 주목해야 한다. 반면 미국은 공식적으로 건강 지표만 사용한다."[615] 유럽연합이 공식적으로 훨씬 더 포괄적인 동물 복지 관점을 취하고 있긴 하지만, 낙농장과 양계장에서는 어미의 돌봄이 부족한 일부 '업계 표준 관행'이 여전히 유기농 라벨하에서 허용되고 있는 상황이다.[616]

동물로 만든 제품의 라벨에 기재된 내용의 진정한 의미를 소비자시민이 파악하기는 쉽지 않다. 앞서 살펴본 것처럼 관련 용어나 행위에 대해 일반적인 이해가 없을 수도 있다. 마크 베코프는 기업이 인도적 동물 제품이라는 용어를 사용하는 것에 대해 (제시카 피어스와 함께 만든) '휴메인 워싱humane washing'이라는 용어로

Interview

소피 라일리 호주 시드니 공과대학교 법학부 부교수

우리는 동물 전체를 뭉뚱그려서 대하는 사고방식이 있어요. 다시 말해 달걀 생산에 이용되는 닭이나 양이나 소와 같은 동물들을 개별 존재가 아닌 대량 상품으로 취급합니다. 그래서 제가 가장 먼저 해야 할 일은 동물들을 개체로 대하는 것입니다. 감각은 개별 차원에서 느껴지는 것이지 대량 상품 차원에서 느껴지는 게 아니니까요. 이 말은 곧 식품 생산에 더 많은 비용이 들어간다는 사실을 의미합니다. 그리고 이러한 비용은 결국 소비자에게 전가될 수밖에 없기 때문에, 동물성 식품 생산으로 생계를 유지하는 사람들과 동물성 식품 소비에 의존하는 사람들에게 영향을 미치지 않도록 어떤 식으로든 이를 완화할 수 있는 방안이 마련되어야 합니다.

이렇게 하기 위해서는 막대한 재정이 필요한데 정부가 이를 감당할 준비가 되어있는지 모르겠습니다. 또한 동물에 대한 모든 숨겨진 비용을 공개해야 합니다. 환경에 대한 외부효과와 같은 산업의 숨겨진 비용도 포함해서요. 결국 더 나은 대화를 나누고 이러한 문제를 해결할 수 있는 방법을 모색해야 하는 것이죠. 잘 알고 계시겠지만, 모든 것을 한꺼번에 고치려고 하지 마세요. 그렇게 할 수도 없어요. 변화의 과정을 시작하여 한 번에 한 가지씩 해결해 나가야 무엇이 진정으로 바뀌어야 하는지 알 수 있기 때문입니다.

수십 년이 걸릴 수도 있지만 어딘가에서부터는 시작해야만 합니다. 다만 여기에는 많은 정치적 문제가 있습니다. 심각한 정치적 문제들이죠. 사람들 개개인이, 또 사회 전체가 이러한 변화를 어느 정도까지 밀어붙일 수 있을지 의문입니다. 그런데 만약 업계가 변화에 동조한다면 어떨까요? 정부가 어떤 결정을 내리든 그것은 절반의 승리가 될 것입니다. (2023년)

설명한다.[617] 이 용어는 '그린워싱'이라는 용어와 마찬가지로, 소비자들이 해당 제품을 구매함으로써 동물 복지나 환경의 지속가능성에 긍정적인 영향을 미칠 수 있다고 믿게 만들면서 소비자 정서에 호소하려는 기업의 의도를 잘 드러낸다.[618]

그린워싱과 휴메인 워싱 모두 사람들이 다른 무엇보다도 소비자라는 전제, 그리고 시민들이 제도와 경제 시스템에서 일어나는 일에 영향을 미칠 수 있는 유일한 방법은 지출을 통해 투표권을 행사하는 것이라는 일반적인 믿음에 바탕을 두고 있다.[619] 베코프는 "'인도적'이라는 말을 들으면 오히려 동물에게 뭔가 나쁜 일이 일어나고 있다고 의심하게 된다. '인도적'이란 말은 지저분하고 옹색한 거짓말이기 때문에 누군가가 동물이 나쁜 일을 겪고 있다는 사실을 세탁하고 덜 추악하게 보이게 하려고 애쓰고 있다는 사실을 확신할 수 있다"고 주장한다."[620]

더 높은 수준의 복지를 표방하는 농장들은 대체로 자발적인 기준에 따라 동물에 대한 인도적 처우에 대해 기꺼이 논의하지만, 동물의 죽음에 대한 논의가 표면화될 가능성은 적다. 하지만 소비자들이 도축의 현실과 마주하게 되면, 그것이 인도적이라고 포장되었더라도, 육류 소비를 덜 원하게 될 수도 있다.[621] 마크 베코프는 휴메인 워싱의 예를 다음과 같이 제시한다.

복지 관행은 기본적으로 우리가 동물들을 가능한 한 '인도적으로' 최선을 다해 대우하고 있기 때문에 그들을 이용해도 좋다는 명분을 세워 줍니다. 이것이 바로 제시카 피어스와 제가 개별 동물에 초점을 맞춘 동물 복지의 개념을 제시한 《동물 어젠다*The Animals' Agenda*》란 책을 쓴 이유이기도 합니다. 이 관점은 개별 동물의 고통과 아픔에 초점을 맞춥니다. "우리는 이 소들을 잘 대우했다"고 말하는 것만으로는 우리 행위를 인도적으로 포장하거나 눈가림할 수 없습니다. 이는 마치 템플 그랜딘이 나는 최선을 다하고 있으니 이 동물들을 학대해도 괜찮다고 말하는 것과 같습니다. 하지만 템플, 아니에요, 그렇지 않습니다.(2023년 마크 베코프와의 인터뷰)

여기서 베코프는 농장동물 복지와 인도적 도축 방법의 전문가로 꼽히는 동물행동학자 템플 그랜딘이 중심이 되어 고안하고 시행한 산업 도축장의 개조에 대해 언급하고 있다. 이러한 개조는 동물 복지를 둘러싼 업계와 주류 서사의 긍정적 발전으로 묘사된다.

그랜딘이 설계한 도축장을 보면 (소들이 마지막 순간까지 자신에게 무슨 일이 일어나는지 볼 수 없도록) 도살 작업장kill floor으로 가는 길이 곡선으로 휘어지거나 수직의 구속장치upright restraint가 설치되어 있다. 도축장에서 소들 머리에 타격총을 쏘아 기절시킨 뒤 이 구속장치로 소들을 고정시킨다. 소들이 여전히 의식이 있는 경우에도, 목을 기울여 자르는 과정에서도, 소들을 제자리에 고정시키는 데도 이 장치가 이용된다. 특정 관할구역에서 이러한 의식적ritualistic 도축이 여전히 허용되고 있다.[622]

그랜딘은 구속장치에 관한 논쟁에서 "소에게 매우 인도적인 자세"이며 "소들이 편안한 직립 자세로 고정된다"고 주장한다.[623] 실제로 도축 방법을 비교해보면 그녀의 주장이 옳다. 뒷다리가 거꾸로 들어 올려진 채 공중에 매달려 발버둥치는 가운데 목이 잘리거나, 제자리에 고정된 채 머리를 기울인 다음 목이 잘리는 두 가지 선택지에서라면 말이다. 그랜딘은 이 구속장치를 설명하는 글에서 기계와 그 안에 있는 비인간동물, 그리고 죽임을 당한 동물의 그림과 사진을 넣었다. 사진 한 장은 죽기 직전에 구속장치에 갇힌 채 눈을 크게 뜨고 있는 소의 모습을 보여주는데, 그 표정은 완전히 공포에 질려 보인다.

호프 보하넥은 저서 《궁극의 배신: 행복한 고기는 있는가?*The Ultimate Betrayal: Is there happy meat?*》에서 인도적이라는 개념을 "사람과 동물, 특히 고통받고 있거나 괴로워하는 사람과 동물에 대한 공감, 연민, 동정심을 특징으로 하는 것"이라고 정의한다. 이 정의는 동물을 감수성이 높고 감정적으로 복잡한 개별 존재가 아닌 상품으로 취급하는 행위와는 완전히 반대된다."[624] 비인간동물의 삶과 고통에 직결되는 자발적 규제와 비용편익 경제 방정식을 다시 생각해보면, 인도적이라는 말의 이러한 정의는 현재 동물 기반 산업에서 정의되는 방식과는 근본적으로 다르다.

베일리 노우드와 제이슨 러스크는 공저 《돈의 연민: 농장동물 복지의 경제학*Compassion by the Pound: The economics of farm animal welfare*》에서 "농장 생산 관행"과 "농장동물 복지"를 경제학의 렌즈를 통해 살펴보면서 독자들에게 식품 생산 과정에서 동물 복지에 들어가는 비용에 대한 편익 분석을 제공한다. 책의 말미에서 저자들은 이렇게 말한다. "우리가 농장동물 복지에 대해 수천 명의 사람들과 이야기하면서 알게 된 한 가지 중요한 사실이 있다면, 바로 농장동물이 사육되는 방식에 대해 사람들이 잘 모른다는 점이다."[625] 그런데 그들은 이어서 "궁극적으로 농장동물이 사육되는 방식을 결정하는 것은 농부가 아니라 소비자"라고 주장한다.[626]

노우드의 책에서 연이어 인용한 이 두 가지 설명은 서로 잘 부합하는 것처럼 보이지 않는다. 또한 온정적이고 민주적인 식품 시스템을 구축하는 데 필요한 변화를 촉진할 수 있을 것 같지도 않다. 이번 장의 앞부분에서 살펴본 바와 같이, 소비자들이 동물에 대해 배운 대부분의 내용과 식품 생산 과정에서의 동물의 삶은 부분적 진실을 담고 있을 뿐이다. 실제로 무슨 일이 벌어지고 있는지 알기가 점점 더 어려워지고 있고, 알게 된 것조차 종종 업계 대변인과 광고에 좌지우지되는 것은 우연이 아니라 의도된 것이다.[627]

연구에 따르면 산업화된 생산 방식에 관한 다양한 정보에 접근할 수 있다면 동물 복지에 대한 사람들의 인식이 변화할 수 있다. 특히 이미 동물 친화적인 사람들의 경우 이러한 정보는 그들의 신념을 더욱 강화한다. 라이언 등은 연구 참여자들이 암퇘지 축사에 관한 (인쇄물, 동영상 등과 같은) 다양한 형태의 정보를 많이 본 후에는 임신하거나 수유 중인 돼지를 가두어 놓는 비좁은 칸막이 우리를 이전보다 덜 용인한다는 점을 발견했다. 그러한 정보를 받기 전에는 응답자의 30.4%가 칸막이 우리의 사용을 지지했지만, 제공된 정보를 접한 후에는 이 수치가 18% 미만으로 떨어졌다. 소비자시민이 식품산업에서의 비인간동물 복지 문제에 대해 교육을 더 많이 받을수록 업계 표준 관행에 대한 저항이 더 커질 것이라 예상할 수 있다.[628]

은퇴한 인류학 교수이자 과학저술가, 대중 연설가인 바버라 킹은 집약적 농업에서 식품용으로 길러지는 동물들이 지닌 고유한 능력과 복잡한 감정, 지능과 같은 것에 대해 더 많이 알게 되면, 사람들이 다르게 행동할 수도 있다고 지적한다.[629] 이를 염두에 두고 우리는 농장동물로 길러지는 동물들을 좀 더 다정하고 온정적인 시각으로 바라볼 필요가 있다.

세상 바로 세우기: 비인간동물을 있는 그대로 인정하기

동물산업복합체에서 다양한 종의 비인간동물이 겪는 삶이 어떤 모습일지 명확하게 이해하는 것도 분명 중요하다. 하지만 그러한 투명성과 더불어 동물을 있는 그대로, 살아 숨 쉬며 감정적으로 풍부한 관계를 맺을 뿐 아니라 복잡한 내면세계를 지닌 개별적 존재로 보는 것 또한 중요하다.[630] 우리는 '희생당하는 동물'에 대해서 이해하기만 하면 된다는 인상을 남기며 이 장을 끝내고 싶지 않았다. 조너선 밸컴의 조언처럼, 동물이 "생명체living things"일 뿐만 아니라 "생활하는 존재beings with lives"라는 사실을 기억하는 것이 중요하기 때문이다.[631] 밸컴은 우리에게 잠시 생각해볼 시간을 갖자고 제안한다.

> 다음에 밖으로 나가면 처음 눈에 띄는 새를 한번 유심히 보길 바란다. 이때 고유한 성격과 감정, 경험을 바탕으로 구축된 지식 저장고를 갖춘 독특한 개체를 보고 있다는 사실을 명심하자. 여러분은 장엄한 대머리독수리를 보고 있을 수도 있고 평범한 참새를 보고 있을 수도 있다. 어떤 새든 차이가 없다. 여러분이 마주하고 있는 것은 단순한 생물학적 존재가 아니라 삶의 기록biography이다.[632]

이렇게 비인간동물을 제대로 바라본다는 것은 한편으로는 그들끼리의 유사성이나 인간과 비슷한 부분을 이해하는 것일 수 있지만, 더 중요한 것은 제대로 된 시선으로 그들 사이의 차이점을 이해하는 것이다. 학자이자 예술가이며 장애인 권리 및 동물권 운동가인 수나우라 테일러는 동물해방과 장애해방을 다룬 저서에서, 비인간동물에 대한 돌봄을 인간 집단과 개인 존재들 사이 이상으로 동물과 인간이 같다는 점에 기초하면 어떨지를 살펴본다.[633] 변호사이자 저널리스트, 작가인 짐 메이슨은 《부자연스러운 질서*Unnatural Order*》에서 다른 동물에 대해 이야기하는 것의 중요성을 언급하면서 우리가 얼마나 자주 동물들을 인간과 비교하는지, 그럼으로써 오늘날 어떻게 동물들이 열등한 존재라는 통념을 갖게 되었는지에 대해 쓰고 있다.[634] 그는 "서구의 농경 문화는 다른 어떤 문화보다 동물을 예속시키고 인류를 고귀하게 추켜세웠다"고 주장한다.[635]

우리는 인간을 문화와 사회를 영위하는 존재로, 다른 동물들은 순전히 본능적인 존재로 생각하는 경향이 있다. 그러나 인간과 비인간동물 모두 진화하며 형성된 기본 감정뿐만 아니라 더 복잡하고 자신이 처한 상황의 맥락을 고려하는 2차 감정을 가지고 있다. 인간과 비인간동물 모두 훨씬 더 복잡한 존재인 것이다.[636] 베코프는 "감정은 우리 조상들의 선물이다. 우리는 여러 감정을 지녔으며 이는 다른 동물들도 마찬가지다. 이 사실을 결코 잊어서는 안 된다"라고 환기한다.[637]

비인간동물을 우리와 비교하는 것은 거만한 행위이며, "다른 지능을 가진 동물도 인간과 마찬가지로 삶을 강렬하게 경험할 수 있다"는 중요한 과학적 사실을 인식하지 못하는 것이다.[638] 우리 모두는 종 차원의 진화적 특성을 지녔으며 유전의 영향을 받는다. 그와 동시에 환경과 경험, 관계의 영향을 받으면서 시간이 지남에 따라 변화하는 개별적 특성과 됨됨이를 갖게 된다. "뭉뚱그린 '개', '코요테', '인간'은 없다. 개별 존재에 집중해야 한다. 그리고 평등주의적 관점에서 보자면 어느 정도는 각각의 종 안에서 그리고 모든 종 사이에서 개성을 존중해야 한다."(2023년 마크 베코프와의 인터뷰)

다른 동물을 집단이나 종으로만 생각할 때 우리는 감정과 지각, 감각, 지능이 있는 개별 존재로서의 동물에 대해 너무 많은 것을 놓치게 된다. 동물들은 "우리의 가장 깊은 관심과 배려를" 받을 자격이 있다.[639] 그리고 어쩌면 가장 놀라운 사실은 제프리 마송이 지적한 것처럼, "농장동물은 자신들을 기다리고 있는 운명에도 불구하고, 또는 바로 그 운명 때문에 우리를 향한 그들의 기적 같은 사랑을 비롯해 깊은 감정을 느낄 수 있는 능력을 유지

하는 것처럼 보인다"는 점이다.[640]

농장동물의 풍요로운 삶을 보여주는 이야기가 아주 많지만 그 가운데 몇 가지만 소개하려 한다. 밸컴이 설명한 바와 같이, "소들은 긴 겨울 동안 갇혀 있다가 처음 들판으로 풀려나면 다리를 공중으로 걷어차며 들판을 정신없이 뛰어다닌다. 녀석들은 말 그대로 봄을 맞이한 기쁨으로 충만해 보인다. 몇 시간 동안 책상에 앉아 있다가 놀이터로 풀려나 흥분한 아이와 완전히 똑같다."[641] 마찬가지로 비인간동물의 놀이를 폭넓게 연구한 마크 베코프는 돼지가 "통통 튀며 달리기와 머리 비틀기와 같은 놀이 신호를 사용하여 서로에게 놀고 싶다는 의사를 전달하는" 사례를 보여주기도 한다.[642]

마지막 이야기는 마송의 책 《달에게 노래한 돼지: 농장동물의 감정 세계*The Pig Who Sang to the Moon: The emotional world of farm animals*》에 나오는 이야기다. 이 책에는 뉴질랜드 전 국회의원이자 오클랜드 매시대학교 교수인 마릴린 워링과 그녀의 반려동물인 염소와의 관계에 대해 그녀가 이야기하는 장면이 나온다. 여기서 그녀는 염소를 재미있고, 충성스럽고, 까불거리고, 현명하다고 묘사하면서 염소들 사이의 유사점과 차이점을 강조한다.[643]

책의 다른 곳에서 마릴린 워링은 자신의 염소가 노는 모습을 목격한 장면에 대해 마송에게 들려준다. "봐야 믿을 수 있어요. 저는 염소들이 지붕 꼭대기에서 아래로 내려간 다음 맨땅으로 내려왔다가 또 다른 지붕으로 뛰어 올라가는 모습을 본 적이 있어요. 녀석들이 지붕에서 자기 발굽 소리를 듣는 것을 어찌나 좋아하던지. 눈에 띈 점은 녀석들이 번갈아 가며 그랬다는 겁니다. 한꺼번에 그런 게 아니라 한 번에 한 마리씩만 그러는 거예요. 다른 녀석들은 줄을 서서 기다렸고요."[644] 이것은 "동물들은 놀이가 재미있고, 재미는 그 자체로 매우 강력한 보상이기 때문에 노는 것을 매우 좋아한다"는 연구 결과와 일치한다.[645]

베코프가 말하는 것처럼, 비인간동물은 일반적으로 자신이 좋아하지 않는 활동을 찾아다니지 않는다. 그리고 놀고 싶은 욕구와 "놀이에서 느끼는 기쁨이 너무 강해서 부상, 에너지 고갈, 그리고 그로 인한 성장 저하를 겪을 수 있으며, 호시탐탐 노리는 포식자와 같은 위험을 경계하지 못하게 된다."[646] 놀이와 같은 활동은 삶을 가치 있게 해준다. 그다지 큰 상상력을 발휘하지 않아도 비인간동물에게 그러한 활동이 없으면 중요한 형태의 웰빙을 경험할 수 없다는 점은 충분히 이해할 수 있다.

우리 주변에는 인간 너머의 세계가 존재한다. 우리는 다른 동물들을 종으로 뭉뚱그려 생각하는 경향이 있지만, 동물들도 바로 그러한 세상을 경험하는 개별 존재라는 점을 기억해야 한다.[647] 우리는 그러한 삶을 인정하고 소중히 여겨야 한다. 동물을 식품으로 산업 생산하는 것에 따르는 현실은 사회화 과정을 거친 우리가 떠올리는 이미지(붉은 축사, 완만하게 경사진 푸른 들판, 무리 동물들과 어울려 돌아다니는 모습)와는 전혀 다르다.

이 시스템과 그 안에서 살아가는 개별 동물은 종종 의도적으로 은폐된다. 이 시스템이 불러오는 영향은 한 곳에만 머무르지 않고 다른 영역들에 파급되어 나타난다. 이 장에서 우리는 개별 동물에게 미치는 파급 효과가 어떤 모습일지에 초점을 맞추었다. 또한 우리가 왜 투명성 부족에 관심을 가져야 하는지 강조했다. 아울러 식품이 생산되는 방식의 중요성에 대해 고찰하고, 그것이 왜 더 민주적이고, 공정하고, 온정적인 식품 시스템을 만드는 데 중요한지 살펴보았다.

먹거리를 위해 다른 동물을 사육하고 죽이는 것이 전혀 새로운 일은 아니지만, 오늘날 이러한 산업의 규모와 집중도는 전례가 없는 수준이다.[648] 이 책 전반에 걸쳐 살펴본 것처럼 인간, 비인간 동물, 지구에 미치는 영향도 전례가 없기는 마찬가지다. 마지막 장에서는 식품 시스템에서 이미 나타난 몇 가지 긍정적인 변화를 살펴보고, 진정으로 민주적이고 온정적인 식품 시스템을 이루기 위해 어떠한 변화를 만들어낼 수 있는지에 초점을 맞춘다.

6장

온정적인 식품 시스템을 향해

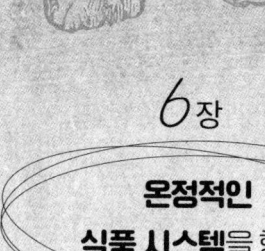

우리 모두는 본질적으로 이 멋진 세상의 중요한 일부입니다.
우리가 하는 모든 일은 자연과 조화를 이루어야 합니다.
우리의 삶을 유지해 나가면서도
지구의 생태적 온전성을 훼손해서는 안 됩니다.
더불어 생물다양성을 유지하고 회복시켜야 합니다.
어떤 생명체도 인간보다 하찮지 않습니다.
자연에게 정말 필요한 것은 우리 인간이 아닌,
바로 다른 동물들일 수 있습니다.
우리의 지성과 지식을 활용해
다른 생명들을 위한 지구를 가꾸어 나가도록 해요.

– 앨버트 마셜(미그막 장로)

★★★

우리는 다음과 같은 질문으로 이 책을 시작했다. 전 지구 차원에서 의사결정과 식품 생산에 관한 민주적이고 온정적인 시스템을 어떻게 하면 좀 더 나은 방식으로 만들어갈 수 있을까? 이러한 질문에 답하기 위해 우리는 기후변화 문제의 관점에서 산업적, 기업적 식품 시스템의 구조적 폭력은 무엇인지, 그리고 이러한 식품 시스템이 어떻게 다양한 형태의 억압과 무관심과 상호작용하고 있는지 살펴보았다. 이러한 문제들을 바라보다 보면 1970년 지구의 날에 발표된 월트 켈리의 유명한 만화가 떠오를지도 모르겠다. 이 만화는 1812년 미영전쟁에 대한 다음과 같은 풍자를 담고 있다. “우리가 만난 적은 우리 자신(미국)이었다.” 지금까지 살펴본 현실에서 결국 우리가 상황을 부정하거나 큰 슬픔에 빠져들게 되는 것은 너무도 자연스러운 일이다. 재앙에서 우리를 구해줄, 믿을 만한 기병cavalry이 없다는 것을 알기 때문이다.

하지만 오늘날 우리는 켈리가 당시 느꼈던 상황에 대해 이처럼 답할 수도 있다. “우리는 구조대를 만났고, 그건 바로 우리였다.” 이 답을 듣고는 오히려 큰 혼란에 휩싸여 소리치며 방을 뛰쳐나오고 싶어질지도 모르겠다. 하지만 우리가 스스로를 구할 수 있다는 것이 꼭 나쁜 상황인 것만은 아니다. 우리 모두는 지금 각자 어디에 있건 의미 있는 일을 할 수 있다. 사랑스럽게 아이에게 젖을 주는 엄마든, 유엔 총회의 단상에 있는 대변인이든 말이다. 우리 모두는 다양한 형태의 가족, 공동체, 직장, 기관,

사회운동의 일원으로서 더 나은 삶을 영위하기 위해 각자의 방식으로 노력하고 있다.

우리는 '사전예방원칙'으로서 공동체, 비인간동물, 자연에 미치는 영향을 미리부터 고려하는 과정과 제도가 필요하다는 점을 강조해왔다. 이러한 원칙은 '개발'이나 경제적 번영을 위한 노력 이전에 먼저 적용되어야 한다. 우리는 또한 이 책을 통해 두 가지 중요한 요소, 즉 공정한 식품 시스템과 민주적 책임성이 분리될 수 없다고 주장했다. 각 생산 현장에서 지역화된 공동체 기반의 의사결정은 각 공동체가 자신의 땅과 지역사회에서 일어나는 일들을 관리해나가는 데 도움이 된다.

아울러 화석연료 기반의 값비싼 생산과 운송 시스템에 의존하는 상황에서 벗어날 필요가 있다. 이는 현재 기후변화 대응의 관점에서 꼭 필요한 일이다. 사실 많은 사람이 (토양, 기후, 지리적 위치 등의 문제로) 자신의 공동체에서 필요한 먹거리를 전부 생산할 수는 없는 상황이다. 하지만 최대한 지역을 고려하여 먹거리 생산을 지역 외부에서 지역 중심으로 이동시킬 수 있는 방법들이 있다. 토지, 노동자, 동물과의 여러 관련성을 고려해 가장 가깝고 가장 조화로운 곳을 선택하려는 노력이 중요한 출발점이다.

새로운 사고와 행동 방식이 존재하는데 이들 가운데 다수가 과거의 전통과 역사적 투쟁의 과정에서 나타났다. 새로운 방식들은 우리가 공정한 사회를 만드는 데 도움이 되며, 아름다운 지구에서 건강하게 그리고 생태계를 존중하는 방식으로 살아갈 수 있도록 이끌어준다.

급진 민주주의?

건강하고 생태계를 존중하는 존재방식의 핵심은 주민을 중심에 둔 지역 기반 민주주의다. 이는 우리가 살아가는 땅에 대해 매우 즉각적으로 민주적인 책임을 질 수 있는 방식이다. 여기서 말하는 민주주의는 오늘날 많은 결함을 드러내고 있는 서구의 자유선거 시스템과 반드시 결부되어 있지는 않다는 점을 강조하고 싶다. 우리는 민주주의가 전 세계의 여러 역사, 문화, 민족의 전통 속에 깊이 자리 잡고 있는 풍부하고 다양한 가치와 관습을 포괄할 수 있음을 인식해야 한다. 그럼으로써 우리는 민주주의라는 개념을 탈식민화할 수 있다.

이러한 생각을 '급진적'이라고 여겨서는 안 된다. 왜냐하면 수천 년간 전 세계의 문화는 공동체에서 건강하고 안전하게 살아가는 동시에 자유에 대한 갈망을 다양한 방식으로 표출해왔기 때문이다. 하지만 현대의 자본주의 민주국가들에서는 이러한 생각이 실제로 급진적으로 여겨진다. 급진적이라는 단어의 어원은 '뿌리root'라는 의미의 라틴어 '라딕ladic'에서 왔다. 메리엄웹스터 사전에 따르면, "뿌리와 관련되거나 그로부터 발생하는"이라는 의미를 지녔다.

급진 민주주의라는 개념에 대한 이해를 돕기 위해 좀 더 풀어서 이야기해보자. 첫째, 민주주의는 전 세계 문화에 뿌리를 두고 있다. 어떤 새로운 형태의 민주주의든 문화적으로 특수하면서, 또 어울리는 방식으로 표현되어야 한다. 둘째, 의사결정은 개개인과 특정 지역의 공동체는 물론이고 그 의사결정에 영향을 받는 특정 생물종에도 뿌리를 두고 있고, 또 그래야만 한다. 셋째, 이러한 폭넓은 민주주의 개념은, 우리 선주민 친구들이 보여주듯이, 항상 땅과의 근본적 관계를 고려하는 동시에, 특정 지역의 의사결정이 때로는 멀리 떨어진 곳에서 살아가는 다른 생물종에게도 영향을 미친다는 사실을 인식하는 것이다.

세 번째 이해 방식과 관련해서는 우리와 가까운 가족과 공동체를 돌봐야 한다는 중요한 임무를 넘어서 더 많은 것이 필요하다. 미그막 족 장로 마셜이 자주 언급했을 뿐 아니라 기후변화의 현실이 명확하게 보여주듯 자연에는 법적인 경계지역이 없다. 이러한 접근방식을 통해 우리는 민주주의에 대한 급진적인 사고가 어떤 내용을 포함하고 있는지 쉽게 이해할 수 있고, 돌봄과 연민의 공간이 지리적으로나 법적으로 규정된 지역 너머로 확대되어야 한다는 점을 알 수 있다.

기후변화로 인해 우리의 관점은 "이것은 매우 중요한 일이지만, 현실성이 없다"에서 전 세계적으로 꼭 해야 한다는 생각으로 전환되고 있다. 이러한 전환을 그저 당연한 것으로 치부할 수도 있다. 하지만 '우리의 모든 관계'와 대자연으로 확대되는 공동체 정신은 21세기 세계 자본주의 환경에서 반체제적이고 급진적이며 심지어는 혁명적으로까지 보이는 매우 어렵고 복잡한 과제다.

민주주의 정신이란 우리의 삶에 영향을 미치는 결정을 효과적으로 통제하는 것을 말한다. 또한 이상적으로는 모든 종의 생명을 그리고 땅과의 조화로운 관계를 지켜주는 시스템을 최대한 보장하는 것을 의미하기도 한다. 우리의 핵심 주장은, 우선 급진 민주주의 비전을 확대함으로써 피해가 가장 심각한 지역으로 가서 반대운동과 지원활동을 할 수 있다는 것이다. 심각한 피해란, 이 책에서 살펴본 인간과 비인간동물에 대한 수많은 권리 침해 그리고 자연 시스템에 대한 침해라 할 수 있다.

우선 염두에 둘 것은 사전예방원칙을 고려해 행동하면서 앞으로 일어날 수 있는 피해를 최소화하도록 노력해야 한다는 점이다. 미래의 모든 활동에 사전예방원칙을 적용하여 피해를 최소화해야 한다. 분야 간 교차성과 운동 간 연대는 우리가 교육자, 학생, 활동가, 경제학자, 정치학자, 또는 기타 행위자로서 장소, 지식, 경험, 정체성을 기반으로 특정 분야에 집중할 수 있게 해준다.

전 세계에서 나타나고 있는 대안들을 종합적으로 살펴보는 것은 사실 이 책의 범위를 넘어선다. 그럼에도 우리는 정의로운 세상을 만들기 위해 사고하고 행동하는 데 지침이 되는 몇몇 중요한 원칙과 실용적인 접근방식을 대략적으로 제시하고자 한다. 그러면서 음식정의가 사회 변화를 위한 광범위한 투쟁의 일부라는 점을 강조하고자 한다.

긍정적 변화를 어떻게 이룰 수 있을까?
패러다임 전환부터 공동체 강화까지

여러 위기들에 대한 잠재적 해결책을 마련하기 위해 우리는 프로젝트 참여자들에게 배운 것을 신중히 검토해보려고 한다.

그들의 의견을 통해 우리는 식량 생산과 소비에서의 정의와 민주적 원칙의 수립과 관련된 많은 분야를 이해하고 체계를 세우는 데 도움을 받을 수 있었다. 우리는 인터뷰에서 접한 이야기와 아이디어를 검토하여 다음과 같은 세 가지 주제를 도출했다. 패러다임 전환, 공동체 강화, 효과적인 변화의 실행이 그것이다. 이 주제들은 서로 떨어져 있지 않고 상당 부분 중첩된다. 인터뷰를 통해 우리는 개선 방안과 관련하여 많은 고민거리와 마주하게 되었다. 그래서 지금 당면한 어려움에는 어떤 것이 있는지도 함께 살펴보았다.

패러다임 전환

모든 참여자들이 '패러다임 전환'을 옹호하거나 이 용어를 동일한 의미로 사용한 것은 아니다. 하지만 인터뷰 내용을 자세히 비교해보면, 참여자들 사이에 다양한 교차점과 연결점이 있음을 발견할 수 있다. 패러다임 전환이 과연 어떤 것인지 생각해보려 할 때는 먼저 현재의 경제와 정치 시스템 구성방식에 대한 인식의 변화가 필요하다.

인식 전환이란 땅, 비인간동물, 인간을 도구로 삼고 상품화하면서 끊임없이 성장해야 한다는 소모적 시스템에서 벗어나 좀 더 장기적인 방향으로 나아가는 것을 의미한다. 선주민들이 중요하게 여기는 7세대 원칙을 예로 들 수 있다. 이 원칙은 개인과 집단의 행동이 장차 일곱 세대에 걸쳐 태어날 사람들에게 미치는 영향까지 고려해야 한다는 것이다.

예를 들어, 미그막 출신으로는 최초로 캐나다 국회의원이 된 제이미 바티스트와 같은 참여자들은 의사결정에서 장기적 전망의 중요성에 대해 이야기했다. 하지만 이러한 중요성을 사람들에게 인식시키는 일이 쉽지 않다는 점도 인정했다. 바티스트가 말한 내용에서 상기해볼 부분이 있는데, 바로 현대의 정치 시스템과 오늘날 많은 국가에서 작동하는 기존의 '민주주의' 방식으로는 심각한 구조적 불평등과 기후변화 문제를 장기적으로 생각하고 계획하는 일이 매우 어려울 수 있다는 것이다. 짧은 임기 동안 주민의 대표자로서 소속 정당의 특정 우선과제들에 따라 일을 하게 될 뿐만 아니라, 대부분의 시민이 가장 긴박한 현실적 문제들, 가령 재정 불안이나 위기, 또는 움푹 파인 도로와 같이 매우 기본적이지만 일상적 문제들을 걱정하기 때문이다.

패러다임 전환과 관련해, 공정한 식품 시스템과 정의로운 사회를 만들기 위한 여러 문제를 살펴보면서 겸손의 중요성 또한 자주 언급되었다. 일부 참여자들에게 겸손은 자신의 일에서 성찰의 자세를 취하는 것이었다. 한 발 물러서서 "우리는 충분히 행동하고 있는가?" 그리고 "우리 행동이 효과적인가?"라고 묻는 것이다. 많은 참여자의 답변을 참고하여 우리는 공정한 식품 시스템에 관한 몇 가지 중요한 전제조건을 설정했다. 바로 착취적, 자본주의적, 식민지적 세계관과 시스템에서 반-착취적, 반-자본주의적, 반-종차별주의적, 반-인종주의적 사회로 전환하는 것이다.

Interview

제이미 바티스트 시드니-빅토리아 지역구 의원

제가 가장 두려워하는 질문은 바로 이것입니다. 우리는 충분히 행동하고 있는가? 우리가 재정 위기, 팬데믹이나 전쟁 같은 지구적 위기의 한가운데에 있다는 사실을 어떻게 사람들에게 인식시킬 수 있는가? 어떻게 우리 앞에 놓인 현실적 문제들을 사람들이 이해하도록 할 수 있는가? 이러한 것들을 중요하게 여긴다면 지금 해야 할 일을 하고, 우리의 대응이 제때 이루어지도록 해야 합니다. 저는 사람들에게 함께 나서서 이 문제에 대처할 방법을 찾아보자고 이야기합니다. 하지만 많은 영역에서 사람들은 자신 앞에 놓인 문제만을 보는 것 같습니다. 근시안적 관점으로 올해 또는 내년만 생각하는 것입니다. 큰 위기가 8년 후에 닥칠지도 모르는데 말입니다.

캐나다 북부 지역이 이런 사태를 겪었습니다. 우리는 선주민 북부 지역위원회 소속 그룹으로, 북부 지역의 식량안보에 대한 연구를 수행했습니다. 우리가 두려워하는, 기후변화 때문에 벌어질 미래의 문제가 지금 그곳에서 불거지고 있습니다. 식량안보가 위태로워지고 식량 공급에 이용되는 얼음다리(ice bridge)들이 녹아 없어지고 있습니다. 이는 미래의 문제가 아니라 바로 지금 일어나고 있는 일입니다. 그렇기에 정부는 대책을 강구하면서 "우리가 여기서 이런 일을 하겠다"고 말해야 합니다.

또한 브리티시컬럼비아의 화재나 케이프브레턴의 홍수와 같은 큰 재해가 일어났는데, 모두 북부지역, 특히 해안가 지역에서 발생하고 있습니다. 현재 무슨 일이 일어나고 있는지 제대로 인식해야 하는데 쉬운 일이 아닙니다. 사람들은 안락한 상태(comfort zone)를 벗어나고 싶어 하지 않기 때문입니다. 이것이 바로 우리 인간이 직면한 심각한 과제입니다. 어떻게 우리는 일시적 안락 상태를 벗어나 우리 앞에 놓인 과제와 해결 가능성을 인식할 수 있을까요? 우리가 마침내 행동하기로 결심했을 때, 이미 때는 늦을 수도 있습니다. (2022년)

이렇게 프레임을 재구성하면서 많은 참여자가 탈식민적 세계관의 필요성에 대해 직접적으로 언급했다. 이 세계관에는 우리 땅과 다양한 집단의 사람들, 다른 동물에 대한 존중과 상호의존적 관계가 포함된다. 그 한 예가 반다나 시바와의 인터뷰에서 이렇게 언급되었다. "그래서 저는 모든 문제에 대해 생각하고 있습니다. 회복력이나 민주주의 또는 다원주의 그리고 여러 가능성들에 대해서요. 아울러 우리는 연령의 다양성, 종의 다양성, 가치의 다양성, 지능의 다양성 등 모든 다양성이 증진되도록 노력해야 합니다. 따라서 우리가 할 일은 바로 다양성의 조건들을 새롭게 구성해내는 것입니다."(2023년 반다나 시바와의 인터뷰)

새로운 패러다임의 중심에는 투명성이 자리 잡아야 한다. 이는 진정한 민주주의 시스템을 구축하는 데 기반이 되는 중요한 요소다. 참여자들은 변화를 앞당기기 위해 투명성이 필요하다고 강조하면서도 그 한계를 지적했다. 투명성만으로는 충분치 않다는 것이다. 일부 참여자들은 투명성에 더해 폭넓은 교육 과정을 결합하여 타인에 대한 공감과 연민의 힘을 기를 수 있도록 해야 한다고 제안했다. 일부 참여자들은 희망적인 의견도 표명했다. 시민들은 불공정한 식품 시스템에 의해 다른 사람들이 어떤 영향을 받는지 더욱 명확히 이해하고 있고, 기후변화로 인해 공동으로 직면한 문제들에 대한 인식 또한 높아졌기 때문에 결과적으로 타인의 처지를 더 잘 고려할 수 있게 되었다는 것이다.

물론 참여자들이 언급했던 많은 현실적 상황들에 대한 이해와 연민도 필요하다. 집약적 식품 시스템의 노동자들, 예를 들어

겨우 생계를 이어가는 농부나 도축장 노동자들의 경험, 상품화되어 가장 좋은 삶의 기회를 놓친 동물들, 살아온 땅에서 강제로 떠나야만 했거나 자신들의 먹거리를 직접 생산할 수 없게 된 사람들, 자신들의 문화에 걸맞은 중요한 먹거리를 구할 수 없게 된 다양한 사람들의 상황 말이다. 이 사례들은 인터뷰에서 알게 된 이야기들의 단지 일부일 뿐이다.

공감과 연민에 대한 논의는 인간과 비인간동물, 생태계 보존이라는 크고 추상적인 차원에만 국한되지 않는다. 많은 참여자들이 다양한 집단 안에 존재하는 '개인'의 중요성을 강조했다. 참여자 대다수는 다른 동물들을 사고의 틀 안에 포함시켰으며, 그 과정에서 개성이라는 관념을 적용해 다른 동물들을 단순한 생물종이나 생태계의 일부가 아니라, 좋은 삶을 누리길 바라는 개인으로 간주했다. 패러다임 전환의 기본 특성은 다른 동물과 자연이 배려와 공감을 받아야 함을 인식하는 것인데, 참여자들은 대체로 이를 수용하고 있었다.

공동체 강화

'공동체 강화'는 거의 모든 인터뷰에서 등장한 주제다. 우리는 인간과 비인간동물 모두를 위한 강하고 회복력 있는 공동체의 중요성에 대해 논의했다. 이는 단순히 공동체가 집단적 지원 체계를 강화하기 때문만은 아니다. 오히려 견고한 공동체는 기후위기 시대에 필수적인 요소이기 때문이다. 우리가 기후변화의 많은 이슈들과 그로 인해 발생하는 혼란으로 고군분투할 때, 공동체는

최악의 피해에서 우리를 보호해주는 중요한 역할을 한다.[649]

참여자들은 공동체 강화와 관련한 몇 가지 이슈에 대해 이야기를 나눴는데, 해결책이 될 만한 것들을 여기서 소개하고자 한다. 공동체에 대해 이야기할 때 많은 참여자가 상호연결성, 공존 그리고 하나 된 상태(가장 광범위한 의미)에 대한 믿음을 염두에 두고 있었다. 이들은 공동체 강화와 문화적 전통이 가져다주는 유대 사이에 중요한 연결점이 있다고 강조했다(예: 원주민 공동체에 강요된 식민지 먹거리에 대한 저항으로 공동체 문화에 맞는 먹거리 조성). 이러한 토론을 통해 먹거리에 대해 다시 생각하게 되고 요리하는 행위가 정치적이라는 생각이 부각되었다.

일부 참여자들은 '탈성장' 개념을 강조하며, 탈성장이 사회 구조에 미치는 영향(생산과 소비 속도를 낮추면 성장이 지속가능한 한계 내에서 진행되어 노동자와 다른 동물들을 보호할 수 있음)과 개인에게 미치는 영향에 대해 언급했다. 탈성장을 통해 긍정적 관계 형성과 비소비적 행위를 위한 시간이 늘어나고, 소비문화에 존재하지 않는 가치와 의미를 위한 공간이 마련될 수 있다. 또한 먹거리에 대한 논의는 공동체가 식량안보의 구체적 의미를 정립하는 데 중요한 역할을 한다. 이러한 토론들을 통해 우리에게 갈등과 분열을 불러오는 경제 관계, 그리고 식민지적 사고 및 자본주의적 사고와 관련된 억압적 구조의 문제들에 대해서도 논의할 수 있다.

먹거리 운동의 행동주의와 공동체 강화에 대해 논의하면서 농부인 렌 바살로는 다음과 같이 이야기했다. "저는 사람들이 서로 연결되기를 간절히 바라고 있습니다. 공동체에서 함께 일하면 많은 가능성이 생겨납니다. 연결성은 우리 사회가 개인주의적으로 변하면서 잃어버린 특성 중 하나입니다. [공동체 먹거리 운동을 통해] 우리는 먹거리를 확보하고, 공동체를 유지하고, 우리의 건강 즉 육체적 건강과 정신적 건강을 되찾을 수 있습니다."(2023년 렌 바살로와의 인터뷰)

변화를 효과적으로 이끌어내기

우리가 인터뷰에서 마지막으로 다룬 주제는 과연 어떻게 변화의 물꼬를 틀 수 있는가의 문제였다. 다양한 참여자들이 서로 다른 관점과 사례로 변화의 방법들을 제시했는데, 여기에는 상당한 공통점이 있었다. 바로 모자이크식 연결망, 두 가지 관점으로 보기, 다종민족지multispecies ethnography*에 대한 내용이 모두 언급되었다.

우리는 케이프브레턴 대학교의 선주민 학생이자 이 프로젝트의 연구조교인 애슐리 롱과 인터뷰했다. 우리는 세 가지 이유에서 그녀의 관점이 궁금했다. 이 모든 것들에 대해 몰입하여 배우는 과정(수개월 동안의 문헌 조사와 녹취록 점검)이 어땠는지? 대학의 학부생(이 책의 주요 독자층 중 하나)으로서 직접 접하게 된 자료들에 대해 어떻게 평가하는지? 그리고 청년 선주민 여성으로서 이 책에서 다룬 주요 이슈들에 대해 개인적으로 어떻게 관련되어 있다고 생각하는지?

---

* 다종민족지는 인류학 내에서 민족지학의 형태를 띤 학문분야로, 인간에 초점을 둔 전통적 민족지학이 아닌, 특정 문화 또는 집단 내에 존재하는 인간과 다른 종 모두를 대상으로 한다-옮긴이

질문 가운데 하나는, 이 책의 주요 독자층 가운데 하나가 대학생일 텐데, 그들에게 어떻게 다가가서 관심을 끌 수 있을까? 하는 것이었다. 이 질문에 그녀는 프레임 설정이라고 생각한다며 땅과 인간, 다른 동물과 관련된 이슈들을 함께 다루는 것이 중요하다고 말했다. 이어서 다음과 같이 말했다.

> 이 모든 것들이 서로 어떻게 연결되어 있는지를 보여주는 것이 매우 중요합니다. 가령, 거미줄 같은 연결망 속에서 고기 소비에 대한 주제를 다루기로 한다면, 이 주제로부터 여러 방향으로 소주제들을 잡아낼 수 있습니다. 연결망은 한 주제와 다른 주제들 간의 내재적 상호연결성을 보여줍니다. 그러면 소주제들 사이의 연관성을 뚜렷하게 인식할 수 있으며 아울러 어떻게 한 주제가 다른 주제에 영향을 미치는지 알 수 있습니다.
>
> 저는 모든 것이 어떻게 연결되어 있는지 깨달으면서 이러한 관점을 갖게 되었습니다. 매번 관련 글을 읽을 때마다 '정말 놀랍다!'고 생각했는데 마치 새로운 세계가 열리는 것 같았습니다. 물론 한 주제에서 벗어나 다른 주제에 빠져드는 일도 계속 있겠지만, 이 또한 큰 도움이 된다고 생각합니다. 이 모든 주제는 복잡하게 연결되어 있기 때문에 서로 영향을 주고받습니다. 이것은 이러한 이유로 발생하고, 저것은 저러한 상황 때문에 발생하는 것과 같은데, 조금 더 큰 그림을 본다면 모두가 하나의 큰 연결망을 이루고 있음을 알 수 있습니다.
>
> 한 사람이 관심을 갖는 하나의 주제에 대해서만 논의하더라도, 이

를 모든 주제에 연결해 묶을 수 있습니다. 이 경우 사람들은 연결망의 한 측면에만 집중할 수 없다는 것을 알게 됩니다. 그 주제와 연결된 다른 주제들에 대해 생각해보거나 이해하지 않으면 안 되기 때문입니다.(2022년 애슐리 롱과의 인터뷰)

독일 기센의 유스투스리비히 대학교 사회학 강사이자 동물복지연구소Research Centre for Animal Welfare 책임자인 카타리나 아멜리도 이와 유사하게, 상호연결된 이슈들과 가능한 해결책들을 모자이크로서 설명했다.

저는 언제나 다학제적 관점이 중요하다고 생각합니다. 저는 학제 간 융합 방식으로 일을 하고 있는데, 일종의 모자이크를 떠올리면 됩니다. 모자이크의 서로 다른 부분들을 모두 합쳐야 하는 것과 같습니다. 가령, 수의학 관점에서 어느 한 이슈에 집중한다면, 이건 한 개의 모자이크죠. 수의학적 관점에서는 특정 동물을 주목하는 것일 수 있지만 사회학 관점에서 특정 동물은 대개 인간입니다. 인간이라는 모자이크 조각인 거죠. 그런데 영양학 측면에서는 제가 학제 간 융합으로 배운 모든 것들이 모자이크를 이룹니다. 그런데 이건 또 다른 모자이크 조각으로서 인간과 동물 간의 접점에서 연결성을 갖게 됩니다. 이것이 제가 일하는 방식입니다.(2022년 카타리나 아멜리와의 인터뷰)

다종민족지는 다른 종과의 상호연결성에 대한 이해는 물론

자연계의 경이로움, 지능, 복잡성에 대한 이해의 문을 열어주는 또 다른 접근방식이다. 카타리나 아멜리는 최근 《다종민족지 *Multispecies Ethnography*》(2022)라는 책을 출간했다. 이 책에서 그녀는 어떻게 자연, 인간, 동물을 통합할 수 있는지와 그녀가 "인간동물자연문화HumansAnimalsNaturesCultures"로 칭했던 것에 대해 생각해보자고 권한다. 아울러 우리가 당면한 주요 이슈들과 불평등 문제를 좀 더 깊이 이해해보자고 제안한다. 우리가 음식정의와 그녀의 다종민족지 연구 사이의 연관성에 대해 질문했을 때, 그녀는 다음과 같이 대답했다.

> 저는 다종민족지가 먹거리에 관한 모든 것을 설명하는 데 좋은 방법이 될 수 있다고 생각합니다. 앞서 말씀드린 바와 같이 당신이 무언가를 먹으면서, 가령 식물이나 동물에 다종민족지 방식으로 접근한다면, 모든 부분 그리고 그 사이의 모든 조각들로 이루어진 전체 형태를 분석할 수 있습니다. 그것은 단순히 먹는 행위가 아니라 오히려 먹거리가 만들어지는 과정에 관한 것입니다. 먹거리가 어떻게 당신에게 왔는지(운송 방식 등)에 대한 문제입니다. 요리를 한다면, 그것을 어떻게 요리할 것인가? 음식을 먹는다면, 접시는 어디에서 온 것인가? 따라서 당신은 이 세계의 많은 것들을 다종민족지로 관찰할 수 있습니다. 하지만 쉽지 않은 일입니다. 왜냐하면 복합적인 측면에서 바라봐야 할 경우, 많은 상이한 관점들을 포함시켜야 하기 때문입니다.(2022년 카타리나 아멜리와의 인터뷰)

다종민족지는 우리 주변에 있는 모든 것들의 연결성과 복잡성을 인식하기 위해 그 내면을 살펴보도록 돕는 수단이 된다. 다종민족지는 다른 동물들과 자연의 작용을 인정하는 학제 간의 총체적 접근법이 필요하다고 제안한다. 동시에 선주민의 지식체계를 존중하고, 이를 활용하여 우리가 직면한 심각한 문제들을 해결하도록 이끈다.

선주민의 지식체계는 특히 땅과 다른 생물과의 관계를 탐구하고, 비판하고, 재구성할 수 있는 기본적인 접근법을 제시한다. 일상생활에서 연결성이 우리 각자에게 어떤 의미인지 알아보기 위해서는, 우리 각자가 거주하고 일하는 장소와 공간을 인지하는 일이 중요하다. 이러한 맥락에서 우리는 여기 '노바스코샤'의 양도하지 않은 미그막 땅을 우리의 장소로 인정하고, 이 땅과 관련된 미그막 주민의 역사 인식을 받아들인다.

'두 가지 관점으로 보기' 접근법은 미그막 장로인 앨버트 마셜, 고인이 된 머드나 마셜Murdena Marshall, 그리고 생물학자인 셰릴 바틀릿에 의해 고안되었다. 이 접근법에는 '네투쿨림크Netukulimk*'라는 개념이 포함되어 있는데, 이는 지속가능성을 인간중심의 관점이 아닌, 땅과의 조화 속에서 살아가는 방식이라는 관점을 담고 있다.[650] 이러한 사고는 땅 위에서 다른 사람, 다른 종들과 함께 살아가는 우리의 생존 방식을 유기적으로 표현한 것이

* '충분하지만 넘치지 않게 갖는 것'을 의미하는 말로, 공동체의 영양과 복지를 유지하면서 자연의 다양성과 생산성을 보존하는 방식을 일컫는다.-옮긴이

며, '나의 모든 관계'라는 뜻의 '엠싯 노그막Msit No'Kmaq'이라는 말에 담겨 있는 생각이다. 이 표현이 의미하는 바는 모든 살아있는 존재는 우리의 동족이므로, 우리가 가족이나 친족에게 널리 행하는 윤리적 대우를 동일하게 받을 만한 가치가 있다는 것이다.

'두 가지 관점으로 보기'는 단순히 서구의 지식체계와 선주민 지식체계 간의 대화와 공동학습에 기반하여 양측의 전통에서 최선의 것을 모은 것이라고 잘못 이해되기도 한다. 물론 이러한 지식체계의 결합은 우리가 미래에 건강하게 공존할 수 있도록 중요한 역할을 할 것이다. 이 점도 중요하지만, 앨버트 마셜 장로에 따르면 두 가지 관점으로 보기는 다양한 관점을 통합하는 것을 의미한다. 그리고 아시아, 아프리카, 중동의 서로 다른 관점들도 해방의 길로 나아가는 데 핵심적인 역할을 할 것이라고 인식한다. 바틀릿은 이러한 개념이 어떻게 생겼는지를 이렇게 설명해준다. "미그막어에 유창한 앨버트는 미그막 지식체계 안에 있는 지혜에 대해 깊이 생각해본 후, '다양한 시각의 재능the gift of multiple perspectives'이라는 의미의 '에투압트뭄크Etuaptmumk'라는 말을 제안했습니다. 그리고 조금 더 고심한 후에 에투압트뭄크의 동의어로서 '두 가지 관점으로 보기Two-Eyed Seeing'라는 영어 표현을 만들어냈습니다."(2023년 셰릴 바틀릿과의 개인 서신).

이 개념은 두 가지 요소가 합쳐져 '두 가지 관점으로 보기'가 되었다. 바틀릿은 "다양한 시각의 재능"이 많은 선주민에게 있다고 말한다. 선주민들은 함께 배우고 서로 존중하는 것을 일찍부터 강조하고, 이 모두를 함께 적용한다고 설명했다. 마셜은 여러 문화권을 넘나드는 스토리텔링과 공유 행위가 매우 중요하다고 강조한다. 바틀릿은 '지식 이야기'를 공유하는 방식을 통해 두 가지 관점으로 보기가 미그막 지식체계 안에서 '네투쿨림크'를 주된 이야깃거리로 설정한다고 말한다. 서구의 과학이나 관점들은 상황에 따라 그 이야기에 기여할 수도 있고 아닐 수도 있다.

마셜에 따르면, 이야기를 통한 관계 형성의 과정에서 우리는 우리가 어디서 왔는지, 우리가 누구인지, 그리고 왜 여기에 있는지 이해하기 시작한다. 미그막 주민들은 이러한 과정이 미그막족의 7가지 성스러운 삶의 재능에 기반을 두고 있다고 여긴다. 즉 지혜, 사랑, 진실, 용기, 존중, 겸손, 정직이라는 필수조건과 가치, 그리고 이에 상응하는 행위들로 형성된다.[651]

미그막 단어인 '완콰지테테켄Wanqwajite'teken'에서 번역된 겸손의 개념은 연민을 뜻하기도 한다. "겸손은 바로 신성한 창조물의 일부로서 자기 자신을 아는 것이다."[652] 이미 논의한 바와 같이, 어떤 사람들은 겸손을 우리 자신과 모든 창조물 간의 신성한 관계로 볼지 모르지만, 조금 세속적인 사람은 상호의존성의 과학으로 볼 수도 있다.[653] 알베르트 아인슈타인이 지적한 것처럼, 우주의 어떤 것도 다른 것들과 떨어져 고립된 채 존재하지 않는다. 이것은 과학적 사실이다. 자신을 따로 떨어진 존재로 보는 사람이 있다면, 아인슈타인에게 그 사람은 "자신의 의식에 대해 시각적 망상을 가진 사람"일 뿐이다.[654] 우리에게 두 가지 관점은 서로를 보완하며, 결국에는 효과적으로 합쳐져 동일한 것이 된다. 이것이 바로 두 가지 관점으 로 보는 정신이다. 우리는 이러한 변화의 방향이 인간으로서 우리에게 내재된 연민을 불러일으킬 뿐만 아니라, 땅과 모든 생물종과 보다 정의로운 관계로 가는 길을 보여준다고 생각한다. 동시에 이러한 방향은 서구의 사전예방원칙 사고를 보완해주는데, 이에 대해서는 뒤에서 더 구체적으로 살펴보겠다.

대부분의 참여자가 사회운동과 다양한 문화들에 관한 성숙한 대화의 장소와 공간을 만들길 원하면서, 이를 위한 중요한 방식을 찾는 데 시간을 보냈다. 이들은 지역 주민들을 만나고 지역 차원의 의사결정에 민주적으로 참여하는 것이 매우 중요하다고 생각했다. 글로벌북부에서 온 선진국 참여자들은 세계적으로 영향을 미치는 국내의 억압적 관행과 정책을 바로잡는 일에서부터 변화가 시작되어야 한다고 주장했다. 특히 비인간동물을 식품으로 산업 생산하는 상황이 긴급한 문제로 떠올랐는데, 비인간동물의 생명, 노동자와 시민의 건강과 안전 그리고 기후변화에 직접적이고 체계적인 영향을 미친다는 점에서 그러했다.

어떻게 이러한 변화들을 이루어낼 수 있는지에 대해 매우 다양한 의견이 있었다. 몇몇 사람들은 줄이고 조정하고 대체해야 한다고 말하는 반면, 어떤 사람들은 식물성 식단과 같은 보다 과감한 변화가 광범위하게 이루어져야 한다고 주장했다. 그러나 전반적으로 현재의 산업화된 식품생산 시스템과 매년 수십억 마리의 동물을 지속적으로 소비하는 행위가 지금처럼 계속되어서는 안 된다는 의견에 많은 사람이 동의했다.

일부 사람들은 지금의 식품생산 시스템에 요구되는 변화를 생각하고, 비인간동물에 미치는 피해를 고려하면서도 때로는 점진적 변화가 필요하다고 주장했다. 왜냐하면 점진적 변화는 일부 '최악의' 피해들을 단기적으로 완화시켜주기 때문이다. 하지만 누구도 이것만으로 충분하다고 주장하는 사람은 없었다. 대부분은 현재의 구조에서 비인간동물을 사육할 때 단순히 인간적인 방식이란 존재하지 않는다고 주장했다. 일부 참여자들은 '인간적'이란 말이 단지 잔인하지 않다는 의미일 뿐 안전하고 충만한 좋은 삶을 필수적으로 제공해야 한다는 뜻은 아니라고 매우 명확하게 언급했다. 일부 참여자들은 점진적 변화와 비슷한 맥락에서 효과적인 정책 변화를 위해 정부가 적절한 역할을 수행해야 한다고 지적했다.

많은 사람이 패러다임 전환과 공동체 강화에 관한 몇몇 근본적 해결책과 연결하여 지역화와 지구적 시각 및 사고의 필요성을 주장했다. 어떤 이들은 이것이 공급망 문제와 팬데믹과 관련한 문제 일부를 해결하는 것과 관련이 있다고 보았다. 이에 대해서는 3장에서 이미 언급한 바 있다. 또 어떤 이들은 단일작물을 재배하는 대규모 농업을 중단하고, 공동체가 스스로 자급자족하거나 자신들에게 필요한 먹거리를 스스로 결정하도록 하는 일과 관련이 있다고 생각했다. 또 다른 이들은 농업의 탈산업화, 소작농 지원, 농부와 먹거리 분야 노동자의 여건을 개선하기 위해 식품 시스템을 재조직해야 한다고 말했다. 이는 분명 정의로운 세상의 먹거리는 새로운 형태의 민주주의와 사회 시스템이 필요하다는 이 책의 전반적인 사고체계와 맞닿아 있다.

결국 우리가 매일 아침 일어나 변화를 위해 일하고자 한다면,

효과적인 대응전략을 모색할 필요가 있다. 이 책에 언급된 위기들에 대한 수많은 감정적 반응이 인터뷰를 통해 나타났다. 몇몇 사람들은 깊은 트라우마와 문화적 충격에 대해 이야기했다. 하지만 행복과 희망 같은 긍정적 감정을 보여주는 참여자들도 있었다. 가끔씩 이러한 이슈들에 대해 이야기하게 되어 좋았다고 말하면서, 같은 경험을 한 사람들의 감정에 대해서도 이야기했다. 이들은 자신을 돌보는 동시에 다른 이들을 돌보는 행위는 변화에 대해 계속 연구하고, 가르치고, 이행하고, 옹호하기 위해 중요하다고 인식하고 있었다.

이 책의 서두에서 언급한 바와 같이, 음식정의에 관한 모든 문제를 이해하기 위해서는 과거부터 현재까지 우리와 땅이 맺는 관계를 살펴볼 필요가 있다. 앞의 장들에서 우리는 이 관계가 어떻게 식민주의와 산업 자본주의에 의해 체계적으로 변형되고 망가지게 되었는지 그리고 어떻게 동물산업복합체가 이러한 광범위한 시스템의 일부를 이루는지 알아보았다. 대량학살과 노예제는 물론이고 '민주적' 시스템의 억압적이고 착취적인 활동과 기업 지배의 형태로 나타나는 현대의 신식민주의적 관계까지 살펴볼 때, 분명한 사실은 대대적인 변화 없이는 인간과 대부분의 다른 종들의 미래는 암울하다는 것이다.

암울한 미래, 즉 예측 불가능한 기후위기, 생물 멸종, 생태적 혼란이 지배하는 미래가 닥칠 수 있다. 이를 염려하며 전 세계적으로 지역의 원예전문가부터 토지와 물 보호 담당자까지 많은 사람이 대안을 마련하고 길을 보여주기 위해 분투하고 있다. 이러한 투쟁 과정에서 우리는 많은 공동체들이 크고 작은 성공을 거두고 있고, 새로운 관점으로 바라보고 존재하는 길로 나아가는 모습을 목격하고 있다.

정책 선별 : 단기 정책과 장기 정책

엠싯 노그막(나의 모든 관계)과 사전예방원칙을 염두에 두면서, 우리는 기후위기가 얼마나 심각하며 어디로 향하고 있는지, 또는 행동 방식을 결정하기 위해 현 상황을 어떻게 설명할지 고심하지만, 이에 대해 꼭 일치된 견해를 가질 필요는 없다. 기후위기의 심각성을 인식하면서 사실과 과학에 근거한 주장을 펼치는 것은 중요한 일이다. 하지만 다른 사람들의 생각을 바꿀 수 있다는 희망 아래, 사실과 이야기로 이들을 설득하는 데 지나치게 많은 시간과 지적, 감정적 에너지를 소모하는 것 같다.

기후변화에 대한 최선의 대응 방식이 무엇인지에 대한 모든 논쟁과는 별개로, 우리가 이 세상에서 구현하려는 가치, 즉 연민, 급진 민주주의, 포용성, 정의 그리고 땅과 다른 생물종과의 조화로운 관계는 우리가 지향해야 할 훌륭한 가치들이다. 다행히도 우리는 하루하루 우리의 삶 속에서 이러한 가치들을 구현하기 위해 노력할 수 있다. 반대로 최악의 상황은 이러한 가치들이 그럴듯한 실험과 아이디어 안에서만 의미 없이 떠돌게 되는 것이다. 그리고 이러한 실험과 아이디어들이 대규모 산업과 상업의 구조적 변화에 아무런 영향도 주지 못한 채, 장차 기후위기와 인류의 종말을 제때 막지 못하게 되는 것이다.

조금 거친 이야기일 수는 있지만, 앞서 언급한 가치를 좇고자 하는 생각과 행동이 좋은 바이러스처럼 퍼져서 더 많은 사람이 참여하게 될 것이라고 생각할 수 있다. 또한 공동체의 회복력을 강화하고 더 민주적이고 수평적인 과정을 통해 성장하면서 자연과 다른 종들을 고려하며 앞으로 나아갈 수 있을 것이라 생각할 수도 있다. 이러한 관점에서 공동체로서 우리의 회복력과 연민을 드높이는 것은 매우 의미 있는 일이며, 기후위기와 그로 인해 닥칠 사회 붕괴에 보다 힘 있게 효과적으로 대응할 수 있게 해준다.[655] 가장 좋은 상황은, 이러한 노력들을 통해 현재의 시스템에 위험 신호를 보내고, 시간이 지남에 따라 땅과 인간, 다른 동물들에 계속해서 구조적 폭력을 가하는 제도와 절차를 없애는 것이다.

이처럼 광범위한 과제들을 해결하고자 나설 때 직면하는 어려움 중 하나는 조직 이기주의의 정치와 지엽적인 논의들이 사회정의와 기후변화 담론을 지배하는 것이다. 사회정의에 대한 우리의 접근방식에 분야 간 교차성이 부족하다는 것은 우리가 서로 다른 사회적 투쟁 사이의, 그리고 이 투쟁이 자연 및 동물 보호 운동에 폭넓게 연계되는 상호연결성과 상호의존성을 제대로 이해하지 못한다는 것을 의미한다.[656] 우리는 이 책을 통해 분야 간 교차성이 사회정의를 달성하는 필수조건이라고 주장한다. 그리고 사회정의를 인간은 물론 땅과 다른 생물종과의 관계를 위한 공동의 현실로 본다.

분야 간 교차성 외에도, 다양한 억압 요소들을 파악하기 위해서는 구조적 분석이 필요하다. 아비바 촘스키는 녹색성장을 추진하고 있는 미국의 그린뉴딜에 대한 분석에서 이를 잘 설명하고 있다. 그녀에 따르면, "녹색성장은 모든 형태의 생산활동으로 야기되는 오염과 자원 사용의 문제를 해결하지 못하고 있고, 이른바 녹색 또는 재생에너지 생산도 마찬가지다. 비록 녹색성장이 국내적으로 법인세 증가나 공공 서비스 확대 등 일부 형태의 재분배를 옹호하긴 하지만, 이에 비해 미국식 녹색성장은 국가가 높은 소비 수준을 지속하고, 기업들은 자신들의 이윤을 높게 유지할 수 있다고 가정하는 경향이 있다."[657] 촘스키는 그린뉴딜의 일부 지지자들이 지속적 성장은 불가능하다는 것을 인정하고 있다고 말한다. 이들은 더 나은 삶을 모색하기 위해 더 느린 발전, 일과 삶의 더 나은 균형, 시장 너머의 대안들에 대한 열린 태도를 지지하고 있는 것이다.

교육학 교수인 캐서린 오브라이언은 '지속가능한 행복sustainable happiness'이라는 개념을 만든 학자로서, 지구를 돌보는 우리의 많은 실천이 실제로 우리를 전반적으로 더 행복하게 만들 수 있다고 주장한다. 왜냐하면 이러한 실천들이 가족과 공동체의 연대, 함께하는 공동체 행위 그리고 지역에서의 보다 사려 깊은 소비를 증진하면서, 먹거리를 생산하는 사람들과의 관계를 지속해서 이어주기 때문이다. 생태적 지속가능성의 측면에서 행복에 대한 이러한 공동체적 접근은 '모두를 위한 웰빙well-being for all'이라는 개념을 매우 중요시한다. 그리고 우리의 행복과 웰빙이 다른 사람들과 자연과 서로 연결되어 있다는 사실을 강조한다.[658](2022년

오브라이언과의 인터뷰)

오브라이언은 학교 선생님들, 교육자들, 대학원생들과 협력하여 자신의 연구를 학교 커리큘럼에 포함시켰다. 이 커리큘럼은 자연 속에서 이루어지는 야외 학습과 활동에 더 큰 비중을 두도록 교실 현장에 영향을 미쳤다. 또한 식물성 먹거리를 커리큘럼의 일부로 구성하여, 지구와 우리 자신의 몸을 보호하기 위해 우리가 할 수 있는 가장 효과적인 일 중 하나가 식물성 식단을 도입하는 것이라는 인식을 강화하고자 했다. 앞서 언급한 바와 같이, 현재 캐나다 〈식품 가이드〉에서도 이러한 노력들을 찾아볼 수 있는데, 이 가이드 역시 최근 식물성 식단을 강조하고 있다. 이러한 교육은 논픽션 작가이자 언론인인 리처드 루브가 말한 이른바 '자연 결핍 장애'에 대한 해결책이 될 수 있다. 그는 이에 대해 다음과 같이 설명한다.

> 저는 자연에서 소외된 인간이 치러야 할 희생에 대해 말하고자 이 표현을 만들었습니다. 이것은 의학적 진단이 아닙니다. (물론 그럴 수도 있겠지만요.) 이것은 오히려 긴급한 문제에 대해 논의하고자 하는 시도로 볼 수 있습니다. 우리는 이러한 문제가 심각해지는 것은 알고 있었지만, 무엇인지는 제대로 설명하지 못했기 때문입니다. 이 용어*는 이미 널리 알려졌고 지금은 우리 아이들과 자연을 연결하기 위한 국제 운동의 슬로건이 되었습니다. 현재 신자연운

* 자연 결핍 장애-옮긴이

동New Nature Movement은 확대되어 성인과 공동체 전체를 모두 아우르고 있습니다.[659]

투명성의 기술

투명성은 급진 민주주의의 기본 요소이며, 소통의 진실성에 대한 신뢰를 바탕으로 한다. 다시 말해, 시민들은 자신의 상품에 무엇이 들어있는지 그리고 그 상품이 생물다양성과 조화를 이루며 만들어졌는지, 다른 생물종에 피해를 주거나 위협을 가하는 건 아닌지, 기본 인권을 침해하지는 않는지에 대해 알 권리가 있다. 나아가 현재의 경제 시스템에서는 소비자가 이러한 점들을 파악해야 할 책임이 있다. 하지만 이것만으로는 세계 경제의 대량생산과 소비주의에 내재된 구조적 폭력이 은폐될 수 있다.

구조적 폭력이, 때로는 직접 가해지는 물리적 폭력이, 우리가 이 책에서 자본주의 '논리'의 일부로 파악한 다양한 원인들에 의해 확산되고 있다. 이러한 폭력은 인종주의, 성차별주의, 성전환자혐오, 동성애자혐오, 종차별주의 등 많은 교차적 문제들을 악화시킬 뿐 아니라 전 세계로 확산시킨다. 현대 사회가 민주적 '진보'를 이뤘다고 자부하는 지금, 우리는 어쩌다 생산의 제1원칙으로 경계해야 할 발생 가능한 피해조차 제대로 살피지 않고 번번이 회피하는 지경에 이르렀을까?

일상의 다른 상황에 빗대어 이를 생각해보면 그 부조리함을 바로 느낄 것이다. 대부분의 사람들은 아이에게 폭력을 행사하는 것이 잘못된 행위라는 데 동의할 것이다. 또한 이러한 폭력을 행사할 수 있어야 한다고 부추긴다면 매우 당황할 것이다. 나아가 사람들이 그 폭력에 동참할지, 아니면 벌하게 할지가 법이나 외부의 강제가 아니라 개인의 선택과 판단에 달려있다고 주장한다면 당황스럽기는 마찬가지일 것이다. 그리고 아동폭력 가해자가 자기 행동을 스스로 제어하거나, 자신의 죄를 인정하고 스스로를 쉽게 변화시킬 것이라고 기대하는 것은 매우 합리적이지 못한 일이다.

정책 수립과 규제는 정부와 사법부의 실효성 있는 감독 아래 놓일 때 변화를 이루어낼 수 있다. 그 효과를 둘러싼 논쟁은 뜨겁지만, 윤리적 기준을 기반으로 한 규제 기구와 관청의 지정(指定)이 최근 몇 년 사이에 활발히 이루어지고 있다. '유기농'과 '공정무역', '윤리적으로 조달된'이라는 라벨 붙이기가 이에 해당한다.

자유당 소속의 캐나다 국회의원인 제이미 바티스트는 지속가능성 표시 제도 관련 법안을 하원에서 통과시킴으로써 역사적인 업적을 남겼다. 그는 다음과 같이 말한다. "우리는 산업계가 스스로 자신을 규제하도록 허용하는 것이 신뢰할 만한 조치가 아니라는 사실을 알게 되었습니다. 사람들이 무언가를 구입한다는 것은, 해당 회사의 영업 관행을 받아들인다는 것을 의미합니다. 그래서 저는 신뢰할 수 있는 라벨이 없는 한, 소비자는 완전 무지할 수밖에 없다고 생각했습니다."

바티스트는 대부분의 사람들이 양심이 아닌 자신의 경제 여건에 따라 상품을 구입하기 때문에, 투명성이 부족하면 현재의 생산 시스템에 내재된 폐해를 해결하기 어렵다고 말한다. 올바른 행위에 대한 직접적인 인센티브가 없다는 것이다. 그녀의 설명은 다음과 같다. “제가 35번 법안을 검토했을 때 희망했던 것, 그리고 지금도 희망하는 것은 환경 관련 표시제도입니다. 우리는 업계가 이미 식물성 대체육, 임파서블 버거와 소시지 그리고 윤리적인 공정무역 커피와 같은 상품들로 대체하고 있다는 것을 알고 있습니다. 사회 전체가 이러한 방향으로 나아가기 시작했으며, 우리는 우리의 미래와 지구를 위해 더 나은 선택을 해야 합니다.”(2023년 제이미 바티스트와의 인터뷰)

구조적 폭력을 근절하기 위한 전략으로 라벨 제도만을 생각한다면 회의적일 수 있다. 하지만 라벨 제도는 더 큰 퍼즐의 한 조각일 뿐이다. 피해가 완벽히 방지되어야 하고, 특히 최악의 시나리오에서 발생하는 권리 침해는 생산현장에서 불법화하는 것이 가장 이상적이다. 다만 우리가 주장하는 바는 생산과 소비에서의 투명성은 어디에서 실행되든 좋은 것이라는 점이다. 기업들의 행위가 투명해야 한다고 요구하는 것은 기존 관행에서 벗어나려는 급진적인 출발과 같다.

급진 민주주의와 사전예방원칙

우리가 시스템을 서툴게 손보는 것 이상의 변화를 이루길 원한다면, 결국 퇴행적인 상황과 본질적으로 해로운 접근방식에 맞서 싸우고, 이른바 ‘문명화된’ 사회의 윤리적 기준을 확고히 세워야 한다. 마하트마 간디는 서구 문명에 대해 어떻게 생각하느냐는 질문을 받았을 때, "좋은 관념이라고 생각합니다"라고 대답했다. 서구 문명은 급진 민주주의가 필요하고, 급진 민주주의는 경제활동을 포함한 모든 사회적 활동의 내용과 방식을 사전에 집단적으로 결정해야 한다는 원칙에 기반을 둔다.

앨버트 마셜 장로는 우리가 개인과 사회로서 수행하는 모든 활동들에 대한 접근방식에 대해 힘주어 이야기했다. 그의 접근법은 다음과 같은 질문으로 시작한다. 내가 하려는 일은 자연과 다른 생물종들과 얼마나 조화를 이루는가? 이러한 생각은 사전예방원칙이라는 서구적 개념과 연결되는 것으로, 공동체의 모든 정치적, 경제적 결정에 비추어 따져볼 수 있다. 이를 두고 키머러는 "종 민주주의", 반다나 시바는 "지구 민주주의"라고 말한다. 물론 우리 인간의 활동이 자연과 다른 생물종에 영향을 미치는 것은 피할 수 없는 일이다. 하지만 현재 발생하고 있는 최악의 피해를 멈추고, 자연과 보다 조화로운 관계를 형성해 나가는 것은 가능하다.

사회민주주의 측면(뛰어난 사회 프로그램, 주택, 회복적 정의*, 보건의료 등)에서 스칸디나비아 국가들이 글로벌북부에서 가장 진보된 지역이라고 보는 경향이 크다. 그런데 핀란드 연구자들은 생태 이슈에서 스칸디나비아 국가들이 다른 북부 국가들에 비해 낮은 평가를 받았다고 언급했다. 처음에는 이러한 사실을 이해하기가 다소 어려웠다. 왜냐하면 이 국가들은 대안적 기술에 혁신적 투

---

* 정의에 대한 접근법으로, 가해자들이 그들이 발생시킨 피해를 깨닫고 그에 대한 책임을 지도록 하며, 궁극적으로 그들 스스로 회복시킬 기회를 주는 데 그 목적이 있다-옮긴이

자와 노력을 하는 것으로 잘 알려져 있기 때문이다. 하지만 우리가 2장에서 살펴본 것처럼, 한 국가의 생태발자국은 단순히 국경 안에서의 행위로 판단되는 것이 아니다. 해당 국가의 해외 투자가 어디에서 이루어지고, 무엇을 수입하고 소비하고 있는지와도 연관되어 있다. 또한 이러한 사항들이 생태발자국에 반영되는지도 중요하다.

핀란드의 다학제 독립 환경연구팀인 바이오스BIOS는 최근 보고서에서 다음과 같이 언급했다.

> 우리는 경제를 시장경제의 관점에서 바라보며 공공부문은 민간부문에 의존적인 것으로 여겨왔다. 이런 관점 때문에 경제학이 정치적 현실을 결정하는 것으로 생각하고, 자연자원과 생태 한계에 대해서는 중요하게 여기지 않게 되었다. 이런 사고는 퇴행적인 것이다. 시장경제는 단지 광범위한 사회의 일부일 뿐이며, 사회는 오직 생물권의 일부로 존재하기 때문이다.

보고서는 탄소포집저장기술 등의 기술만으로는 1.5℃ 목표를 달성할 수 없다며, "우리 삶의 방식, 경제, 기반시설의 총체적 변화가 필요하다"고 주장했다. 그리고 보다 폭넓은 체계를 고려한 접근방식을 강조하며 다음과 같이 덧붙였다.

> 자연자원의 이용은 전 지구 차원에서 지속가능한 수준으로 감소되어야 한다(현재 핀란드 1인당 평균 소비의 약 1/3 수준). 보다 만족스럽고

> 의미 있는 삶은 물질적 소비를 줄여도 가능하다. 자연자원의 이용을 줄이면서도 평등과 민주주의를 증진하는 것이 가능하다. 모든 핀란드 사람들은 충분한 수준의 물질적 웰빙을 보장받아야 한다.[660]

'생태 대 경제'에 대한 논쟁이 기후변화에 관한 정책 논의에서 중심이 되기 시작하고, 국가들이 위기에 제대로 대응하는 능력이 악화되면서, 사전예방원칙이 헌법적 문서에 보다 적절하게 명시되어야 한다는 점이 분명해졌다(에콰도르와 볼리비아 같은 국가들 사례).

공정하고 온정적인 먹거리의 미래 비전은 분명 기후붕괴에 대한 우리의 대응과 적응 역량에 달려있다. 우리는 현재 혼돈의 시기를 겪고 있으며 위 보고서에서도 지적한 바와 같이 이 위기를 극복하기 위해 필요한 사회기반시설을 새롭게 구축할 필요가 있다. 단지 윤리적으로 바람직해서가 아니라 기후위기에 좀 더 회복력 있고 온정적으로 대응할 수 있기 때문이다.

우리는 허리케인 피오나에 대한 우리 지역의 대응에 대해 이야기하면서 이 책을 시작했다. 마지막 장을 쓸 무렵, '역사적인' 한파가 강풍을 동반하며 우리 지역을 강타했는데, 수도관이 얼고 정전이 되었다. 우리가 확인한 바와 같이, 기후변화의 영향과 그로 인한 혼란이 어떻게 전개되는지는 각 공동체, 지역, 국가마다 다르고 인종, 계급, 젠더, 생물종마다 불평등하게 나타난다. 이러한 현실을 감안할 때, '녹색 경제'라는 미온적 의제나 지속가능성에 대한 논의만으로는 분명 충분치 않다. 이것들은 계속되는 자본의 논리와 불편하게 공존해왔을 뿐이다.

회복력, 연민, 생태적 조화와 정의는 분야 간 교차적 접근방식이 필요하며, 이런 방식은 자신들의 운명을 의미 있게 통제할 수 있는 풀뿌리 공동체에 기반을 두어야 한다. 마셜 장로는 자급자족이 늘 가능하지 않을 수 있다고(그리고 꼭 바람직한 것은 아니라고) 말한다. 우리는 공동체를 넘어 교류하고 참여해야겠지만, 진정한 급진 민주주의가 증진되는 곳에서는 자립이 가능할 수도 있다.

기쁨과 감사의 중요성

기후변화 시대의 음식정의에 관한 매우 실용적이고 정치적인 책에서 기쁨과 감사를 표하는 것이 다소 진부해 보일 수 있다. 하지만 우리가 이 지구에서 공유하고 있는 자연의 아름다움을 축복하고 다른 생물종에 대한 감사의 감정을 갖는 것은 스토리텔링과 공동체 강화를 위한 기본적인 요소다. 기뻐하고 감사하는 것은 우리의 삶을 충만하게 하고 회복력을 높여줄 뿐 아니라 사회정의와 생태적 조화를 위한 험난한 노력에 진정한 의미를 부여해준다. 우리는 모든 지역의 피해를 근절시킬 수 있고, 또 그래야만 한다. 이를 위해 자연과 살아있는 존재 모두에게 감사하는 마음을 가져야 한다.

팜생츄어리 회장이자 공동 창립자인 진 바우어는 동물 곁에서 일하는 많은 사람들과 마찬가지로 '상호관계성mutuality'에 대해 이야기한다. 그는 우리가 다른 존재에 피해를 주거나 폭력을 가하면 상호관계성의 끈이 끊어질 것이라며 다음과 같이 설명한다.

> 저는 상호관계성의 시스템을 만드는 것은 착취 시스템에 반대하는 것이라 확신해왔습니다. 예를 들면, 낙농업에서는 젖소에게서 우유를 짜내고 송아지마저 뺏어 옵니다. 그런 다음 젖소가 더는 유제품 생산에 수익성이 없다고 판단되면 고기 생산을 위해 도축합니다. 결국 생명을 뺏는 것입니다. 식량 목적으로 동물을 키우는 것은 생태계를 파괴하고 땅의 영양분을 뺏는 것과 같습니다. 또한 공장식 축산은 납세자의 돈을 정부로부터 빼가는 것과 같습니다. 따라서 이것은 상호관계성에 반하는 매우 착취적인 시스템입니다.(2022년 진 바우어와의 인터뷰)

바우어는 많은 사람들이 햄버거와 같이 상호관계성이 없는 제품을 이용하는 것을 일종의 권리라고 간주하고 있고, 이러한 권리의식을 업계가 강화했다고 줄곧 이야기해왔다. 그리고 이러한 권리의식이 비인간동물 외에도 글로벌북부에서 우리가 선택하는 많은 식품들에 깊게 스며들어 있다고 지적했다. 자연에 피해를 주고 경작하는 공동체의 권리를 빼앗더라도 온갖 종류의 과일과 채소를 일 년 내내 먹을 수 있어야 한다고 생각한다는 것이다.

바우어에 따르면, 우리가 나아가야 할 방향은 결코 "정치적 올바름의 감시자"가 되는 것이 아니다. 이들은 사회적으로 절대 환영받지 못하고 자신들의 목적을 거의 달성하지도 못한다. 대신 우리는 평가하지 않으면서 대화가 가능한 공간과 장소를 마련해야 한다. 이것은 상호관계성을 서로 나누는 문화를 형성하는 데 매우 중요한 부분이다. 자신이 나쁜 짓, 잔인한 짓을 하고 있다고 듣고 싶어 하는 사람은 아무도 없다. 만약 그들이 그렇게 평가받는다고 느낀다면, 대개 방어적으로 반응할 것이다. 그래서 육식은 인간의 오랜 습성이자 자연의 일부이고 '정상적인' 사람들이 하는 것이라는 관례적인 이야기만을 되풀이하게 될 것이다.

우리가 이 책에서 주장하는 바는 바로 먹거리를 위해 고기, 유제품, 달걀, 생선 등을 생산하는 지금의 방식이 역사적으로 꽤 최근에 생겨난 것이며, 육식에 따르는 잔인성이 '정상적'이거나 건강한 것이 아니라는 점이다. 비인간동물에게는 물론이고 이들을 죽이거나 먹는 인간에게도 마찬가지다. 한 예로 우리는 도축을 하고 고기를 포장하는 행위가 해당 노동자의 정신건강에 미치는 영향에 대해 살펴보았다. 우리는 이미 인간적인 경작과 식물성 식단에 대해 관심 있는 사람들, 그리고 고기와 유제품 섭취를 줄이는 사람들이 더 온정적인 식품 시스템을 만드는 데 중요한 동반자라고 언급한 바 있다. 통계적으로도 이들은 채식주의자나 비건보다 세계 인구에서 차지하는 비율이 매우 높다.

기쁨, 감사, 다른 동물들의 감정적 삶에 대한 이해라는 주제로 다시 돌아가서, 자연과 다른 생물종과의 상호관계성이 어떻게 촉진될 수 있는지 살펴보도록 하자. 이 주제는 우리의 연구, 저자들의 글과 생각 그리고 참여자들과의 인터뷰에서 계속해서 다루어졌다. 언론인이자 《지구를 위한 비가》의 저자인 다르 자마일은 현재 지구에서 벌어지고 있는 일들에 대해 매우 걱정하면서 자신이 느끼는 두려움을 다음과 같이 표현했다.

> 저는 산과 교감하면서 지구와 제가 단단히 연결되어 있다는 깊은 확신을 갖게 되었습니다. 저는 20대에 콜로라도로 가서 산속에서 지냈습니다. 그곳의 산과 깊은 관계를 맺으며, 산의 목소리에 진심으로 귀를 기울이기 시작했습니다. 하이킹을 하며 산 정상에 앉아 몇 시간이고 산을 바라보기도 했고, 이 경험을 저널에 기고하기도 했지요. 지금 저는 산의 목소리에 더욱 깊이 귀 기울이는 법을 배우고, 이 목소리를 듣고자 하는 사람들에게 산이 들려주는 이야기를 공유하는 것이 바로 제 일이라는 걸 분명히 알게 되었습니다.[661]

이와 비슷하게, 로빈 월 키머러의 저서 《종 민주주의》도 자연에 대해 느끼는 깊은 경외감으로 시작한다. 그녀는 두 가지 관점으로 보는 방식을 통해 서구 학문을 이해하면서 동시에 세상을 또 다른 관점에서 충분히 탐구할 수 있게 되었다.

다른 동물과 직접 관련된 일을 하는 사람들에게는 동물의 아름다움과 삶의 기쁨에 대한 이야기가 넘쳐난다. 이러한 사실은 데이비드 애튼버러David Attenborough의 다큐멘터리에서 여실히 나타날 뿐만 아니라 제인 구달, 마크 베코프, 진 바우어, 브랜든 케임과 같은 사람들에 의해 매우 생동감 있게 표현되었다. 이들은 개별 동물들의 삶을 목격하고 이들과 함께했던 자신의 경험에 대해 이야기를 들려주었다. 그 아름다움을 스스로 목격하거나 경험하지 않으면서 이야기가 지닌 힘을 진솔하게 전달하기란 어려운 일이다. 하지만 이들의 이야기는 우리 가치체계의 전환에 힘을 실어주고, 보다 온정적인 존재방식을 구현할 수 있도록 도와준다.

저널리스트 브랜든 케임은 코요테 주변에 모여 사는 사람들의 공동체에 대해 말한 적이 있다. 그의 이야기는 이렇다.

> 그들은 실제로 공존의 문화를 만들기 위해 정말 필요한 일을 하고 있습니다. 그들이 외출했을 때 만나는 사람들과 대화를 나누는 일 말이죠. 그들은 매일 같은 공원에 가기 때문에 자신들과 대화하는 사람들을 잘 알고 있습니다. 단지 코요테의 메시지를 전달하려고 돌아다니는 건 아닙니다. 만나는 사람들은 친구이자 이웃이고, 코요테에 대해 얘기할 수 있는 지인이기도 합니다. 그래서 이와 같은 백만 번의 자잘한 대화를 통해 그들은 사람들이 이 동물을 바라보는 방식을 변화시킬 수 있게 됩니다.(2022년 브랜든 케임과의 인터뷰)

이와 유사하게, 마크 베코프의 저서인 《우리 마음을 다시 자연으로*Rewilding Our Hearts*》는 모든 생물종과 지구에 대한 경외심과 상호의존성에 다시 연결될 수 있도록 우리 세계와 관계를 형성해야 한다는 점을 말하고 있다.[662]

팜생츄어리의 창립자인 진 바우어는 기쁨이란 무엇이며 다른 생물종에게는 어떤 의미를 주는가라는 질문을 받았을 때, 그 대답으로 죽음 직전에서 구한 송아지 '오피' 이야기를 들려주었다. 이미 3장에서 이 이야기를 다루었지만, 여기에서 이 이야기에 담긴 더 큰 메시지에 대해 다시 생각해볼 필요가 있는 것 같다. 오피 이야기는 젖소와 같은 동물이 어떻게 같은 종에 속하는 동물과의 관계 속에서 잘 살아갈 수 있는지 보여준다. 오피는 구출된 당시에 신체적으로는 괜찮아 보였지만 잘 성장하지 못했다. 바우어는 그때 오피가 '자신의 동족들과 함께' 있는 것이 필요하다는 것을 알게 되었다. 그는 이에 대해 다음과 같이 이야기한다. "그래서 오피를 외양간으로 데려갔는데, 다른 소들이 주위에 몰려드니 그때서야 기운을 차렸습니다. 이게 바로 오피에게 필요한 것이었습니다. 공동체가 중요했던 거죠."(2022년 진 바우어와의 인터뷰)

다른 생물종도 아픔을 느낀다는 사실을 아는 것이 중요하다. 모든 생물의 고통을 인지하는 것이 이들을 대하는 우리의 행동을 변화시키는 시작점이 된다. 이는 당연히 모든 동물에게 적용되는 것이지만 우리는 많은 사람과의 대화를 통해 비인간동물이 단지 식량으로 여겨지고 있다는 사실을 알게 되었다. 다행히도 사람들은 우리의 대화가 평가하려는 의도가 없다는 것을 알게 되면, 훨씬 더 열린 자세를 보인다. 이들은 종종 자신이 알고 있는 사실들을 '외면하려고' 했던 경험을 고백하기도 한다.

'외면하기blocking out'는 길레스피의 '이중사고'나 알루크의 '양면성'과 유사한 면이 있다. 식품산업의 언어와 광고는 동물의 고통에 대해 지속해서 느끼는 불편한 감정들에 우리가 반응할 필요가 없도록 부추기면서 외면하기를 강화한다. 그러나 다른 동물들도 놀이를 즐기고 기쁨과 공동체 의식을 느낄 수 있다는 것, 심지어 일부에서 주장한 바와 같이 문화적 감각이 있을 수 있다는 사실을 알게 된다면 인식이 달라질 것이다.

하지만 우리 사회는 이러한 이야기가 자리 잡을 여지가 별로 없다. 이런 여지를 찾아내야 하지만, 혹시 누군가 찾게 되더라도 그 사람은 보통은 이미 '변화된' 소수로 남을 뿐이다. 어떤 사람들은 소비사회에서 다른 동물의 피해에 대해 절실히 깨닫도록 우리가 할 수 있는 최선의 방법이 정책 수립, 규제, 라벨 제도라고 생각한다. 하지만 소피 라일리는 동물학대 금지 규정과 동물복지는 "인간의 이익을 앞세우는 불평등한 편견이 존재하는 한 계속 필요하다"고 말하면서, 다음과 같이 덧붙인다.

> 여기서 실용적 접근방식 탓에 가축들은 상품으로 다루어진다. 그 결과 상업적 편견이 단단히 자리 잡는다. 왜냐하면 우리 사회는 동물과 그 생산물을 사고파는 상품으로 여기기 때문이다. 게다가 이러한 생각은 동물을 자산으로 분류하거나 보다 집약적 방식으로 동물을 이용하는 것을 정당하다고 본다. 이러한 상황은 해당 분야의 지나친 관행을 시정하기 위해 정부가 정치적 의지와 권한을 발휘하지 않는다면 변화되기 어려울 것이다. 변화를 위한 노력이 있어야만 사회는 농장동물을 보호받아야 하는 생명체로 인식하고, 더는 부당하게 이용하는 상품으로 보지 않을 것이다.[663]

우리는 이 책에서 큰 슬픔의 첫 단계로서 부정을 이야기했다. 우리의 식품 생산과 소비 시스템, 실제로는 우리의 소비적 삶이 불러오는 매우 억압적인 상황에 대한 외면이 너무 깊게 자리를 잡아 해결 방법을 모색하기가 어려워졌다고 볼 수 있다. 이러한 인지부조화로 인해 우리는 구조적 폭력을 용인하게 되며, 그 결과 폭력은 지속된다. 심지어는 우리가 그 상황을 매우 위중한 문제로 인식하고 있을 때조차 그러하다.

이 장에서 언급된 많은 실천들, 즉 자연과 다른 동물들과의 관계 형성, 감사와 존중의 실천은 우리의 집단적 부정에 대한 강력한 치유책이 될 수 있다. 우리는 다른 동물 및 생명체와 동질감을 느낌으로써 매우 친밀하게 연결될 수 있다. 이것은 우리가 다른 문화와 연결되고 그 문화를 존중하게 되는 방식과 동일한데, 즉 다른 문화와 이야기를 공유하고 이로부터 배우는 과정을 통해서 이루어진다. 마셜 장로를 비롯해 많은 참여자가 이러한 연결과 배움의 과정이 중요하다고 강조했다. 우리를 갈라놓는 여러 이념들에서 벗어나 어떻게 우리 사회를 변화시킬 수 있는지가 중요하다는 것이다. 아울러 우리는 이 책에서 우리의 일상적 행위, 제도의 구조, 정책 결정의 투명성이 해결책 마련을 위해 매우 중요하다고 주장했다.

잔인함과 생태계 파괴, 권리 침해가 바로 눈앞에 드러나지 않으면, 우리는 그것을 너무 쉽게 외면해버린다. 심리학 언어인 외면하기는 인간의 본능으로서 피해와 트라우마로부터 우리를 보호해주는 역할을 한다. 이것은 우리가 지구상에 처음 존재할 때부터 위험에서 우리를 지켜온 방식이기도 하다. 심리학에서는 외면하기가 우리의 생존에 중요한 것이라면 타당하겠지만, 위험이 더 이상 존재하지 않는 경우에는 이상 행동이나 심지어는 정신 이상으로 이어질 수 있다고 말한다.

지식은 힘이라는 격언은 진부해 보이지만, 우리가 삶을 충만하게 살고, 다른 생물종 역시 다양한 자연환경에서 즐겁게 살기 위해서는 결국 겸손과 연민을 갖고 진실을 마주해야 한다.

결론 : 연민의 세계를 향해

이 책을 쓰면서 우리는 우리의 관점이 단지 수많은 문제들에 대한 하나의 관점일 뿐이라는 것을 알게 되었다. 우리는 연민을 갖고 생태와 정의를 위협하는 지구적 위기의 긴급성에, 그리고 이 위기가 식품 시스템에 미치는 영향에 대처할 것이다. 이러한 의지를 다지며 겸허하게 우리의 '결론'을 제시하고자 한다.

우리는 매우 어려운 경제적 조건에서 살고 있는 많은 사람은 물론이고, 옥스팜과 기타 기관들의 연구에서 분명하게 보여주듯 '지긋지긋한' 빈곤과 고통에 시달리며 살고 있는 사람들 모두를 염두에 두고 균형 있게 접근하고자 했다. 다른 생물종과 이른바 식용 동물들의 고통은 인간의 빈곤과 불평등을 지속시키는 시스템과 긴밀히 연결되어 있다. 인류의 관점에서 볼 때, 영양부족과 기근에 시달리는 수많은 사람들 대다수는 오늘날 글로벌남부의 인종차별을 받는 사람들이다.

글로벌북부 국가들은 지속가능하지도 정의롭지도 않은 경제 모델에 맞서 싸우기보다 유엔을 통한 원조 프로그램 지원에 참여하기를 선호한다. 이 경제 모델은 주로 글로벌남부의 사람들을 매일 죽음으로 몰아넣고 있다. 많은 국가들의 식량 불안정은 이미 위기 수준이며, 만약 기후과학자들의 예측이 맞다면, 이 위기는 머지않아 글로벌북부에도 큰 영향을 미칠 것이다.[664]

이러한 문제들은 식민주의와 직접 관련이 있다고 생각한다. 아울러 자체 논리로 작동하는 자본주의 시스템의 광범위한 역사와 현재의 현상과도 직접적인 연관성이 있다. 우리는 글로벌남부의 많은 사람과 공동체가 행동주의와 대안적 생활방식을 통해 더 나은 미래로 나아가고 있다는 사실을 강조하고자 한다. 이러한 사례들은 비인간동물과 자연의 뭇 생명체들에게 더 나은 삶의 기회를 줄 수 있다는 점을 잘 보여준다. 우리는 흔히 '지구의 허파'라 불리는 아마존을 살리기 위해 노력하고 있다. 특히 땅과 물을 보호하려는 선주민들의 행동주의는 우리 모두를 위한 것으로서 매우 경외할 만하다. 브라질에서는 매주 끔찍한 수의 활동가들이 암살되고 있기도 하다.

이 책을 시작하면서 우리와 땅과의 관계 그리고 그 땅 위에 존재하는 관계들에 대해 살펴보았다. 안타깝게도 이 관계들은 인간과 비인간동물이 수없이 죽어가는 현재의 경제 시스템 아래 놓여 있다. 우리의 땅을 공공의 영역, 즉 모두를 위해 사용하는 '커먼즈'로 생각하는 것은 오래 이어져 내려온 개념이자 많은 이론가, 활동가, 과학자들이 되살리고자 하는 제도다. '보호' 지역과 '멸종위기종' 정책은 자본주의하에서 우리가 자연유산과 생물다양성을 보호해온 방식이다. 하지만 기후위기는 이러한 방식이 결코 충분치 않다는 것을 보여준다. 만약 모든 땅이 '커먼즈'가 되어 사람들 개개인이 자신의 주거지와 땅을 관리하고, 비인간동물과 생물다양성을 최대한 보호할 수 있게 된다면 어떨까?

우리는 이 책 전반에서 참여자들의 목소리를 통해 전 세계에서 나타난 인상적인 사례에 주목하고자 했다. 인도의 나브다냐는 그 한 예로, 효과적인 네트워크를 만들어 소작농과 생산자들이 땅을 회복하도록 권한을 주었다. 이는 반다나 시바가 말한 '식량주권'으로 나아가는 길이었다. 시바가 언급한 바와 같이, 나브다냐는 주로 "종자 보존, 종자 자유" 운동으로, 150여 개의 공동체 종자은행이 설립되도록 지원했다. 이 운동으로 200만 명이 넘는 농부들이 종자주권, 식량주권, 재생 유기농업regenerative organic agriculture에 대해 교육훈련을 받았다. 이를 통해 1헥타르당 토지의 건강 상태와 생산성이 증가했는데, 농부들이 화학비료를 사용하는 대신 생물다양성을 강화했기 때문이다.(2023년 반다나 시바와의 인터뷰)

우리는 이러한 식품생산 시스템을 급진 민주주의 시스템 환경에 적용했는데, 이는 자연적으로나 구조적으로 더 온정적인 시스템이다. 쿠바, 스리랑카, 코스타리카를 비롯해 여러 국가들이 이 책에서 언급된 다양한 사례와 함께, 실제로 보다 '지속가능한' 사회를 만들기 위해 주목할 만한 노력을 기울여왔다. 필자들이 일하고, 방문하고, 연구를 수행했던 글로벌남부의 모든 국가에서 저항과 대안의 놀라운 사례들이 나타났으며 지금도 계속되고 있다.

이러한 이유로 지난 30년간 해온 우리의 강의와 연구, 행동주의는 우리를 보다 겸손하게 만들었다. 세상을 더욱 정의로운 시스템(음식정의도 포함하여)으로 나아가게 하는 여러 실험과 대안들이 안타깝게도 세계의 권력 분쟁과 신식민주의 개입으로 훼손되었다.

개입의 '방법'도 다양한데 세계무역기구, 국제통화기금, 세계은행과 같은 국제금융기구의 경제 조치, 국제무역 정책, 글로벌 기업의 관행이 여기에 포함된다. 많은 분석가들과 우리의 몇몇 참여자들은 특히 미국과 같은 글로벌북부 국가들이 행하는 다른 형태의 개입에도 주목했다. 이 국가들은 활동가와 지역민을 블랙리스트에 올려 박해하거나, 착취와 종차별주의, 생태 파괴적인 프로젝트에 반대하는 사람들에게 물리적 폭력을 가하는 한편, 심지어는 선거에 개입하거나 '자유투사'라고 주장하는 반정부단체, 군부와 무장세력에 자금과 무기를 제공하기도 했다.[665](2022년 실라이 S. 맥캐스모란과의 인터뷰; 2022년 아비바 촘스키와의 인터뷰)

우리는 정의로운 식품 시스템을 위해 다른 공동체와 국가들과의 관계가 투명할 뿐 아니라, 공정하고 급진 민주주의가 실현되는 사회가 필요하다고 주장한다. 따라서 앞서 언급한 강압적이고 때로는 은밀한 개입을 밝히는 일은 매우 중요하다. 그렇게 하면 글로벌남부 국가들에서 어떻게 민주주의가 훼손되고 있는지 명확히 보여줄 수 있기 때문이다. 이러한 개입 행위를 가시화하는 것은 글로벌남부 국가들에서 탈식민화, 정의, 급진 민주주의를 달성하기 위해 꼭 필요한 일이다.

우리의 결론은 또한 탈식민화, 분야 간 교차성, 그리고 사회변화에 대한 메시지에 주목하는 동시에, 우리의 관점에도 편견이 있음을 인정하는 것이다. 우리는 우리의 메시지가 대안 형성을 위해 노력하는 사람들에게 필요한 지원과 협력이 되길 바란다. 동시에 우리는 변화를 이루는 데 걸림돌이 되는 특권과 권력을 가진 사람들을 예의 주시한다. 이들은 이 책에서 살펴본 구조적 폭력 시스템을 옹호하고 있다. 하지만 우리의 예의 주시는 나쁜 사람과 좋은 사람을 구분하기 위함이 아니다. 글로벌북부의 많은 보통 시민들은 단지 이 시스템에 대해 모르고 있을 뿐이다. 그뿐 아니라 이 시스템은 우리가 기존 관행을 수동적으로 묵인함으로써 계속 유지되고 있다. 하지만 마셜 장로가 경고했듯이, 그 이유가 의도적 선택이건 무지이건 간에 우리가 침묵한다면 현 상황은 변화 없이 지속될 것이다.

필자들은 연구와 강의, 그리고 글로벌남부의 공동체와 기관들 또는 글로벌북부와 남부 모두의 소외된 지역과의 공동작업에서, 글로벌북부와 서구의 (특권화된 정체성을 가진) 특권 지역 사람들이 함께 행동하기 위해 무엇을 할 수 있고 무엇을 해야만 하는지에 대해 주목했다. 세상이 더 온정적이고 공정한 질서를 향해 나아가도록 여러 실험과 대안들을 장소와 시간에 구애받지 않고 시도하고, 그로부터 배우면서 이들이 유력하다고 생각하는 방식으로 지원해야 한다.

구조적 폭력은 자본주의 시스템의 산물이다. 자본주의 시스템이 기후위기를 불러왔고, 산업적 식품 시스템은 단지 자본주의 시스템의 일부일 뿐이지만, 우리가 주장한 바와 같이 매우 핵심적인 부분이기도 하다. 문자 그대로 이 위기는 생존하기 위해 우리가 마시는 물과 먹는 음식에 위협이 되고 있다. 이 점을 염두에 두고 우리는 지속가능한 삶을 실천하고 있는 전 세계의 동시대 인간들, 그리고 동물들과 함께 행동하려고 한다. 이들은 평화롭고 급진 민주주의적인, 그리고 온정적인 세상을 만들기 위해 노력하고 있다. 이러한 접근은 마셜 장로가 말한 공동의 배움이라는 정신을 통해 보다 자유로운 방식으로 '발전'과 '번영'을 이룰 수 있는 길을 우리에게 안내해준다.

우리는 이 책의 서두에서 반다나 시바의 말을 인용했다. 이 책을 끝맺으며 다시 그 말로 돌아가고자 한다. "생태 한계를 깨뜨리는 것이 생태 불의의 시작이다." 이 책에서는 생태, 인간, 다른 동물의 권리에 대한 한계를 넓히는 것에 중점을 두고 많은 위기들을 살펴보았다. 그런데 사회 구조와 절차를 통제하고 이로부터 혜택을 받는 사람들 다수는 현상 유지를 옹호하며 변화가 우리 삶의 질에 부정적인 영향을 줄 것이라고 주장한다. 이제 이 문제를 다시 살펴보면서, 우리가 잃게 될 것이 아니라, 모두가 함께 행동하여 얻을 수 있는 것에 대해 생각해보면 어떨까. 그것은 바로 균형을 회복한 생태계, 풍요로운 공동체, 상호의존적 관계, 진정한 민주주의 그리고 모두를 위한 연민이다.

부록 1

연구의 접근방식

이 책은 공동 저자인 우리가 각자의 전문분야에서 수행한 다년간의 연구를 바탕으로 정의로운 세상의 음식이라는 광범위한 주제에 대해 살펴본 것이다. 이러한 작업에서 중요한 건 솔직해지는 것이다. 그래서 우리는 연구자로서 우리 자신에 대해, 그리고 우리의 경험과 정체성과 출신 배경 같은 것들이 이 연구 프로젝트와 그 결과물에 미치는 영향에 대해 "깊은 의문을 품게 되었고," 이 책의 처음부터 끝까지 그리고 방법론적 절차 전체에 걸쳐서 "연구 과정에 비판적 성찰을 적용"하려고 시도했다.[666]

테리 깁스는 사회정의와 비판적 세계화 연구에 주력하는 국제정치학 교수다. 예전에는 경제적 세계화 맥락에서 인권, 사회정의 운동, 민주주의 실천 등을 연구했지만 최근에는 연구 범위에 비인간동물과 자연을 포함시켜 시스템이 지닌 구조적 의미를 좀 더 폭넓게 탐구하고 있다. 그녀는 라틴아메리카의 사회정의와 인권 운동에 대한 지속적 연대활동 외에도 캐나다 케이프브레턴(우나마기) 지역에서 탈식민화, 먹거리 운동, 기후변화, 정신건강 등에 관련된 다양한 공동체 활동에 참여하고 있다. 트레이시 해리스는 사회학 부교수로 인간과 다른 동물의 관계, 지속가능한 주거, 소비자 문화, 환경사회학, 질적 연구방법론 등에 대한 비판적 성찰에 중점을 두고 있다.

케이프브레턴 대학교에서 철학을 가르치는 우리 동료 리처드 케션과 함께 우리는 인간이 다른 동물과 관계를 맺을 때 생겨나는 여러 문제에 대해 교육과 옹호활동을 장려하는 동물윤리 프로젝트를 공동으로 수립했다. 이런 경험들은 인간과 다른 동물의 관계, 식량안보, 기후변화, 나아가 건강과 복지 문제 등을 연구하는 우리의 이론적, 실용적 관점의 형성에 영향을 미쳤다.

앞서 언급한 비판적 성찰에는 이 연구가 무엇에 대한 것인지, 그리고 우리가 어떻게 이러한 시각으로 문제를 바라보게 되었는지 독자들이 좀 더 총체적으로 이해할 수 있도록 하는 것도 포함된다. 그래서 우리는 생활 속 사건들이나 다양한 저널, 관련된 여러 이야기를 공유하려고 노력했다.[667] 조셉 맥스웰은 저서 《질적 연구 설계 : 상호작용의 접근방식*Qualitative Research Design: An interactive approach*》에서 다음과 같이 명확하게 말한다. "질적 데이터란 특정 연구 '방법'들을 이용하여 도출한 결과만을 뜻하지는 않는다. … 질적 연구에서 연구자는 연구의 매개자이며, 연구자의 눈과 귀는 무슨 일이 일어나고 있는지 이해하기 위해 사용하는 도구이다."[668]

우리 연구에서 비판적 성찰이 의미하는 바는 우리의 생각, 감정, 경험에 관심을 기울이는 일지(日誌)나 체계적인 기록 같은 자문화기술적(自文化記述的) 도구를 이용함으로써 연구와 관련된 개인의 생각과 경험을 연구 주제 안에 좀 더 목적의식적으로 포함할 수 있게 해준다는 것이다. 자문화기술지*(自文化記述誌, autoethnography)는 연구자가 사회와 문화 그리고 연구자 자신의 내면적 경험을 통합하는 것을 뜻한다.[669] 즉, 연구 프로젝트가 타인을 연구하는 데 국한되지 않고 연구자 자신의 관찰과 행동, 느낌을 분석하고 포함하는 것이다.[670] 이러한 방식은 우리가 이 연구를 하며 겪게 된 감정노동의 어려움을 극복하게도 해주었다.

소외, 구조적 폭력, 체계적 불평등, 기후붕괴 등에 직면한 다른 사람들의 경험을 살펴보면서 우리는 종종 큰 압박감과 깊은 슬픔의 감정을 느꼈다. 흔히 연구자들은 '객관적'이어야 하고 '감정적이어선 안 된다'고들 하지만, 그런 태도가 별 도움이 되지 않거나 심지어 가능하지 않다는 생각조차 든다. 폭력과 상실을 목격할 때면 특히 그렇다.[671] 이러한 감정노동은 또한 '연구대상자'이면서 '목격 당하는 자'의 반대편에서 우리가 '연구자'이자 '목격자'로서 누리는 특혜를 의식하게 한다.[672] 정의로운 세상의 음식이란 무엇일까를 탐구하면서 부유한 나라가 많은 글로벌북부에 사는 백인 중산층이자 고등교육을 받은 교수로서, 현재 우리가 지닌 특권에 대해 또한 이 연구의 전면에 내세우고자 한 비인간동물이라는 연구 객체와 대비되는 우리 인간 종의 특권에 대해 뼈저리게 느낄 수밖에 없었다.

사회정의를 탐구하는 교차연구는 우리의 비판적 관점을 확장

---

* 개인의 경험을 성찰하고 이를 사회문화적 맥락과 연결하여 분석하는 연구방법. 즉 개인의 주관적 체험을 글로 서술하는 동시에, 그 경험이 사회 및 문화와 어떤 관계를 맺고 있는지 분석한다. 특정 문화집단의 행동, 신념, 언어 등을 기술하고 분석하여 그 문화적 의미를 이해하려는 연구인 문화기술지(=민족지학) 방법의 한 갈래다.-옮긴이

하여 “모든 형태의 억압이 어떻게 서로 만나는지, 그리고 인간 세상 너머의 여러 주체들이 어떻게 억압의 대상이 되거나 때로는 사회 변화의 동인이 되는지” 탐구하게 한다.[673] 이 프로젝트는 상호의존성 관점에서 시작되었는데, 이는 인간을 인간과 인간 사이, 인간과 다른 동물 사이, 인간과 환경 사이에 존재하는 복잡한 관계망의 일부로 보고, 이 관계망의 한쪽에 피해를 입히면 필연적으로 다른 모든 부분이 영향을 받는다고 보는 것이다.

우리는 연구 과정에 적극 참여하는 것, 또한 작업이 엄정하고 구체적이어야 한다는 학계의 관점을 수용하는 것뿐 아니라 해방적 관점에서 이렇게 감정노동을 공유하는 것이 탈식민화 과정에서 중요한 부분이라고 생각한다. 틸리가 지적한 것처럼 “비판적 사고체계는 많은 학생들을 연구자로 성장시키고, 연구에 필요한 권한과 자원을 제공하는 여러 기관들에 깊이 뿌리내린 지배적이고 역사적인 유럽 중심의 관행에 의문을 제기하도록 해준다.”[674] 우리는 소외당하는 주장, 무시당하는 관점, 비주류적 경험 등을 우선시하는 해방적 관점을 이 책 전반에 걸쳐 적용하였다. 그럼으로써 이 프로젝트를 통해 정의로운 식품 시스템의 구축이라는 문제와 관련하여 무엇을, 또 누구를 고려해야 하는지를 둘러싼 주류의 가설에 도전하기 시작했다.

안식년이었던 2021년 겨울, 트레이시는 산업화된 식품 시스템에서 비인간동물이 받는 처우, 그리고 도축장 노동자가 일하며 받게 되는 영향에 대해, 특히 코로나19 팬데믹 기간의 일들에 대해 연구를 시작했다. 동시에 테리는 식민지 이주자의 사고방식과 제도적 틀에서 벗어나자는 탈식민운동 참여자로서 지역의 선주민 지식 전수자들과 긴밀히 협력해왔다. 이 책 집필 프로젝트, 그리고 여기에 사용된 질적 데이터 수집 작업은 선주민 지식체계의 관점이 음식정의와 회복력 문제에 매우 중요하다는 관점에서 출발했다. 이 선주민 지식체계가 인간을 자기 이외의 타인, 비인간동물, 생태계, 대지와의 관계를 통해 바라보게 하며, 근본적으로 이윤 추구 시스템이 필연적으로 불러오는 해악과 자본주의 시스템의 논리에 도전하는 것이기 때문이다.

미그막 족 원로와 지역사회 구성원, 그리고 전 세계의 선주민들은 생태계의 온전함을 지키고 미래 세대가 이 지구에서 건강하고 정답게 살아갈 수 있도록 하는 데 앞장서고 있다. 따라서 이 연구 프로젝트에 선주민 지식체계를 포함시키는 것은 필수적이었다. 인간이나 비인간동물이 생태계와 맺고 있는 소중한 관계를 상호의존적 시스템, 즉 어느 한쪽이 득을 보거나 해를 입으면 다른 모든 부분에 영향이 미치는 시스템으로 이해한다는 점에서, 또 모두에 대한 연민과 지속가능성이 이 시스템의 목표라는 점에서 우리의 입장도 다르지 않다.

우리 연구의 한 가지 측면은 이러한 중요한 이해를 바탕으로 미그막이나 여러 선주민들의 지식체계가 보다 정의로운 식품 시스템을 만드는 데 얼마나 중요한지를 선주민이 아닌 다른 사람들이 이해하도록 돕는 데 있었다.[675] 이 책에 선보인 여러 가지 생각들이 먹거리 옹호food advocacy에 대해 보다 지속가능하고 온정적이며 건강한 태도로 이어지고 건강한 음식을 더 저렴하고 쉽게 얻을 수 있게 해준다면, 이는 미그막과 여러 선주민 공동체 뿐 아니라 모든 공동체들에 좋은 일이 될 것이다.

이 책의 연구는 전반적으로 흑인, 선주민, 그 외에 인습적 소외집단, 미그막 원로와 지식전수자, 팜생츄어리 노동자, 재생농법 농부, 생산자, 정책입안자, 소비자시민, 학생과 청소년 등의 옹호자와 연구자들의 경험에 바탕을 두고 있다. 연구에 참여한 모든 사람이 지금의 식품 시스템이 지닌 여러 문제에 대해, 그리고 이에 도전하여 더 공정하고 온정적인 대안을 만들어가는 여러 방법에 대해 사람들이 더 잘 이해할 수 있도록 도움을 주었다.

이 연구 과정의 끝에서 우리가 알게 된 모든 것을 되돌아보며 바라게 된 것이 있다. 애초에 인간이 모두에게 공정하고 온정적이며 지속가능한 세상을 추구했다면 오늘날처럼 되지 않았을 테지만, 아무튼 지금처럼 인간과 여러 동물과 자연을 상품으로 취급하는 이익의 논리가 지배하는 경제 모델이 식품 시스템을 계속 지배해서는 안 된다는 것이다. 그 이유를 이해하는 데 이 책이 폭넓은 시야를 제공할 수 있기를 바란다.

부록 2

연구 방법론

이 책에서 우리는 사람들이 어떻게 음식정의와 회복력을 정의하는지 그리고 자신들의 연구와 노동, 생산, 옹호활동에서 어떻게 회복력을 구축하고 있는지에 관심을 두었다. 이 프로젝트의 질적 연구 측면에서 우리가 가정한 사실은 먹거리가 생명의 자양분으로서 '자본의 논리'에 지배당해서는 안 된다는 것이다. 이와 관련된 구조적인 불의와 환경 붕괴의 위기들을 해결하길 원한다면 말이다.

우리는 연구의 시작부터 다섯 가지 주요 주제들에 대해 살펴보기로 했는데, 비인간동물을 식품으로 산업 생산하는 문제와 관련된 것들이었다. 그 주제란 바로 비인간동물, 소비자시민, 노동자, 환경 그리고 가능한 해결책에 관한 것이다. 이러한 광범위한 주제들은 추후 코딩 과정에 대해 논의하면서도 나타났는데, 이것들은 선험적 코드a priori codes의 역할을 수행했다. 이는 인터뷰 원고들을 면밀히 살펴보면서 나타난 경험적 코드emergent codes와 연결하는 데 도움이 되었고, 이를 통해 인터뷰 데이터를 일관성 있게 이해할 수 있었다.[676]

이 연구는 두 곳의 윤리심사기관, 즉 미그막 윤리감시기관과 케이프브레턴 대학교 연구윤리위원회로부터 승인을 받았다. 우리는 자금을 지원 받아 학생 연구조교를 채용했고, 이는 케이프브레턴 대학교 예술사회학부, 연구 및 대학원 담당실, 케이프브레턴 대학교 진로학업 프로그램을 통해 이루어졌다. 연구조교인 애슐리 롱, 제나 맥닐, 로셸 로치는 관련 문헌들을 수집하는 일을 했다. 애슐리 롱은 시작부터 끝까지 이 책의 출판 프로젝트에 참여하며, 인터뷰 원고와 인용 서식 수정을 담당했다.

자문화기술지 방법론autoethnographic methods* 외에 이 연구는 인간, 다른 동물, 환경을 위한 온정적인 식품 시스템 구축에 대해 주요 전문가들과 심층적이고 반구조화된 인터뷰semi-structured interviews를 실시했다. 인터뷰 참여자들은 프로젝트를 위해 신중히 선정되었다. 주요 참여자들은 우리의 개인 연락망에 있는 전문가들이나 연구, 국제연대 업무, 공동체 지원활동으로 알게 된 전문가 중에서 모집했다. 일부 참여자들은 인터뷰에서 다른 전문가를 추천해주기도 했는데, 인터뷰 주제에 대해 경험과 지식이 있는 사람들이었다. 모집방식은 의도된 선택purposeful selection 방식이었고[677], 수정된 눈덩이표본추출snowball sampling**을 결합하여 사용하였다.

먼저 우리는 우리가 알아야 하는 분야들의 리스트 그리고 프

---

* 연구자가 중립적이고 객관적인 입장에서 벗어나 자신의 경험을 반성과 성찰을 통해 연구하여 기록하는 연구 방법-옮긴이

** 설문조사에 이미 참가하고 있는 사람들에게 그들이 알고 있는 사람들로부터 다른 설문조사 참가자들을 모집해 주길 요청하는 방식-옮긴이

로젝트 관련 분야의 연구작업에 대해 알고 있거나 관련 자료들을 읽어 본 사람들의 리스트를 작성했다. 그리고 이 사람들에게 연락해서 인터뷰 참여에 관심이 있는지 알아보았다. 초기 연락 과정에서 우리는 참여 가능한 사람들에게 프로젝트에 대한 짧은 안내서와 인터뷰에서 다루어질 일반 주제 리스트를 이메일로 보내주었다. 일단 인터뷰 일시와 장소가 정해지면 인터뷰 동의서를 전달해서 참여자들이 인터뷰 전에 살펴보고 질문에 임할 수 있도록 했다. 또한 여러 인터뷰 질문들을 자주 전달하여 참여자들이 다루어질 분야들에 대해 미리 생각해볼 수 있도록 했다.

인터뷰 시작 전 우리는 인터뷰 동의서를 받았는데, 참여할 의향이 있는지, 오디오 녹취가 가능한지, 이름을 밝혀도 되는지 또는 비밀로 해야 하는지 등을 물었다. 연구의 모든 참여자들은 비밀 유지를 포기한다고 했다. 이것은 참여자들이 인터뷰에서 공정한 식품 시스템과 관련된 개인적인 인생 이야기와 일, 연구 전문분야, 옹호활동에 대해 답해야 한다는 것을 의미했다.

아울러 우리는 인터뷰에서 한 말이 책에서 어떻게 쓰이고, 자신을 소개하는 글이 어떤지에 대해 참여자들에게 직접 의견을 묻고 확인하고자 했다. 그래서 책 출간 전에 참여자들이 텍스트 인용 부분을 자세히 읽어보도록 요청했다. 비록 이러한 작업으로 연구작업이 더 복잡해지고 시간이 더 오래 걸렸지만, 이것은 참여자들을 더 존중하는 방식이었으며[678], 인터뷰 내용이 제대로 문서화되고, 자신의 말이 어떻게 쓰였는지 참여자들이 최종 확인하도록 보장하면서 연구에 상당한 유효성과 신뢰성을 부여해

주었다.[679]

인터뷰 질문은 의도적으로 반구조화된, 개방형open-ended 질문으로 구성했다. 그리고 우리는 같이 대화하는 느낌이 들도록 인터뷰를 실시했다. 목적에 맞는 인터뷰 참여자 선정과 연구의 자율적인 목적으로 인해, 우리가 연구 초기부터 유의한 점이 있다. 그것은 바로 우리가 공정한 식품 시스템의 광범위한 분야와 관련하여 폭넓고 다양한 관점들을 위한 논의 공간을 마련하고자 했지만, 땅과 인간, 다른 동물의 착취에 대한 주류의 지배적 패러다임을 단순히 강화하는 관점에 대해서는 논의할 의향이 없었다는 것이다. 우리에게 이 점은 중요하다. 왜냐하면, "사회정의에 대한 탐구는 개인과 집단의 삶을 형성하는 사회 구조와 과정에 대해 비판적 입장을 취하기 때문이다."[680]

인터뷰는 2022년 봄에 시작해서 10개월 동안 진행되었다. 지리적 제약으로 대다수 인터뷰가 마이크로소프트 팀즈Teams나 줌Zoom을 통한 화상회의 방식으로 이루어졌다. 3명의 참여자들은 대면으로 인터뷰를 했고, 1명은 서면 인터뷰를 요청했는데 나중에 완료된 인터뷰 원고를 이메일로 받았다. 총 28명이 이 프로젝트의 인터뷰에 참여했다. 미그막 장로인 앨버트 마셜은 자신의 인생사에 대해 이야기했는데, 이 프로젝트의 여러 측면에 정보를 주는 내용이었고 책 전반에 그의 도움이 컸다.

참여자들의 지리적 위치는 호주, 캐나다, 독일, 인도, 일본, 미국 등 다양했다. 또한 이들의 문화적, 민족적, 인종적 배경도 다양했다. 연령대도 폭넓었다. 대부분의 인터뷰가 대략 1시간 정도

걸렸는데, 일부는 그보다 더 진행되기도 했다. 질문지는 참여자들의 경험과 전문성에 맞추어 준비되었지만, 몇 개의 질문은 모든 참여자에게 공통적으로 주어졌다. 이러한 질문 방식을 통해 설문지 코딩으로 모든 참가자를 비교하고 대조할 수 있었다.

책 출간 전에는 참여자들에게 인터뷰 글을 검토하도록 요청했다. 미그막 족 참여자들에게는 우리가 책에 사용할 인용 부분과 그에 관련된 문맥과 분석을 살펴볼 기회를 갖도록 했다. 미그막 윤리감시기관은 신청 과정에서 연구자들이 연구 프로젝트와 관련된 리스크를, 개인적인 리스크와 집단적 리스크 모두를 제대로 고려하길 요청했다. 가령 신청양식의 질문 4.1은 다음과 같다. "만약 연구의 어떤 측면이라도 참여자나 미그막 족 전체에 미칠 리스크가 있다면 언급하시오. 보고된 또는 발간된 연구조사 결과물로 인해 관련 당사자에게 발생되는 리스크, 또는 조약이나 선주민 권리에 대한 리스크와 같이 미그막 족 주민에게 미칠 리스크에 대해 기술하시오." 연구 질문들은 선주민 권리와 특정하게 관련된 내용은 아니었지만, 참가자가 집단의 권리에 대해 말할 가능성이 있었다.

모든 선주민 참여자가 출간 전 자신과 관련된 책 내용을 검토할 기회가 있었기 때문에, 최종본이 출판사에 보내지기 전에 수정과 보완 작업을 할 수 있었다. 참여자들은 원고의 문맥 속에서 인용 내용을 점검하면서 명확성을 더하거나 내용을 추가할 수 있었는데, 이로써 분석의 타당성이 높아지게 되었다. 왜냐하면 우리가 분석 내용을 틀 지은 방식과 인터뷰에서 언급된 내용이 서로 적합하다는 것을 인터뷰 대상자들에게 확인받았기 때문이다. 이 또한 서로를 좀 더 존중하고 배려하는 중요한 방식이다.[681] 인터뷰가 완료된 후에 그 내용이 MS Word의 녹취 소프트웨어를 통해 원고로 옮겨졌다. 인터뷰 내용은 연구조교인 애슐리 롱이 오디오 파일을 들으며 녹취된 원고와 비교하면서 다시 점검하였다. 미그막 족 참여자들의 인터뷰 원고는 미그막 윤리감시기관 신청서에 기재된 바에 따라 저자들이 검토했다.

초기 편집과정에서는 문법, 잠시 멈추거나 더듬는 말 등은 수정하지 않았다. 책에 인용 부분을 표기하기 전, 우리는 미네소타 역사학회 구술사연구실Minnesota Historical Society Oral History Office의 녹취-편집-처리 가이드라인에 따라 최종 편집과정에 대한 가이드를 제시했다. 우리는 "참여자들의 의견이 인용 내용에 분명이 나타나도록" 매우 제한적으로 편집하려 했다. 하지만 우리는 "참여자들이 자신의 말이 명확하고 지적으로 읽혀지길 원한다는 것을 알았고, 그럴만한 가치가 있다고 생각했다."[682] 따라서 우리는 '말을 서투르게 시작하거나 더듬는 부분', '관련성 없는 진술', 그리고 '발음이 불명확한 표현들'도 편집했다(가령 'gonna'는 'going to'로 편집).

인터뷰 전 과정에서 우리는 인터뷰 데이터를 가지고 작업했다. 초기에, 그리고 모든 인터뷰가 완료되기 전, 이 일은 인터뷰 녹취 작업을 하면서, 그 내용에서 중요한 부분을 강조하거나 장소들을 표기하는 것이 포함되었다. 특히 참여자들이 폭넓은 연구분야와 주요 질문들에 대해 논의를 할 때 해당되는 부분들이었다. 일단 녹취 작업이 완료되자 우리는 인터뷰 데이터를 보다 총체적으로 분석했다. 시간을 두고 작업을 함으로써 우리는 인터뷰에 보다 익숙하게 되었고, 인터뷰에 등장하는 공통된 키워드나 주제를 찾을 수 있었다.

개방 코딩open coding을 사용하여 초기 과정을 마무리한 후 인터뷰 원고를 다시 점검했는데, 이때 일부 개방 코드에 문제가 있는 부분에 더 집중을 했고, 일부 초기 코드들 간의 주제적 연관성에 더욱 집중했다.[683] 참여자들의 경험과 전문성이 다양해서 코딩으로 참여자들을 간단히 비교할 수는 없었다. 우리는 참여자들이 책의 주요 분야 중 한 개 또는 그 이상의 분야에 대해 언급할 때 발견되는 방식들을 살펴보았는데, 이를 통해 다양한 참여자 그룹들 간의 공통점과 차이점을 찾을 수 있었다.

28명의 참여자 모두가 이 책에 인용되었다. 물론 인용된 빈도가 동일하지는 않지만, 모든 인터뷰가 책을 구성하는 데 도움이 되었다. 소중한 기여를 해준 참여자 모두에게 감사의 말을 전한다. 우리는 인터뷰 원고를 모두 읽고 책을 완성하면서, 심도 깊은 많은 인터뷰와 그 안의 이야기들 그리고 이것들이 얼마나 의미 있는 나눔을 만들어내는지 다시 생각하게 되었다.

감사의 말

무엇보다도, 우리와 지구를 공유하고 세상에 존재함으로써 우리 삶의 모든 면에 영향을 미치는 다른 모든 종에게 감사를 전하고 싶습니다. 또한 대자연과 다른 종들의 권리를 지키기 위해 지칠 줄 모르고 노력하는 모든 분들, 글 쓰고 연구하는 분들, 옹호 활동을 하며 행동에 나서는 분들 모두에게 감사의 말씀을 전합니다. 종종 격렬한 감정적 소모를 겪고 때로는 큰 위험을 감수해가면서 자신이 속한 지역사회의 긍정적 변화에 이바지하는 분들에게 존경을 보냅니다.

우리는 이렇게 헌신하는 개인들의 수많은 사례를 담아내고 인용했는데, 이중에는 책을 위해 인터뷰까지 해주신 분들도 있습니다. 각자의 자리에서 놀라운 일을 해내고 있는 28명의 인터뷰 참여자 한 분 한 분께 깊은 감사를 드립니다. 그분들과 인터뷰하며 집필하는 과정은 정말이지 큰 기쁨이자 배움의 경험이었습니다. 아울러 끊임없는 영감의 원천이 되어준 앨버트 마셜 장로에게도 깊은 경의를 표합니다. 그분은 헤아릴 수 없을 만큼의 연민과 회복력을 지니고 세상을 헤쳐 나가고 계십니다. 그분이 보내준 우정과 가르침과 도움은 그 무엇과도 바꿀 수 없습니다.

이 책을 집필하는 여정을 함께하며 도와준 가족, 친구, 동료들은 일일이 열거하기 힘들 정도로 많습니다. 자브리나 다운턴Zabrina Downton과 엘리 퀴크Eli Quirk, 앰버 뷰캐넌과 새디 뷰캐넌Amber and Sadie Buchanan, 니키 듀엔켈Nicky Duenkel과 주디 프랫Judy Pratt, 캐럴 스미스Carol Smith와 안드레아 도나토Andrea Donato, 줄리 헌Julie Hearn, 캐롤린 클레어Carolyn Claire, 커비 에번스Kirby Evans, 페마 쵸드론Pema Chödrön 등은 지금까지도 수많은 편지와 문자를 통해 계속 도움을 주고 있습니다. 함께 웃고 함께 눈물 흘리며 같이 밥 먹고 수없이 토론했던 그분들께 고마움을 전하고 싶습니다.

우리의 연구 조교 애슐리 롱은 이 프로젝트 내내 지칠 줄 모르고 함께 일해주었습니다. 그녀의 연구는 정말로 훌륭했고, 이 기나긴 과정에서 보여준 그녀의 열린 마음과 인내와 도움에 우리는 진심으로 무한한 감사를 보냅니다. 케이프브레턴 대학교의 아낌없는 자금 지원 덕에 그녀의 도움을 받을 수 있었음을 밝힙니다. 뛰어난 편집 역량으로 최종 원고를 다듬는 데 도움을 준 샌디 맥스웰Sandi Maxwell에게도 고마움을 전합니다. 또한 동료애 넘치는 분위기로 이 책의 집필을 도와주신 케이프브레턴 대학교 인문사회과학 학부, 그리고 읔누L'nu* 정치·사회학과 동료들에게도 감사드립니다.

무엇보다 꼼꼼하고 통찰력 있는 독자들, 바쁜 일상에도 시간을 쪼개가며 이 프로젝트의 마지막 단계에서 아낌없이 헌신해준

* 캐나다 노바스코샤 지역 선주민인 미그막 부족의 언어로, 자기 종족을 지칭한다-옮긴이

게리 리치, 자브리나 다운턴, 커비 에번스, 스티븐 해리스Stephen Harris, 다나 마운트Dana Mount, 조 패리시에게 마음 깊이 고마움을 전합니다. 초기에 각 챕터의 초안에 대해 의견을 주신 검토자 여러분의 도움 또한 잊지 않겠습니다. 또한 폴리티 출판사 팀, 특히 선임 기획편집자 조너선 스커렛Jonathan Skerrett의 인내와 도움에 대해, 내용뿐만 아니라 규모마저 예사롭지 않았던 이 프로젝트에 보여준 그의 신뢰에 더없는 경의를 표합니다. 뒤에서 편집 과정을 도와준 카리나 야쿱스도티르Karina Jakupsdottir와 이안 터틀Ian Tuttle, 두 분의 노고 덕분에 큰 힘을 얻었습니다.

언어와 구문의 사용, 특히 선주민을 비롯해 오랫동안 관습적으로 공정한 대우를 받지 못하고 집단적 배제를 겪어온 이들과 관련된 사안에 대해 조언하고 지침을 주며 자신의 지식을 아낌없이 공유해준 마리 바티스트에게 특히 깊은 감사의 마음을 전합니다. 마리는 또한 선주민과 관련한 글을 쓸 때 고려해야 할 여러 문제에 대해서도 사려 깊은 의견을 주었습니다. 그녀의 통찰력과 의견이 이 책에 정중하고 적절하게 반영되었다면 좋겠습니다. 혹시 미진하게 남아있는 오류나 오해가 있다면, 이는 전적으로 저자들의 책임입니다.

마지막으로, 스티븐과 올리비아 해리스, 애슐리와 벨라, 게리 리치, 오언과 모건 깁스 리치, 요한 갈라르도, 그리고 섀도우까지, 우리의 멋진 배우자와 자녀들, 반려동물들이 보여주는 인내와 사랑과 끝없는 지지를 언급하지 않을 수 없습니다. 우리가 함께 살기 쉬운 사람은 아니거든요. 우리도 안답니다!

옮긴이 말

2023년, 안토니우 구테흐스 유엔 사무총장은 기후변화의 부정적 영향에 대해 경고하며, 지구 온난화의 시대가 끝나고 "지구 열대화global boiling의 시대가 도래했다"고 선언했다. 2023년 7월은 역대 관측 역사상 가장 더운 달로 기록되었고, '끓는 지구' 시대의 서막을 알렸다. 그리고 이듬해 2024년은 역사상 가장 더운 해로 기록되었다. 현재 기후변화로 인한 지구적 재난이 국가와 지역의 경계를 넘어 전 세계에서 발생하고 있으며, 극단적 이상기후로 인해 지구 공동체의 삶의 공간과 생명체의 생존이 심각하게 위협받고 있다. 이 책의 출간을 앞두고 있는 2025년 여름, 지구 열대화의 시작과 기후변화의 폭력성은 더 명백해졌다.

기후변화에 관한 정부간 협의체IPCC를 포함한 기후변화 분야의 국제기구과 관련 전문가들은 이러한 극단적 이상기후가 "더욱 빈번하고, 더욱 강하게" 발생할 것이라고 예측하고 있으며, 특히 기후변화에 취약한 가난한 국가들이 더 큰 손실과 피해를 입을 것이라고 전망하고 있다. 최근 발간된 IPCC 제6차 평가보고서는 식량, 토지, 물 시스템이 기후위기에 가장 취약한 분야라고 인식하고, 무엇보다 식량 시스템의 근본적이고 혁신적인 변화가 긴급한 과제임을 강조했다. 그리고 유엔식량농업기구는 기후위기에 대응하고자 '2022~2031년 기후변화 전략'을 수립하고, 기후변화 취약국들이 "보다 효율적이고 포용적이고 회복력 있고 지속가능한" 식량 시스템을 구축하도록 지원하고 있다.

이 책은 이러한 기후위기 시대에 "음식정의는 어떻게 사회정의와 기후정의와 연결되는가?"라는 물음에 대한 깊은 고민과 포용적 성찰이 담긴 책이다. 옮긴이의 한 사람으로서, 이 물음에 대한 탐구 과정에서 등장하는 다양한 용어들, 특히 '비인간동물'에 대한 다정하고 온정적인 시선과 논의에서 살아있는 모든 생명에 대한 저자들의 존중과 연민을 읽을 수 있었다. 저자들은 "음식정의를 이루려면 정의로운 세상이 필요하다"고 주장하면서, 토지, 인간, 비인간동물에 대한 구조적 폭력을 시작으로 식품 시스템, 동물산업복합체, 기후붕괴와 민주주의의 제반 이슈들로 논의를 확대해 나간다. 그리고 온정적 식품 시스템과 긍정적 변화에 대한 제언 등으로 연구작업의 논의를 마무리한다.

독자들은 특히 온정적 식품 시스템에 관한 논의 가운데, "인식 전환이란 땅, 비인간동물, 인간을 도구로 삼고 상품화하면서 끊임없이 성장해야 한다는 소모적 시스템에서 벗어나 좀 더 장기적인 방향으로 나아가는 것을 의미한다"라는 설명이나, "우리가 기후변화의 많은 이슈들과 그로 인해 발생하는 혼란으로 고군분투할 때, 공동체는 최악의 피해에서 우리를 보호해주는 중요한 역할을 한다"라는 주장 등에서 저자의 '온정적' 인식과 통찰력 있는 판단을 읽을 수 있을 것이다. 그리고 "공정하고 온정적인 먹거리의 미래 비전은 분명 기후붕괴에 대한 우리의 대응과 적응 역량에 달려있다"라는 지적은 저자들이 수행한 교차적 연구 작업의 뜻깊은 결과물임을 알 수 있을 것이다.

이 책을 통해 기후위기 시대에 모든 살아있는 존재의 연결성과 평화로운 공존, 그리고 온정적 식품 시스템에 관한 저자의 다양한 물음에 함께 고민하면서, 동시에 시대적 화두에 대한 자기 성찰의 시간을 가질 수 있길 기대해본다. 지구적 과제의 해결은 개인의 자기 성찰에서 시작해야 하지 않을까 생각한다.

이 책의 번역을 위해 수고해주신 번역협동조합의 동료 번역자 분들, 네 명의 번역을 조화롭게 엮어 책을 펴낸 착한책가게 편집부, 그리고 번역협동조합의 최재직 사무국장님과 많은 분들의 노고에 감사의 마음을 전한다.

옮긴이를 대표하여, 한상민

연구 참여자 소개

카타리나 아멜리 Katharina Ameli

아멜리 박사는 학제 간 융합연구 학자로, 생태영양학(영양, 가정관리, 경제학) 학사 및 석사, 독일 직업학교 교사(영양학, 가정학, 생물학 등)를 위한 교육학 학위를 갖고 있다. 독일 기센의 유스투스리비히 대학(Justus Liebig University, JLU)에서 사회학 박사학위를 받았다.

카타리나는 현재 JLU 동물복지연구 및 3R 융복합센터에서 코디네이터로 일하고 있다. 강의와 연구 중점분야는 동물복지 지표분석 및 동물지원 서비스 전문화이며, 이는 동물학의 돌봄문화에 대한 광범위한 분석 작업에 속하는 영역이다. 《다종민족지》(Lexington Books, 2002)의 저자로, 인간과 '인간 너머의' 세계에 대한 총체적 분석을 제안했다.

제이미 바티스트 Jaime Battiste

현재 캐나다 국가선주민관계부의 정무차관으로, 2019년 케이프브레턴의 시드니-빅토리아 선거구 연방하원 의원으로 처음 선출되었다. 그는 하원에 선출된 최초의 미그막 출신 의원이다. 바티스트는 다양한 의회위원회에서 일했다. 그 중 하원 선주민북부문제 상임위원회에서는 캐나다 최초 원주민(First Nations), 이누이트 및 메티스 주민들, 북부인들에 관한 이슈의 검토, 점검, 보고 업무에 관여했다.

대학 교수, 협약교육 수석담당자, 선주민의회(Assembly of First Nations, AFN) 지역위원장을 역임했으며, 2005년에 국가선주민보건기구는 그를 "캐나다의 국가선주민 롤모델" 중 한 명으로 선정했다. 2006년 바티스트는 AFN 청년위원회 위원장으로서 미그막 말리싯 대서양 청년위원회(Mi'kmaq Maliseet Atlantic Youth Council, MMAYC)의 창립 멤버로 활동했다. 이 위원회는 대서양 캐나다 지역의 미그막 족과 말리싯 족의 청년들을 대표하고 지지하는 기구이다. 댈하우지 대학교 슐리치 법대(Schulich School of Law)에서 법학박사를 취득했고, 케이프브레턴 대학교에서 미그막 연구학 전공으로 학사학위를 받았다.

진 바우어 Gene Baur

잠입조사 및 농장동물 구조활동의 선구자로, 수백 곳의 농장, 축사, 도축장 등에 찾아가 끔찍한 상황을 기록했다. 공장형 농장들의 잔인한 실태를 밝힌 그의 사진과 영상들은 미국은 물론 국제적으로 방송을 통해 전파되었다. 이를 통해 수백만 명의 사람들이 현대의 농장동물들이 처한 고통스런 상황에 대해 알게 되었다. 그의 구조활동은 국제 '팜생츄어리' 운동에 영감을 주었다.

진은 미국에서 비인간적 동물 감금을 금지하는 최초의 법안을 통과시키는 데 중요한 역할을 했으며, 총체적인 식품산업 개혁을 위한 활동을 지속적으로 전개하고 있다. 그의 활동은 ABC, NBC, CBS, 폭스, 뉴욕타임스, LA타임스, 월스트리트저널 등 메이저 언론기관들에 의해 보도되었다.

진은 타임매거진에서 "먹거리 운동의 양심(the conscience of the food movement)"으로 소개되었고, 오프라 윈프리의 '수퍼소울 100인 기버(SuperSoul 100 Givers)' 중 한 명으로 선정되었다.

마크 베코프 Marc Bekoff

콜로라도 대학교 생태진화생물학 명예교수이자, 동물행동학회 펠로우이며, 이전에 구겐하임 펠로우를 역임했다. 동물행동 분야에 장기간 중요한 기여를 한 것을 인정받아 2000년에 동물행동학회로부터 모범 연구자상을 수상했다. 제인구달연구소 윤리위원회의 공동위원장이며, 2009년에 뉴질랜드 오클랜드 SPCA로부터 아시시의 성 프란치스코상(St. Francis of Assisi Award)을 수여했다. 최근 저서에는 《개와 산책하는 방법*Canine Confidential: Why Dogs Do What They Do*》(동녘사이언스, 2023), 《개를 풀어주세요:당신의 반려견에게 최고의 삶을 선사하는 필드 가이드*Unleashing Your Dog: A Field Guide to Giving Your Canine Companion the Best Life Possible*》, 《개의 세계:인간 없는 세상에서 개의 삶은 어떠할까*A Dog's World: Imagining the Lives of Dogs in a World Without Humans*》, 《알기 쉬운 개 이야기:개에 관한 모든 것*Dogs Demystified: An A-to-Z Guide to All Things Canine*》 등이 있다. 그는 정기적으로 〈오늘의 심리학Psychology Today〉에 글을 발표하고 있다. 1986년에는 투르드프랑스(Tour de France) 대회의 마스터스 등급에 출전하여 우승했다.

아비바 촘스키 Aviva Chomsky

매사추세츠 세일럼 주립대학교의 역사학 교수이자 라틴아메리카학 코디네이터이다. 그녀는 노동 역사, 이민 및 '미등록 체류(undocumentedness),' 중앙아메리카, 쿠바, 콜롬비아에 관한 저서들을 폭넓게 출간했다. 최근 저서에는 《과학은 충분한가? 기후정의에 관한 40개의 중요한 질문들*Is Science Enough? Forty*

Critical Questions about Climate Justice》, 《잊어버린 중앙아메리카의 역사: 혁명, 폭력 그리고 이민의 뿌리*Central America's Forgotten History: Revolution, Violence, and the Roots of Migration*》, 스티브 스트리플러와 공동으로 편집한 《권력을 위한 조직화: 보스톤의 21세기 노동운동 형성*Organizing for Power: Building a Twenty-First Century Labor Movement in Boston*》 등이 있다. 수십 년간 라틴아메리카의 연대와 이민자 권리운동 분야에서 활동하고 있다.

마크 드브리스 Mark DeVries

다큐멘터리 영화 수상작인 〈종차별주의〉를 제작하고 감독했다. 이 영화는 전 세계 극장에서 상영되었는데, 〈사이언티픽 아메리칸〉은 이 영화를 "훌륭하고 강렬한", 〈허프포스트〉는 "엄청나게 흥미로운" 작품이라고 호평하였고, 그 밖에 CNN 헤드라인 뉴스, 〈사이콜로지 투데이〉, 〈시드니 모닝 헤럴드〉 등이 주목해 보도했다. 세계 최초로 드론을 이용하여 공장형 농장을 촬영해, "공장형 농장 드론 프로젝트(Factory Farm Drone Project)"의 일부로 공개했다. 이 영상은 전 세계 수천만 명의 사람들이 시청하였고, 세계 언론들이 보도했다. 그는 하버드 법대, 스탠퍼드 법대, 다트모스 대학교, 브라운 대학교 등 전 세계 여러 대학에서 강연하고 있다. 또한 워싱턴 DC 변호사 자격이 있는 변호사이기도 하다.

에이미 피츠제럴드 Amy Fitzgerald

피츠제럴드 박사는 윈저대학교 사회학-범죄학과의 범죄학 정교수이며, 그레이트레이크 환경연구소에서도 겸직하고 있다. 또한 2023~2025년 임기로 윈저대학교 부총장, 연구혁신 위원장을 역임하고 있다. 그녀의 연구는 인간, 비인간동물, 환경 피해(범죄 또는 기타 법적인)의 교차성에 중점을 두고 있다. 현재 3개의 지원금 프로젝트를 수행하고 있으며, 다수의 학술논문과 저서를 발표했다. 최근 출간된 책으로는 《애드보커시와 환경주의: 분열을 이해하고 조정하기*Advocacy and Environmentalism: Understanding and Bridging the Divide*》(Polity Press, 2019), 《애니멀 리더: 꼭 읽어야 할 고전과 현대의 저서들*The Animals Reader: The Essential Classic and Contemporary Writings*》(Routledge, 2021; 제2판, Linda Kalof 공동편집)이 있다. 동물 학대와 인간 상호간 학대 연구그룹(Animal and Interpersonal Abuse Research Group)의 창립멤버이고, 미국사회학회 동물사회분과로부터 우수학자상을, 윈저 대학교로부터 중견 우수연구자상을 수여했다. 2020년에는 하버드대 동물법제 프로그램의 객원연구위원으로 활동한 바 있다.

오언 깁스 리치 Owen Gibbs Leech

우나마기(케이프브레턴)의 케이프브레턴 대학교 학부생으로, 생물학(전공)과 역사학(부전공)을 공부하고 있다. 어린 시절부터 인간과 비인간 종과의 관계와 연결성 그리고 살아 있는 모든 것들과의 연결성에 매료되었다. 독학으로 공부한 시민 과학자인 그는 홈스쿨링을 하는 동안 많은 생물에 관한 책을 읽으며 연구할 수 있었다. 우리는 《살아 있는 학교들: 교육을 변화시키기*Living Schools: Transforming Education*》(Catherine O'Brien & Patrick Howards eds., 2020)라는 출판물에 대해 오언을 인터뷰했다. 그는 우나마기 기후변화 TF의 멤버이다.

제시카 그린바움 Jessica Greenebaum

센트럴 코네티컷 주립대학교 사회학 교수이다. 연구와 강의 중점 분야는 젠더, 페미니즘, 동물, 사회, 비건 사회학의 교차적 주제들이다. 10편이 넘는 학술논문을 발표했으며, 현재 대학의 다양성, 평등, 포용을 위한 활동에 적극적으로 참여하고 있다.

마이클 해디케 Michael Haedicke

공공사회학자이자 메인 대학교 사회학 부교수이다. 연구작업을 통해 식품 시스템과 환경경영 관행에 관한 비판적 관점을 발전시키고 있다. 그는 《유기농 조직화: 신흥시장의 분쟁과 조정*Organizing Organic: Conflict and Compromise in an Emerging Market*》(Stanford University Press, 2016)의 저자이며, 유기농 식품과 농업 그리고 해안 지역의 기후적응 정책에 관한 다수의 논문과 공저들을 발표했다. 또한 학자전략네트워크(Scholars Strategy Network)의 메인지부 회원이자 메인대학의 조지 G. 미첼 상원의원 지속가능성 해법센터의 멤버이기도 하다. 식량과 환경 문제에 관한 그의 글들은 여러 전국 뉴스와 지역 뉴스에서 인용된 바 있다.

브리즈 하퍼 Breeze Harper

사회과학 박사학위 소지자로, 중점 연구 분야는 분야간 교차성, 반인종주의, 인종과 젠더 포용/평등에 관한 주제들이다. 하버드대에서 교육기술학(중점 분야: 기술에서의 인종과 젠더 포용/평등) 석사학위를 취득했다. 사이버 공간 포럼에서 인종과 젠더 특권이 어떻게 작동하는지에 관한 석사논문 연구로 학장상을 받았다. 그녀는 다트머스 대학에서 페미니스트 지리학으로 학사학위를 받았고, 시골 지역에서의 동성애자 편견과 차별에 대한 연구로 혁신논문상을 수상했다. 그녀는 다양성, 평등, 포용성 분야 전문가로서 15년 넘는 경력을 갖고 있다. 주요 업무로는 교과과정 개발, 컨퍼런스 계획수립, 연구보고, 저서와 학술논문 출간, 워크숍 디자인과 지원, 인력 채용과 유지, 비평적 콘텐츠 편집, 전략 컨설팅 등이 있다.

이노우에 타이치 Taichi Inoue

일본의 독립학자이자 활동가이다. 2015년부터 비판적 동물학 분야의 책들을 번역하고 있다. 번역서로는 데이비드 A. 니버트의 《동물 억압과 인간 폭력: 동물의 가축화, 자본주의, 그리고 지구적 분쟁*Animal Oppression and Human Violence: Domesecration, Capitalism, and Global Conflict*》(2013), 존 소렌슨의 《에코테러리즘의 구조화: 자본주의, 종차별주의 그리고 동물권*Constructing Ecoterrorism: Capitalism, Speciesism and Animal Rights*》(2016), 디네시 조셉 와디웰의 《동물과의 전쟁*The War against Animals*》(2015), 사라트 콜링의 《글로벌 자본주의 시대의 동물 저항*Animal Resistance in the Global Capitalist Era*》(2020) 등이 있다. 2022년에는 《동물 윤리의 최전선: 비판적 동물학이란 무엇인가?*The Forefront of Animal Ethics: What Is Critical Animal Studies?*》를 발간했는데, 이 책은 해당 분야의 종합적 개론서이다. 현재 동물 해방과 페미니즘 간의 관계와 연대에 관해 중점적으로 연구하고 있다.

린 캐버너 Lynn Kavanagh

겔프 대학교에서 동물행동복지학 석사학위를 취득하고, 현재는 세계동물보호단체의 농업캠페인 매니저로 일하고 있다. 이 단체는 세계 14개국에 지부가 있는 국제 동물복지 자선단체이다.
그녀는 캐나다의 세계동물보호단체 농업캠페인 활동을 감독하고 있으며, 정부 법안과 기업 정책, 사람들의 행동을 변화시켜 동물에 대한 처우를 개선하고 보호 조치를 강화하고자 한다. 20년 넘게 동물 옹호활동 분야에서 활동하고 있다. 처음에는 작은 풀뿌리기관에서 일을 시작했는데, 당시에는 캐나다에서 농장동물 옹호를 위해 활동하는 몇 안 되는 단체 중 하나였다.

브랜든 케임 Brandon Keim

동물, 자연, 과학 분야 전문 독립언론인이다. 첫 번째 저서 《도요새의 눈*The Eye of the Sandpiper*》은 코넬대학교 출판부에서 2017년 발간되었다. 그는 내셔널지오그래픽에 "동물의 마음속으로(Inside Animal Minds)", "동물 커뮤니케이션의 비밀(Secrets of Animal Communication)", "개의 천재성(The Genius of Dogs)"이라는 3편의 이슈 논평을 기고한 바 있다. 그의 글은 뉴욕타임스, 애틀랜틱, 와이어드, 노틸러스, 가디언을 포함한 다수의 언론 출판물에도 실렸다. NPR의 사이언스 프라이데이(Science Friday), 히어 & 나우(Here & Now), PRF의 더 월드(The World),

CBS 애즈 잇 해픈스(As It Happens) 등의 방송에도 출연했다. 그의 새로운 저서 《이웃을 만나세요*Meet the Neighbors*》는 동물을 생각하고 느끼는 존재로 인식하면서, 야생동물과 자연과의 관계에서 동물의 인간적 특성이 우리에게 어떤 의미가 있는지 살펴본다. 이 책은 2024년에 W.W. 노튼 & 컴퍼니에서 출간되었다.

리처드 케션 Richard Keshen

노바스코샤의 케이프브레턴 대학교에서 철학을 강의했다. 그는 《합리적인 자존감*Reasonable Self-Esteem*》 (제2판, McGill-Queens, 2017)의 저자이다. 현재는 캐나다 정치철학에 관한 책을 쓰고 있다. 1970년대 초, 옥스포드대에서 대학원생으로 있을 때, 스탠 고드로비치, 로스 고드로비치, 피터 싱어, 레나타 싱어 등 다른 학생들과 함께 동물권 운동을 위한 철학적 기반을 마련하는 데 노력했다. 그는 케이프브레턴 대학교 동물윤리 프로젝트의 창립멤버이다.

애슐리 롱 Ashleigh Long

최근 케이프브레턴 대학교를 졸업했다. 커뮤니티학 학사과정을 마쳤고, 노스아틀랜틱 대학(College of the North Atlantic)에서 커뮤니티 리더십 개발 자격증도 취득했다. 현재 뉴펀들랜드 서부에 있는 '여명의 사람들 원주민 우호센터(People of the Dawn Indigenous Friendship Center)'의 이사회 멤버 자원활동가로 일하면서, 스위트그래스 페스티벌(Sweetgrass Festival)과 같은 문화행사와 프로그램 운영을 지원하고 있다. 그녀는 다양한 커뮤니티 활동으로 사회정의, 공동체 발전, 문화 인식에 대한 열정을 갖게 되었다.

실라이 S. 맥캐스모란 Ceallaigh S. MacCath-Moran

뉴펀들랜드 메모리얼 대학교 민속학과의 박사과정에 있으며 작가이자 시인, 음악가이다. 연구분야는 윤리적 신념에 따른 공적 행위로서의 동물권 행동주의이다. 이것은 그녀의 박사논문 주제이기도 하다. 또한 스토리텔러를 위한 민속학의 창조적 응용도 연구하는데, 그녀가 오랫동안 운영하고 있는 팟캐스트 〈민속과 창작Folklore & Fiction〉에서 주요 주제로 다루고 있다. 그녀의 생태비판적 우화 〈벨트와 목걸이The Belt and the Necklace〉는 최근 오타와의 오디세이 시어터(Odyssey Theatre)에 의해 라디오 연속극 〈다른 길The Other Path〉의 일부로 각색되었다. 2편의 소설과 시집이 워싱턴 과학소설협회 스몰프레스상(Washington Science Fiction Association Small Press Award)의 최종후보로 올랐고, 푸시카트 상과 라이즐링 상 후보로 선정된 바 있다. 그녀의 음악은 전통과 새로움을 모두 갖추고 있는데, 잉글랜드와 스코틀랜드 발라드 전통에 영감을 받았으며 현대적 이교사상에 뿌리를 두고 있다.

앨버트 마셜 장로 Elder Albert Marshall

캐나다 노바스코샤, 우나마기의 환경 지도자이며, 우나마기 자연자원연구소(Unama'ki Institute of Natural Resources, UNIR)의 자문위원이자 매우 존경받는 대변인이다.

환경, 비선주민 사회에 대한 부족의 인식과 협력, 전통적 치료와 가르침, 미그막 언어와 표기법, 캐나다 선주민, 과학 비전 등 폭넓은 주제에 대해 국제적으로 자문과 강연을 하고 있다. 작고한 그의 부인 머디나 마셜 그리고 셰릴 바틀릿 교수와 공동작업으로 '에투엡트멈크', 즉 '두 가지 관점으로 보기' 접근법을 고안했다. 이 접근법은 선주민의 전통 지식 시스템과 현대 과학 및 다른 문화적 관점들이 균형을 이루어 지구와 인류 그리고 살아있는 모든 생명체를 이롭게 하는 것을 목적으로 한다.

그는 미그막 족 공동체에서 긍정적 활동을 지속하고, 모든 공동체의 문화적 신념과 관행을 보존하고 이해하려고 노력하고 있으며, 그의 공동체 주민들과 미래를 위한 강력한 비전에 영향을 주기 위해 지칠 줄 모르고 일하고 있다. 스스로를 선조에게 물려받은 지식을 전해주는 전달자라고 겸손하게 생각한다.

에릭 맥베이 Aric McBay

사회운동가, 농부이자 7권의 책 저자이다. 기후변화를 소재로 한 창작소설 《크라켄 콜링*Kraken Calling*》(2002)과 성공하는 사회운동에 관한 가이드북인 《모든 영역의 저항*Full Spectrum Resistance*》(2019)을 저술했다. 이 두 저서 모두 세븐스토리즈북스에서 출간되었다. 그는 효과적인 사회운동에 관해 말하고 글을 쓰면서 수감자 정의, 선주민 연대, 생산 시스템, 노동조합화와 기타 목적들을 위한 여러 성공적인 캠페인을 조직했다. 에릭은 온타리오 킹스턴에 위치한 '평화, 정의, 창조의 진실성을 위한 프로비던스 센터(Providence Centre for Peace, Justice, and the Integrity of Creation)'의 기후정의 담당자로 일하고 있다.

데이비드 니버트 David Nibert

학자이자 활동가이며, 현재 비텐베르크 대학교 사회학 교수로서 동물, 사회, 지구적 불의에 관한 과목들을 강의하고 있다. 이전에는 소작농운동 조직자이자 커뮤니티 활동가로 일했다. 그는 《동물권과 인권: 억압과 해방의 난제*Animal Rights/Human Rights: Entanglements of Oppression and Liberation*》(Rowman & Littlefield, 2002); 《동물 억압과 인간 폭력: 동물의 가축화, 자본주의 그리고 지구적 분쟁

Animal Oppression and Human Violence: Domesecration, Capitalism and Global Conflict》(Columbia University Press, 2013)의 저자이며, 《동물 억압과 자본주의, 1권/2권 *Animal Oppression and Capitalism, Volumes One and Two*》(Praeger, 2017)을 편집했다. 또한 미국사회학협회의 동물과 사회 분과를 공동으로 조직했다.

캐서린 오브라이언 Catherine O'Brien

30년 넘게 지역적, 국가적, 국제적 차원에서 지속가능성 활동에 적극적으로 참여하고 있다. 1992년 지구정상회의(Earth Summit) 글로벌 포럼에 참가하여 전 세계 비정부기구들이 구성한 대안적 채무조약의 공동 코디네이터로 활동했다. 그녀는 인도 라자스탄의 배어풋대학(Barefoot College) 박사과정 연구에서 지속가능한 공동체 발전 교육분야의 선구적 연구들을 탐구했다.
캐서린은 캐나다 케이프브레턴 대학교 교육학과의 수석학자로, 전 세계 대학에서 최초로 지속가능한 행복에 관한 과정을 개발했다. 이 과정은 지속가능한 행복에 대한 그녀의 선구적 개념을 기반으로, 모두를 위한 지속가능한 웰빙을 목표로 지속가능한 원칙과 긍정 심리학을 통합했다. 그녀의 저서 《지속가능한 행복과 웰빙 교육*Education for Sustainable Happiness and Well-being*》(2016)이 라우틀리지 출판사에서 출간되었다.

조셉 M. 패리시(조 패리시) Joseph M. Parish

케이프브레턴 대학교 인류학과 조교수이다. 생물인류학자로서 의료인류학과 생물고고학이 전문분야이다. 현재 연구분야는 캐나다 북부 대서양 지역의 케이프브레턴(우나마기)의 과거, 현재, 미래의 인간 전염병이다. 또한 전문 농업인으로 아내와 두 자녀와 함께 작은 가족농장을 소유하고 운영하고 있다. 토착농업 환경과 결합한 유기농 경작과 영속농법을 강조하면서, 지역 먹거리 식단, 생물다양성 그리고 야생동물, 균류 및 식물종과의 상호관계를 증진하고 있다. 미그막 지역으로 이주한 최초의 아카디아 정착민 후손으로, 양도되지 않은 미그막 족 선조들의 땅인 우나마기 지역에 방문할 수 있어서 감사하고 있다.

소피 라일리 Sophie Riley

시드니 공과대학교 법대 부교수로, 학부생과 대학원생을 대상으로 동물법을 강의하고 있다. 소피의 연구는 학제 간 교차 연구로, 환경규제 관리 수단인 대량 도살의 법적, 윤리적 영향에 대해 살펴보고 있다. 또한 연구에 명확한 역사적 요소들을 포함시키면서 오늘날 규제당국이 직면한 문제들이 환경과 동물을 이용 자원으로 인식했던 과거의 관행에서 어떻게 발생했는지 파악하고 있다. 농장동물 분야에서 이 연구는 19세기와 20세기 중반의 국제 수의학 회의와 '검역' 조약을 분석한 획기적인 작업이다. 이 연구는 《농장동물의 상품화 *The Commodification of Farm Animals*》(Springer, 2022)라는 책으로 출간되었다.

마거릿 로빈슨 Margaret Robinson

양성애자이며, 미그막 에스카이쿼킥(Eskikewa'kik)과 레녹스섬 선주민, 두 개의 공동체에 뿌리를 둔 학자이다. 그녀는 토론토대학교에서 박사학위를 취득하고, 2006년부터 공동체 기반 연구를 수행하고 있다. 노바스코샤 댈하우지 대학교의 영문학과 부교수로 재직하며 화해, 젠더, 정체성에 관한 2단계 캐나다 연구 프로젝트 주임교수를 맡고 있다.

폴 루크 Paul Rooke

고등학교 교사로 퇴직하고 지금까지 전 세계 곳곳을 여행했다. 여행 중에 호주 도축장에서 7개월간 일을 한 적이 있다.

반다나 시바 Vandana Shiva

과학기술생태재단(Foundation for Science, Technology & Ecology)의 책임자이자, 국제세계화포럼(International Forum on Globalization) 위원이다. 물리학자, 생태학자, 활동가, 편집자, 여러 책의 저자이며 지칠 줄 모르는 환경 운동가이다. 또한 생태계 보전과 농부의 권리를 위한 사회운동인 나브다냐의 창시자이며 과학기술자연자원정책 연구재단(Research Foundation for Science, Technology, and Natural Resource Policy)의 설립자이자 책임자이다. 그녀는 농업과 식량의 관행과 패러다임을 변화시키기 위해 많은 노력을 기울이고 있다.
지식재산권, 생물다양성, 생명기술, 생명윤리, 유전자공학은 그녀가 수행하고 있는 학문과 활동가 캠페인의 주요 분야이다. 1970년대 여성 중심의 비폭력 칩코운동에 참여했다. 그녀는 아프리카, 아시아, 라틴아메리카, 아일랜드, 스위스, 오스트리아의 녹색운동 풀뿌리기관들을 지원했고, 유전자공학 반대 캠페인을 전개했다. 또한 인도와 외국 정부들 그리고 국제세계화포럼, 여성환경개발기구, 제3세계네트워크, 아시아태평양 환경네트워크와 같은 비정부기구들의 자문으로 활동한 바 있다.
25권이 넘는 책을 쓴 저자로 《살아남기 *Staying Alive*》(North Atlantic Books, 2016), 《녹색혁명의 폭력 *The Violence of the Green Revolution*》(Zed Books, 1991), 《자연과 지식의 약탈자들 *Biopiracy: The Plunder of Nature and Knowledge*》(North Atlantic Books, 2016 Reprint/당대, 2000), 《사고의 단일경작 *Monocultures of the Mind*》(Zed Books,

1993), 《물 전쟁: 사유화, 오염 그리고 이익*Water Wars: Privatization, Pollution, and Profit*》(North Atlantic Books, 2016), 《누가 세계를 약탈하는가*Stolen Harvest: The Hijacking of the Global Food Supply*》(University Press of Kentucky, 2016)를 저술했으며, 우수 과학기술저널들에 300편이 넘는 학술논문을 발표했다.
1993년, '대안 노벨상'이라고 알려진 바른생활상을 수상했다. 그 외에 골든아크 공로훈장(Order of the Golden Ark), 유엔 글로벌 500 어워드(Global 500 Award), 지구의 날 국제상(Earth Day International Award), 레논오노 평화상, 2010년 시드니 평화상을 수상했다. 2003년, 타임매거진은 시바를 "환경 영웅"으로 보도했고, 아시아위크는 아시아의 '가장 영향력 있는 소통자 5인 중 한 사람(one of the most powerful communicators)'으로 소개했다.

아브 싱 Av Singh

싱 박사는 재생 유기농 먹거리와 의약품 생산의 지지자로, 6개 대륙의 농업 프로젝트에 참여하고 있다. 그는 2,500곳이 넘는 농장을 방문함으로써 전체론적(holistic) 시스템 기반의 디자인 솔루션을 확대할 수 있었다. 전통 지식과 과학의 융합을 강조하면서 재배자들과 함께 일하며 식물-토양-미생물 상호관계에 대한 이해를 높이고 있다. 또한 캐나다 유기농재배단체(Canadian Organic Growers)와 국가농업인연합의 오랜 회원이자, 캐나다 재생협회(Regeneration of Canada)의 부회장이다. 인도의 나브다냐 어스대학교(Earth University)의 교원으로, 농업생태학과 재생 유기농 경작에 관한 강의를 하고 있다.

렌 바살로 Len Vassallo

렌은 해양생태학 석사학위를 취득하고 20년간 환경기술에 대해 강의했다. 그는 성인이 되고 대부분의 시간을 자급 농업인으로 보냈지만, 교육계에서 은퇴한 후에는 '블루헤런팜(Blue Heron Farm)'이라는 무경운 생명역동농장을 시작해 지역에서 생산한 과일과 채소를 공급하고 있다. 블루헤런팜의 공동체 지원 프로그램의 일환으로 여러 공동체 텃밭이 시작되었고, 지역 푸드뱅크는 매주 텃밭의 신선한 농작물을 공급받고 있다.
그는 공동체 기관들과의 활동으로 메모리얼 대학교(우수 공동체서비스상), 뉴펀들랜드 래브라도주(환경생애공로상), 노바스코샤주(다년간의 푸드뱅크 기부에 대한 주의회 표창), 코너부르크시(녹색/지속가능성 어워드)로부터 공로를 인정받았다.

참고문헌

Action Against Hunger (2023) World Hunger Facts. https://www.actionagainsthunger.org/the-hunger-crisis/world-hunger-facts/.
Adams, C. J. (1991) The Sexual Politics of Meat: A feminist-vegetarian critical theory. New York: The Continuum Publishing Company.
Adams, C. J. (1994) Neither Man nor Beast: Feminism and the defense of animals. New York: The Continuum Publishing Company.
Adams, C. J. (2007) "The war on compassion (2006)." In: Donovan, J. & Adams, C. J. (eds.) The Feminist Care Tradition in Animal Ethics. New York: Columbia University Press, pp. 21–34.
Albritton, R. (2009) Let Them Eat Junk: How capitalism creates hunger and obesity. London: Pluto Press.
Alfred, T. (2005) Wasáse: Indigenous pathways of action and freedom. Peterborough, Ontario: Broadview Press.
Alfred, T. (2009) Peace, Power, Righteousness: An Indigenous manifesto, 2nd edn. Toronto, Ontario: Oxford University Press.
Altieri, M. A. (2010) "Agroecology, small farms, and food sovereignty." In: Magdoff, F. & Tokar, B. (eds.) Agriculture and Food in Crisis: Conflict, resistance, and renewal. New York: Monthly Review Press, pp. 253–66.
Ameli, K. (2022) Multispecies Ethnography: Methodology of a holistic research approach of humans, animals, nature, and culture. Lanham, MD: Lexington Books.
American Society for Microbiology (2011) FAQ: E. Coli: good, bad, & deadly. Washington, DC.
Animal Justice (2014) 'Canadian Food Labels Guide', 23 December [Blog]. https://animaljustice.ca/blog/food-labels-guide-non-vegan-ethical-eating-holiday-season.
Arcury, T. A., Mora, D. C. & Quandt, S. A. (2015) "'… you earn money by suffering pain': beliefs about carpal tunnel syndrome among Latino poultry processing workers," Journal of Immigrant and Minority Health 17(3): 791–801.
Arluke, A. (1994) "Managing emotions in an animal shelter." In: Manning, A. & Serpell, J. (eds.) Animals and Human Society: Changing perspectives. London: Routledge, pp. 145–65.
Arluke, A. & Sanders, C. (1996) Regarding Animals. Philadelphia, PA: Temple University Press.

ASPCA (n.d.) Meat, eggs and dairy label guide. https://www.aspca.org/shopwithyourheart/consumer-resources/meat-eggs-and-dairy-label-guide.

ASPCA (2020) Statement on COVID-19-Related Depopulation of Farm Animals. https://www.aspca.org/about-us/press-releases/statement-covid-19-related-depopulation-farm-animals.

Azzam, A. (2021) "Is the world converging to a 'Western diet'?," Public Health Nutrition 24 (2): 309–17.

Baker, O. (2022) "Some N.S. Mi'kmaw communities still without power after Fiona's devastating winds," CBC News, 26 September. https://www.cbc.ca/news/indigenous/fiona-power-outages-eskasoni-membertou-1.6596126.

Balcombe, J. (2006) Pleasurable Kingdom: Animals and the nature of feeling good. London: Macmillan.

Balcombe, J. (2010) Second Nature: The inner lives of animals. New York: Palgrave Macmillan.

Balcombe, J. (2016) What a Fish Knows: The inner lives of our underwater cousins. New York: Scientific American/Farrar, Straus, and Giroux.

Baran, B. E., Rogelberg, S. G., Carello-Lopina, E., Allen, J. A., Spitzmüller,C. & Bergman, M. (2012) "Shouldering a silent burden: the toll of dirty tasks," Human Relations 65 (5): 597–626.

Baran, B. E., Rogelberg, S. G. & Clausen, T. (2016) "Routinized killing of animals: Going beyond dirty work and prestige to understand the well-being of slaughterhouse workers," Organization 23 (3): 351–69.

Bartlett, C., Marshall, M. & Marshall, A. (2012) "Two-eyed seeing and other lessons learned within a co-learning journey of bringing together Indigenous and mainstream knowledges and ways of knowing," Journal of Environmental Studies and Sciences 2 (4): 331–40.

Battiste, M. (2013) Decolonizing Education: Nourishing the learning spirit. Vancouver, BC: University of British Columbia Press.

Baur, G. & Kevany, K. M. (2020) "Shifting perceptions through farm sanctuaries." In: Kevany, K. M. (ed.) Plant-Based Diets for Succulence and Sustainability. Abingdon, Oxon: Routledge, pp. 123–38.

Baysinger, A. & Kogan, L. R. (2022) "Mental health impact of mass depopulation of swine on veterinarians during COVID-19 infrastructure breakdown," Frontiers in Veterinary Science 9: 9842585.

Bekoff, M. (2007) The Emotional Lives of Animals: A leading scientist explores animal joy, sorrow, and empathy – and why they matter. Novato, CA: New World Library.

Bekoff, M. (2014) Rewilding Our Hearts: Building pathways of compassion and coexistence. Novato, CA: New World Library.

Bekoff, M. (2016) "Stairways to heaven, temples of doom, and humane-washing: A slightly 'better life' for factory farmed animals is not a good life," Psychology Today, 17 November.

Belasco, W. J. (2008) Food: The key concepts. Oxford: Berg Publishers.

Bell, M. M. & Ashwood, L. (2016) An Invitation to Environmental Sociology, 5th edn. Los Angeles, CA: Sage Publications.

Bendell, J. & Read, R. (2021) Deep Adaptation: Navigating the realities of climate chaos. Cambridge: Polity Press.
Berreville, O. (2014) "Animal welfare issues in the Canadian dairy industry." In: Sorenson, J. (ed.) Critical Animal Studies: Thinking the unthinkable. Toronto, ON: Canadian Scholars Press, pp. 186–207.
Berry, W. (2009a) Bringing it to the Table: On farming and food. Berkeley, CA: Counterpoint.
Berry, W. (2009b) Wendell Berry: the pleasures of eating. Center for Ecoliteracy. https://www.ecoliteracy.org/article/wendell-berry-pleasures-eating.
Betz, M. V., Nemec, K. B. & Zisman, A. L. (2022) "Plant-based diets in kidney disease: Nephrology professionals' perspective," Journal of Renal Nutrition 32 (5): 552–9.
Betz, M. V., Nemec, K. B. & Zisman, A. L. (2023) "Patient perception of plant based diets for kidney disease," Journal of Renal Nutrition 33 (2): 243–8.
BIOS (2019) Ecological Reconstruction. https://bios.fi/en/we-have-a-plan-ecological-reconstruction/.
Blanchette, A. (2020) Porkopolis: American animality, standardized life, & the factory farm. Durham, NC: Duke University Press.
Blanchette, A. (2021) "Ending things, as an end in itself: Notes on quitting American meatpacking," Anthropology Now 13 (1): 73–8.
Blas, J. (2020) "Cargill pays record dividend to family owners after profits boom," Bloomberg News, 31 July.
Blattner, C. (2020) "From zoonosis to zoopolis," Derecho Animal: Forum of Animal Law Studies 11 (4): 41–53.
Blattner, C., Coulter, K., Wadiwel, D. & Kasprzycka, E. (2021) "Covid-19 and capital: Labour studies and nonhuman animals – a roundtable dialogue," Animal Studies Journal 10 (1): 240–72.
Bohanec, H. (2013) The Ultimate Betrayal: Is there happy meat? Bloomington, IN: iUniverse.
Booker, C. (2020) "Perspective on food-systems" [Keynote Speech, Virtual Food Policy Conference 2020], 28 and 29 July.
Boseley, S. (2003) "Political context of the World Health Organization: Sugar industry threatens to scupper the WHO," International Journal of Health Services 33 (4): 831–3.
Brisson, Y. (2014) Canadian Agriculture at a Glance: The changing face of the Canadian hog industry [Online], Statistics Canada. https://www150.statcan.gc.ca/n1/en/pub/96-325-x/2014001/article/14027-eng.pdf?st=1fhW1-rI.
Broadway, M. J. (2013) "The world 'meats' Canada: Meatpacking's role in the cultural transformation of Brooks, Alberta," Focus On Geography 56(2): 47–53.
Brones, A. (2018) "Karen Washington: It's not a food desert, it's food apartheid," Guernica: Global Art & Politics, 7 May.
Brueck, J. F. (2017) "Preface". In: Brueck, J. F. (ed.) Veganism in an Oppressive World: A vegans-of-color community project. Sanctuary

Publishers, pp. iii-iv.
Buckee, C., Noor, A. & Sattenspiel, L. (2021) "Thinking clearly about social aspects of infectious disease transmission," Nature 595 (7866): 205-13.
CalfCare (2019) Milk feeding. https://calfcare.ca/management/feeding/milk-feeding/.
Campbell, T. C. & Campbell T. M. (2006) The China Study: The most compre- hensive study of nutrition ever conducted and the startling implications for diet, weight loss and long-term health, 1st edn. Dallas, TX: BenBella Books.
Campbell, T. C. & Campbell, T. M. (2016) The China study: The most compre- hensive study of nutrition ever conducted and the startling implications for diet, weight loss and long-term health, rev. & exp. edn. Dallas, TX: BenBella Books.
Canadian Criminal Code, RSC (1985), cC-46, s 445.
Canavan, J. (2017) "'Happy cow', welfarist ideology and the Swedish 'milk crisis': A crisis of romanticized oppression." In: Nibert, D. (ed.) Animal Oppression and Capitalism: The oppression of nonhuman animals as sources of food. Santa Barbara, CA: Praeger, pp. 34-55.
Carleton, E. (2022) "Climate change in Africa: What will it mean for agriculture and food security?," International Livestock Research Institute, 28 February.
Carrington, S. (2018) "Food justice and race in the U.S." In: Rodriguez, S. (ed.) Food Justice: A primer. Sanctuary Publishers, pp. 175-92.
Carter, B. & Charles, N. (2013) "Animals, agency and resistance," Journal for the Theory of Social Behaviour 43 (3): 322-40.
Ceballos, G., Ehrlich, P. R. & Dirzo, R. (2017) "Biological annihilation via the ongoing sixth mass extinction signaled by vertebrate population losses and declines," Proceedings of the National Academy of Sciences 114 (30): E6089-96.
Centers for Disease Control and Prevention (2021a) Chronic Wasting Disease (CWD). https://www.cdc.gov/prions/cwd/transmission.html.
Centers for Disease Control and Prevention (2021b) Prion Diseases. https://www.cdc.gov/prions/index.html.
Chetty, R., Grusky, D., Hell, M., Hendren, N., Manduca, R. & Narang, J. (2016) "The Fading American Dream: Trends in absolute income mobility since 1940," National Bureau of Economic Research, Working Paper Series no. 22910.
Chomsky, A. (2022) Is Science Enough?: Forty critical questions about climate justice. Chicago, IL: Beacon Press.
Chomsky, A., Leech G. & Striffler, S. (2007) The People Behind Colombia Coal. Bogotá, Colombia: Casa Editorial Pissando Callos.
Clark, M. A., Domingo, N. G., Colgan, K., et al. (2020) "Global food system emissions could preclude achieving the 1.5° and 2°C climate change targets," Science 370 (6517): 705-8.
College of Veterinary Medicine (2016) "Salmonellosis: background, management and control." Animal Health Diagnostic Center. https:// www.vet.cornell.edu/animal-health-diagnostic-center/

programs/nyschap/modules-documents/salmonellosis-background-management-and-control.
Colling, S. (2021) Animal Resistance in the Global Capitalist Era. East Lansing, MI: Michigan State University Press.
Collins, P. H. & Bilge, S. (2020) Intersectionality, 2nd edn. Cambridge: Polity Press.
Concepcion, G. P., David, M. P. C. & Padlan, E. A. (2005) "Why don't humans get scrapie from eating sheep? A possible explanation based on secondary structure predictions," Medical Hypotheses 64 (5): 919–24.
Cook, C. D. (2004) Diet for a Dead Planet: How the food industry is killing us. New York: New Press.
Coulter, K. (2016) Animals, Work, and the Promise of Interspecies Solidarity. New York: Palgrave Macmillan.
Coulter, K. (2020) "Towards humane jobs and work-lives for animals." In: Blattner, C. E., Coulter, K. & Kymlicka, W. (eds.) Animal Labour: A new frontier of interspecies justice? Oxford: Oxford University Press, pp. 29–47.
Council Regulation (EC) No 1/2005 of 22 December 2004 on the protection of animals during transport and related operations and amending Directives 64/432/EEC and 93/119/EC and Regulation (EC) No 1255/97.
Cowspiracy: The Sustainability Secret (2014) Directed by K. Anderson & K. Kuhn [Documentary]. Los Angeles, CA: A.U.M. Films, First Spark Media & Appian Way Productions.
Cramer, R., Addo, F. R., Campbell, C., et al. (2019) "The emerging millennial wealth gap: Divergent trajectories, weak balance sheets, and implications for social policy," New America, 29 October.
Crenshaw, K. (1989) "Demarginalizing the intersection of race and sex: A Black feminist critique of antidiscrimination doctrine, feminist theory and antiracist politics," University of Chicago Legal Forum 1989 (1): 139–67. Croney, C. C. & Anthony, R. (2010) "Engaging science in a climate of values: Tools for animal scientists tasked with addressing ethical problems," Journal of Animal Science 88 (13 Suppl.): E75–E81.
Cudworth, E. (2015) "Killing animals: sociology, species relations and institutionalized violence," The Sociological Review 63 (1): 1–18.
Dalton, J. (2022) "Shocking farm footage shows piglets with tails cut off and mothers crammed into tiny cages," The Independent, 20 October.
Davis, C. G., Dimitri, C., Nehring, R., Collins, L. A., Haley M., Ha, K. & Gillespie, J. (2022) U.S. Hog Production: Rising output and changing trends in productivity growth. (ERR-308), US Department of Agriculture, Economic Research Service.
Davis, K. (2014) "Anthropomorphic visions of chickens bred for human consumption." In: Sorenson, J. (ed.) Critical Animal Studies: Thinking the unthinkable. Toronto, ON: Canadian Scholars Press, pp. 169–85.
Degrowth Journal (n.d.) The manifesto of Degrowth Journal. https://www.degrowthjournal.org/the-manifesto-of-degrowth-journal/.de Jong, M. D. T. & Huluba, G. (2020) "Different shades of greenwashing:

Consumers' reactions to environmental lies, half-lies, and organizations taking credit for following legal obligations," Journal of Business and Technical Communication 34 (1): 38–76.
Di Concetto, A., Duval, E. & Lecorps, B. (2022) "Animal welfare standards in EU organic certification," The European Institute for Animal Law & Policy. https://animallaweurope.com/wp-content/uploads/2022/07/Research-Note-5-Animal-Welfare-Standards-in-the-EU-Organic-Certification-1.pdf.
Dillard, C. & Blome, J. (2022) "A step toward defining constitutional freedom as including rights to a restored biodiverse environment and equal opportunities in life," Trends: ABA Section of Environment, Energy, and Resources Newsletter. 53 (6), 15–17. https://www.americanbar.org/groups/environment_energy_resources/publications/trends/2021-2022/july-aug-2022/a-step-toward-defining-constitutional-freedom/.
Dillard, J. (2008) "A slaughterhouse nightmare: Psychological harm suffered by slaughterhouse employees and the possibility of redress through legal reform," Georgetown Journal on Poverty Law & Policy 15 (2): 391–408.
Donaldson, S. & Kymlicka, W. (2020) "Animal labour in a post-work society." In: Blattner, C. E., Coulter, K. & Kymlicka, W. (eds.) Animal Labour: A new frontier of interspecies justice? Oxford: Oxford University Press, pp. 207–28.
Donovan, J. & Adams, C. J. (2007) "Introduction." In: Donovan, J. & Adams, C. J. (eds.) The Feminist Care Tradition in Animal Ethics: A Reader. New York: Columbia University Press, pp. 1–15.
Dryden, J. & Rieger, S. (2020) "Inside the slaughterhouse: North America's largest single coronavirus outbreak started at this Alberta meat-packing plant – take a look within," CBC News, 6 May.
Dryden, J. & Rieger, S. (2021) "The human machine: A COVID-19 outbreak at an Alberta slaughterhouse claimed 3 lives. A year later, at another plant, it happened again," CBC News, 4 May.
Dufour, S., Labrie, J. & Jacquesa, M. (2019) "The mastitis pathogens culture collection," Microbiology Resource Announcements 8 (15).
Duverger, T. (2023) "Degrowth: the history of an idea," Digital Encyclopedia of European History, 22 June.
Economist Intelligence (2022) Democracy Index 2022. https://www.eiu.com/n/campaigns/democracy-index-2022/.
Einstein, A. (2015) Quoted in The Liberator Magazine, 21 December.
Ellis, C. (2014) "Boundary labor and the production of emotionless commodities: The case of beef production," The Sociological Quarterly 55 (1): 92–118.
Engebretson, M. (2008) "North America." In: Appleby, M. C. (ed.) Long Distance Transport and Welfare of Farm Animals. Oxford: CABI, pp. 218–60. FAO, IFAD, UNICEF, WFP & WHO (2018) The State of Food Security and Nutrition in the World: Building climate resilience for food security and nutrition. Rome: FAO.
FAO, IFAD, UNICEF, WFP & WHO (2022) The State of Food Security and

Nutrition in the World (SOFI) Report: Repurposing food and agricultural policies to make healthy diets more affordable. Rome: FAO.
FAO, OIE & WHO (2010) Influenza and Other Emerging Zoonotic Diseases at the Human-Animal Interface: FAO/OIE/WHO joint scientific consultation 27–29 April 2010. Rome: FAO.
Farinosi, F., Giupponi, C., Reynaud, A., et al. (2018) "An innovative approach to the assessment of hydro-political risk: A spatially explicit, data driven indicator of hydro-political issues," Global Environmental Change 52: 286–313.
Farm System Reform Act (2019) S.3221. 116th Congress Senate Bill.
Fischer, F. (2019) "Knowledge politics and post-truth in climate denial: On the social construction of alternative facts," Critical Policy Studies 13 (2): 133–52.
Fish Count (n.d.) Fish count estimates. http://fishcount.org.uk/fish-count-estimates-2.Fitzgerald, A. J. (2010) "A social history of the slaughterhouse: From inception to contemporary implications," Society for Human Ecology 17(1): 58–69.
Fitzgerald, A. J. (2015) Animals as Food: (Re)connecting production, processing, consumption, and impacts. East Landing, MI: Michigan State University Press.
Fitzgerald, A. J. (2019) Animal Advocacy and Environmentalism. Cambridge: Polity Press.
Fitzgerald, A., Kalof, L. & Dietz, T. (2009) "Slaughterhouses and increased crime rates: An empirical analysis of the spillover from 'the jungle' into the surrounding community," Organization & Environment 22 (2): 158–84.
Foer, J. S. (2009) Eating Animals. New York: Little, Brown and Company.
Food and Agriculture Organization of the United Nations (2006) Policy Brief:Food security – Issue 2. Rome: FAO.
Food and Agriculture Organization of the United Nations (2013) Food Wastage Footprint: Impacts on natural resources – summary report. Rome: FAO. https://www.fao.org/3/i3347e/i3347e.pdf.
Food and Agriculture Organization of the United Nations (2019) State of Food and Agriculture: Moving forward on food loss and waste reduction. Rome: FAO. https://www.fao.org/3/ca6030en/ca6030en.pdf. Food and Agriculture Organization of the United Nations (2022) The State of World Fisheries and Aquaculture: Towards blue transformation. Rome: FAO. Food and Agriculture Organization of the United Nations (2023) Fishing Safety. Rome: FAO. https://www.fao.org/fishing-safety/en/.
Food and Agriculture Organization of the United Nations (n.d.) Agroecology Knowledge Hub. https://www.fao.org/agroecology/home/en/.
Food and Agriculture Organization of the United Nations & World Food Programme (2022) Hunger Hotspots – FAO-WFP early warnings on acute food insecurity: October 2022 to January 2023 outlook. Rome: FAO; WFP.
Food Inc. (2008) Directed by Robert Kenner [Documentary]. Toronto, Ontario: International Film Festival.
Forrest, S. (2022) "What is driving the high suicide rate among

farmers?,"Illinois News Bureau, 12 December.
Foster, J. B. & Burkett, P. (2017) Marx and the Earth: An anti-critique. Chicago, IL: Haymarket Books.
Frank, L., Fisher, L. & Saulnier, C. (2021) Report Card on Child and Family Poverty in Nova Scotia: Worst provincial performance over 30 years. Nova Scotia: Canadian Centre for Policy Alternatives. https://policyalternatives.ca/sites/default/files/uploads/publications/Nova%20Scotia%20Office/2021/11/2021reportcardonchildandfamilypovertyinNovaScotia.pdf Freeman, A. (2021) "COVID and meat-packing: What Canada's co-op movement doesn't want you to know," IPolitics, 4 March.
Galtung, J. (1969) "Violence, peace, and peace research," Journal of Peace Research 6 (3): 167–91.
Gibbs, T. (2017) Why the Dalai Lama is a Socialist: Buddhism, socialism and the compassionate society. London: Zed Books.
Gibbs, T. & Harris, T. (2020) "The vegan challenge is a democracy issue: Citizenship and the living world." In: Kevany, K. M. (ed.) Plant-Based Diets for Succulence and Sustainability. Abingdon, Oxon: Routledge, pp. 139–54. Gillespie, K. (2011) "How happy is your meat? Confronting (dis)connect- edness in the 'alternative' meat industry," The Brock Review 12 (1): 100–28. Gillespie, K. (2014) "Sexualized violence and the gendered commodification of the animal body in Pacific Northwest US dairy production," Gender, Place & Culture 21 (10): 1321–37.
Gillespie, K. (2016) "Witnessing animal others: Bearing witness, grief, and the political function of emotion," Hypatia 31 (3): 572–88.
Gillespie, K. (2018) The Cow with Ear Tag #1389. Chicago, IL: University of Chicago Press.
Gillespie, K. & Lopez, P. J. (2019) Vulnerable Witness: The politics of grief in the field. Oakland, CA: University of California Press.
Gillespie, K. & Lopez, P. (2020) Economies of Death: Economic logics of killable life and grievable death. London: Routledge.
Goodland, R., & Anhang, J. (2009) "Livestock and climate change: What if the key actors are … cows, pigs, and chickens?," World Watch Institute 22(6): 10–19.
Government of Canada (2016) Causes of salmonellosis. https://www.canada.ca/en/public-health/services/diseases/salmonellosis-salmonella/causes.html.
Government of Canada (2021a) Food safety for people with a weakened immune system. https://www.canada.ca/en/health-canada/services/food-safety-vulnerable-populations/food-safety-people-with-weakened-immune-system.html.
Government of Canada (2021b) Guidance on essential services and functions in Canada during the COVID-19 pandemic. https://www.publicsafety.gc.ca/cnt/ntnl-scrt/crtcl-nfrstrctr/esf-sfe-en.aspx.
Government of Canada (2022) Fact sheet – Classical bovine spongiform encephalopathy (classical BSE). https://inspection.canada.ca/animal-health/terrestrial-animals/diseases/reportable/bovine-spongiform-

encephalopathy/classical-bse/eng/1650551381899/1650551382212.
Government of Canada, Canada Food Inspection Agency (2022) Livestock and poultry transport in Canada. https://inspection.canada.ca/DAM/DAM-animals-animaux/STAGING//text-texte/livestock_transport_pdf_1528296360187_eng.pdf.
Graf, A. (2021) "The climate crisis is a privilege crisis," Youth4Nature, 24 September.
Grandin, T. (2018) Proper cattle restraint for stunning. https://www.grandin.com/humane/restrain.slaughter.html.
Gray, A. (2016) "Udder justice: The dairy cow's experience of milk production regulations in Canada," Contemporary Justice Review 19 (2): 221–9.
Greenebaum, J. B. (2017) "Questioning the concept of vegan privilege: A commentary," Humanity & Society 41 (3): 355–72.
Greger, M. (2007) "The human/animal interface: Emergence and resurgence of zoonotic infectious diseases," Critical Reviews in Microbiology 33(4): 243–99.
Greger, M. (2020) How to Survive a Pandemic. New York: Flatiron Books.
Greger, M. (2021) "Primary pandemic prevention," American Journal of Lifestyle Medical 15 (5): 498–505.
Griffith-Greene, M. (2014) "Baby chickens 'cooked alive' at hatchery, animal rights group contends," CBC News, 15 April.
Gruen, L. (2015) Entangled Empathy: An alternative ethic for our relationship with animals. Brooklyn, NY: Lantern Books.
Guillemette, A. R. & Cranfield, J. A. L. (2012) "Food expenditures: the effect of a vegetarian diet and organic foods," University of Guelph. https://www.researchgate.net/publication/254385228_Food_Expenditures_The_Effect_of_a_Vegetarian_Diet_and_Organic_Foods.
Guthman, J., Broad, G., Klein, K. & Landecker, H. (2014) "Beyond the sovereign body," Gastronomica: The Journal of Food and Culture 14 (3) 46–55.
Haedicke, M. A. (2013) "From collective bargaining to social justice certification: Workers' rights in the American meatpacking industry," Sociological Focus 46 (2): 119–37.
Haider, A. & Roque, L. (2021) "New poverty and food insecurity data illustrate persistent racial inequities," Center for American Progress, 29 September.
Hamilton, L. & McCabe, D. (2016) "It's just a job: Understanding emotion work, de-animalization and the compartmentalization of organized animal slaughter," Organization 23 (3): 330–50.
Hannan, J. (ed.) (2020) Meatsplaining: The animal agriculture industry and the rhetoric of denial. Sydney: Sydney University Press.
Harfeld, J. L., Cornou, C., Kornum, A. & Gjerris, M. (2016) "Seeing the animal: On the ethical implications of de-animalization in intensive animal production systems," Journal of Agricultural & Environmental Ethics 29 (3): 407–23.
Harper, A. B. (2020) Sistah Vegan: Black women speak on food, identity, health, and society, 10th anniversary edn. Brooklyn, NY: Lantern

Publishing and Media.
Harper, C. L. & Le Beau, B. F. (2002) Food, Society, and Environment. Upper Saddle River, NJ: Prentice Hall.
Harris, T. (2017) "The problem is not the people, it's the system: The Canadian animal industrial complex." In: D. Nibert (ed.) Animal Oppression and Capitalism: The oppression of nonhuman animals as sources of food. Santa Barbara, CA: Praeger, pp. 57–75.
Harris, T. (2018) The Tiny House Movement: Challenging our consumer culture. Lanham, MD: Lexington Books.
Harrison, R. (1964) Animal Machines: The new factory farming industry.
London: Vincent Stuart Publishers.
Harwatt, H. (2019) "Including animal to plant protein shifts in climate change mitigation policy: A proposed three-step strategy," Climate Policy 19 (5): 533–41.
Head, L. (2016) Hope and Grief in the Anthropocene: Re-conceptualising human-nature relations. Abingdon, Oxon: Routledge.
Health of Animals Act (2019) "Regulations amending the health of animals regulations: SOR/2019-38," Government of Canada; Canada Gazette 153 (4).
Health Canada (2019) Canada's Dietary Guidelines for Health Professionals and Policy Makers. Government of Canada. https://food-guide.canada.ca/sites/default/files/artifact-pdf/CDG-EN-2018.pdf.
Held, D. (1995) Democracy and Global Order: From the modern state to cosmo- politan governance. Stanford, CA: Stanford University Press.
Heredia, N. & García, S. (2018) "Animals as sources of food-borne pathogens: A review," Animal Nutrition 4 (3): 250–5.
Herman, E. S. & Chomsky, N. (2002) Manufacturing Consent: The political economy of the mass media, 2nd edn. New York: Pantheon Books.
Herring, D. A. & Swedlund, A. C. (2010) "Plagues and epidemics in anthropological perspective." In: Herring, D. A. & Swedlund, A. C. (eds.) Plagues and Epidemics: Infected spaces past and present. Oxford: Berg Publishers, pp. 1–20.
Hoekstra, A. Y. (2012) "The hidden water resource use behind meat and dairy," Animal Frontiers 2 (2): 3–8.
Holt-Giménez, E. (2010) "From food crisis to food sovereignty: The challenge of social movements." In: Magdoff, F. & Tokar, B. (eds.) Agriculture and Food in Crisis: Conflict, resistance, and renewal. New York: Monthly Review Press, pp. 207–23.
Holt-Giménez, E. (2017a) A Foodie's Guide to Capitalism: Understanding the political economy of what we eat. New York: Monthly Review Press.
Holt-Giménez, E. (2017b) "Introduction: Agrarian questions and the struggle for land justice in the United States." In: Williams, J. M. & Holt-Giménez, E. (eds.) Land Justice: Re-imagining land, food, and the commons in the United States. Oakland, CA: Food First Books, pp. 1–14.
Human Rights Watch (2020) Colombia: Indigenous kids at risk of malnutrition, death – improve Wayuu's access to food, water, health

during Covid-19. https://www.hrw.org/news/2020/08/13/colombia-indigenous-kids-risk-malnutrition-death.
Human Rights Watch (2022) "Colombia." In: Human Rights Watch (ed.) World Report: Events of 2021. New York: Human Rights Watch, pp. 179–89. Humane Canada (n.d.) Realities of farming in Canada. https://humanecanada.ca/our-work/focus-areas/farmed-animals/realities-of-farming-in-canada/.
Hume, S. (2004). "Fishing for Answers." In: Hume, S., Morton, A., Keller,B. C., Leslie, R. M., Langer, O. & Staniford, D. (eds.) A Stain Upon the Sea: West coast salmon farming. Madeira Park, BC: Harbour Publishing,pp. 17–77.
Hussein, O. H., Abdel-Hameed, K. G. & El-Malt, L. M. (2022) "Prevalence and public health hazards of subclinical mastitis in dairy cows," SVU-International Journal of Veterinary Sciences 5 (3): 52–64.
Inoue, T. (2017) "Oceans filled with agony: Fish oppression driven by capitalist commodification." In: Nibert, D. (ed.) Animal Oppression and Capitalism: The oppression of nonhuman animals as sources of food. Santa Barbara, CA: Praeger, pp. 96–117.
Intergovernmental Science-Policy Platform on Biodiversity and Ecosystem Services (2019) Media Release: Nature's dangerous decline "unprecedented"; species extinction rates "accelerating," 5 May.
Jacques, J. R. (2015) "The slaughterhouse, social disorganization, and violent crime in rural communities," Society & Animals 23 (6): 594–612. Jala, D (2022) "Neighbours helping neighbours: Hundreds visit impromptu Cape Breton kitchen," Saltwire, 26 September.
Jamail, D. (2020) The End of Ice: Bearing witness and finding meaning in the path of climate disruption. New York: The New Press.
Jones, A. (2022) "Youth climate activists to challenge Ontario government in court over greenhouse gas targets," CBC News, 11 September.
Joy, M. (2010) Why We Love Dogs, Eat Pigs and Wear Cows: An introduction to carnism. San Francisco, CA: Conari Press.
Jung, Y., Jang, H. & Matthews, K. (2014) "Effect of the food production chain from farm practices to vegetable processing on outbreak incidence," Microbial Biotechnology 7 (6): 517–27.
Kabir, S. M. L. (2010) "Avian colibacillosis and salmonellosis: A closer look at epidemiology, pathogenesis, diagnosis, control and public health concerns," International Journal of Environmental Research and Public Health 7 (1): 89–114.
Kateman, B. (2022) Meat Me Halfway: How changing the way we eat can improve our lives and save the planet. Lanham, MD: Rowman & Littlefield. Kevany, K. (2022) "Let's make plant-based foods the default on campus," University Affairs, 13 October.
Kevany, S. (2020a) "Alleged animal abuse in US dairy sector under investigation: Claims of violent treatment and cows being passed off as organic have been presented to the Department of Agriculture," The Guardian, 15 October.
Kevany, S (2020b) "Millions of US farm animals to be culled by suffocation,

drowning and shooting," The Guardian, 19 May.
Kimmerer, R. W. (2013) Braiding Sweetgrass: Indigenous wisdom, scientific knowledge and the teachings of plants. Minneapolis, MN: Milkweed Editions.
Kimmerer, R. W. (2021) The Democracy of Species. London: Penguin.
King, B. J. (2021) Animals' best friends: Putting compassion to work for animals in captivity and in the wild. Chicago, IL: University of Chicago Press.
Klein, N. (2008) The Shock Doctrine: The rise of disaster capitalism. Toronto, Ontario: Vintage Canada.
Klein, N. (2014) This Changes Everything: Capitalism vs. the climate. Toronto, Ontario: Vintage Canada.
Klinenberg, E. (2018) Palaces for the People: How social infrastructure can help fight inequality, polarization, and the decline of civic life. New York: Crown.
Ko, A. & Ko, S. (2020) Aphro-ism: essays on pop culture, feminism, and Black veganism from two sisters. Brooklyn, NY: Lantern Publishing and Media. Koneswaran, G. & Nierenberg, D. (2008) "Global farm animal production and global warming: Impacting and mitigating climate change," Environmental Health Perspectives 116 (5): 578–82.
Kopecky, A. (2022) "Exposing animal abuse may land Canadian farm activists in jail," Mother Jones, 13 October.
Kovach, M. (2009) Indigenous Methodologies: Characteristics, conversations and contexts. Toronto, ON: University of Toronto Press.
Kumar, K. & Makarova, E. (2008) "The portable home: The domestication of public space," Sociological Theory 26 (4): 324–43.
Kurt, T. D. & Sigurdson, C. J. (2016) "Cross-species transmission of CWD prions," Prion 10 (1): 83–91.
Kyeremateng-Amoah, E., Nowell, J., Lutty, A., Lees, P. S. J. & Silbergeld, E. K. (2014) "Laceration injuries and infections among workers in the poultry processing and pork meatpacking industries: Injuries in meat and poultry workers," American Journal of Industrial Medicine 57 (6), 669–82.
Labchuk, C (2020) "Brutality of the meat industry is on display during COVID-19 pandemic," Toronto Star, 21 May.
LaBronx, H. (2018) A pro-intersectional approach in the fight for animal rights [Keynote speech, Veganes Sommerfest Berlin], 24–25 August.
Ladd, A. E. & Edward, B. (2002) "Corporate swine and capitalist pigs: A decade of environmental injustice and protest in North Carolina," Social Justice 29 (3): 26–46.
LaFortune, R (2020) "'My Fear is Losing Everything': The climate crisis and First Nations' right to food in Canada", Human Rights Watch Report, October 21. https://www.hrw.org/report/2020/10/21/my-fear-losing-everything/climate-crisis-and-first-nations-right-food-canada.
LearnRidge (2023) Mi'kmaq culture and resilience. https://nscs.learnridge.com/topic/mi-kmaq-culture-and-resilience/.
Lee, H. & Yoon, Y. (2021) "Etiological agents implicated in foodborne illness

world wide," Food Science of Animal Resources 41 (1): 1–7.
Leech, G. (2011) The Farc: The longest insurgency. London: Zed Books. Leech, G. (2012) Capitalism: A structural genocide. London: Zed Books. Leopold, A. (1949) A Sand County Almanac. Oxford: Oxford University Press.
Li, Z., Chen, Y. & Zhan, Y. (2022) "Building community-centered social infrastructure: A feminist inquiry into China's COVID-19 experiences," Economia Politica 39 (1): 303–21.
Lipscomb, H. J., Dement, J. M., Epling, C. A., Gaynes, B. N., McDonald, M.A. & Schoenfisch, A. L. (2007) "Depressive symptoms among working women in rural North Carolina: A comparison of women in poultry processing and other low-wage jobs," International Journal of Law and Psychiatry, 30 (4): 284–98.
López Zuleta, D. (2015) "The case of the 5000 children who have died of hunger in La Guajira reaches the OAS," Las2Orillas, 16 March.
Lorenzen, J. A. (2014) "Green consumption and social change: Debates over responsibility, private action, and access," Sociology Compass 8 (8): 1063–81.
Louv, R. (2012) The Nature Principle: Reconnecting with life in a virtual age. Chapel Hill, NC: Algonquin Books.
Lubin, R. (2019) "Sharks' fins are cut while still alive in sick trade that could wipe species out," The Mirror, 19 March.
Lund, V., Mejdell, C., Röcklinsberg, H., Anthony, R. & Håstein, T. (2007) "Expanding the moral circle: Farmed fish as objects of moral concern," Diseases of Aquatic Organisms 75 (2): 109–18.
Lusk, J. L. & Norwood, F. B. (2016) "Some vegetarians spend less money on food, others don't," Ecological Economics 130: 232–42.
Lymbery, P. (2020) "Covid-19: How industrial animal agriculture fuels pandemics," Derecho Animal 11 (4): 141–9.
Lynch, J., Cain, M., Frame, D. & Pierrehumbert, R. (2021) "Agriculture's contribution to climate change and role in mitigation is distinct from predominantly fossil CO2-emittings sectors," Frontiers in Sustainable Food Systems 4: 518039.
Maathai, W. (2009) The Challenge for Africa. New York: Pantheon Books.
Maathai, W. (2010) Replenishing the Earth: Spiritual values for healing ourselves and the world. New York: Random House, Doubleday Religion.
Mackenzie, J. S. & Jeggo, M. (2013) "Reservoirs and vectors of emerging viruses," Current Opinion in Virology 3 (2): 170–9.
Marshall, A. (2017) Climate change, drawdown & the human prospect: A retreat for empowering our climate future for rural communities [Talk given at Thinkers Lodge, Pugwash, Nova Scotia], 28 September–1 October.
Marshall, A. (2022) Reconciliation with the Earth [Presentation to Allison Bernard Memorial High School, Eskasoni, Nova Scotia], 10 January.
Martin, A. (n.d.) "Seven ways to fight for food justice," Food Tank. https://foodtank.com/news/2021/02/ways-to-fight-for-food-justice/.
Martin, J., Maris, V. & Simberloff, D. S. (2016) "The need to respect nature

and its limits challenges society and conservation science," Proceedings of the National Academy of Sciences 113 (22): 6105–12.
Martínez-González, M. A., Sánchez-Tainta, A., Corella, D., et al. (2014) "Provegetarian food pattern and reduction in total mortality in the Prevención con Dieta Mediterránea (PREDIMED) study," The American Journal of Clinical Nutrition 100 (1): 320S–328S.
Marty, C. (2023) "André Gorz's Vision for Autonomy and Radical Frugality," Green European Journal, 9 February.
Mason, J. (1998) An Unnatural Order: Why we are destroying the planet and each other. New York: Continuum.
Masson, J. M. (2004) The Pig Who Sang to the Moon: The emotional world of farm animals. New York: Ballantine Books.
Masson, J. M. (2009) The Face on Your Plate: The truth about food. New York:W. W. Norton.
Maurer, J. M., Schaefer, J. M., Rupper, S. & Corley, A. (2019) Acceleration of ice loss across the Himalayas over the past 40 years. Science Advances 5 (6): eaav7266.
Maxwell, J. A. (ed.) (2005) Qualitative Research Design: An interactive approach, 2nd edn. Thousand Oaks, CA: Sage.
McGranahan, C. (2016) "Theorizing refusal: An introduction," Cultural Anthropology 31 (3): 319–25.
McLoughlin, E. (2019) "Knowing cows: Transformative mobilizations of human and non-human bodies in an emotionography of the slaughterhouse," Gender, Work & Organization 26 (3): 322–42.
Medora, D. (2014) "Spinning the pig: The language of industrial pork production." In: Sorenson, J. (ed.) Critical Animal Studies: Thinking the unthinkable. Toronto, ON: Canadian Scholars Press, pp. 208–15.
Miller, C. D. M. & Rudolphi, J. M. (2022) "Characteristics of suicide among farmers and ranchers: Using the CDC NVDRS 2003–2018," American Journal of Industrial Medicine 65 (8): 675–89.
Minto, R. (2022) "Americans can now expect to live three years less than Cubans," Newsweek, 9 February.
Montenegro de Wit, M. (2021) "What grows from a pandemic? Toward an abolitionist agroecology," The Journal of Peasant Studies 48 (1): 99–136.
Mora, D. C., Arcury, T. A. & Quandt, S. A. (2016) "Good job, bad job: Occupational perceptions among Latino poultry workers," American Journal of Industrial Medicine 59 (10): 877–86.
Mosby, I. & Rotz, S. (2020) "As meat plants shut down, COVID-19 reveals the extreme concentration in our food supply," The Globe and Mail, 29 April.
National Farm Animal Care Council (2014) Code of Practice for the Care and Handling of Pigs. https://www.nfacc.ca/pdfs/codes/pig_code_of_practice .pdf.
National Farm Animal Care Council (2017) Code of Practice for the Care and Handling of Pullets and Laying Hens. https://www.nfacc.ca/pdfs/codes/Pullets%20and%20laying%20hens%20Code_HARrev_21_FINAL.pdf.
National Farm Animal Care Council (2023) Code of Practice for the Care

and Handling of Farm Animals. https://www.nfacc.ca/codes-of-practice.
National Wildlife Federation (NWF) (2023) Ecosystem Services. https://www.nwf.org/Educational-Resources/Wildlife-Guide/Understanding-Conservation/Ecosystem-Services.
National Wildlife Health Center (2022) "Distribution of highly pathogenic avian influenza in North America, 2021/2022," US Geographical Survey, 27 November. https://www.usgs.gov/centers/nwhc/science/distribution-highly-pathogenic-avian-influenza-north-america-20212022.
NASA (2023) The Effects of Climate Change. Global Climate Change: Vital Signs of the Planet. https://climate.nasa.gov/effects/.
Navdanya International (2023) https://navdanyainternational.org/.
Naylor. G. (2017) "Agricultural parity for land de-commodification." In: Williams, J. M. & Holt-Gimenez, E. (eds.) Land Justice: Re-imagining land, food, and the commons on the United States. Oakland, CA: Food First Books/Institute for Food and Development Policy, pp. xviii–xxii.
Nero's Guests (2009) Directed by D. Bhatia & P. Sainath [Documentary]. London, New York.
Nibert, D. (2002) Animal Rights Human Rights: Entanglements of oppression and liberation. Lanham, MD: Rowman & Littlefield.
Nibert, D. (2013) Animal Oppression & Human Violence: Domesecration, capitalism, and global conflict. New York: Columbia University Press.
Nibert, D. (2014) "Animals, immigrants, and profits: Slaughterhouses and the political economy of oppression." In: Sorenson, J. (ed.) Critical Animal Studies: Thinking the unthinkable. Toronto, ON: Canadian Scholars Press, pp. 3–17.
Nibert, D. (2017) "Introduction." In: Nibert, D. (ed.) Animal Oppression and Capitalism: The oppression of nonhuman animals as sources of food. Santa Barbara, CA: Praeger, pp. xi–xxiv.
Nixon, R. (2011) Slow Violence and the Environmentalism of the Poor. Cambridge, MA: Harvard University Press.
Norgaard, K. M. (2019) "Making sense of the spectrum of climate denial,"Critical Policy Studies 13 (4): 437–41.
Norwood, F. B. & Lusk, J. L. (2011) Compassion by the Pound: The economics of farm animal welfare. Oxford: Oxford University Press.
Noske, B. (1997) Beyond Boundaries: Human and Animals. Montreal, Quebec: Black Rose Books. O'Brien, C. (2016) Education for Sustainable Happiness and Well-Being. New York: Routledge.
Okorie-Kanu, Ezenduka, E. V., Okorie-Kanu, C. O., Ugwu, L. C. & Nnamani, U. J. (2016) "Occurrence and antimicrobial resistance of pathogenic Escherichia coli and Salmonella spp. in retail raw table eggs sold for human consumption in Enugu state, Nigeria," Veterinary World 9 (11): 1312–19.
Olsson, L., Barbosa, H., Bhadwal, S., et al. (2022) "Land degradation." In: Shukla, P. R., Skea, J., Calvo Buendia, E., et al. (eds.) Climate Change and Land: An IPCC special report on climate change, desertification, land degradation, sustainable land management, food security, and

greenhouse gas fluxes in terrestrial ecosystems. Cambridge: Cambridge University Press, pp. 345–436.
Oster, R. T., Grier, A., Lightning, R., Mayan, M. J. & Toth, E. L. (2014) "Cultural continuity, traditional Indigenous language, and diabetes in Alberta First Nations: A mixed methods study," International Journal for Equity in Health 13 (1): 92.
Oxfam International (2022) "'Terrifying prospect' of over a quarter of a billion more people crashing into extreme levels of poverty and suffering this year," 12 April. https://www.oxfam.org/en/press-releases/terrifying-prospect-over-quarter-billion-more-people-crashing-extreme-levels-poverty.
Pachirat, T. (2011) Every Twelve Seconds: Industrialized slaughter and the politics of sight. New Haven, CT: Yale University Press.
Patel, R. (2009) Stuffed and Starved: The hidden battle for the world's food system. Toronto, ON: Harper Perennial.
Patel, R. & Moore, J. (2017) A History of the World in Seven Cheap Things: A guide to capitalism, nature, and the future of the planet. Berkeley, CA: University of California Press.
Peden, A. H., Suleiman, S. & Barria, M. A. (2021) "Understanding intra-species and inter-species prion conversion and zoonotic potential using protein misfolding cyclic amplification," Frontiers in Aging Neuroscience 13: 716452.
Pempek, J. A., Schuenemann, G. M., Holder, E. & Habing, G. G. (2017) "Dairy calf management – A comparison of practices and producer attitudes among conventional and organic herds," Journal of Dairy Science 100 (10): 8310–21.
Penrod, G. (2004) "Letting loose the images of war," Reporters Committee for Freedom of the Press. https://www.rcfp.org/journals/the-news-media-and-the-law-summer-2004/letting-loose-images-war/.
Pew Commission on Industrial Farm Animal Production (2008) Putting Meat on the Table: Industrial farm animal production in America. https://www.pewtrusts.org/en/research-and-analysis/reports/0001/01/01/putting-meat-on-the-table.
Piketty, T. (2013) Capital in the Twenty-First Century (trans A. Goldhammer). Cambridge, MA: The Belknap Press of Harvard University Press.
Polansek, T. & Huffstutter, P. J. (2020) "Piglets aborted, chickens gassed as pandemic slams meat sector," Reuters, 27 April.
Political Database of the Americas (2008) Constitution of the Republic of Ecuador. https://pdba.georgetown.edu/Constitutions/Ecuador/english08.html.
Pollan, M. (2006) The Omnivore's Dilemma: A natural history of four meals. New York: Penguin Press.
Pollan, M. (2008) In Defense of Food: An eater's manifesto. New York: Penguin Press.
Poore, J. & Nemecek, T. (2018) "Reducing food's environmental impacts through producers and consumers," Science 360 (6392): 987–92.

Porcher, J. (2011) "Relationship between workers and animals in the pork industry: A shared suffering," Journal of Agricultural & Environmental Ethics 24 (1): 3–17.
PROOF (2022) Who are most at risk of household food insecurity? https://proof.utoronto.ca/food-insecurity/who-are-most-at-risk-of-household-food-insecurity/.
Quammen, D. (2012) Spillover: Animal infections and the next human pandemic. New York: W.W. Norton.
Reinhardt, T. A., Lippolis, J. D., McCluskey, B. J., Goff, J. P. & Horst, R. (2011) "Prevalence of subclinical hypocalcemia in dairy herds," The Veterinary Journal 188 (1): 122–4.
Reyes-Illg, G., Martin, J. E., Mani, I., Reynolds, J. & Kipperman, B. (2022) "The rise of heatstroke as a method of depopulating pigs and poultry: Implications for the US veterinary profession," Animals 13 (1): 140.
Riley, S. (2019) "Listening to nature's voice: Invasive species, earth jurisprudence and compassionate conservation," Asia Pacific Journal of Environmental Law 22 (1): 117–36.
Riley, S. (2022) The Commodification of Farm Animals, vol. 21. Sydney, Australia: Springer.
Ritchie, H. (2021) "Smallholders produce one-third of the world's food, less than half of what many headlines claim," Our World in Data. https://ourworldindata.org/smallholder-food-production.
Ritchie, H., Rosado, P. & Roser, M. (2017a; 2019a) "Meat and dairy production," Our World in Data. https://ourworldindata.org/meat-production.
Ritchie, H., Rosado, P. & Roser, M. (2017b; 2019b) "Livestock counts." In: Ritchie, H., Rosado, P. & Roser, M. (eds.) Meat and Dairy Production. https://ourworldindata.org/meat-production.
Ritchie, H. & Roser, M. (2021) "Soy." In: Ritchie, H. & Roser, M. (eds.) Forests and Deforestation. Our World in Data. https://ourworldindata.org/soy.
Ritzer, G. (2015) The McDonaldization of Society, 8th edn. Los Angeles, CA: Sage.
Robinson, M. (2013) "Veganism and Mi'kmaq legends," Canadian Journal of Native Studies 33 (1): 189–96.
Robinson, M. (2014) "Animal personhood in Mi'kmaq perspective," Societies 4 (4): 672–88.
Robinson, M. (2017) "Intersectionality in Mi'kmaw and settler vegan values." In: Brueck, J. F. (ed.) Veganism in an Oppressive World: A vegans-of-color community project. Sanctuary Publishers, pp. 71–89.
Robinson, M. (2019) Decolonizing body, mind, and spirit [Virtual Conference given at Veganism of Color, 2019], 14 and 15 September.
Robinson-Jacobs, K. (2021) "Pandemic prompts more Black Americans to take up urban gardening to end food apartheid," Mother Jones, 19 November.
Rodriguez, S. (2018a) "Introduction." In: Rodriguez, S. (ed.) Food Justice: A primer. Sanctuary Publishers, pp. 7–29.

Rodriguez, S. (2018b) "Animal agriculture: An injustice to humans and nonhumans alike." In: Rodriguez, S. (ed.) Food Justice: A primer. Sanctuary Publishers, pp. 85–106.
Rohr, J. R., Barrett, C. B., Civitello, D. J., et al. (2019) "Emerging human infectious diseases and the links to global food production," Nature Sustainability 2 (6): 445–56.
Rushkoff, D. (2022) Survival of the Richest: Escape fantasies of the tech billion- aires. New York: W.W. Norton.
Ryan, E. B., Fraser, D. & Weary, D. M. (2015) "Public attitudes to housing systems for pregnant pigs," PLoS ONE 10 (11): e0141878.
Ryder, R. D. (1975) Victims of Science: The use of animals in research. London: Davis-Poynter.
Ryder, R. D. (1989) Animal Revolution: Changing attitudes towards speciesism. Oxford: Basil Blackwell.
Saier Jr, M. H., Baird, S. M., Reddy, B. L. & Kopkowski, P. W. (2022) "Eating animal products, a common cause of human diseases," Microbial Physiology 32 (5–6): 146–57.
Sarkar, D., Walker-Swaney, J. & Shetty, K. (2020) "Food diversity and Indigenous food systems to combat diet-linked chronic diseases," Current Developments in Nutrition 4 (Suppl. 1): 3–11.
Satija, A. & Hu, F. B. (2018) "Plant-based diets and cardiovascular health," Trends in Cardiovascular Medicine 28 (7): 437–41.
Schlosser, E. (2005) Fast Food Nation: The dark side of the all-American meal. New York: Perennial.
Schor, J. B. (2011) True Wealth: How and why millions of Americans are creating a time-rich, ecologically light, small-scale, high-satisfaction economy. New York: Penguin Books.
Seaspiracy (2021) Directed by A. Tabrizi [Documentary]. A.U.M. Films & Disrupt Studios.
Seddon, N., Chausson, A., Berry, P., Girardin, C. A. J., Smith, A. & Turner, B. (2020) "Understanding the value and limits of nature-based solutions to climate change and other global challenges," Philosophical Transactions of the Royal Society of London. Series B. Biological Sciences 375 (1794): 20190120. Shearer, J. K. (2018) "Euthanasia of cattle: Practical considerations and appli-cation," Animals 8 (4): 57.
Shields, S. & Greger, M. (2013) "Animal welfare and food safety aspects of confining broiler chickens to cages," Animals 3 (2): 386–400.
Shields, S., Shapiro, P. & Rowan, A. (2017) "A decade of progress toward ending the intensive confinement of farm animals in the United States," Animals 7 (5): 40.
Shiva, V. (2005) Earth Democracy: Justice, sustainability and peace. Cambridge, MA: South End Press.
Shiva, V. (ed.) (2016a) Seed Sovereignty, Food Security: Women in the vanguard of the fight against GMOs and corporate agriculture. Berkeley, CA: North Atlantic Books.
Shiva, V. (2016b) Stolen Harvest: The hijacking of the global food supply.

Lexington, KY: University Press of Kentucky.
Shiva, V. (2016c) Who Really Feeds the World?: The failures of agribusiness and the promise of agroecology. Berkeley, CA: North Atlantic Books.
Shiva, V. (2016d) The Violence of the Green Revolution: Third world agriculture, ecology and politics. Lexington, KY: University Press of Kentucky.
Shiva, V. (2022) [Keynote Speech, Seed Fair, Florence].
Shivji, S. (2021) "Burdened by debt and unable to eke out a living, many farmers in India turn to suicide," CBC News, 30 March.
Simon, D. R. (2013) Meatonomics. San Francisco, CA: Red Wheel/Weiser.
Singer, M. (2010) "Ecosyndemics: Global warming and the coming plagues of the twenty-first century." In: Herring, A. & Swedlund, A. C. (eds.) Plagues and Epidemics: Infected spaces past and present. Oxford: Berg, pp. 21–37.
Singer, P. (1975) Animal Liberation. New York: Random House.
Singer, P., & Mason, J. (2007) The Ethics of What We Eat: Why our food choices matter. Emmaus, PA: Rodale Books.
Smith-Harris, T. (2004) "There's not enough room to swing a cat and there's no use flogging a dead horse: Language usage and human perceptions of other animals," Revision 27 (2): 12–15.
Sofos, J. N. (2008) "Challenges to meat safety in the 21st century," Meat Science 78 (1): 3–13.
Sorenson, J. (2010) About Canada: Animal rights. Halifax, NS: Fernwood Publishing.
Sorenson, J. (2016) Constructing Ecoterrorism: Capitalism, speciesism & animal rights. Halifax, NS: Fernwood Publishing.
Spalding, A. B. (2014) "Corruption, corporations, and the new human right," Washington University Law Review 91 (6): 1365–428.
Speciesism: The Movie (2019) Directed M. DeVries [Documentary]. United States: Mark DeVries Productions, Inc.
Statistics Canada (2019) Overweight and obese adults, 2018. https://www150.statcan.gc.ca/n1/pub/82-625-x/2019001/article/00005-eng.htm.
Statistics Canada (2023) Hogs Statistics, Number of Farms Reporting and Average Number of Hogs Per Farm, Semi-Annual, No. 32-10-0202-01 [Table]. https://www150.statcan.gc.ca/t1/tbl1/en/tv.action?pid=3210020201.
Sterling, S. R. & Bowen, S. A. (2019) "The potential for plant-based diets to promote health among Blacks living in the United States," Nutrients 11(12): 2915.
Stibbe, A. (2001) "Language, power and the social construction of animals," Society & Animals 9 (2): 145–61.
Stop Ecocide Foundation (2021) Independent Expert Panel for the Legal Definition of Ecocide: Commentary and core text. https://static1.squarespace.com/static/5ca2608ab914493c64ef1f6d/t/60d7479cf8e7e5461534dd07/1624721314430/SE+Foundation+Commentary+and+core+text+revised+%281%29.pdf.
Striffler, S. (2005) Chicken: The dangerous transformation of America's

favorite food. New Haven, CT: Yale University Press.
Struthers Montford, K. & Wotherspoon, T. (2021) "The contagion of slow violence: The slaughterhouse and COVID-19," Animal Studies Journal 10(1): 80–113.
Stucki, S. (2017) "(Certified) humane violence? Animal welfare labels, the ambivalence of humanizing the inhumane, and what international humanitarian law has to do with it," American Society of International Law. 111: 277–81.
Stull, D. D. & Broadway, M. J. (2004) Slaughterhouse Blues: The meat and poultry industry in North America. Belmont, CA: Wadsworth.
Szabo, Z., Koczka, V., Marosvolgyi, T., et al. (2021) "Possible biochemical processes underlying the positive health effects of plant-based diets – a narrative review," Nutrients 13 (8): 2593.
Tallberg, L. & Jordan, P. J. (2021) "Killing them 'softly' (!): Exploring work experiences in care-based animal dirty work," Work, Employment and Society 36 (5): 858–74.
Taylor, C. A., Boulos, C. & Almond, D. (2020) "Livestock plants and COVID-19 transmission," Proceedings of the National Academy of Sciences of the United States of America 117 (50): 31706–15.
Taylor, S. (2017) Beasts of Burden: Animal and disability liberation. New York: New Press.
The Economist (2014) "Capitalism and its critics: A modern Marx," The Economist, 3 May.
The Fair Housing Center of Greater Boston (n.d.) 1934-1968: FHA Mortgage Insurance Requirements Utilize Redlining. https://www.bostonfairhousing.org/timeline/1934-1968-FHA-Redlining.html.
The New Corporation: The Unfortunately Necessary Sequel (2020) Directed by J. Bakan & J. Abbott [Documentary]. Toronto International Film Festival.
The White House (2021) Report on the Impact of Climate Change on Migration. https://www.whitehouse.gov/wp-content/uploads/2021/10/Report-on-the-Impact-of-Climate-Change-on-Migration.pdf.
Thomsen, P. T., Shearer, J. K. & Houe, H. (2023) "Prevalence of lameness in dairy cows," The Veterinary Journal 295: 105975.
Thu, K. (2009) "The centralization of food systems and political power,"Culture & Agriculture 31 (1): 13-18.
Thu, K. (2010) "CAFOs are in everyone's backyard: Industrial agriculture, democracy, and the future." In: Imhoff, D. (ed.) The CAFO Reader: The tragedy of industrial animal factories. Healdsburg, CA: Watershed Media, pp. 210–20.
Tilley, S. A. B. (2016) Doing Respectful Research: Power, privilege and passion. Halifax, NS: Fernwood.
Truth and Reconciliation Commission of Canada (2015) Canada's Residential Schools: Missing children and unmarked burials – The final report of the truth and reconciliation commission of Canada, Vol. 4, Montreal: McGill-Queen's University Press.

Tucker, J. A. (2020) Epochs of ecology: The transition from feudalism to capitalism. Master's Thesis, University of Denver.
Twine. R. (2012) "Revealing the 'animal-industrial complex' – A concept & methods for critical animal studies?," Journal for Critical Animal Studies 10 (1): 12–39.
UFCW Local 401 (2021) Cargill High River Collective Agreement between Cargill Limited High River, Alberta & United Food and Commercial Workers Canada Union. https://gounion.ca/wp-content/uploads/2022/12/Cargill-High-River-Searchable-CBA-Exp-December-2026.pdf.
UNESCO (2010) "Value of Water Research Report Series."
United Nations (1992) Rio Declaration on Environment and Development. Report of the United Nations Conference on Environment and Development. https://www.un.org/en/development/desa/population/migration/generalassembly/docs/globalcompact/A_CONF.151_26_Vol.I_Declaration.pdf.
United Nations (2009) Human Rights: The right to adequate housing. Fact Sheet 21, Rev. 1. https://www.ohchr.org/en/publications/fact-sheets/fact-sheet-no-21-rev-1-human-right-adequate-housing.
United Nations (2010) The Right to Adequate Food. New York: Office of the High Commissioner for Human Rights.
United Nations (2019) "Can we feed the world and ensure that no one goes hungry?," UN News: Global Perspectives Human Stories, 3 October.
United Nations (2022) Biodiversity – Our strongest natural defense against climate change. https://www.un.org/en/climatechange/science/climate-issues/biodiversity.
United Nations Environment Programme (2020) Preventing the next pandemic – Zoonotic diseases and how to break the chain of transmission. https://www.unep.org/resources/report/preventing-future-zoonotic-disease-outbreaks-protecting-environment-animals-and.
United Nations Environment Programme (2021) Food Waste Index Report.https://wedocs.unep.org/handle/20.500.11822/35280.
US Centers for Disease Control and Prevention (2023) Influenza Type A Viruses. https://www.cdc.gov/flu/avianflu/influenza-a-virus-subtypes.htm.
US Department of Agriculture (2008) Colostrum feeding and management on U.S. dairy operations, 1991–2007. https://www.aphis.usda.gov/animal_health/nahms/dairy/downloads/dairy07/Dairy07_is_Colostrum.pdf.
US Department of Agriculture (2016) Organic Livestock Requirements. https:// www.ams.usda.gov/sites/default/files/media/Organic%20Livestock%20Requirements.pdf.
US Department of Agriculture (2023) What Does Natural Meat and Poultry Mean?https://ask.usda.gov/s/article/What-does-natural-meat-and-poultry-mean.
US Department of Agriculture (n.d.) What is "grass fed" meat? https://ask.usda.gov/s/article/What-is-grass-fed-meat.
US Department of Agriculture, Animal and Plant Health Inspection Service

(2023) 2022–2023 Detections of Highly Pathogenic Avian Influenza. https://www.aphis.usda.gov/aphis/ourfocus/animalhealth/animal-disease-information/avian/avian-influenza/2022-hpai.
US Department of Agriculture, Food Safety and Inspection Service (2013) Veal from Farm to Table. https://www.fsis.usda.gov/food-safety/safe-food-handling-and-preparation/meat/veal-farm-table.
US Food & Drug Administration (US FDA) (2020) All About BSE (Mad Cow Disease). https://www.fda.gov/animal-veterinary/animal-health-literacy/all-about-bse-mad-cow-disease.
US Geological Survey (n.d.) What is the Difference between Low Pathogenic and Highly Pathogenic Avian Influenza? https://www.usgs.gov/faqs/what-difference-between-low-pathogenic-and-highly-pathogenic-avian-influenza.
US House of Representatives (2022) "How the Trump administration helped the meatpacking industry block Pandemic worker protections," [Staff Report]. Select Subcommittee on the Coronavirus Crisis Subcommittee.
van den Hoonaard, D. K. & van den Scott, L. J. (2022) Qualitative Research in Action: A Canadian primer, 4th edn. Don Mills, ON: Oxford University Press.
Vasseur, E., Borderas, F., Cue, R. I., et al. (2010) "A survey of dairy calf management practices in Canada that affect animal welfare," Journal of Dairy Science 93 (3): 1307–16.
von Keyserlingk, M. A. G. & Weary, D. M. (2007) "Maternal behavior in cattle," Hormones and Behavior 52 (1): 106–13.
Water Footprint Network (n.d.) Water Footprint of Crop and Animal Products: A Comparison. https://www.waterfootprint.org/time-for-action/what-can-consumers-do/.
Watson, C. & Morse, F. (1976) How Does it Feel to be a Tree? New York: Parents' Magazine Press.
Weis, T. (2013) The Ecological Hoofprint: The global burden of industrial livestock. London: Zed Books.
Weis, T. (2018) "Ghosts and things: Agriculture and animal life," Global Environmental Politics 18 (2): 134–42.
Werner, C. & Osterbur, E. (2022) "Decoding plant-based and other popular diets: Ensuring patients are meeting their nutrient needs," Physician Assistant Clinics 7 (4): 615–28.
Wheeler, S. M. (2016) "Sustainability planning as paradigm change," Urban Planning 1 (3): 55–8.
Whiting, T. L. & Keane, M. A. (2022) "Animal protection and mass depopulation," Canadian Veterinary Journal 63 (8): 859–62.
Whiting, T. L. & Marion, C. R. (2011) "Perpetration-induced traumatic stress – A risk for veterinarians involved in the destruction of healthy animals," Canadian Veterinary Journal 52 (7): 794–6.
Wilkie, R. (2005) "Sentient commodities and productive paradoxes: The ambiguous nature of human-livestock relations in Northeast Scotland," Journal of Rural Studies 21 (2): 213–30.

Willett, W., Rockström, J., Loken, B., et al. (2019) "Food in the anthropocene: the EAT-Lancet Commission on healthy diets from sustainable food systems," The Lancet 393 (10170): 447–92.
Williams, K. C., Hernandez, E. H., Petrosky, A. R. & Page, R. A. (2009) "The business of lying," Journal of Leadership, Accountability and Ethics Winter: 11–30.
Wilson, E. (1984) Biophilia: The human bond with other species. Cambridge, MA: Harvard University Press.
Wingspread Conference (1998) Wingspread Statement on the Precautionary Principle [Academic conference at Wingspread, headquarters of the Johnson Foundation in Racine, Wisconsin], 23–25 January.
World Animal Protection (2020) The Animal Protection Index. https://api.worldanimalprotection.org/.
World Health Organization (2015a) WHO Estimates of the Global Burden of Foodborne Diseases: Foodborne disease burden epidemiology reference group 2007–2015. Geneva: WHO. https://apps.who.int/iris/handle/10665/199350.
World Health Organization (2015b) WHO's first ever global estimates of foodborne diseases find children under 5 account for almost one third of deaths. Geneva: WHO, 3 December. https://www.canada.ca/en/health-canada/services/food-safety-vulnerable-populations/food-safety-people-with-weakened-immune-system.html.
World Health Organization (2017) WHO Guidelines on Use of Medically Important Antimicrobials in Food-Producing Animals. Geneva: WHO. https://www.who.int/publications/i/item/9789241550130.
World Health Organization (n.d.) Estimating the Burden of Foodborne Diseases. https://www.who.int/activities/estimating-the-burden-of-foodborne-diseases.
World People's Conference on Climate Change (2010) Cochabamba Declaration on the Rights of Mother Earth. Cochabamba: Bolivia.
World Watch Institute (2016) The State of Consumption Today. http://www.adorngeo.com/uploads/2/7/3/5/27350967/the_state_of_consumption_today.pdf.
World Wildlife Fund (2020) A Call to Stop the Next Pandemic. https://c402277.ssl.cf1.rackcdn.com/publications/1348/files/original/FINAL_REPORT_EK-Rev_2X.pdf?1592404724.
World Wildlife Fund (2023) What is the sixth mass extinction and what can we do about it? https://www.worldwildlife.org/stories/what-is-the-sixth-mass-extinction-and-what-can-we-do-about-it.
Wrenn, C. L. (2015) "The role of professionalization regarding female exploitation in the nonhuman animal rights movement," Journal of Gender Studies 24 (2): 131–46.
Wrenn, C. L. (2019) "The Vegan Society and social movement professionalization, 1944–2017," Food & Foodways 27 (3): 190–210.
You, Y., Leahy, K., Resnick, C., Howard, T., Carroll, K. C., & Silbergeld, E. K. (2016) "Exposure to pathogens among workers in a poultry slaughter

and processing plant," American Journal of Industrial Medicine 59 (6): 453–64.
Zaldua, J., Tanner, J., Jarrett, K., Gibbs, T., Bood, T. & Burbano, R. (2022) Election Observation Report – Colombian Presidential Elections. https://commonfrontiers.ca/wp-content/uploads/2022/08/COLOMBIAN-FRONTIERS-REPORT-2022-final.pdf.
Zerk, J. (2012) Corporate Liability for Gross Human Rights Abuses: Towards a fairer and more effective system of domestic law remedies – A report prepared for the Office of the UN High Commissioner for Human Rights. https://www.ohchr.org/sites/default/files/Documents/Issues/Business/DomesticLawRemedies/StudyDomesticeLawRemedies.pdf.

주

1. LaFortune 2020
2. Noske 1997; Twine 2012
3. Nibert 2017: xviii
4. Gruen 2015: 35~36
5. Jonathan Balcombe, 2016
6. Taichi Inoue, 2017
7. Balcombe 2016: 6
8. Nibert 2017: xviii
9. Gillespie 2018: 8
10. Fitzgerald 2015: 35
11. Collins & Bilge 2020: 34
12. UNEP 2021
13. FAO 2013
14. FAO 2019
15. FAO 2006
16. Ritchie 2021
17. FAO & WFP 2022
18. FAO 2022
19. The White House 2021
20. Carleton 2022
21. Galtung 1969
22. PROOF 2022
23. PROOF 2022
24. Haider & Roque 2021
25. PROOF 2022
26. NASA 2023
27. Jamail 2020, Rushkoff 2022
28. Ceballos et al. 2017
29. Ceballos et al. 2017
30. National Wildlife Federation 2023
31. National Wildlife Federation 2023
32. World Wildlife Fund 2023
33. Watson & Morse 1976
34. Kimmerer 2013
35. Kimmerer 2021: 86

36. Shiva 2005
37. Kimmerer 2021: 76
38. Bekoff 2007; Balcombe 2010
39. Navdanya International 2023
40. Shiva 2005:1
41. Navdanya International 2023
42. Einstein 2015
43. Wilson 1984
44. Leopold 1949
45. Gibbs 2017
46. Gibbs & Harris 2020
47. Leech 2012; Nibert 2013; 2017
48. Foster & Burkett 2017; Tucker 2020
49. Foster & Burkett 2017:108
50. Marshall 2017
51. Kimmerer 2013
52. Battiste 2013
53. Battiste 2013
54. Intergovernment Science-Policy Plat from on Biodiversity and Ecosystem Services [IPBES] 2019
55. Jones 2022
56. Frank et al. 2021
57. Wingspread Conference 1998
58. Stop Ecocide Foundation 2021
59. World People's Conference on Climate Change 2010
60. 에콰도르 헌법, Political Database of the Americas 2008
61. Kimmerer 2013: 346
62. Leech 2012:12
63. Leech 2012: 6~7
64. Economist 2014
65. Oxfam International 2022
66. Riley 2022
67. Gibbs 2017
68. Held 1995, Gibbs 2017
69. Democracy Index 2022
70. Leech 2011, 2012
71. Minto 2022
72. Gibbs 2017
73. Shiva et al. 2016a
74. Leech 2012; Piketty 2013; Klein 2014
75. Klein 2008; Leech 2012; Gibbs 2017
76. Human Rights Watch 2022
77. Lopez Zuleta 2015
78. Human Rights Watch 2020
79. Chomsky et al. 2007
80. 선주민 학자 로빈 월 키머러, 마거릿 로빈슨, 마리 바티스트, 타이아이아케 알프

레드(Taiaiake Alfred) 등의 저작 참조
81. Shiva 2005; 2016b; 2016c; Maathai 2009; 2010
82. Kimmerer 2013: 47
83. Gibbs 2017
84. Graf 2021
85. Leech 2012:114
86. Gillespie & Lopez 2020
87. Rushkoff 2022
88. Head 2016:1~2
89. Head 2016: 168
90. Norgaard 2019: 439
91. Fischer 2019:148
92. United Nations 2022
93. Dillard & Biome 2022
94. Seddon et al. 2020: 9
95. Martin et al. 2016: 6105
96. Farinosi et al. 2018
97. Rushkoff 2022
98. Cramer et al. 2019
99. Shivji 2021
100. Leech 2012; 〈Nero's Guests〉 2009
101. Shiva 2005: 91
102. Leech 2012
103. 〈Nero's Guests〉 2009
104. Noske 1997, Twine 2012
105. Jamail 2020
106. 가장 일반적인 의견 차이와 중요 공통 목표에 대한 혁신적 시각은 에이미 피츠제럴드의 《동물 옹호와 환경주의*Animal Advocacy and Environmentalism*[2019]를 참고
107. Nibert 2013
108. Nibert 2002; 2013
109. Boseley 2003
110. de Jong & Huluba 2020; Chetty et al. 2016
111. Spalding 2014: 1427~1428
112. Herman & Chomsky 2002
113. Gibbs 2017; Hannan 2020
114. de Jong & Huluba 2020
115. Williams et al. 2009
116. Zerk 2012
117. Rushkoff 2022:10
118. Crenshaw 1989
119. Weis 2013
120. Poore & Nemecek 2018: 992
121. Poore & Nemecek 2018: 992
122. Harwatt 2019: 533
123. Clark et al. 2020
124. Harwatt 2019

125. Shiva 2016a
126. Duverger 2023; Marty 2023에서 인용
127. The Degrowth Jounal 온라인
128. Leech 2012
129. Noske 1997; Twine 2012; Nibert 2013
130. Twine 2013; Nibert 2017
131. Koneswaran & Nierenberg 2008, Goodland & Anhang 2009, Harwatt 2019, Lynch et al. 2021
132. Olsson et al. 2022
133. Chomsky 2022: xv
134. Richie & Roser 2021
135. Richie & Roser 2017a; 2017b; 2019a; 2019b; 2021
136. Richie & Roser 2021
137. Weis 2018: 140
138. Jamail 2020
139. Jamail 2020: 170
140. Jamail 2020: 171에서 인용
141. Jamail 2020: 177
142. UNESCO 2010: 39
143. Hoekstra 2012
144. Hoekstra 2012: 3
145. Campbell & Campbell 2006
146. Holt-Gimenez 2017a
147. Shiva 2016a; 2016d; 2022; Holt-Gimenez 2017a
148. Shiva 2022
149. Maurer et al. 2019
150. Chomsky 2022:113
151. Chomsky 2022: 98
152. Schor 2011
153. Holt-Gimenez 2017a: 70
154. Blattner et al. 2021: 260
155. Dryden & Rieger 2021
156. Dryden & Rieger 2021
157. Freeman 2021
158. Freeman 2021
159. Dryden & Rieger 2021
160. Taylor 외. 2020: 31706
161. Taylor et al. 2020
162. Broadway 2013, Dryden & Rieger 2021
163. Polansek & Huffstutter 2020
164. Kevany 2020a; 2020b; Baysinger & Kogan 2022; Reyes-Illg et al. 2022
165. Forrest 2022; Miller & Rudolphi 2022
166. Labchuk 2020; Baysinger & Kogan 2022; Reyes-Illg et al. 2022
167. Shearer 2018
168. Arluke 1994; Arluke & Sanders 1996; Shearer 2018; Tallberg & Jordan 2021; Baysinger & Kogan 2022

169. Arluke 1994; Arluke & Sanders 1996; Shearer 2018; Tallberg & Jordan 2021; Baysinger & Kogan 2022
170. Ellis 2014: 111
171. Wilkie 2005: 218
172. Reyes-Illg et al. 2022; Whiting & Keane 2022
173. Shearer 2018
174. Whiting & Keane 2022: 861
175. Reyes-Illg et al. 2022
176. Whiting & Keane 2022: 861
177. NFACC 2014: 61
178. NFACC 2014: 61
179. Reyes-Illg et al. 2022
180. Shearer 2018
181. Reyes-Illg et al. 2022
182. Davis et al. 2022:5~6
183. Statistics Canada 2023
184. Brisson 2014: 9
185. Reyes-Illg et al. 2022
186. Reyes-Illg et al. 2022
187. Porcher 2011: 7
188. Polansek & Huffstutter 2020
189. NFACC 2017: 59
190. NFACC 2014: 41; NFACC 2017
191. NFACC 2023
192. NFACC 2023
193. World Animal Protection 2020
194. ASPCA 2020
195. Polansek & Huffstutter 2020
196. Polansek & Huffstutter 2020
197. Stull & Broadway 2004; Fitzgerald 2010; 2015
198. Stull & Broadway 2004:16~17
199. Fitzgerald 2015:49
200. Haedicke 2013:127~128
201. Patel & Moore 2017:156
202. Patel & Moore 2017: 156~157
203. Patel & Moore 2017: 157
204. Broadway 2013: 47
205. Broadway 2013: 47
206. Taylor et al. 2020: 31707
207. Dryden & Rieger 2021
208. U.S. House of Representatives 2022: 5
209. U.S. House of Representatives 2022: 5
210. U.S. House of Representatives 2022: 10~11
211. U.S. House of Representatives 2022: 32~33
212. Leech 2012
213. U.S. House of Representatives 2022: 33

214. U.S. House of Representatives 2022: 7
215. U.S. House of Representatives 2022 : 7
216. U.S. House of Representatives 2022: 5
217. Dryden & Rieger 2020
218. Blas 2020
219. Blas 2020
220. UFCW Local 401 2021
221. Taylor et al. 2020: 31707
222. Mosby & Rotz 2020
223. Mosby & Rotz 2020
224. Arcury et al. 2015
225. Lipscomb et al. 2007: 293
226. Striffler 2005: 115
227. Striffler 2005 : 115; Arcury et al. 2015
228. Arcury et al. 2015 2015
229. Kyeremateng-Amoah et al. 2014: 678~679
230. Arcury et al. 2015
231. You et al. 2016: 462
232. Porcher 2011: 9
233. Dillard 2008
234. Ladd & Edward 2002: 29
235. Hamilton & McCabe 2016, Harfield et al. 2016
236. Hamilton & McCabe 2016; Pachirat 2011
237. Pachirat 2011: 257~270
238. Hamilton & McCabe 2016: 340
239. Pachirat 2011: 14~15
240. Pachirat 2011
241. Adams 1991; Stibbe 2001; Nibert 2002; Smith-Harris 2004; Harris 2017
242. Adams 1991: 40
243. U.S. House of Representatives 2022
244. Government of Canada 2021b
245. Broadway 2013, Haedicke 2013: 123~124
246. Fitzgerald 2010:64
247. Headicke 2013:128
248. Mora et al. 2016: 877~881
249. Mora et al. 2016: 881~882
250. Mora et al. 2016: 882~884
251. McLoughlin 2019: 328
252. McLoughlin 2019: 328
253. Dillard 2008; Haedicke 2013
254. Baran et al. 2016:364
255. Whiting & Marion 2011
256. Pachirat 2011:150
257. Pachirat 2011: 150~151
258. Pachirat 2011: 151
259. Pachirat 2011: 152~153

260. Dillard 2008
261. Hamilton & McCabe 2016: 345
262. Baran et al. 2016: 362
263. McLoughlin 2019: 332
264. Tallberg & Jordan 2021: 860
265. Baran et al. 2016: 355~356
266. Baran et al. 2012; 2016: 351~354; Tallberg & Jordan 2021: 860
267. Struthers Montford & Wotherspoon 2021: 84
268. Struthers Montford & Wotherspoon 2021
269. Struthers Montford & Wotherspoon 2021
270. Nixon 2011: 2
271. Fitzgerald 2015: 108; 연구에 대한 자세한 개요는 Fitzgerald et al. 2009 참조
272. Fitzgerald 2015: 108
273. Jacques 2015: 599
274. Jacques 2015
275. Fitzgerald et al.: 2009: 175; Fitzgerald 2015: 108
276. Fitzgerald et al.: 2009: 175
277. Jacques 2015: 609
278. Fitzgerald et al. 2009; Jacques 2015
279. Porcher 2011:14
280. Noske 1997
281. Nibert 2002
282. Noske 1997
283. Noske 1997:18~20
284. Davis 2014:175
285. Davis 2014: 178
286. 자세한 설명과 사진은 Blanchette 2020: 74~78, 122~126 참조
287. Medora 2014
288. Vasseur et al. 2010; Pempek et al. 2017
289. von Keyserlingk & Weary 2007: 110
290. Berreville 2014: 188
291. Food and Agriculture Organization of the United Nations 2023
292. Balcombe 2016: 214
293. Balcombe 2016: 214
294. Balcombe 2016: 216~217
295. Hume 2004; Balcombe 2016
296. Balcombe 2016: 216
297. Hume 2004
298. Balcombe 2016: 216
299. Hume 2004: 50~51
300. Hume 2004: 51
301. Nibert 2002: 14
302. Nibert 2002: 15
303. Nibert 2002: 13
304. Nibert 2002: 13
305. Nibert 2002:13

306. Nibert 2014: 3~4
307. Fitzgerald 2015
308. Patel & Moore 2017: 156
309. Noske 1997; Berreville 2014
310. Blanchette 2020:138
311. Davis 2014:173
312. Blattner et al. 2021: 263
313. Blattner 2020: 50
314. Canavan 2017
315. Canavan 2017: 44~45
316. Coulter 2020
317. Coulter 2020: 29~30
318. Coulter 2020: 35
319. Robinson 2014
320. Lund et al. 2007; Singer & Mason 2007; Fitzgerald 2015
321. Gruen 2015:2
322. Gruen 2015: 3
323. Donovan & Adams 2007: 3
324. Gillespie 2016: 584
325. Gillespie 2016: 585
326. Blanchette 2021
327. Adams 1994: 82
328. Engebretson 2008: 236
329. Blanchette 2021
330. McGranahan 2016: 319
331. Blanchette 2021: 75
332. Blanchette 2021: 75
333. Blanchette 2021: 75
334. Blanchette 2021: 74
335. Struthers Montford & Wotherspoon 2021: 80
336. Donaldson & Kymlicka 2020: 207~208
337. Blattner et al. 2021: 260
338. Donaldson & Kymlicka 2020: 221~224; Blattner et al. 2021: 260
339. Colling 2021
340. Colling 2021
341. Carter & Charles 2013: 322
342. Pachirat 2011; Colling 2021
343. Masson 2004:152~153; Baur & Kevany 2020
344. Polansek & Huffstutter 2020; Dryden & Rieger 2021; Baysinger & Kogan 2022
345. Oxfam International 2022
346. Klinenberg 2018; Jamail 2020; Bendell & Read 2021
347. Patel & Moore 2017:158
348. United Nations, 2009
349. United Nations, 2010:1
350. United Nations p. 2

351. United Nations 2010:2
352. United Nations 2010:3
353. Harper & Le Beau 2002
354. Harper & Le Beau 2002: 4
355. Harper & Le Beau 2002: 3
356. Harper & Le Beau 2002
357. Thu 2009:15
358. Berry 2009a: 13
359. Thu 2010; Gibbs 2017
360. Gibbs, 2017; Gibbs & Harris, 2020:146
361. Gibbs, 2017
362. Naylor 2017: xix
363. United Nations 2019
364. Action Against Hunger 2023
365. Patel 2009:1
366. Patel 2009:1
367. Holt-Giménez 2017a: 71
368. World Watch Institute 2016
369. Bell & Ashwood 2016: 36
370. Cook 2004; Pollan 2008; Azzam 2021
371. Simon 2013: 79~80
372. Albritton 2009:104~105
373. Statistics Canana 2019
374. Statistics Canana 2019
375. Albritton 2009: 91~92
376. Albritton 2009: 92~93
377. Albritton 2009:102
378. Sterling & Bowen 2019
379. Albritton 2009: 93
380. Olshansky, Albritton이 인용, 2009: 93~94
381. Donovan & Adams 2007; Wrenn 2015; 2019; Greenbaum 2017; Taylor 2017; Harper 2020; Ko & Ko 2020
382. Greenebaum 2017
383. Greenebaum 2017
384. Ko & Ko 2020: 27
385. Schor 2011; Gibbs 2017
386. Kumar & Markarova, 2008: 325
387. Klinenberg 2018; Li et al. 2022
388. Harris 2018: 7
389. Lorenzen 2014
390. Klinenberg 2018
391. Klinenberg 2018:18
392. Klinenberg 2018: 15
393. Klinenberg 2018: 21
394. Baker 2022
395. Jala 2022

396. Sterling & Bowen 2019
397. Carrington 2018: 176
398. Robinson-Jacobs, 2021
399. Brones 2018
400. Fair Housing Center of Greater Boston, 연도 미상
401. Sterling & Bowen 2019
402. Sterling & Bowen 2019
403. Guillemette & Cranfield 2012; Lusk & Norwood 2016
404. Ritzer 2015:129
405. Ritzer 2015:129
406. Ritzer 2015:130
407. Rodriguez 2018a: 8
408. Rodriges 2018: 8a
409. Rodriges 2018b: 86
410. Holt-Gimenez 2017a: 233
411. Bruek 2017: iii
412. Singer & Mason 2007; 270~271
413. Martin 연도 미상
414. United Nations 2010: 3
415. World Health Organization 2015a; Government of Canada 2021a
416. Greger 2007; Guthman et al. 2014
417. Heredia & Garcia 2018
418. World Health Organization 2015a; n.d.; Lee & Yoon, 2021: 1
419. World Health Organization 2015a
420. World Health Organization 2015a: 3
421. Sorenson 2010
422. World Health Organization 2015b
423. Rohr et al. 2019: 450
424. Rohr et al. 2019: 450
425. American Society for Microbiology 2011
426. College of Veterinary Medicine 2016
427. World Health Organization 2017: xii
428. Shields & Greger 2013: 393
429. Health Canada
430. Fitzgerald 2015: 96
431. Okorie-Kanu et al. 2016
432. Okorie-Kanu et al. 2016
433. Kabir 2010
434. Kabir 2010
435. Kabir 2010
436. Jung et al. 2014; Government of Canada 2016; Sofos 2008
437. Health Canada 연도 미상
438. U.S. Food & Drug Administration 2020
439. Government of Canada 2022; Centers for Disease Control and Prevention 2021b
440. Peden et al. 2021

441. Centers for Disease Control and Prevention 2021a; Kurt & Sigurdson 2016: 83
442. Government of Canada 2022
443. Concepcion et al. 2005: 919
444. Rohr et al. 2019: 451
445. Rohr et al. 2019: 451
446. FAO, OIE & WHO 2010: 14
447. Pew Commission on Industrial Farm Animal Production 2008:13
448. Pew Commission on Industrial Farm Animal Production, 2008
449. Rohr et al. 2019: 450~451
450. Quammen 2012; Fitzgerald 2015: 98~99; Greger 2020
451. Quamen: 2012: 20~21
452. Quamen 2012; Greger 2020
453. MacKenzie & Jeggo 2013: 170
454. World Wildlife Fund 2020
455. Blattner 2020: 41
456. Rohr et al. 2019: 451; Greger 2021
457. Fitzgerald 2015: 98~99
458. Quamen 2012: 21
459. Pew Commission on Industrial Farm Animal Production 2008: 13
460. Greger 2020: 99~103
461. Montenegro de Wit 2021: 103
462. Greger 2007
463. U.S. Geological Survey 연도 미상
464. U.S. Department of Agriculture, Animal and Plant Health Inspection Service 2023; National Wildlife Health Center 2022
465. US Centers for Disease Control and Prevention 2023
466. Singer 2010
467. Herring & Swedlund 2010; 7
468. Buckey et al. 2021
469. Singer 2010: 32
470. United Nations Environment Programme 2020
471. United Nations Environment Programme 2020
472. Blattner 2020: 47~48
473. Lymbery 2020: 147
474. Greger 2007: 278
475. Marshall 2022
476. Blattner 2020
477. Kevany 2022
478. Booker 2020
479. Harwatt 2019: 539
480. Martmez-Gonzdlez et al. 2014; Satija & Hu 2018; Willett et al. 2019; Werner & Osterbur 2022; Betz et al. 2022; 2023
481. Willett et al. 2019
482. Campbell & Campbell 2016; Satija & Hu 2018; Sterling & Bowen 2019; Szabo et al. 2021

483. Satija & Hu 2018
484. Satija & Hu 2018
485. Werner & Osterbur 2022
486. Sterling & Bowen 2019
487. Kateman 2022: xiii~xiv
488. Health Canada 2019
489. Health Canada 2019: 49
490. Wheeler 2016
491. Wheeler 2016
492. Foer 2009: 74~75
493. Chomsky 2022
494. Food and Agriculture Organization of the United Nations 연도 미상
495. Holt-Gimenez 2017a; 2017b; FAO, IFAD, UNICEF, WFP & WHO 2018; 2022
496. Altieri 2010; Holt-Gimenez 2010
497. Berry 2009b
498. Pollan 2006: 11
499. Belasco 2008:123
500. Robinson 2019
501. Robinson 2019
502. Robinson 2013; 2017; 2019
503. Robinson 2017: 71에서 완다 화이트버드를 인용함
504. Robinson 2017: 71
505. Robinson 2019
506. Robinson 2019
507. Robinson 2019
508. Robinson 2019
509. Sarkar et al. 2020: 3
510. Kimmerer 2013
511. Kimmerer 2013: 128~140
512. Kimmerer 2013: 137~138
513. Kimmerer 2013
514. Adams 1991
515. Gibbs 2017
516. Singer & Mason 2007; Fitzgerald 2015
517. Nibert 2002; 2013; 2014; 2017
518. Ryder 1975: 11~26
519. Ryder 1975
520. Singer 1975: 6
521. Nibert 2002: 17
522. Nibert 2002; Adams 2007; Gruen 2015; Taylor 2017; Harper 2020; Ko & Ko 2020
523. Ryder 1989: 11
524. Joy 2010: 30
525. Joy 2010: 10
526. Joy 2010

527. Joy 2010: 40
528. Penrod 2004
529. Sorenson 2016
530. Fitzgerald 2015; Sorenson 2016; Gibbs & Harris 2020
531. Fitzgerald 2015: 109
532. Kopecky 2022
533. Kopecky 2022
534. Sorenson 2016: 13
535. Sorenson 2016: 13~14
536. Joy 2010; Fitzgerald 2015
537. Joy 2010: 91
538. Harris 2017
539. Harrison 1964; Singer 1975; Schlosser 2005; Pollan 2008; Foer 2009; Fitzgerald 2015; Weis 2013; 2018
540. Saier et al. 2022:154
541. Twine 2012: 13
542. Fish Count 연도 미상
543. Food and Agriculture Organization of the United Nations 2022: 2
544. Balcombe 2016: 6~7
545. Shields et al. 2017
546. Dalton 2022
547. Kevany 2020a
548. Lubin 2019
549. Griffith-Greene 2014
550. Hanis 2017
551. Dalton 2022
552. Dalton 2022
553. Griffith-Greene 2014
554. Fitzgerald 2015: 56
555. World Animal Protection 2020: 8
556. World Animal Protection 2020
557. World Animal Protection 2020
558. World Animal Protection 2020
559. World Animal Protection 2020
560. Croney & Anthony 2010: E75
561. Health of Animals Act 2019
562. Health of Animals Act 2019
563. World Animal Protection 2020
564. 운송 및 관련 작업 도중 동물의 보호에 관한 2004년 12월 22일의 위원회 규정 (EC) No 1/2005와 개정 지시 64/432/EEC와 93/119/ EC, 규정 (EC) No 1255/97
565. Health of Animals Act 2019
566. Masson 2004: 139
567. von Keyserlingk & Weary 2007: 106
568. von Keyserlingk & Weary 2007
569. Vasseur et al. 2010

570. U.S. Department of Agriculture 2008
571. von Keyserlingk & Weary 2007
572. Di Concetto 2022: 21
573. Gillespie 2018: 56
574. Gillespie 2014: 1321
575. Gray 2016: 225
576. Dufour et al. 2019; Hussein et al. 2022: 60
577. Thomson et al. 2023
578. Reinhardt et al. 2011: 122
579. Reinhardt et al. 2011: 122
580. Gillespie 2018: 57~59
581. Gillespie 2018: 55
582. Gillespie 2018: 59
583. Government of Canada, Canada Food Inspection Agency 2022
584. Government of Canada, Canada Food Inspection Agency 2022
585. Blattner et al. 2021: 243~244
586. U.S. Department of Agriculture, Food Safety and Inspection Service 2013
587. Calf Care 2019
588. Calf Care 2019
589. Carlson, in Masson 2004: 137
590. Berreville 2014: 188
591. Norwood & Lusk 2011: 144
592. Gillespie 2018: 145~149
593. Gillespie 2011: 121
594. Gillespie 2018: 146
595. Gillespie 2018:146~147
596. Arluke & Sanders 1996: 4~5
597. Arluke & Sanders 1996: 167~168
598. Gillespie 2018: 196
599. Gillespie 2018: 219
600. Stucki 2017: 278
601. 예:Animal Justice 2014, Humane Canada 연도 미상, ASPCA 연도 미상
602. Gillespie 2011: 110
603. Gillespie, 2011: 110
604. U.S. Department of Agriculture 연도 미상
605. Gillespie 2011: 110
606. Gillespie 2011: 111
607. U.S. Department of Agriculture 2016
608. Gillespie 2011: 111
609. U.S. Department of Agriculture 2023
610. Animal Justice 2014
611. Animal Justice 2014
612. Norwood & Lusk 2011: 129
613. Di Concetto et al. 2022
614. Di Concetto et al. 2022: 4
615. Fitzgerald 2015: 91

616. Di Concetto et al. 2022: 21
617. Bekoff 2016
618. Bell & Ashwood 2016: 65~67
619. Chomsky 2022: 75~77
620. Bekoff 2016
621. Gillespie 2011: 116
622. Bekoff 2016; Grandin 2018
623. Grandin 2018
624. Bohanec 2013: 6
625. Norwood & Lusk 2011: 327
626. Norwood & Lusk 2011: 355
627. Hannan 2020
628. Ryan et al. 2015:1
629. King 2021: 175
630. Masson 2004, 2009; Balcombe 2006, 2010, 2016; Bekoff 2007
631. Balcombe 2010: 203
632. Balcombe 2010: 203~204
633. Taylor 2017
634. Mason 1998
635. Mason 1998: 98
636. Bekoff 2007: 7~9
637. Bekoff 2007: 166
638. Balcombe 2010: 19
639. Balcombe 2010: 78
640. Masson: 2004: ix
641. Balcombe 2006: 166
642. Bekoff 2007: 97
643. Masson, 2004: 124~128
644. Masson 2004: 126
645. Bekoff 2007: 94
646. Bekoff 2007: 94~95
647. Balcombe 2006: 210
648. Cudworth 2015:14
649. Klineberg 2018
650. Bartlett et al. 2012
651. LearnRidge 2023
652. LearnRidge 2023
653. Gibbs 2017
654. Einstein 2015
655. Jamail 2020; Bendell & Read 2021
656. Crenshaw 1989; Gibbs 2017; LaBronx 2018
657. Chomsky 2022: 173
658. O'Brien 2016
659. Louv 2012
660. BIOS 2019
661. Jamail 2020: 224

662. Bekoff 2014
663. Riley 2022: 215
664. Jamail 2020
665. Jamail 2020
666. Tilley 2016:13
667. Kovach 2009: 49~50
668. Maxwell 2005:79
669. van den Hoonaard & van den Scott 2022: 215
670. van den Hoonaard & van den Scott 2022: 215
671. Gillespie & Lopez 2019
672. Gillespie & Lopez 2019: 7
673. Collins & Bilge 2020: 239
674. Tilley 2016, p.11
675. Battiste 2013; Kimmerer 2013
676. Maxwell 2005: 96~98; Tilley 2016: 152~156
677. Maxwell 2005: 89~90
678. Kovach 2009
679. Maxwell 2005: 111; Tilley 2016:145~148
680. Chamaz, as found in Tilley 2016: 38
681. Kovach 2009
682. Harris 2018: 102~103
683. van den Hoonaard & van den Scott 2022: 176~180

찾아보기

ㅇ

ㅈ

ㅊ

ㅋ

ㅌ

ㅍ

ㅎ

기후, 비인간동물, 인간을 위한 공감의 식생활

정의로운 식탁

1판 1쇄 발행 2025년 8월 19일

지은이 트레이시 해리스·테리 깁스 **옮긴이** 번역협동조합

펴낸이 전광철 **펴낸곳** 협동조합 착한책가게

주소 서울시 마포구 독막로 28길 10, 109동 상가 b101-957호

등록 제2015-000038호(2015년 1월 30일)

전화 02) 322-3238 **팩스** 02) 6499-8485

이메일 bonaliber@gmail.com

홈페이지 sogoodbook.com

ISBN 979-11-90400-64-0 (03300)

• 책값은 뒤표지에 있습니다.

• 잘못된 책은 구입하신 서점에서 바꾸어 드립니다.